Johann Seivert

Nachrichten von Siebenbürgischen Gelehrten

Johann Seivert

Nachrichten von Siebenbürgischen Gelehrten

ISBN/EAN: 9783743316911

Hergestellt in Europa, USA, Kanada, Australien, Japan

Cover: Foto ©ninafisch / pixelio.de

Manufactured and distributed by brebook publishing software (www.brebook.com)

Johann Seivert

Nachrichten von Siebenbürgischen Gelehrten

Johann Seiverts
Nachrichten
von
Siebenbürgischen Gelehrten
und
ihren Schriften.

— Forſan & hæc olim meminiſſe juvabit. *Virg.*

ΣΩΚΡΑΤΗС

Preßburg,
im Weber und Korabinskiſchen Verlage.
1785.

Vorbericht.

Die Bestimmung dieser Blätter ist, das Gedächtniß unsrer Sächsischen, und ausländischen Gelehrten, die im Schooße unsrer Völkerschaft gelebt haben, sowohl, als die von ihnen hinterlassenen gedruckten und handschriftlichen Denkmäler ihres Fleißes, zu erneuern. Wäre es nicht Unbilligkeit, wann verdienstvolle Fremdlinge, beyde in ihrem Vaterlande, und bey uns vergessen bleiben sollten? Von Siebenbürgischen Ungern, und Seklern wird hier keiner auftreten; nicht, als hätte ich diesen Gelehrten, und ihren Schriften meine Aufmerksamkeit entzogen. Sie verdienen sie grossen Theils auf eine vorzügliche Weise. Nein! sie würden das zweyte Bändchen ausmachen, wann dieser Versuch Beyfall erhielte. Sie sind auch nicht so vergessen, so unbekannt, als der größte Theil unsrer Sächsischen. Sie haben ihre Herolde. Peter Bod, dieser würdige und unermüdete Geistliche, hat sich auch aus diesem Gesichtspunkte, durch sein **Ungrisches Athen**, (Magyar Athenás) um seine Nation wohl verdient gemacht, im Felde unsrer Gelehrten aber ist er ein durchreisender Fremdling.

Ich sah es also für ein Opfer an, daß ich unsern verdienten Vätern schuldig wäre, ihre Geschichte, und Schriften nach Möglichkeit zu sammeln, und ihr Gedächtniß gegen die traurige Macht der Vergessenheit zu schützen. Muntern edle Thaten empfindsame Enkeln auf, ihren würdigen Ahnen ähnlich zu werden, vielleicht hat dieses erweckte Gedächtniß unsrer ruhenden Gelehrten, die ihre Muse von Amtsgeschäften nicht in Kretenser verwandelte, gleiche Wirkung bey ihren itzt lebenden Nachkommen. Vielleicht werden auch einige durch diesen Versuch gereizet, unsre so umwölkte Litterargeschichte immer mehr aufzuhellen, und zu ergänzen, was meine wärmste Begierde mit aller Zeit, und Mühe nicht vollenden konnte.

Es ist wahr, die Zahl unsrer hier auftretenden Gelehrten, und ihrer Schriften, ist sehr mäßig. Vielleicht aber lieget die Ursache am wenigsten an ihnen selbst. Können nicht noch viele Denkmäler ihres Fleißes in Büchersammlungen, mir unbekannt, verborgen seyn? Mein Wirkungskreis ist viel zu eingeschränkt, als das Gegentheil auch nur träumen zu können. Wie viele werden nicht die traurigen Verwüstungen unsers Vaterlandes in den vorigen Zeiten, vernichtet haben, wie viele die Tuchscheerer! Ehemals kein ungewöhnliches Schicksal unserer Büchersammlungen! Nach dem Tode ihrer Besitzer wurden sie den Tuchscheerern verhandelt, und oft die schätzbarsten Handschriften als unnütze Papiere verbraucht, oder den Motten, und Mäusen überlassen. Beyspiele sind verhaßt, sonst könnte ich mehr als eines anführen. Gewiß, eine Sorglosigkeit und Unachtsamkeit, die allen Tadel verdienet!

Hätten wir noch die vortreffliche Bibliothek, die unser unvergeßlicher Honterus, 1547, zu Kronstadt errichtete: so hoffte ich meine Aerndte gesegneter zu sehen. Sie war ein Schatz von gedruckten, und handschriftlichen Werken, der nach dem Urtheile ihrer Kenner, den ersten Rang nach der berühmten Mathias Korvinischen Bibliothek zu Ofen, verdiente. Hier fanden durch milde Unterstützung des dasigen Rahts, die Uiberbleibsel der zerstörten Bibliotheken Griechenlands, ja der Ofner selbst, in Menge ihren Zufluchtsort. Allein, klägliches Schicksal! 1689, wurde sie gleichfalls ein Raub des schrecklichen Brandes, der den 21sten Apr. Kronstadt verheerte. Die Hermannstädtische Schulbibliothek, eine nicht zu verachtende Sammlung, hat mir genützt, und hätte mir wahrscheinlich noch mehr genützt, wann sie nicht auch manchen Verlust erlitten hätte. Al-

bert

bert Huet, Graf der Nation, und Königsrichter zu Hermannstadt, ist wohl als ihr Stifter anzusehen, indem er Erbenlos, 1592, seinen schönen Bücherschatz an die Schule zu seinem Gedächtnisse schenkte, und die benachbarte Kapelle des H. Königs Ladislaus, dazu einrichten ließ. Nachgehens vermehrten sie die Büchersammlungen eines Oltards, Rihelius und Miles; alle grosse Liebhaber der Vaterländischen Geschichte! Daher wundert es mich sehr, daß sie gar keine handschriftlichen historischen Werke besitzet, auch überhaupt an Mscr. ganz arm ist. †

Von Jahrhunderten her, haben Künste und Wissenschaften unter der Sächsischen Völkerschaft geblühet. Zu Anfang des 13ten Jahrhunderts machte ihr Klingsor durch seine Dichtkunst Ehre; und sollte er der einzige seiner Landsleute gewesen seyn, der den Musen geopfert hat? — Johann von Rosenau war ein geschickter Maler des
15ten

---

† Vor etlichen zwanzig Jahren erlitt sie einen merklichen Verlust. Der damalige Schulrektor, ließ etliche Fuder Bücher daraus den Tuchscheerern verkaufen. Zwar sollten es nur unerhebliche seyn, um bessern Schriften Raum zu machen. Allein zum Unglücke hatte der Aufseher, allemal ein Manteltragender Schüler (Studiosus togatus), die Auswahl dabey, welche nun bey dem Mangel einer litera=

15ten Jahrhunderts. Zwey Meisterstücke seines Pinsels sind mir bekannt. Die Kreutzigung Christi in dem Chore der Kathedralkirche zu Hermannstadt, † Die verschiedenen Leidenschaften der gegenwärtigen Personen, deren eine grosse Menge ist, sind vortrefflich ausgedrückt. Ein ähnliches Gemälde von demselben, doch nur im Kleinen, befindet sich in der Kirche des H. Kreutzes zu Mortesdorf. Wären unsere alten Kirchengemälde und Altäre noch übrig: so würden wir gewiß mehrere denkwürdige Maler nennen können. — Valentin Bakfort, ein Sächsischer Tonkünstler, erwarb sich zu Padua, 1576, folgende ruhmvolle Grabschrift:

> *Valentino Grævio*, alias *Bacfort*, e Transylvania Saxonum Germaniæ Colonia oriundo, quem fidibus novo plane, & inusitato artificio canentem audiens ætas nostra, ut alterum Orphea, admirata obstupuit. Obiit An. M. D. LXXVI. Idibus Aug. Vix. An. LXIX. Natio Germanica unanimis, & Test. Execut. P. ††

---

terarischen Kenntniß, nicht anders, als unglücklich ausfallen konnte. Man darf itzt kaum, nach einem alten seltnen Werkchen fragen.

† Darunter liest man: Hoc opus fecit Magister Joannes de Rosenaw. Anno Domini, Millesimo Quadringentesimo XLIVto.

†† Trösters Alt und N. Dacia. S. 192.

Im Jahre 1529, befand sich schon eine Buchdruckerey zu Hermannstadt. † Doch ich wende mich zu den Wissenschaften. So traurig ihr Zustand überhaupt bis zu dem 16ten Jahrhunderte war; so können wir doch sagen, daß es an gelehrten Männern, nach dem Genius der Zeiten, unter unsern Sachsen gar nicht fehlte. Magister der freyen Künste, Bakkalauren, Doktore beyder Rechte, und der Arzneykunst, waren gar keine seltenen Erscheinungen unter ihnen; besonders unter den Plebanen. Sollten denn unter so vielen keine, einige Denkmäler ihrer Einsichten, keine dankbar gegen das Vaterland, dessen Geschichte der Nachwelt hinterlassen haben? — Ein gleiches läßt mich der blühende Zustand der Sächsischen Schulen hoffen. Die Hermannstädtische hatte noch vor der Reformation solche Lehrer, die ihr Ehre machten. Es sey mir erlaubt, ihr Gedächtniß hier noch einmal aufleben zu lassen. Von Schulrektorn bis auf das grosse Jahr 1543, sind mir bekannt worden;

1) Johann Arnold von Krubenz, Bakkalaur der freyen Künste, 1446.

2) Jo-

---

† Dieses behauptet der ehemalige Pastor, Georg Soterius, aus einem Werkchen des Thom. Gemmarius, welches

Vorbericht.

2) **Johann Mild,** Bakkalaur der freyen Künste, 1510, und wieder 1524. Er nennet sich Studii litterarii Director in Cibinio. Das folgende Jahr ward er Stadtnotarius.

3) **Simon de Apoldia,** war es 1517. Ob er ein Sachs von Pold unter dem Walde, oder von Trapold im Schäßburgerstuhle, oder gar ein Deutscher gewesen, ist mir unbekannt.

4) **Thomas Ball.** Ein gebohrner Hermannstädter, studirte in den Jahren 1514, bis 1516, zu Wien, erhielt den 5ten März, 1515, daselbst die Magisterwürde, ward auch den 12ten Jäner, 1516. in die Juristische Fakultät aufgenommen, worauf er den 3ten des Heumonds, nach Hermannstadt zurück kam. Hier folgte er dem Vorhergehenden, 1517, den 26sten Dec. im Schulrektorate, welches er zwey Jahre mit Ruhm verwaltete, und darauf wieder nach seinem geliebten Wien zurückkehrte; woselbst er dann 1520, zum Examinator Baccalaureandorum, deren damals zwey und zwanzig waren, erwählet wurde, und öffentliche Lesestunden über des Horaz Satyren, und Ovids Tristia, hielt. — Seine folgenden Schicksale kenne ich nicht. †

5) **Magister Klemens,** von Oppeln, folgte ihm 1519, den 25sten Dec.

---

welches in obenbemeldtem Jahre daselbst gedruckt worden, und sich zu seinen Zeiten in der dasigen Schulbibliothek befand. Itzt aber suchet man es da vergebens. Ewig Schade!

† Da gewiß mehrere unsrer Sachsen auf dieser berühmten hohen Schule ihr Glück gefunden haben: so möch-

6) **Andreas Martini,** Bakkalaur, war Milds Nachfolger, 1526.

7) **Thomas,** Bakkalaur der freyen Künste, war 1528 und 29. Rektor. Wahrscheinlich der **Thomas Gemmarius,** dessen ich im Folgenden gedenken werde.

8) **Martin Heinz.** (Hentzius) Ein Hermannstädter, und ehemaliger Schüler des merkwürdigen Johann Brentius, verwaltete diesen Dienst 1543, bis 47. Noch lange vorher scheint er bey dasiger Schule gedienet zu haben; denn Schesäus, der ihn als einen grossen Astronomen rühmet, berichtet: Heinz habe fast um die Zeit, da Surdaster zu Hermannstadt predigte, sich bey der Schule und Kirche, um die Evangelische Lehre verdient gemacht. Dieses bewog mich ehemals zu der Muthmaßung, daß vielleicht Heinz der arme Schüler (Pauper Scholasticus) sey, dessen die Klagschrift des Kapitels an den Erzbischof zu Gran, Salkani, 1526, gedenket, daß er eine Evangelische Schule im Hechtischen Hause errichtet habe. — 1547, ward er zum Stadtpfarrer nach Medwisch beruffen, allein die fürchterlichen Drohungen des Kanonikus und Bischöflichen Vikars, Franziskus, Plebans zu Muschen, bewegten ihn gar bald wieder nach Hermannstadt zurück zu kehren. Hierauf ward er Pfarrer zu Kelnek unter dem Walde, und unterschrieb als Dechant des dasigen Kapitels, 1561, das Bekenntniß der Sächsischen Kirchen vom H. Abendmahle. Als er nachgehens den Beruf nach Mühlenbach erhielt, beschloß er sein würdiges Leben,

---

möchten die dasigen Büchersammlungen manche Beyträge zu unsrer Gelehrten Geschichte geben können.

ben, ehe er noch feyerlich eingeführet werden konnte. † — Die grossen Veränderungen dieser Periode in der Kirche, gaben auch der Gelehrsamkeit eine ganz neue Gestalt. Dieses Feld wurde ausgedähnter, fleißiger und vortheilhafter bearbeitet, also auch unter unsern Vätern fruchtbarer. Die Sächsischen Schulen, besonders die Hermannstädtische, und Kronstädtische, haben in der Folgezeit die verdientesten Personen dem Staate und der Kirche geschenket.

Alles dieses versichert mich, daß die Anzahl unsrer Sächsischen Schriftsteller viel größer seyn werde, als sie in diesen Blättern erscheinet. Ich hätte sie zwar mit itzt lebenden vermehren können: denn auch unsrer Periode fehlet es nicht an Männern, die von ihren ruhigen Stunden einen edlen Gebrauch machen, nur Schade! daß ihre würdigsten Schriften so wenige Hoffnung haben, jemals öffentlich in der Welt zu erscheinen; allein aus guten Gründen wählte ich nur die Todten. — Manche Werke, besonders historische Handschriften, hätte ich gern ihrem Inhalte, und Wehrte nach bekannt gemacht; ich habe sie aber blos anzeigen müßen. Vielleicht werden andere dadurch auf-

---

† Schmeizel behauptet in seinem Sendschreiben de Statu Ecclef. Lutheran. in Transylv. S. 110: Mag. Johann Dietrich, sey der erste Evangelische Rektor der Hermannstädtischen Schule gewesen. Diesen Mann kenne ich gar nicht; hat ihn aber Schmeizel nicht mit dem Mag. Georg Deidrich, oder Dietrich, der 1591, Schulrektor war, verwechselt: so könnte er vielleicht der Nachfolger des Heinz seyn; allein der erste Evangelische Rektor war er nicht, dieser war unser Heinz.

aufgemuntert, sie mit glücklicherm Erfolge auszuspähen. Meine Biographien sind auch grossentheils nichts als Bruchstücke, und doch hat mir ihre Sammlung oft mehr Mühe und Zeit gekostet, als man glauben sollte. Wie manche Kirche- und Schulmatrikel, wie viele Tagebücher, Eberianische, und andere Kalender, die einige Nachrichten enthielten, habe ich durchblättern müssen, bis ich von einer und der andern Person etwas bezeichnet fand! Doch läugne ich nicht, daß mir die Schriften eines **Georg Soterius** und **Joseph Teutsch**, manche Dienste geleistet; besonders habe ich hiebey die Gütigkeit eines verehrungswürdigen Freundes, des berühmten Herrn Magister Cornides zu rühmen.

Vielleicht ist aber diese Sammlung bey dem litterarischen Werke des Herrn Horányi ganz überflüssig. Dieses mögen unsre Leser entscheiden. So viel kann ich versichern, daß ich alle unsere Gelehrten, die der würdige Verfasser mehr anführt, bis auf den einzigen **Zabler**, so gut kenne, als hätte derselbe überhaupt einen Auszug aus meiner Privatsammlung durch einen guten Freund erhalten. Da konnten freylich auch solche eine Stelle finden, die blosse Vertheidiger einer Akademischen Streitschrift, vielleicht oft stumme genug! gewesen, oder ein kleines Gedichtchen drucken lassen: allein selbige hier auftreten zu lassen, war wohl zu grosse Ehre für sie. Ich habe es also auch nicht gethan. — Bey Durchlesung des schätz-

baren

baren Horányischen Werks ist mir Einiges aufgefallen; Adolphus, für Adelphus, Guntsch, für Gunesch, Kindler, für Kinder, sind wohl Druckfehler. Den Kreckwitz erkennet kein Siebenbürger, so viel ich weiß, für seinen Landsmann. Er mag vielleicht unter dieser Larve seinen Nachrichten mehreres Gewicht haben geben wollen. — Uncius hat vielleicht Zweyloht geheißen; — ich glaube vielmehr, Unch. Dieses ist ein bekannter Geschlechtsname unter uns, und kann eben so gut in Uncius, als **Ungleich** in Unglerus, verwandelt werden. **Mich.** Weis, Richter zu Kronstadt, starb 1612. Er kann also keinen Antheil an der Akademischen Streitschrift zu Erlangen haben. — Bey Schriften unsrer Gelehrten bleibet öfters unangemerkt, was nur Handschriften sind. — Diese wenigen Anmerkungen werden meiner Zuversicht nach, von dem edlen Charakter des gelehrten Herrn Verfassers Vergebung erhalten.

Sollte eine gütige Aufnahme mich aufmuntern, auch unsere Ungrischen Gelehrten, und ihre Schriften, herauszugeben: so würden die gelehrten Ausländer, die unter ihrer Nation gelebt haben, ebenfalls mit auftreten: ein Alstet, Blandrata, Piskator, Sqarcias lupi. — Vielleicht würden manche Anmerkungen von ihnen, nicht alltägliche seyn. Meiner Kenntniß nach, lassen ausländische Biographen den berüchtigten Arzt, Blandrata, 1582, oder 1586, in Pohlen ein Schlachtopfer seines Bruder Sohnes werden.

Ich

Ich habe mehr als einen gleichzeitigen Bürgen, daß derselbe weder in Pohlen, noch in gemeldeten Jahren seinen Tod gefunden. Blandrata fand ihn zu Weißenburg (Alba Julia) 1588. den 5ten May, in einem Alter von vier und achtzig Jahren, und daselbst auch seine Grabstätte. Sein Mörder war seiner Schwester Sohn, den er als seinen künftigen Erben bey sich im Hause hielt. Der Jüngling fragte ihn einmal: wie ein Mensch ermordet werden könnte, ohne daß man einige Merkmaale davon erkennen könnte? Blandrata erklärte sich ganz offenherzig: wann ein schlafender Mensch auf dem Rücken liegend, einen hefftigen Schlag mit einem Sandsacke auf die Herzgrube bekäme. — Diese gute Lehre merkte sich der schmachtende Erbe, und beschloß die erste Probe davon an seinem alten Vetter selbst zu machen. Sie gelang glücklich. Hierauf flüchtete er mit dessen Schätzen bey der Nacht davon. Da aber sein Mitgehilfe mit fünfzig Dukaten unsichtbar ward, eilte er ihm nach, und ließ ihn zu Hermannstadt gefänglich setzen. Dieser verrieth hierauf das ganze Geheimniß der Bosheit, das vielleicht sonst unbekannt geblieben wäre. — Weichen übrigens meine Nachrichten von einem Zwittinger, Bod, u. a. dann und wann ab: so ist es niemals aus Unwissenheit; sondern aus überwiegenden Gründen geschehen.

Beytrag

zur künftigen Biographie des liebenswürdigen Verfassers dieser Nachrichten,

von seinem Freunde

K. G. v. Windisch.

Wer sollte nicht gern auch etwas von den Lebensumständen eines Gelehrten lesen, den er schon aus verschiedenen Schriften, als einen Mann von gründlichen Kenntnissen, richtiger Beurtheilungskraft, und ausgebreiteter Belesenheit, — aber, was weit mehr ist, — als einen Mann, von so vorzüglich schönen Herzen, und einem so sanften, und biedern Charakter, kennet?

Die genaue Freundschaft, der mich der gelehrte Herr Verfasser schon seit vielen Jahren würdiget, hat mich in den Stand gesetzt, einige Bruchstücke zu seiner Lebensbeschreibung zu sammeln; die vielen Zumuhtunmuhtungen meiner gelehrten Freunde aber, mich aufgemuntert, solche bekannt zu machen. Und würde ich dieses wohl schicklicher, als bey der Herausgabe gegenwärtigen Werkes, welches die Bescheidenheit des Herrn Verfassers dem Drucke vielleicht nie überlassen hätte, haben thun können?

Johann Seivert, ward den 17ten April 1735 von rechtschaffenen, und wohlhabenden bürgerlichen Eltern in Hermannstadt gebohren. Sein Vater, der den Namen Daniel führte, verwaltete verschiedene bürgerliche Aemter mit vieler Treue, seine Mutter aber war Agnetha, eine gebohrne Gierlich. Da er von neun Kindern allein am Leben blieb, so ward er sehr sorgfältig, und einsam erzogen, welches frühzeitig einen nachtheiligen Einfluß auf seine Gesundheit hatte, und ihm einen außerordentlichen Hang zur Einsamkeit einpflanzte, den er nie gänzlich überwinden konnte. — Doch, bey aller der Sorgfalt und Aufsicht so zärtlicher Eltern, wäre er dennoch gewiß verloren gewesen, wann nicht die gütige Vorsehung mächtiger für ihn gewacht hätte. — Ungefähr im dritten Jahre seines Lebens, ward er für tod aus einem grossen Wassergefäße gezogen; und im siebenten Jahre sprengte er sich, mit den Wirkungen des Schießpulvers unbekannt, ein Pfund desselben grade in das Gesicht. Zum Glücke geschah es in der freyen Luft; doch ward er schrecklich verbrennt, und konnte seine Augen über acht Tage lang nicht öffnen.

Im Jahre 1751, bezog er als ein Manteltragender Schüler, (Studiosus togatus) das Gymnasium seiner Vaterstadt, woselbst damals noch die alte, und
nöhti-

nöthige Zucht herrschte. Ausgerüstet mit den glücklichsten Fähigkeiten, machte er sehr schnelle Fortschritte in den Wissenschaften, und entsprach der Hoffnung vollkommen, welche seine Lehrer, sowohl, als seine Aeltern, und Freunde schon lange nährte. Die öffentlich abgelegten Proben seiner seltenen Geschicklichkeit, erwarben ihm den Beyfall seiner Gönner, und schon 1754 ward er für tüchtig erkannt, den Lauf seiner Studien auf höheren Schulen fortzusetzen. Vorher aber mußte er nebst vier andern seiner Mitschüler, nach der Allerhöchsten Verordnung, eine öffentliche Prüfung ausstehen. Sie waren auch die ersten, welche sich zu Wien schriftlich verbinden mußten, auf keiner feindlichen Universität zu studiren, und bey ihrer Zurückkunft ein feyerliches Zeugniß des Prorektors von der Zeit ihres dasigen Aufenthalts mitzubringen. Gewiß, ein weise Verordnung!

Und, nun eilte er den Musen in Helmstädt zu. Hier übte er sich in den zur Gottesgelehrtheit und Weltweisheit gehörigen Wissenschaften sehr fleißig, er vernachläßigte aber auch die schönen Wissenschaften nicht, deren holden Einfluß in die Gottesgelehrtheit er nur zu sehr kannte. Seine poetischen Versuche, womit er seine Freunde beschenket, zeugen von einem Witze, der durch das Lesen der Alten, seine Reife erlanget hat.

Nach einem dreyjährigen Aufenthalte in diesem Musensitze kehrte er mit einigen seiner Landsleute in sein Vaterland zurück. Wegen des Krieges aber wagten sie es nicht, durch Sachsen und Böhmen zu reisen, sondern giengen durch das Reich, und von Regensburg auf der Donau nach Wien. Von dem

Thü-

Thüringerwalde an, bis nach Meynungen und Hildburghausen, waren sie wegen der jähen Wasserfluten, die alle Brücken weggerissen, und alles überschwemmt hatten, oft in der äußersten Lebensgefahr. — Zu Koburg genossen sie von dem damaligen Direktor Buttstedt, und dem Doktor der Arzneykunst und Professor, Johann Sebastian Albrecht, viele Ehre. Der erstere schien ein besonderer Freund der geheimen Offenbarung Johanns zu seyn, daraus er für die Kirche in den letzten Zeiten noch traurigere Schicksale, als alle seine Vorgänger vermuhtete; der letztere aber sprach sogleich von der berüchtigten Kunst der Adepten. — Zum Glücke hatte unser Seivert noch in seinem Vaterlande manche Schriftsteller gelesen, welche die geheime Offenbarung zu Narren gemacht, auch war ihm kein Chymisches Buch der Hermannstädtischen Schulbibliothek unbekannt. Ja, bald hätte er einmal bey einem Versuche Gold zu machen, in alle Ewigkeit kein Gold mehr nöhtig gehabt. Er konnte also schon von diesen gelehrten Thorheiten etwas schwätzen. — D. Albrecht behauptete die Kunst der Adepten mit vieler Wärme, und betheuerte gegen ihn, daß er zu Altona ein Augenzeuge der Verwandlung eines halben Thalerstücks, welches er selbst dazu hergegeben, gewesen sey. Seine Sammlung von dergleichen Büchern war schön; aber er zitterte dafür. Desto angenehmer aber, war ihm seine nicht alltägliche Naturaliensammlung. — Ein Zwilling, mit der Brust zusammengewachsen, war ihm insonderheit auffallend, ein gemeinschaftlicher Magen, und dennoch jeder seinen besondern Ausgang. — Ein Cyklope von einem Lamme, das in seinem einzigen Auge mitten auf der Stirne, zween Augensterne hatte. — Zu Nürnberg waren

Biographie des Verfassers.

sie wegen der nahen Preußischen Waffen, acht Tage lang eingeschlossen, und alles sah darinnen kriegerisch aus. Den 19ten des Brachmonats erreichten sie glücklich Wien, und den 20ten des Heumonats ihre geliebte Vaterstadt.

Hier diente er nach der Landesgewohnheit zuerst bey der Schule, und dann im Ministerium, oder Diakonate. 1758, den 6ten März, ward er erster Extraordinarius bey dem Gymnasium, dann Kollaborator, Lektor, und zuletzt Konrektor. Von diesem Dienste kam er 1764 als Diakon, oder Prediger, an die Klosterkirche zu St. Elisabeth; das folgende Jahr aber an die Parochialkirche, wo er dann als Senior des Ministeriums, oder Mittwochsprediger, und 1771, den 8ten März zum Archidiakonus, oder Stadtprediger erwählet ward. Doch noch in diesem Jahre, nämlich den 16 November, erhielt er die Hamersdorfer Pfarre unweit Hermannstadt, der er itzt noch mit vielem Ruhme, eines fleißigen, und rechtschaffenen Seelsorgers vorstehet.

Welcher Patriot, welcher Biedermann wird nicht mit mir vom Herzen wünschen, daß seine baufällige Gesundheit glücklich wieder hergestellet, und er seinen Freunden, dem Vaterlande, und den Wissenschaften noch lange leben möge!

Die mir bekannt gewordenen Werke seines Fleißes sind:
1. Siebenbürgische Kleinigkeiten. Koburg, 1757, in 12.
2. Freymühtige Gedanken von Gespenstern. Frankfurt, und Leipzig, 1757. in 8. Beyde sind ohne Anzeige seines Namens, bey Georg Otto in Koburg,

burg, gedruckt und verlegt worden. Er rechnet sie unter seine Jugendsünden; letzteres aber, welches ziemlich reich an seltsamen Meynungen ist, hat seinen Beyfall schon längst verloren.

3. Die Münzen des R. Kaiserlichen Hauses, nach den Stuffen ihrer Seltenheit. Wien, 1765 in 8. ward ohne sein Wissen, mit vielen Fehlern gedruckt.
4. Der Christ, 11 Stücke. Hermannstadt, im Barthischen Verlage, 1773, und 1780. in 8.
5. Inscriptiones monumentorum Romanorum in Dacia mediterranea. Viennæ. Typis Trattnerianis. 1773. in 4.
6. Die Sächsischen Stadtpfarrer zu Hermannstadt. Hermannstadt, bey Johann Barth, 1777. in 8.
7. Joannis Lebelii, de Oppido Thalmus, Carmen historicum, mit einigen Anmerkungen. Ebendaselbst, 1779. in 8.
8. An Dacien, bey dem Tode Marien Theresens der Grossen. Ebendas. bey Peter Barth, 1780. in 8.
9. Samuelis Köleseri de Keres-Eer Auraria Dacica, una cum Valachiæ Cis-Alutanæ subterraneæ descriptione Mich. Schendo, R. C. Eq. Vanderbech, iterum edita. — Posonii, & Cassoviæ, sumpt. Joan. Michaelis Landerer, 1780. in gr. 8.
10. Hypochondrische Einfälle von Trevies. Preßburg, im Verlage der Weber und Korabinskischen Buchhandlung. 1784. in 8.
11. Einige Beyträge zu den K. K. Priv. Anzeigen, Wien, 1771 — 76; unter dem Titel: Siebenbürgische Briefe, welche aber größtentheils vermehrt, und verbessert, dem Ungrischen Magazine einverleibt worden.

Verschiedene Stücke von ihm, stehen in dem Ungrischen Magazine, welches seit 1781. bey Anton
Löwe

Löwe in Preßburg, in drey Bänden in gr. 8. herausgekommen, und fortgesetzet wird.

12. Siebenbürgische Briefe. 1) Von dem Alter des Siebenbürgischen Wappens. 2) Von neu entdeckten Steinschriften. 3) Von dem Zustande des Bistritzischen Distrikts, unter dem Erbgrafen desselben, Johann Korwin. 4) Von des Grafen Wolfgang Bethlen Siebenbürgischer Geschichte. 5) Von Römischen Steinschriften. 6) Von den Rechten der Sächsischen Nation. 7) Von dem traurigen Schicksale der Stadt Bistritz, im Jahre 1602. 8) Fortsetzung hievon. 9) Von einigen Meynungen der Walachen. 10) Von einigen seltenen Römischen Münzen. 11) — 12) Von Töpeltins Leben, und Schriften. 13) — 14) Von dem Walachischen Wappen. 15) Vom Siegel der Sächsischen Nation, als eines Landstandes. 16) Fragmente von Stephan Berglers aus Kronstadt Geschichte. 17) Anmerkungen über Töpelts Schriften. 18) Etwas von der neuen Ausgabe der Kölescherischen Auraria Romano Dacica. 19) Vom Ursprunge der Wiedertäufer in Ungern, und Siebenbürgen.

13. Von der Siebenbürgischsächsischen Sprache.

14. Die Grafen der Sächsischen Nation, und Hermannstädtischen Königsrichter, im Großfürstenthume Siebenbürgen.

15. Fragmente aus des Oberstlieutenants Friedrich Schwanz von Springfels Beschreibung der Oesterreichischen Walachey.

16. Die Feldzüge der Türken wider die Kaiserlichen, in den Jahren 1716, bis 1718. Aus dem Tagebuche des Joh. Stanislaus Grotovsky, Ungrischen, und Deutschen Dolmetsch bey der Pforte.

In meinen Händen, befinden sich in der Handschrift:

17. Aelteste Geschichte der Sächsischen Völkerschaft in Siebenbürgen, nach dem Königl. Andreanischen Privilegium. Vorbericht: von dem Sächsischen Nationalprivilegium des Königes Andreas II. überhaupt. Erster Abschnitt. Ob die Siebenbürgischen Sachsen Nachkommen der alten Dacier sind? Zweyter Abschnitt. Ob sie ein Deutsches Pflanzvolk sind? Dritter Abschnitt. Wann die Siebenbürgischen Sachsen in dieses Land gekommen? Vierter Abschnitt. Wie? in welchem Jahre, woher, und zu welchem Zwecke, sie nach Siebenbürgen gekommen? Fünfter Abschnitt. Von dem Nationalgebiehte nach der Andreanischen Urkunde. Sechster Abschnitt. Von den Vorrechten, und Freyheiten der Sächsischen Nation, nach dem Königl. Andreanischen Privilegium.

18. Das hohe Lied Salomons, in Siebenbürgisch-sächsischer Sprache.

19. Vom Ursprunge der Burzelländischen Sachsen, oder Deutschen in Siebenbürgen.

20. Seltene Goldmünze des Johann Michael Woywoden der Walachey, und Moldau ꝛc.

21. Beschreibung einer kupfernen Denkmünze des K. K. Feldherrn Kastaldo.

22. Beyträge zur Religionsgeschichte von Hermannstadt, in den Jahren 1521 — 1546.

Von=

Adami

Michael, von Medwisch, weihte sich zu Leipzig der Gotteslehre, woselbst er als Verfasser 1690, eine Streitschrift vertheidigte. Nach seiner Zurückkunft in sein Vaterland, wurde er nach den gewöhnlichen vorhergehenden Diensten, Pfarrer zu Reußen. Von daher erhielt er 1703 den 1. Jäner den Beruf nach Neppendorf. Hier lebte er bis 1710, worauf er dem Stephan Adami in der Pfarre zu Kleinschelk folgte, und daselbst 1716 sein Leben beschloß. Wir haben von ihm:

Differtatio Philologico - Philosophico - Theologica de *Potentia Dei*, præside Mag. Car. Andrea Redel, qua auctor & respondens. d. 24. Sept. 1690. Lipsiæ. in 4. *)

*) Eben diese Streitschrift ist unter dem Titel: Differtatio Metaphysica, de Potentia Dei — mit Weglassung der Zueignungsschrift an den M. Isaak Zabanius, und Andere, gedruckt.

Agnethler

Michael Gottlieb, Doktor der Weltweisheit und Arzneykunst, öffentlicher Lehrer der Beredsamkeit, Alterthümer, und Dichtkunst zu Helmstädt, und Mitglied der Römischkaiserlichen Akademie der Naturforscher. Er stammte aus einem Patricischen Geschlechte zu Hermanstadt ab, dessen eigentlicher Name Lang war, insgemein aber ward er nach seinem Stammorte, dem Sächsischen Marktflecken Agnethlen, (Villa S. Agnethis) genennt. Die Geschichte der vorigen Jahrhunderts zeiget verschiedene verdiente Männer dieses Namens. Johann Agatha, oder Agnethler, war Graf der Sächsischen Nation, und Königsrichter zu Hermanstadt 1376 bis 87. Stephan Agnethler Stuhlrichter 1468; Johann Agnethler Provinzialbürgermeister 1493, und einer gleiches Namens im Jahre 1510. Ob diese unter die Ahnen unsers Agnethlers zu rechnen sind, kann ich nicht entscheiden. Von dem folgenden ist es außer Zweifel. Michael Lang, oder Agnethler, Stadthan zu Hermanstadt 1630, Stuhlrichter 1634, Bürgermeister 1638, ward das folgende Jahr zum Königsrichter erwählt, und starb den 18. May 1645 im 55sten Jahre seines Alters, mitten unter den bürgerlichen Unruhen zu Hermanstadt, an welchen er nicht wenig Ursache war, und die 1656 von sehr traurigen Folgen begleitet wurden. Da er seinen Erben wenige Glücksgüter, aber den ganzen Haß der Bürgerschaft hinterließ: so hat dieses Geschlecht seinen alten Glanz nicht wieder erlangen können. Er ist der Urgroßvater unsres Agnethlers.

Agnethler.

Dieser wurde den 10. Jun. 1719 zu Hermanstadt geboren, woselbst sein Vater Daniel Agnethler, damals Rektor der Schule, und erwählter Pfarrer zu Gerhardsau war. Seine Mutter Anna Maria, war eine geborne Fabricius. Ein besondrer Zufall macht das Leben seines Vaters merkwürdig. Er hatte ein außerordentlich glückliches Gedächtniß, allein durch ein hitziges Fieber, sah er sich davon so gänzlich verlassen, daß er weder lesen noch schreiben konnte, ja seinen eigenen Namen nicht mehr wußte. Von diesem traurigen Zufalle hat er sich nie vollkommen erholen können, und starb bey grosser Schwäche des Verstandes 1704. Unser Agnethler war von Jugend auf von schwächlicher Leibesbeschaffenheit, und sehr unruhigem Schlafe. Einmal geschah es auf der Hermanstädtischen Schule, daß er sich Abends frühzeitig zu Bette begiebt, indem seine Beywohner noch bey ihren Büchern wachen. Bald bemerken diese bey ihm eine Aengstlichkeit, die einen Traum von Wassersgefahren zu verrahten schien. Ein guter Freund nähert sich seinem Bette, und ruft ihm mit gemäßigter Stimme zu: Schwimme! schwimme! du ersäufst! — Sogleich fängt Agnethler mit grosser Hefftigkeit an, Bewegungen eines Schwimmenden zu machen, bis er sich endlich durch einen hefftigen Schlag auf die Bettspanne, aufwecket, und in vollem Schweiße, und ganz abgemattet erwachet.

Im Jahre 1742 besuchte er die hohe Schule zu Halle im Magdeburgischen, um sich zu dem Dienste der Kirche zuzubereiten, wobey er sich zugleich auf die angenehme Kenntniß der Alterthümer, und Numismatik legte. Allein nach vier

Jahren nöthigten ihn die traurigen Aussichten seines kränklichen Zustandes, seine Gesundheit und sein künftiges Glück durch die Arzneykunst zu suchen. 1750 erhielt er die höchste Würde in der Weltweisheit, und das folgende Jahr 1751 mit gleichem Beyfalle in der Arzneykunst. Hierauf ward er nicht nur in die Kaiserliche Akademie der Naturforscher aufgenommen, sondern er erhielt auch gegen Ende des Weinmonats den Beruf zu einem öffentlichen Lehrer der Beredsamkeit, Alterthümer, und Dichtkunst nach Helmstädt. Agnethler zog hin, aber nur zu seinem Grabe. Kaum fieng er seine öffentlichen Vorlesungen mit einer Einleitung in alle Arten der Alterthümer an, so verfiel er in eine vollkommene Schwindsucht, daran er den 15. Jäner 1752 seine schöne Laufbahne in einem Alter von zwey und dreyßig Jahren, sechs Monaten, und fünf Tagen vollendete. Mit ihm ist das männliche Geschlecht des Agnethlerischen Hauses erloschen. Bey Gelegenheit seines Todes, hat Doktor Johann Benedikt Carpzov zu Helmstädt, ein Werkchen de Vita & Scriptis Mich. Gottlieb Agnethler P. P. in 4. herausgegeben. Seine Schriften sind folgende:

1) Bibliotheca b. Joh. Henr. Schulzii, cum præfatione Sigism. Jac. Baumgarten. Halæ 1744. in 8.
2) Numophylacium Schulzianum. Digessit, descripsit, & perpetuis insigniorum rei numariæ Scriptorum Commentariis illustratum, edidit Mich. Gottl. Agnethler, Transilvanus. *Pars Prior.* *) Accedunt selectiores clarorum Virorum ad b. Schulzium Epistolæ; Lipsiæ & Halæ. 1746. in 4. mit etlichen Kupfertafeln.

*) Dieser Theil enthält die Münzen der alten Könige, Völker und Städte, wie auch der Römischen Geschlechter. Der zweyte Theil ist zwar auch ausgefertigt, aber noch ungedruckt.

3) Nachricht von des sel. Herrn Prof. Schulzens deutschen Uiberſetzung von Plutarchs Lebens-Beſchreibungen berühmter Männer. Halle, 1746. in 4.
4) Medicus Romanus Servus, ſexaginta ſolidis æſtimatum, ex editione M. G. Agnethler. Halæ, 1746. in 8.*)

*) Dieſes Bökelmanniſche Werkchen wurde zum Gebrauche, und auf Koſten einer Geſellſchaft wieder aufgelegt. Auf dem Titelblatte ſtehet zwar: Lugduni Batavorum, 1671; allein zu Ende lieſt man: Recuſum 1746 paucis exemplis, in uſum ſocietatis, quæ impenſas contulit.

5) *Caroli Linnæi*, Syſtema Naturæ. Recuſum, & Societatis, quæ impenſas contulit, uſui accomodatum, curante M. G. Agnethlero, Saxone Tranſilvano. Editio altera, auctior & emendatior. Halæ, 1747. groß 8.
6) Ebendeſſelben Fundamenta Botanica, in quibus Theoria Botanices aphoriſtice traditur. Accedunt D. *Joh. Geſneri*, Diſſertationes Phyſicæ, in quibus Linnæi *Elementa Botanica* dilucide explicantur. Ex editione, & cum præfatione M. G. Agnethleri. Halæ, 1747. gr. 8.
7) Ebendeſſ. Bibliotheca Botanica: Fundamentorum Botanicorum Pars I. Editio nova, multo correctior, opera M. G. Agnethleri. Halæ, 1747. groß 8.
8) Ebendeſſ. Claſſes Plantarum: Fundamentorum Botanicorum, Pars II. zu Halle in eben dem Jahre, in groß 8.
9) Martin Schmeitzels Erläuterung gold- und ſilberner Münzen von Siebenbürgen, welche zugleich auch die merkwürdigſten Begebenheiten des XVI, XVII, und XVIII. Jahrhunderts in ſelbigem Fürſtenthume zu erkennen giebt, herausgegeben, und mit einer Vorrede begleitet, von M. G. Agnethler. Halle, 1748. in 4, mit Kupfertafeln.
10) Bibliotheca b. Martini Schmeizelii. Accedit antiquorum & recentiorum quorundam Numiſmatum Deſcriptio, curante M. G. Agnethler. Halæ, 1748. in 8.

11) Steph. Blancardi Lexicon Medicum, denuo recognitum, variisque acceſſionibus locupletatum, curante M. G. Agnethler. Ebendaſ. 1748. in 8.
12) Laur. Joh. Nepom. Reen, Geſenaco-Weſtphalus, M. D. Plagii litterarii in Reg. Fridericianæ Parnaſſo graviter accuſatus, convictus, atque Hallenſium Muſarum decreto condemnatus. Interprete M. G. Agn. Ebendaſ. 1749. in 4.
13) Beſchreibung des Schulziſchen Münzkabinets. Erſter Theil. Entworfen, und mit kurzen Anmerkungen begleitet, von M. G. Agnethler. Halle, 1750. Zweyter, dritter und vierter Theil, 1751. in 4. mit Kupfern.
14) Syrakuſaniſche Könige, und Tyrannen aus Griechiſchen Münzen, zum ſechsten Theile der allgemeinen Welthiſtorie. 1750. in 4. *)

*) Dieſe Abhandlung befindet ſich im dritten Theile der „Sammlung von Erläuterungsſchriften und Zuſätzen „zur allgemeinen Welthiſtorie." S. 273. bis 398. Wann aber der Verfaſſer aus Prof. Schulzens Erfahrung erweiſen will, wie arm Siebenbürgen an ſeltenen Römiſchen Münzen ſey: ſo betrügt er ſich und ſeine Leſer. Der ehrliche Schulze erhielt viele Münzen aus dieſem Lande, aber gemeiniglich ſolche, die keine einheimiſchen Käufer fanden, gemeine, täglich vorkommende. Ich kann heilig, und aus der Erfahrung verſichern, daß man in Siebenbürgen ohne ausländiſche Beyhilfe, wohl 140 Römiſche Geſchlechter in Münzen ſammeln könne, und manche Münzen, die Golz, Vaillant, und Morell nie geſehen. Die Münzen eines Helvius Pertinax, Didius Julianus, Vetranio, Prokopius, Manlia Scantilla, Plotina, Marciana, Orbiana, u. a. m. ſind ſeltne Erſcheinungen. Ich habe ſie aber mehr als einmal entdeckt, doch nicht in Aerz, denn eherne Münzen ſind überhaupt in Siebenbürgen rar. Von Griechiſchen Münzen ſind Thaſiſche, Macedoniſche, Apolloniſche, und Dyrrachiſche ſehr gemein; ſo auch Philippiſche, Alexandriſche, und Lyſimachiſche; andere hingegen freylich ſelten zu finden. Nur von etlichen Jahren her, ſind ſchöne Entdeckungen gemacht worden. Ein gewiſſer Bauer brachte einem Goldſchmiede zu Hermanſtadt eine ziemliche Menge Kaiſermünzen des höhern Zeitalters, darunter ein Didius Julianus, nebſt etlichen halben Monden von Golde war. Zum Zweytenmale brachte er wieder etliche goldne Monde, nebſt zwölf Loth gleichfalls ſilberner Münzen, die ſo
neu

neu waren, als wären sie itzt aus der Präge gekommen. Alle waren vom Kaiser Konstantius mit der Aufschrift: VOTIS XXX. MVLTIS XXXX; nur etliche mit: VOTIS XXV. MVLTIS XXX; und eine einzige vom Konstantius Gallus. — In der Sakristey zu Muschen, im Medwischer Stuhle, fand man in einer blechernen Büchse dreyhundert überaus wohl erhaltene Römische Münzen von Silber, die meisten vom Trajan und Hadrian, doch auch eine Marciana. Bey Görgersdorf entdeckte ein Walachischer Junge nach einem PlatzregenSchätze von diesen Alterthümern. Er füllete davon seine Mütze, ohne sein Glück zu kennen. Als aber die Sache ruchbar ward, mußte alles nach Karlsburg in die Münze geliefert werden, wo sie ihren Untergang im Schmelztiegel fanden. Welche ich davon gesehen, schöne Geschlechtermünzen! bewegen mich, das Schicksal der übrigen zu bedauern. Im Jahre 1777, fand man auf dem Kastenhölzer Gebiete, über hundert Thasische Münzen mit dem Hercules Soter. Noch glücklicher war ein Walach in eben diesem Jahre im Gebiete von Großpolt, im Reußmärkter Stuhle. Er fand ein goldnes Schifchen, am Gewichte 1 Mark 2 1/5 Loth, und 18 Karat fein. Eine Spitze desselben führte einen Ochsenkopf, und die andere den Kopf eines Widders. Ein sehr ähnliches Fahrzeug mit dem Horus und Cynocephalus, finden wir in des gelehrten Grafen Caylus Sammlung — Nürnberg 1766. Tab. IX. n. 2. abgebildet. Unbekannt mit seinem Glücke, bot es der Walach einem gewissen Geistlichen um etliche Siebenzehner an. Allein dieses seine ganze Klugheit bestand darinn, daß er ihn nach Karlsburg in die Münze anwies. Hier erkannte man den Wehrt dieses schätzbaren Alterthums besser, bezahlte den Walachen bis zu seiner Verwunderung, und schmelzte es ohne Erbarmung ein. Doch erhielten noch Seine Excellenz der Freyherr von Bruckenthal, Gubernator des Großfürstenthums Siebenbürgen, einen Abriß davon.

15) Schreiben an Herrn D. Baumgarten, in welchem der f. Prof. Schulze gegen ungegründete Auflagen des berühmten Kanzlers von Ludwig, vertheidigt wird. Halle, 1750. in 4.

16) Differtatio folemnis, de Lauro. Pro obtinenda doctrinæ falutaris laurea, a d. XXXI Jan. 1751, defendit M. G. Agnethler, Eques Tranfilvanus, Philofophiæ Magifter. Halæ, 1751. in 4. *)

*) Sie ist auch unter der Aufschrift: Commentatio de Lauro, mit Weglassung der Zueignungsschriften, und anderer Nebendinge gedruckt worden.

17) Commentatio de rarioribus thesauri Schulziani numis. Halæ, 1751. in 4.

18) Index Bibliothecæ, Res Hungariæ, Transilvaniæ, vicinarumque Provinciarum illustrantis, quam Martin. Schmeizel instruxit, M. G. Agnethler, Codicibus præcipue MSStis auxit, nuper autem munificentia magnifici Transilvanorum Metropolitanæ Urbis Senatus, Cibiniensium Bibliothecæ Publicæ consecravit. Halæ, 1751. in 8. *)

*) Von dieser Sammlung, die Agnethler 1748 erhandelte und vermehrte, schreibet er zwar bey N. XXXVI. S. 47: dein vero Patrum patriæ jussu, sub finem anni 1750, Cibiniensium Bibliothecæ publicæ consecrati, eodemque anno in Transilvaniam devecti, nunc' publicum Cibiniensium apparatum librarium exornant. Johann Benedikt Carpzov zu Helmstädt, wiederholet diese Nachricht in seinem Monum. æternæ Memoriæ M. G. Agnethler dicato, darinn er von dessen Leben und Schriften handelt, S. 20. Allein diese schöne Sammlung blieb über zwanzig Jahre zu Leipzig stehen. Endlich kam sie 1771 durch die Walachey in Siebenbürgen an. Was aber die Hermanstädtische Schulbibliothek davon erhalten, belohnet nicht einmal den Fuhrlohn, und das Standgeld in Leipzig.

19) Commentarius ad Arabicam Inscriptionem, Pallio Imperiali, *Pluviale* dicto, ante sexcentos & undeviginti annos, filis aureis intextam. Augustiss. *Josepho Benedicto Augusto*, Archiduci Austriæ consecrat, M. G. Agnethler. *Cum tabb. æn.* *)

*) Diese Abhandlung ist nie gedruckt, ob es gleich im Ind. Bibl. R. Hung. S. 31. behauptet wird, mit dem Zusatze: Halæ 1751. — Ferner schreibt Agnethler in seinem letzten Willen: „Unter meine unedirte „Schriften gehören auch Schulzii Opuscula minora, „auf Veranlassung eines Erfurtischen Buchführers „s. Weber. Habe sie recht mühsam gesammelt, und „alles zum Drucke fertig gemacht. Es sollten VII. „Theile werden. Schulzens Münzkollegium wollte „bald ediren, ingleichen Bibliothecam Hunga„ricam."

Albelius

Simon, von Kronstadt, und daselbst Stadtpfarrer. Er studirte um das Jahr 1615 zu Wittenberg, erhielt nach seiner Zurückkunft 1616 das Schulrektorat, welches er bis 1619 verwaltete, und ward nach dem Tode des Stadtpfarrers Markus Fuchs, den 9. März dessen Nachfolger in der Würde. In diesem Dienste starb er 1654.

1) Diss. de Iride, Halone, Virgis, Pareliis & Paraselinis. Witeb. 1615. in 4.
2) Joh. Amos Commenii Janua Linguarum reserata, cura Albelii. Coronæ. 1638. in 8.

Albrich

Johann, von Kronstadt, der Arzneykunst Doktor, und Mitglied der Römisch kaiserlichen Akademie der Naturforscher. Er studirte zu Halle und Utrecht, und erhielt auf letzterer hohen Schule 1709 die Doktorwürde. In seinem Vaterlande ward er vom Königlichen geheimen Regierungsrahte zum Sanitätsdoktor während der Pest, die 1718 und 19 wütete, ernannt. Er erwarb sich solche Verdienste, daß er nicht nur in den Kronstädtischen Raht; sondern auch 1740 den 25. Brachmonat in die Kaiserliche Akademie, unter dem Namen Chrysippus III. aufgenommen wurde. 1749 war das letzte Jahr seines Lebens.

1) Diss. de Hæmorrhagiis in genere. Traj. ad Rhen. 1709. in 4.
2) Observationes de Peste Barcensi, præsertim Coronæ, sæviter An. 1718 & 1719. grassante. Enthalten theils einen kurzen historischen Bericht von der in Kronstadt grassirenden Seuche A. 1718,

19. — theils Historiam Medicam Pestis Coronensis, A. 1718 & 1719. Fol. *)

*) Der berühmte D. Vespremi entdeckt, daß Köleschéri einen Auszug davon unter seinem eigenen Namen, den Annal. physico-medicis Vratislav. Tentam. VI. S. 1816. habe einrücken lassen. S. dessen Centur. II. P. I. S. 7.

3. Einige Briefe an Prof. Schulz zu Halle, im Numoph. Schulz. T. I. S. 324. ꝛc.

Albrich

Martin, der freyen Künste und Weltweisheit Magister, Pfarrer zu Rosenau im Burzelland, und Dechant des Kapitels. Sein Vater Georg Albrich, war ein ansehnlicher Bürger zu Medwisch, woselbst auch Martin geboren worden. Nach seinen Universitätsjahren ward er außerordentlicher Professor bey der Medwischer Schule, begab sich aber 1655 den 5 Hornung nach Kronstadt, dahin er zum Rektorate berufen worden. Dieses verwaltete er bis 1660, da er nach dem Tode des Markus Deidrich die Pfarre zu Rosenau erhielt. Bey dieser Gemeine diente er vier und dreyßig Jahre, und starb 1694. Er hinterließ einen Sohn, Johann Albrich, der gleichfalls die Magisterwürde den 24. Apr. 1683 zu Wittenberg erhielt, und in eben dem Jahre unter Johann Deutschmann die Streitschriften: de Mysterio SS. Trinitatis — ex angelica conceptionis Joannis Baptistæ denunciatione, Lucæ I. 11—17; und de Confessione vertheidigte. — Von Martin Albrichs Schriften sind mir bekannt:

1) Disp. de Natura & Constitutione Logicæ, in cel. Gymnasio Coronensi, respond. Stephano Dechano,

no, Biſtric. d. 7. Jun. Coronæ, typis Mich. Hermanni. 1655. in 4.
2) Diſſertatio Theol. de Invocatione Sanctorum, reſpond. Joh. Klein. Coronæ, 1655. 4. *)

*) Mit einer Zueignungsſchrift an den Walachiſchen Fürſten Konſtantin Kantakuzeni, und der Bitte, daß ſie von den Walachiſchen Biſchöfen beantwortet werden möchte. Ich zweifle aber ſehr, daß er ſeine Abſichten erreicht habe.

3) Synopſis Logicæ, in qua præcepta ſelectiora exemplis illuſtrantur, controverſiæ nobiliores breviter deciduntur, Canones utiliores declarantur — Ebend. 1655. in 4.
4) Theſes de Cœna magna, Reſp. Bartol. Falk, Rupenſi. Ebendaſ. 1655. in 4.
5) Dicta S. Scripturæ, maximam partem cardinalia & ſtringentia, una cum Definitionibus Loc. Theolog. principalioribus, b. Conradi Dieterici. Ebendaſ. 1656. in 8.
6) Opuſculum Metaphyſicum. Coronæ. 1657. in 4. *)

*) Es ſcheinet, Albrich habe auch über die ganze Metaphyſik Streitſchriften herausgegeben, oder herausgeben wollen. Davon habe ich geſehen:

Diſp. VI. de Bonitate, Duratione & Ubietate, Reſp. Andr. Grellio, Schæsburg. 1657. in 4.

Diſp. VII. de Dependente & Independente, Creato & increato, Finito & infinito, Corruptibili & incorruptibili. Reſp. Andrea Lutſchio, Biſtric. Ebend. 1657. in 4.

Diſp. VIII. de Principio & principiato, Cauſſa & cauſſato. Reſp. Jacob Gotterbarmet, Medienſi, Ebend. 1657. in 4.

7) Canones Logici ſelectiores. Coronæ, 1659. in 4.
8) Diſp. de Conſumatione Sæculi. Reſp. Johan. Schüler, Biſtricienſi. Ebend. 1659. in 4.

Anonymi, ſ. Ungenannte.

Arzt

Johann, der Arzneykunſt Doktor. Sein Vater gleiches Namens war von Schweiſcher, vertheidigte zu Wittenberg 1685 unter Johann Deutſch-

Deutschmann die Streitschrift: Mysterium SS. Trinitatis ante publicum Christi præconium, a fidelibus V. Testamenti cognitum & creditum; ward nachgehends Diakonus zu Schäßburg, und von dort 1695 nach Meeburg zum Pfarrer beruffen, 1708 aber nach Reisd. Wo hingegen unser Arzt in seinem Vaterlande gelebt, und wann er gestorben, habe ich nicht entdecken können. Bey Erhaltung seiner Doktorwürde zu Jena, gab er heraus:

> Diſs. Physica, de Experimento ab Hugenio pro caussa gravitatis explicanda, invento, consensu Facultatis Philosophicæ, pro loco in eadem obtinendo, d. 20 Nov. 1723, Præside, Georg. Erh. Hambergero, Ph. Med. D. Jenæ, in 4. mit einer Zueignungsschrift an Andr. Helvig, Königsrichter zu Reps, und Johann Lang, Pfarrer zu Seibrig.

Arzt

Johann, von Leschkirch, und Pfarrer zu Braller im Großschenker Stuhle. Von dem berühmten Gymnasium zu Preßburg nahm er 1670 mit folgender Abhandlung seinen Abschied:

> Exercitatio Theologica, de Revelatione divina, quam celeb. Gymnasio Posoniensi valedicturus, publice edidit — 1670, d. 10. Sept. Posonii. in 4.

Auner

Stephan, ein geschickter Arzt von Medwisch, der zu Leipzig und Wittenberg studirte, und hier 1712 die höchste Würde in der Arzneykunst erhielt.

1) Disp. Anatomica, de Pulmone, Præside Joh. Heinr. Heucher. M. D. Anatom. & Botan. P. P. d. 19 Jul. 1710. in 4.
2) Diss. inauguralis Medica, de Vulneribus eorundemque symptomatibus, Præside Christ. Vater, M. D. tt. Prorectore, pro licentia. M. April. 1712. Witeb. in 4.

Aurifaber

Michael, der freyen Künste Magister, und Pleban zu Kleinscheuren im Hermanstädter Stuhle, gegen das Ende des XIV. Jahrhunderts. Zum Dienste des Hermanstädtischen Kapitels sammelte er ein Meßbuch, welches von einem gewissen Theodorich 1394 geschrieben, noch bey demselben aufbewahret wird. Wie könnte es auch anders seyn? Wehe dem, der es wagen sollte, die Brüderschaft dieses Buchs zu berauben! Der Verfasser fluchet solchem das Schicksal Dathans und Abirams (Numeri, 16.) zu. Hier ist der Anfang dieses Werks:

Incipit Liber specialis Missarum. Qui pertinet ad Fraternitatem per Cybinium, quem compilavit Dns. Mychael, Plebanus in Parvo Horreo, ad honorem Dei Omnipotentis & beate gloriose Virginis Marie. Qui nituntur eum auferre de Fraternitate, descendant in infernum, viventes cum Dathan & Abyron. Anno Dni. Mo. CCCo. XCIIIIo. completus est septimo Kalendar. Novembrium. Qui me scribebat, nomen habebat:
Nomen Scriptoris, si tu cognoscere queris
The tibi sit primo, *ode* medio, *ricus*que secundo.
SK MBLF FFCKSTK TXNC RFSPKCF
    XXLNFRB XPK
FLCTF GFNX PLPRB CRXCKFKXXM
   SFMPFR BDPRB. klein Fol.

Das Geheimniß dieser zween Verse bestehet darinn, daß der Verfasser, anstatt der Selbstlauter allezeit den drauf folgenden Mitlauter setzet; also sind es diese:

Si male fecisti, tunc respice vulnera Christi,
Flecte genu, plora, crucifixum semper adora.

Liebhabern der Ungrischen Geschichte will ich die Officia S. Regis Stephani, Ladislai, und der H. Elisabeth, daraus mittheilen:

I. S. REGIS STEPHANI.

Corde, voce, mente pura
Solvens Deo laudis jura,
Idolorum spreta cura,
Lætare Pannonia!
De supernis illustrata,
Verbo vitæ sociata,
Crucis Christi jam fers grata
Libens Testimonia.

Ergo per quem tibi datur
Salus, cœlum referatur,
Via vitæ demiratur,
Et iter justitiæ;
Nunc extollas digna laude,
Hujus festum colens gaude,
Et gaudenti jam applaude,
Cantico lætitiæ.

Hic est Geysæ dulcis natus,
Visione præsignatus,
Ante ortum est vocatus
Stephanus a Stephano.
Credit pater, & miratur,
Parit mater, & lætatur,
Infans crescens exaltatur,
Ut cedrus in Libano.

Nam ut puer adolevit,
Mox virtutum donis crevit,
Cœlos scandens quia sprevit,
Hærens Dei Filio.

Cujus carnis tecta velo,
Mens intenta super cœlo,
Ardet tota Dei zelo,
Instat Evangelio.

Huic Christus prædicatur,
Turba credens baptizatur,
Fides Christi exaltatur
In tota Pannonia.
Hic ad instar Salomonis
Struit templa, ditat bonis,
Ornat gemmis & coronis
Cruces & altaria.

Ad docendum sic prælatos
Viros ponit literatos,
Justos, fidos & probatos,
Ad robur fidelium.
Hic talentum sibi datum
Deo reddens duplicatum,
Ab æterno præparatum
Sibi scandens solium.

Ubi Christo sociatus,
Et ab ipso sublevatus,
Regnat semper coronatus,
In superna patria.
Hunc devote veneremur,
Hunc ex corde deprecemur,
Ut per ipsum sublevemur
Ad cœlorum patriam.

II.

II. S. LADISLAI REGIS.

Novæ laudis attollamus
Regem, cujus exultamus
Speciali gloria.
Dulce melos novi favum,
Dulci Regem Ladislaum
Canimus Melodia.

Regis laudi nil discordet,
Cujus laudem non remordet
Cœlestis Simphonia.
Confessorem Regem laudant,
Per quem Reges Sancti gaudent
Vitæ dari munia.

Quem precamur laudantes singuli,
Gemma Regum totius Seculi.
Et spes salutifera!
O quam felix! quam præclara
Waradini fulget ara,
Tuo claro lumine!
Cujus Regem secula
Manus sine macula
Lavit sine crimine.

Scala gentis Hungarorum,
Per quam scandit ad cœlorum
Cathedram Pannonia.
Forma cujus hæc ostendit,
Quæ terrarum comprehendit
Quatuor confinia.

Per hunc vigent Sacramenta,
Et formantur jam inventa
Fidei Religio.
Ægros curans salvos fecit,
Et salutis opem jecit,
Virtutis officio.

Exauditur in hac domo,
Quidquid orans petit homo,
Per Regis suffragia.
Per quem neque gladium,

Nec incursus hostium
Trepidat Hungaria.

Hostis arce plebs arrepta,
Prece Regis est adepta
Salutis piacula.
Per quem auctor fidei,
Cornu stillat olei
Posteris per secula.

Ex obscuris sui juris
Jubar latens, sed jam patens
Referat prodigia.
Hostes cedunt, victor redit,
Barbarorum, Ungarorum
Unus fugat millia.

Ipse suos fortiores
Semper facit, & victores,
Morbos sanat, & languores,
Fugat & dæmonia.
Sed qui suam sanitatem,
Et ad vitæ sospitatem
Rex reduxit omnia.

Regum cujus triumphale
Ungarorum salus vale,
Non refulsit jubar tale,
Regni flores germine.
Regum radix christiana,
Lauda laudes fide sana,
Qui exultans vox humana
Sit in tuo nomine.

Assistentes regis laudi,
Coronator Regis audi,
Atque servos sancti Regis
Post hanc vitam tui gregis
Transfer ad pallatia.
Cujus laudi jus servire,
Nos hinc lætos convenire,
Fac ad Christum pervenire,
Nobis confer, & largire
Sempiterna gaudia.

III.

III. S. ELISABETHÆ.

Gaude Sion ! quod egressus
Ad te decor, & depressus
Tui fulgor speculi
Rediviva luce redit,
O & Alpha, quod accedit
Jam in fine seculi.

Terræ sidus tu præclarum,
Quod a sole differt parum,
Et luna lucidius,
Tu quod sole sis amicta,
Carne probat hæc relicta,
Lucis tuæ radius.

Poma prima, primitivos
Deus sanctos adhuc vivos
Vidit in cacumine :
Ut extremos addat primis,
Quamvis stantes nos in imis
Suo visit lumine.

O quam dignis fulget signis !
Vasa rapis a malignis
Possessa dæmoniis.
Lepræ mundans, labe tactos,
Claudos ponis & attractos
In pedum officiis.

Sed præ multis te respexit,
Odor tuus hunc allexit,
Et sapor, & puritas ;
Et de Regum ramis nata,
Juste, vere sis vocata
Tu Dei saturitas.

Quod negatum est naturæ,
Tu virtutum agis jure,
Et potes ex gratia.
Vitam functis tu reducis,
Cœcis membra reddis lucis,
Et membrorum spacia.

Gaudent astra matutina,
Quam in hora vespertina
Ortu novi sideris.
Cœli sidus illustratur,
In quo terræ designatur,
Novi signum fœderis.

Eja mater ! nos agnosce,
Libro vitæ nos deposce
Cum electis inseri.
Ut consortes tuæ sortis,
Et a pœnis, & a portis
Eruamur inferni. *)

*) Dergleichen Missale habe ich noch verschiedene gesehen, zum Theile mit schön ausgemalten, und stark vergoldeten Anfangsbuchstaben, meistens aber zu Anfang oder Ende mangelhaft. In einem der prächtigsten in groß Fol. stehet zu Ende: Per manus *Henrici Halbgebachsen* de Ratispona oriundi, pro tunc temporis Regente in Grozschenk, licet indigno. Scribebat Anno Incarnationis Dni. 1330, in Octavis Assumptionis gloriosæ Mariæ Virginis.
 Finito libro sit laus & gloria Christo,
 Dentur pro penna scriptori celica regna.
 Dem Inhalt nach ist es von dem Hermanstädtischen Missale unterschieden; ein gleiches gilt von andern, die ich gesehen habe. In dem Meßbuche der Brüderschaft des heiligen Leichnams zu Hermanstadt liest man : Hunc librum comparavit honesta Dna. *Barbara*, relicta *Michaelis Merkel*, Monetarii, ad Lectorium Sacratissimi Corporis Christi, & pertinet supra ad lectorium, temporibus vero affuturis ipsis fratribus hunc repetentibus, debeat restitui
sine

sine omni rancoris recusatione. Anno Dni. 1465 est factum. Von gedruckten ist das älteste, das ich unter uns gefunden: Missale, per Fratrem Philippum de Rotingo, Mantuanum, Ordinis Minorum de Observantia. Impressum Venetiis, arte & impensis Nicolai de Frankfordio. A. D. M. CCCC. LXXXV. in 8.

Bakosch

Johann. Ein Hermanstädter von gutem Hause, das sich von Retschkemet nannte. Er starb als Rahtsherr den 1 Hornung, 1697. Die wunderliche Schreibart der Zesianer gefiel ihm so wohl, daß er sie auch zu Hermanstadt einführen wollte. In dieser Absicht gab er ein kleines Werkchen unter der Aufschrift heraus:

Kurz und rechtmäßiger Grund der Hoochdeutschen-Sprache, wie auch derselben Schreibrichtigkeit, nach was sich ein jedweder halten soll, wenn er recht schreiben will. Welches alles aus unterschiedlichen gelährter Leut Büchern mit Fleiß in Unterredung zweyer Jungfern, Kristina und Rosina, der blühenden Jugend zum Besten zusammen getragen von J. B. C. in Hermanstadt gedruckt, durch Stephan Jüngling 1677. in 12.

Basch

Simon. Alles was ich von diesem Gelehrten habe entdecken können, ist, daß er ein Hermanstädter war, und 1659, zu Wittenberg studirte. Denn in diesem Jahre vertheidigte er zwo Streitschriften, eine philosophische: de Materia prima Peripatetica adversus Ildephonsum de Pennafiel, Cursu Philos. Tom. 2. Disp. 4. Quæst. 2. unter dem Vorsitze des M. Johann Kemmeli von Leutschau, und eine Astronomische: de stellis

Erraticis extraordinariis, unter dem M. Jakob Schnitzler von Hermanſtadt. Seine nachfolgenden Schickſaale ſind mir ſo wenig bekannt, als, ob Franz Vaſch, oder Beeſch, der 1679, den 17 May, Rahtsherr zu Hermanſtadt wurde, ſein Bruder geweſen, oder nicht. In der Handſchrift hat er hinterlaſſen:

    Acerbæ Tranſilvaniæ Viciſſitudines. Benkö in Tranſilv. T. II. S. 424.

Baſilius

Leonhard. Der Fr. Künſte Magiſter, und Pfarrer zu Hamersdorf bey Hermanſtadt. Sein Geburtsort und die Geſchichte ſeines jüngern Lebens iſt mir unbekannt. Doch macht es mir ſein Name Basler, den er in Baſilius verwandelte, ſehr wahrſcheinlich, daß entweder er, oder ſein Vater †) von Baſel in der Schweitz geweſen iſt. Im Jahre 1593, erhielt er das Rektorat der Hermanſtädtiſchen Schule, wurde aber das folgende Jahr nach Petersdorf unter dem Walde, zum Pfarrer beruffen. Hier lebte er neun Jahre, da ihn denn die Gemeine Hamersdorf, nach dem Tode des M. Leonhard Hermans, 1603, zu ihrem Ober-Seelenſorger erwählte. Hier erhielt er 1605, das Dechanat des Kapitels, welches er, ſo biel ich bis itzt weis, bis an ſeinen Tod bekleidete, der den 30 Auguſt, 1613. in ſeinem fünf und vierzigſten Jahre erfolgte. Johann Oltard,

damals

---

†) Das leztere iſt mir wahrſcheinlicher, da auch ein Martin Baſilius, 1599, Notarius zu Hermanſtadt war.

damals Pfarrer zu Heltau, setzte ihm diese Grabschrift:

> Basilius modica jacet hic tumulatus arena,
>   Ter tria post vitæ lustra peracta suæ.
> Ingenium solers, promptæ facundia linguæ,
>   Hunc poterant magnis adnumerare viris.
> Doctrina insignis, multa virtute verendus,
>   Consilio prudens dexteriore fuit.
> Sed quid agas? frigidi tanta est violentia
>   Fati,
> Subdat ut imperio nostraque nosque
>   suo.

Von seinen Schriften habe ich gesehen:

1) Theses Theologicæ in Schola Cibiniensi ad disputandum — propositæ. A. 1593. Cibinii, typis Joh. Heinr. Cratonis 1594. in 4. *)

*) Sie handeln: de S. Scriptura, de Deo ex tribus Personis, de Lege, de Peccato, de Libero arbitrio, de Justificatione, de bonis Operibus, und de notis Ecclesiæ. Die Respondenten sind: Johann Ludovici von Hermanstadt, Christian, von Waldhüten gebürtig, Georg, von Heltau, Georg, von Kleinschelk, Martin Basilius, und Johann Aurifabef.

2) Theses Theologicæ de veris Ecclesiæ visibilis Notis, in Gymnasio Cibiniensi, d. XX. Maji, ad disputandum propositæ. A. 1594. Ebendas. in 4.

Baußner

Bartholomäus. Ein gelehrter Rahtsherr zu Hermanstadt. Sein Vater gleiches Namens starb als Pfarrer zu Urvegen unter dem Walde, 1728, und hatte in seinen Universitäts Jahren zu Wittenberg, 1689, den 27 März, unter Gottfried Arnold, eine Streitschrift: Lotionem manuum, Disquisitione historica, ad factum Pontii Pilati

lati recensitam, vertheidigt. Als er noch Pfarrer zu Neppendorf war, zeugete er diesen Sohn, der ihm den 17 Januar 1698, gebohren wurde. Nachdem er sich auf dem Hermanstädtischen Gymnasium zu höhern Wissenschaften zubereitet hatte, begab er sich auf Universitäten, sich der Rechtsgelehrtheit zu weihen. 1730, ward er Gerichtssekretär zu Hermanstadt, nachgehends Rahtsherr, und 1768, Stuhlrichter, welche Würde er bis 1771, bekleidete. Endlich starb er als ältester Rahtsherr, 1774, den 22 Brachmond, in einem Alter von 76 Jahren, 5 Monden und 4 Tagen ohne männliche Erben. Er besaß eine besondere Fertigkeit in Chronostichen, davon er nicht nur einige auf verschiedene merkwürdige Begebenheiten drucken lassen; sondern auch eine starke Sammlung davon in der Handschrift hinterlassen hat.

Bausner

Bartholomäus. Superintendent der Sächsischen Kirchen, und Pfarrer zu Birthalmen. Er ward 1629, zu Reps gebohren, woselbst sein Vater, Martin Bausner, nachmaliger Pfarrer zu Schäs im Schäsburger Stuhle, damals Rektor und Notarius war. Im Jahre 1648, besuchte er das Gymnasium zu Hermanstadt, und 1652, reisete er nach Wittenberg, sich ferner zum Dienste der Kirche zuzubereiten. Doch blieb er nicht gar lange dort, sondern begab sich nach Leyden in Holland. An diesem Orte machte er sich durch einige Schriften von einer schönen Seite bekannt; die wühtende Pestseuche nöhtigte ihn aber 1656,

Leyden

Leyden zu verlassen, worauf er nach seinem Vaterlande zurückkehrte, und noch in diesem Jahre das Diakonat zu Schäßburg erhielt. Nachgehends ward er Pfarrer zu Nabasch, und 1661, nach einigen Unordnungen, zu Reichesdorf im Medwischer Stuhle. Die Reichesdörfer, erkauft durch die Zusage, ihnen einen Theil der Pfarrerszehenden zu erlassen, erwählten einen gewissen Jakob Kraus, Pfarrer zu Gessivel, einem adelichen Dorfe, zu ihren Seelenhirten. Eine genaue Untersuchung entdeckte aber die Sache; daher wurde die Wahl für nichtig erklärt, und Kraus zur Universitätsstrafe verurtheilt. Hierauf erhielt bey der neuen Wahl, Baußner die Kirchenschlüssel. Wegen der damaligen Pest ward er nicht wie gewöhnlich in der Kirche, sondern unter freyem Himmel der Gemeine vorgestellt, und eingeführt. Doch verlor er seine Gemahlinn an dieser Seuche, sobald er die Pfarrerswohnung bezog. Ihn aber erhielt die göttliche Vorsehung zu noch wichtigern Diensten der Kirche. Im Jahre 1667, wurde er zum Generaldechanten, und den 1. Brachmonat 1679, zum Superintendenten erwählt. Allein, wie wenige Jahre waren ihm noch bestimmt! Den 15. April, 1682, vollendete er schon seine Laufbahn, im drey und fünfzigsten Jahre seines Alters. Er hinterließ zween würdige Söhne, davon der ältere, Bartholomäus Baußner, als Pfarrer zu Urwegen unter dem Walde, 1728 starb; und der jüngere Simon, Edler von Baußnern, als wirklicher geheimer Siebenbürgischer Regierungsrath, Graf der Sächsischen Nation, und Königsrichter zu Hermanstadt, den 30 Christmonat, 1730.

Von seinen hinterlassenen Schriften kenne ich:

1) Disp. Philosophica, de Cordis humani actionibus, Præside Adriano Heereboord, qua auctor & respondens. Lugduni Batav. 1654. M. Sept. in 4.
2) Exercitationum Metaphysicarum Quinta, quæ est Tertia de Metaphisices Definitione, ad diem 24. Octob. Lugduni Batav. typis Elzeverianis. 1654. in 4. Unter eben demselben.
3) De Consensu partium humani Corporis, Libri III. in quibus ea omnia, quæ ad quamque actionem quoquomodo in homine concurrunt, recensentur, actionum modus, ut & consensus ratio explicatur, adeoque universa hominis Oeconomia traditur. Cum figg. æneis. Amstelodami, 1656. in 8.
4) Oratio de forma administrandi Disciplinæ Ecclesiasticæ. Mscr.
5) Oratio de Statu Ecclesiarum Saxo-Transilvanicarum. Mscr. *)

*) Weil die meisten Superintendenten der Sächsischen Kirchen in Siebenbürgen, sich durch einige Schriften bekannt gemacht, und Schmeizels Nachricht von ihnen in seinem Werkchen de Statu Eccles. Luther. in Transilvania nicht allemal richtig ist, so wird es vielleicht nichts Uiberflüßiges seyn, hier eine chronologische Tafel derselben beyzufügen.

1) Paul Wiener, Stadtpfarrer zu Hermanstadt, ehemaliger Kanonikus zu Laubach in Niederkrain, der erste Superintendent, erwählt den 6. Febr. 1553, stirbt den 16. August 1554 an der Pest, ohne die landesherrschaftliche Bestätigung in der Superintendur erhalten zu haben.
2) Matthias Febler, von Karpen in Ungern, gleichfalls Stadtpfarrer zu Hermanstadt, erwählt den 29. Brachmonat 1556. stirbt den 18. Sept. 1571.
3) Lukas Unglerus, oder Ungleich, von Hermanstadt, Pfarrer zu Birthalmen, erwählt in der Synode zu Medwisch 1572 den 2. Maymonat, stirbt, nach seinem Grabmaale den 27. Novemb. 1600. Er wollte seine Pfarre nicht verlassen, und nach Hermanstadt kommen; und seit der Zeit ist Birthalmen der ordentliche Sitz der Sächsischen Superintendenten verblieben.

4)

4) Matthias Schiffbäumer, Stadtpfarrer zu Medwisch, erwählt zum Pfarrer in Birthalmen den 10. Christmonat 1600, zum Superintendenten aber den 12. März 1601, stirbt 1611 den 30. August. Er hat den letzten Sächsischen Pfarrer zu Rimnik in der Walachey, Ananias ordinirt, welcher 1642 gestorben ist.

5) Johann Budaker, Stadtpfarrer zu Bistritz, wird 1611 zur Pfarre Birthalmen berufen, stirbt aber den 29. Jäner 1613, ehe er wegen der vaterländischen Unruhen, zum Superintendenten erwählt werden konnte.

6) Zacharias Weyrauch, von Reps, Pfarrer zu Muschen im Medwischer Stuhle, erw. 1614 den 17. Febr. stirbt 1621 den 6. Jäner.

7) Franz Granus, von Eibesdorf, Stadtpfarrer in Bistritz, erwählt den 23. May 1621, stirbt 1627 den 1. Brachmonat im 58sten Jahre.

8) Georg Theilesius, von Agnethlen, Stadtpfarrer zu Medwisch und Generaldechant, erwählt 1627 den 22. November, stirbt 1646 den 30. November, im 64sten Jahre.

9) Christian Barth, aus einem leibeigenen Geschlechte, Pfarrer zu Muschen und Generaldechant, erwählt 1647, den 26. Jäner, stirbt 1652 im 52sten Jahre.

10) Lukas Herman, Pfarrer zu Muschen und Generaldechant, erwählt 1652 den 18. September, schlug 1661 die fürstliche Würde von Siebenbürgen, die ihm Ali Bascha antrug, großmühtig und weislich aus, stirbt 1666 den 16. März im 70sten Jahre.

11) Paul Zekeli, Pfarrer zu Keisd, erwählt 1666 den 6. Heumonat, stirbt nach neun Wochen zu Keisd im 57sten Jahre, und ward daselbst begraben.

12) Stephan Adami, von Kreuz, Stadtpfarrer zu Medwisch und Generaldechant, erwählt 1666 den 8. November nachdem Johann Zekeli, welcher Pfarrer zu Wurmloch, und des vorhergehenden Bruder war, auf den angenommenen Beruf nach Birthalmen Verzicht thun müssen; stirbt den 18. März 1679 im 74sten Jahre.

13) Bartholomäus Baußner, Pfarrer zu Reichesdorf und Generaldechant, erwählt den 1. Brachmonat 1679, stirbt 1682 den 15. April im 53sten Jahre.

14) Christian Haas, Pfarrer zu Heltau, erwählt 1682 den 28. May, stirbt 1686 den 16. September. Im Jahre 1684 erhielt Haas den Beruf zur Hermanstädtischen Pfarre, und die Superintendur sollte auch dahin verlegt werden; allein die wichtigen Widersprüche der geistlichen Universität, vereitelten die ganze Sache.

15) Michael Pankratius, von Müllenbach, Stadtpfarrer zu Medwisch und Generaldechant, erwählt den 4. November 1686, stirbt 1690 den 11. des Heumonats.

16) **Lukas Hermann**, der Jüngere, Stadtpfarrer zu Mediwisch, und Generaldechant, erwählt den 28. Jäner 1691, stirbt 1707 den 11. September.
17) **Andreas Scharsius**, Pfarrer zu Muschen, und Generalsyndikus, erwählt den 2. Febr. 1708, stirbt durch einen Schlagfluß auf der Kanzel, 1710 den 2. November.
18) **Georg Kraus**, Stadtpfarrer zu Schäßburg, hatte bey der Wahl 1711 den 20. Jäner gleiche Stimmen mit Lukas Grafius, das Loos aber fiel für ihn; stirbt den 5. August 1712.
19) **Lukas Grafius**, Stadtpfarrer zu Mediwisch, und Generaldechant, erwählt den 17. November 1712, stirbt 1736 den 30. Oktober.
20) **Mag. Georgius Haner**, Stadtpfarrer zu Mediwisch, und Generaldechant, erwählt 1736 den 13. Christmonat, stirbt 1740 den 15. Christmonat.
21) **Jakob Schunn**, von Hermanstadt, Pfarrer zu Heltau, erwählt den 10. Febr. 1741, stirbt 1759 den 10. Jul.
22) **Georg Jeremias Haner**, Stadtpfarrer zu Mediwisch und Generalsyndikus, erwählt den 6. August, stirbt 1777 den 9. März. (*)

*) Nach Haners Tode wurde zwar Herr Daniel Filtsch, Stadtpfarrer zu Hermanstadt, der sich damals in wichtigen Geschäften zu Wien befand, von der Birthalmer Gemeine zum Pfarrer erwählt: allein derselbe verbat den Beruf aus guten Gründen. Die alten Schwierigkeiten wegen Verlegung der Superintendur hatten noch immer ein grosses Gewicht, und wir haben kein Beyspiel, daß ein Stadtpfarrer zu Hermanstadt die Birthalmer Pfarre angenommen hätte.

23) **Andreas Funk**, von Hermanstadt, Pfarrer zu Neppendorf, wurde, nachdem auch Herr Mathias Lang, Stadtpfarrer zu Müllenbach, sich nach aller Möglichkeit entschuldigt hatte, zum Birthalmer Pfarrer den 9. Brachmonat 1778 erwählt, und zum Superintendenten den 1. Heumonat. Ein Mann von wahren Verdiensten, ohne Eitelkeit und Stolz!

Benkner

Paulus, von Kronstadt, aus einem alten patricischen Geschlechte, das noch im 16ten Jahrhunderte die vorzüglichsten Aemter verwaltete. Anfangs bestimmte er sich der Kirche; nach seinen

nen Akademischen Jahren aber verließ er sein Vaterland, begab sich nach der Walachey, und nahm als Sekretär Dienste bey dem dasigen Hospodare. S. Benkö. Transf. Man hat von ihm in der Handschrift:

Geschichte der walachischen Fürsten.

Bergler

Stephan, ein Mann von vieler Litteratur, aber von einer schmutzigen und eigensinnigen Lebensart. Blumenaue, eine der Vorstädte von Kronstadt im Burzellande, war sein Geburtsort, woselbst sein Vater, Johann Bergler, als ein Bäckermeister lebte. Da er 1696 auf dem Kronstädtischen Gymnasium Schulkönig (Rex Adolescentium) ward: so möchte er um das Jahr 1680, seyn geboren worden. Von Jugend auf war er ungesellig und schmutzig, und liebte die Tobakspfeife, und die alten Schriftsteller gleich stark. Er befand sich auch unter den auserlesenen Schülern, die Markus Fronius, nachmaliger Stadtpfarrer, als Pfarrer zu Helzdorf, und Rosenaue unterrichtete, verlor aber durch seine ungesittete Lebensart diejenige Achtung bey ihm, die sein Fleiß, und Verstand verdiente. Nachgehends besuchte er die hohe Schule zu Leipzig, woselbst er sich vielen Ruhm erwarb, und dem Buchhändler Fritsch, bey seinen Ausgaben von alten Auktoren gute Dienste leistete, zugleich aber seine alte Lebensart fortsetzte. Selten hatte er ein gutes Kleid; denn so lang er Geld und Kleider hatte, verließ er das Wihrtshaus nicht; alsdann aber arbeitete er wieder, und Fritsch gab ihm allezeit etwas zu verdienen.

dienen. Er wohnte auch in deſſen Hauſe in einer Kammer des ſiebenten Stockwerks. Etliche Griechiſche Folianten, ein paar Tobakspfeifen, ein ſchmutziger Leuchter, und ein kleiner Spiegel, vor dem er ſich barbirte, war ſein Hausraht. Sein Bette lag beſtändig auf dem Fußboden. Als ihn der berühmte Gesner beſuchte, hatte er nichts, als einen Schlafrock, die Kammer war voller Tobaksdampf, und alles davon ſchwarz. †)

Von Leipzig reiſete er auf Fritſchens Empfehlung nach Amſterdam, woſelbſt er in der Wetſteiniſchen Druckerey die Ausgaben von Pollux Onomaſtikon, und des Homers beſorgte, auch ſich dadurch vielen Ruhm erwarb. Nachgehends begab er ſich nach Hamburg, und unterſtützte den berühmten Joh. Alb. Fabrizius, bey ſeiner Bibliotheca Græca, wie auch bey der Ausgabe des Sextus Empirikus, 1718. Nun berief ihn Fritſch wieder nach Leipzig, indem er Küſters Ariſtophanes mit möglichſter Richtigkeit herausgeben wollte. Hier erhielt Bergler eine Zuſchrift aus Rom, worinn ihn ein gewiſſer Kardinal erſuchte, die beygelegte alte Griechiſche Schrift zu leſen, und zu überſetzen, welches er auch that. Bey ſolchem Rufe ſeiner Griechiſchen Litteratur, hätte er leicht ſein Glück machen können: allein er opferte alles ſeiner Cyniſchen Lebensart auf. Doch nahm er endlich, auf Fritſchens Empfehlung

---

†) Jo. Matthias Gesners Prælect. Iſagog. in Erudit. univerſalem §. 524. Die Nachrichten, die er hier von Berglern ertheilet, werden auch von andern, die ihn in Leipzig gekannt haben, beſtätigt. Allein, daß er zuletzt zu den Türken übergegangen wäre, und ohne Zweifel ein unglückliches Ende genommen hätte, iſt vollkommen unrichtig.

lung, den Beruf als Sekretär an dem Walachi=
schen Hofe des Fürsten Alexander Maurokordato
an. Er reisete durch Siebenbürgen, und Bur=
zelland, und war phlegmatisch, oder eigensinnig
genug, nicht einmal seine Vaterstadt, und Freund=
schaft zu besuchen. In Bukarescht fand er die
Gnade des Fürsten, und behielt sie auch bis an sei=
nen Tod. Er unterrichtete dessen Prinzen, über=
setzte ihm die ausländischen Zeitungen in das
Griechische, und dessen Schriften in das Latei=
nische, errichtete auch auf Fürstliche Kosten eine
prächtige Büchersammlung, die Maurokordato
nachgehends der Patriarchalkirche zu Konstantino=
pel zu seinem Gedächtnisse verehrte. Zuletzt be=
kannte er sich zur Katholischen Religion, und
vielleicht hat dieses in der Ferne das Gerücht ver=
breitet, als wäre er ein Muselmann geworden.
Da er seine besondere Wohnung hatte, konnte er
seinen Neigungen gemäß leben. Von der Fürstli=
chen Tafel genoß er vieles, und die Prinzen ver=
sahen ihn mit allerhand ausländischen Weinen so
reichlich, daß Bergler Nachmittags niemals nüch=
tern war. Das Jahr seines Todes ist mir unbe=
kannt, 1734 aber, lebte er noch. Soviel ist ge=
wiß, daß er in Bukarescht gestorben, und auf
Fürstliche Unkosten prächtig begraben worden.
Seine Brüder hofften vieles von ihm zu erben,
aber sie fanden sich gänzlich betrogen. Bergler
hat die Kunst zu wihrtschaften, und zu sammeln
nie gelernt. Jugler zählet ihn unter die unglück=
lichen Gelehrten; †) allein das war Bergler, nach
seiner

---

†) In Bibliotheca Historiæ Litter. Struvii S. 2263. Et=
was umständlicher handelt von Berglern einer meiner
Briefe im Ungr. Magazine.

feiner Denkungsart betrachtet, gar nicht. Von seinen Schriften sind mir bekannt worden:

1) Pollucis Onomasticon. griech. und latein. Amsterdam, 1706. in Fol. welchem Bergler vier vollständige Register beygefügt.
2) Homeri Opera, quæ exstant, omnia, græce & latine: græca ad principem Henr. Stephani, ut ad primam omnium Demetrii Calchondylæ editionem, atque insuper ad *Codd. MSS.* sunt excussa; ex latinis editis selecta sunt optima, verum ita interpolata, ut plurimis longe locis, præsertim totius Odysseæ nova plane versio videri possit: curante *Joh. Henr. Lederlino*, Linguar. Orient. in Academia Argent. P. P. & post eum *Stephano Berglero*, Transsilvano. Amstelodami, ex officina Wetsteniana. An. 1707. in 12. Tom. II. Wieder zu Padua. 1744. Tom. II. in gr. 8. und abermals 1762. In der Vorrede handelt Bergler von den Absichten dieser Ausgabe, dann vom Homer, und denen ihm beygelegten Schriften.
3) S. B. Animadversiones quædam ad Jac. Gronovii, Emendationes in Suidam conjunctim editas, cum Decretis Romanis Asiaticis.
4) Animadversio in novam editionem Herodoti. à Cl. Gronovio curatam. In den Act. Erudit. Lips. 1712. und 13.
5) Alciphrontis Rhetoris, Epistolæ piscatoriæ, rusticæ, amatoriæ, & parasiticæ, cum Notis, græce & latine. Lipsiæ, 1715. in 8. *)

*) 116 Briefe, die Bergler größtentheils zum erstenmale mit einer Uibersetzung, und gelehrten Anmerkungen herausgegeben hat.

6) Musæi, de Hero & Leandro Poema, recensuit notis Casp. Barthii, Joh. Weitzii, P. Vœtii, Christ. Aug. Heumanni, C. Schüttgenii, Joh. Matth. Gesneri, Steph. Bergleri, I. A. Grœbelii & suis, indicibusque instruxit, ac dissertationem de Musæo præmisit, Jo. Heinr. Kromayerus. Halæ, 1721. in 8.
7) ΠΕΡΙ ΤΩΝ ΚΑΘΕΚΟΝΤΩΝ ΒΙΒΛΟΣ —Liber de Officiis, conscriptus à *Joanne, Nicolao, Alexandro Mauro-*

Maurocordato, Voivoda, editione secunda, latine conversus. Lipsiæ, 1722. in 4. *)
*) Eine prächtige Ausgabe mit dem Bildnisse des Hospodaren. Griechisch kam dieses Werk 1720 zu Bukaresch heraus. Doktor Vanderbech, der seine Empirica illustris, zu Augsburg 1723 nur deswegen herausgab, um seine Galle über den Maurokordato ausschütten zu können; schreibet in seiner Apologie von diesem Werke: Itaque, ut in publicum composito ad pietatem vultu, Stoicoque per typum vestigio procederet, arrepto antiquo quodam ex variis demortui parentis Manuscr. Codicibus libello: *de Christiani hominis Officio*, tractante, pædagogium illud περὶ τῶν καθηκόντων, opusculum ex meris SS. Patrum ac Bibliorum susque deque consarcinatis citationibus centonatum, atque adeo Basilicani Monachi, aut Sinaitæ alicujus cucullo congruum, sub proprio nomine Bukureſtinis prælis subjecit. — Nonnullos verumtamen spissos ac erubescendos errores, quibus libellus ille de Officiis, scatet, ad hunc perversi dogmatis Pharisæum, unctum oleo nequitiæ, si author esset, confundendum in apricum producerem, nisi eosdem latina corniculæ hujus Æsopicæ sumptibus, per quemdam æque famelicum pædagogum, in Vallachiam conductum, *Berglerum*, addita loco præfationis pedestri quadam Panegiri, Lipsiæ impressa traductio, cuicunque vel leviter animadvertenti lectori ante oculos sisteret: Utque de authore hactenus disputato, non dubitaretur ulterius, Maurocordati effigiem chalcographi palliatam mendaciis addidisset. Alienos vultus loco sui Waivodam non puduit emisse ab artifice, qui ad ejus arbitrium imaginem efformando, non qualis esset; sed qualis esse deberet, remotis exteris exhiberetur. — —

8) Jos. Genesius, de Rebus Constantinopolitanis, Libr. IV. Gr. & lat. Venetiis, 1733. in Fol. *)
*) Die erste Ausgabe dieses Griechischen Geschichtschreibers, mit Berglers lateinischer Uibersetzung und Anmerkungen. Der berühmte Joh. Burkhart Menke, schickte Berglers Handschrift aus der Leipziger Universitätsbibliothek nach Venedig. Doch ist der Abdruck sehr schlecht. Genesius erzählt die Geschichte der Griechischen Kaiser von 813 bis 889.

9) Aristophanis Comœdiæ gr. & lat. a Berglero. Tom. II. Amstel. 1760. in 4. Diese Ausgabe soll schlechter seyn, als die Küsterische von 1710. Es mag aber nur eine neue Auflage seyn, da Fritsch unsern Bergler eben deswegen von Hamburg nach Leipzig kommen ließ,

um

um die Küsterische Ausgabe zu verbessern. Peter Burmann, der Jüngere, gab 1762, Aristophans Lustspiele, mit Berglers und Dukers Anmerkungen, auf das neue zu Leyden heraus. Leid ist es mir diese Ausgabe nicht gesehen zu haben, da sich Burmanns Vorrede mit Berglers Geschichte beschäftigt.

Bergler hat sich um mehrere griechische Schriftsteller verdient gemacht; ob sie aber gedruckt worden, weis ich nicht. Angelus Politianus gab 1493. eine lateinische Uibersetzung von Herodians Römischen Geschichte, zu Bononien heraus. Nun schreibet Menke, in seinem vollständigen Verzeichnisse der vornehmsten Geschichtschreiber, Leipzig, 1718. S. 98. „Weil „Politianus mehr eine Paraphrasin als Version dar= „zu gemacht: so hat unser Herr Bergler das Werk „aufs neue gar sorgfältig vertirt, und dürfte also „solches bald bey uns herauskommen.„ Und in seiner übersetzten Anweisung zur Erlernung der Historie des Abts Langlet du Fresnoy, S. 40. „Plutarchus, de Malignitate Herodoti. Herr Ste= „phan Bergler hat in Willens, eine neue und accu- „rate Edition in Leipzig herauszugeben, wie er „denn auch dessen Apologie wider Plutarchum ver= „sprochen.„

Bertlef

Martin, der freyen Künste Magister, und öffentlicher Lehrer bey dem Gymnasium zu Thorn. Sein Geburtsort war Muschen, im Medwischer Stuhle. Als Jüngling studirte er auf dem Gymnasium zu Hermanstadt, wurde auch daselbst Orator, †) mußte aber wegen einiger jugendlichen Aus-

---

†) Die Studirenden auf der Hermanstädtischen Schule, die wegen ihrer besondern Kleider, Togati heißen, haben unter sich ihre Vorsteher. Der erste ist der Præ.e-ctus Gymnasii, der zweyte heißet Orator, und ist zu öffentlichen Reden verbunden, und der dritte Rex Adolescen-

Ausschweifungen diesen Ort räumen. Hierauf begab er sich 1684, nach Königsberg in Preußen, nachgehends auf das Gymnasium zu Thorn, und die hohe Schule zu Dörpt, in Liefland. Hier erhielt er, 1692 den 1. Okt. die Magisterwürde, nachdem er unter dem Vorsitze des Probedechanten, Gabr. Sioeberg: Theses philosophicas, vertheidiget hatte; und den 15. März, 1694, das dasige Schulrektorat, nachdem er, wie er selbst bezeuget, zehn Jahre durch widrige Schicksale von seinem geliebten Vaterlande entfernt gewesen. In diesem Dienste erwarb er sich solchen Ruhm, daß er nachgehends zum öffentlichen Lehrer nach Thorn beruffen wurde, woselbst er zu Anfang dieses Jahrhunderts gestorben ist. Georg Soterius, der ihn wohl gekannt hat, schreibt von ihm: Vir gravis, & facundus, insignis Musicus, & abstemius per totam vitam. †) Seine Schriften, soviel ich weis, sind:

1) Solennes & civiles Conciones Stylo Curtiano adornatæ, quibus primo Rectoratus anno, horis subcisivis superiores Regii, quod Dorpati est, Lycei alumnos, ad latini sermonis elegantiam, & facundiæ studium incitavit. Dorpati, 1695. in 12.
2) Exodus Hamelensis, welche Schrift ich nie gesehen.

---

lescentium. Denn die Schüler werden in Studenten, oder Ordinarii, und Adolescenten, oder Extraordinarii, eingetheilt. Der letztern ist die größte Anzahl, die erstern aber gemeiniglich Bauernsöhne, die sich besonders auf die Musik verlegen, um Dorfschulmeister, Kantorn, u. d. g. werden zu können.

†) Man sehe auch des Lippisch: Thorunium Hungar. litteris deditorum Mat. S. 30.

Besodner

Petrus, Stadtpfarrer zu Hermanstadt, und Dechant des Kapitels, ein Mann von grossem Ruhme in der Sächsischen Kirchengeschichte. Er war zu Hermanstadt, woselbst sein Vater gleiches Namens, Rahtsherr war, im Jahre 1578, geboren. 1600, besuchte er die hohe Schule zu Frankfurt an der Oder, woselbst er sich sieben Jahre lang, des Unterrichts, besonders des berühmten Christophorus Pelargus bediente. Nach seiner Zurückkunft lebte er bey seinem Stiefvater, Thomas Bordan, Pfarrern zu Stolzenburg, in einer den Musen geweiheten Stille. Allein, 1608, den 18. Dezemb. erhielt er vom Stadtpfarrer, Christian Lupinus, und dem Hermanstädtischen Rahte, den Beruf zum Rektorate, ward auch den 2. Hornung des folgenden Jahres, feyerlich eingeführet. In diesem Dienste lebte er bis 1612, da ihn die Reichesdorfer Gemeine, im Medwischer Stuhle, zu ihrem Seelsorger erwählte. Er nahm den Beruf an, allein Lupinus starb den 17. Septemb. und so wurde Besodner, noch in diesem Jahre wieder zurück, und zur Stadtpfarrerswürde beruffen. Als Hermanstadt, 1714, den 18. Hornung, seine Bürger, und die alte Freyheit, deren sie der wilde Fürst, Gabriel Bathori, beraubte, wieder erhielt, war seine Freude so lebhaft, daß er zu dessen Gedächtnisse ein jährliches Dankfest einführte. Allein wie bald werden nicht auch die größten Wohlthaten vergessen! Besodner starb den 20. May, 1616, und mit ihm gieng auch seine Stiftung ein. Johann Oltard setzte ihm folgende Grabschrift:

Petrus

Petrus eram, folido Petræ fundamine nixus,
Dum flueret vitæ tela caduca meæ.
Nulla hinc tempeftas, non fulmina fæva potentum,
Non quæ vana fuis viribus ira fuit.
Sed neque tartareo, quæ monftra feruntur in antro,
Deturbare mea me potuere Petra.
Una aliquid valuit mors in me: fed neque totum
Subdidit imperio, trux licet illa, fuo.
Scripta mihi cœlo funt nomina, grataque multis
Fama volat, fatum non fubitura, locis.
Tu quoque te victam mors ipfa fatebere quondam,
In Petra hac, Petrus cum redivivus ero.

Befodners Schriften:

1) Bibliotheca Theologica, h e. Index Bibliorum præcipuorum, eorundemque interpretum, Hebræorum, Græcorum & Latinorum, tam veterum, quam recentiorum in certas Claffes ita digeftorum, ut primo intuitu apparere poffit, qui in numero Rabinorum, Patrum, Lutheranorum, Pontificiorum, aut Zvinglio-Calvinianorum contineantur. Quem confilio & ductu Rev. Excell. & Celeberrimi Theologi Dn. D. Chriftophori Pelargi, Præceptoris fui venerandi, inprimis ex Bibliotheca ejus inftructiffima, in gratiam Miniftrorum Ecclefiæ concinnavit, P. Befodner. Francofurti March. 1608. und 1610. in 4. *)

*) Czvitting. Spec. Hung. Lit. S. 66. Jal. Friedr. Reimans Catal. Biblioth. Theol. S. 386.

2) EΞHΓHΣIS. Auguftanæ Confeffionis. Tom. II. 1607. in 8. Ein handschriftliches Werk, welches die Schulbibliothek aufbewahret.

?) Theses XI. Synodo Mediensi a. 1615. confirmatæ ad detegendos Crypto-Calvinianos. *Mscr.*

Binder

Michael, ein gelehrter Pfarrer zu Großprobstdorf, und vieljähriger Dechant des Bolgatscher Kapitels, starb 1734. Er hinterließ in der Handschrift ein brauchbares Werk, dessen Titel:

Rerum Transilvanicarum Ecclesiastico - Politicarum Compilatio.

Bisterfeld

Johann Heinrich, geheimer Raht, und erster öffentlicher Lehrer der Gottesgelehre, und Weltweisheit, zu Weißenburg, im 17ten Jahrhunderte. Nassau war seine Vaterstadt, und von Heidelberg erhielt er 1629, vom würdigen Fürsten, Gabriel Bethlen, nebst dem Alsted, und Piskator, den Beruf an das akademische Gymnasium, das Bethlen 1622 zu Weißenburg gestiftet, und mit reichen Einkünften beschenkt hatte. Hier verwaltete Bisterfeld seine Dienste mit grossem Beyfalle, und machte sich durch seine Kenntniß der Mathematik, und natürlichen Magie so berühmt, daß er die Ehre hatte, vom Pöbel für einen Zauberer gehalten, und der Nicromantische Professor genannt zu werden. †) In der Religion, ward er mit dem Superintendenten, und Fürstlichen Hofprediger, Stephan Katona,

---

†) Susti Origo, Increment. & Facies hodierna Trium in Transilv. Gymnas. S. 27. —

tona, ein eifriger Gegner derer, die aus England den Puritanismus mitbrachten, und in die reformirte Kirche auch hier einführen wollten. Beyde brachten es bey dem Fürsten Rákóßi so weit, daß die Puritanischgesinnten in der Synode zu Satmár ihrer Dienste entseßt wurden. Doch wußten diese nachgehends auch Bisterfelden zu gewinnen, darauf nach Katonas Tode, der Puritanismus die herrschende Religion unter den Reformirten wurde.

In der Ehe lebte Bisterfeld mit einer Tochter des berühmten Alsteds, ob er aber von ihr Erben hinterlassen, weiß ich nicht. So viel ist gewiß, daß er sich 1645, den 17. Apr. ein Haus zu Hermanstadt, gar nicht nöhtig in Ansehung seiner selbst, und also auch das Sächsische Bürgerrecht kaufte. Dieses ist die Ursache, warum ich hier Bisterfeldens, und nicht eines Alsteds, Piskators, u. a. m. gedenke. Georg Goldschmid, Besißer desselben Hauses, hatte es wegen angeklagten Hochverrahts verloren, der Hermanstädtische Raht aber dem Fürsten abgekauft. Eine Sächsische Staatsklugheit! Denn es war kein unerhörter Fall, daß die Fürsten dergleichen eingezogene Häuser ungrischen Edelleuten schenkten. Damit nun die Hermanstädter auf solche Weise nicht wider die privilegirten Vorrechte, und Freyheiten der Nation, fremde Nationsverwandte zu Bürgern erhielten: so kauften sie dergleichen Häuser, und Güter, von den Fürsten. Oft theuer genug!

Wollten wir dem Gerüchte unter dem gemeinen Volke glauben: so hatte Bisterfeld zuleßt kein besseres Schicksal, als Doktor Faust; die

Teufel zerriſſen ihn lebendig. Allein der ehrliche Mann ſtarb auf ſeinem Bette in guter Ruhe, den 6. Hornung, 1655, und der bekannte Engländer, Iſaak Baſirius, der den 30. Chriſtmonat des vorigen Jahres von Konſtantinopel zu Weißenburg angekommen war, erhielt ſeine Profeſſur. Von Biſterfelds Schriften ſind mir bekannt worden:

1) Diſput. Philoſophica, de Concurſu cauſſæ primæ cum ſecundis, *Reſpond.* Stephano Keſerüi, & Joanne Benyei, Hungaris, ad d. 8. & 15. Maji. Albæ Juliæ. Imprim. Jacob Effmurdt, ſuæ Serenitatis Typographus. A. 1630. in 4.
2) De uno Deo Patre, Filio ac Spiritu Sancto, Myſterium Pietatis, contra *Joann. Crellii*, Franci, de Vno Deo Patre, Libr. duos, breviter defenſum. Lugduni Batav. ex Officina Elzeveriana. A. 1639. in 4. *)

*) Mit einer Zueignungsſchrift an den Fürſten Georg Rakogi I., und deſſen Prinzen Georg, und Sigiemund. Crells Werk iſt darinn ganz abgedruckt, und Biſterfelds Widerlegung ihm entgegen geſetzt.

3) Diſput. Theol. de divina Scripturæ S. Eminentia. *Reſpond.* Samuele Decano, Bohemo. Albæ Juliæ. 1641. in 4.
4) Diſp. Theol. de Domino noſtro Jeſu Chriſto. *Reſp.* Petro Mylio, Polono. Ebendaſ. 1641. in 4.
5) Medulla priſcæ puræque Latinitatis, denuo impreſſa. Alb. Jul. Typis Celſis. Princ. M. DC. XLVI. in 12. Dieſes Werkchen des Mark. Fridr. Vendelin, das lateiniſch und deutſch, 1630, gedruckt worden, gab Biſterfeld zum Dienſte der Schuljugend, mit einer neuen Vorrede heraus.
6) Bebata beatæ Virginis Ars, ſeu Regia genuini S. Scripturæ ſenſus, omnigenique uſus inveniendi Via. Ebendaſ. 1651. in 4.
7) Philoſophiæ primæ Seminarium, ita traditum, ut omnium diſciplinarum fontes aperiat, earumque clavem porrigat. Alb. Juliæ. excud. Martin. Major, Coronenſis, Cels. Tranſilv. Princ. ac Scholæ Typographus. A. 1652. in 8.

8) Gladii Spiritus ignei, vivi & ancipitis, seu Scripturæ S. divina Eminentia & efficientia, publicæ non credentium & credentium disquisitioni, Spiritu S. Duce, denuo in duabus disquisitionibus proposita. Albæ Jul. 1653. in 4.
9) Bisterfeldius - Redivivus: seu Operum Jo. Henrici Bisterfeldii, magni Theologi & Philosophi, posthumorum, *Tom.* I. & II. Hagæ Comitum, ex typograph. Adriani Vlacq. 1661. in 12. *)

*) Der erste Theil enthält:
1) Alphabeti Philosophici, sive Philosophiæ præcipuorum Principiorum. Libri III.
2) Aphorismi Physici.
3) Sciagraphia Analyseos.
4) Parallelismus Analyseos Grammaticæ, & Logicæ.
5) Artificium definiendi catholicum.
6) Sciagraphia Symbioticæ.

Der zweyte Theil:
1) Logica.
2) De Puritate, ornatu, & copia linguæ latinæ.
3) Ars disputandi.
4) Ars Combinatoria.
5) Ars reducendorum Terminorum ad Disciplinas liberales Technologica.
6) Ars, seu Canones de Reductione ad Prædicamenta.
7) Denarius didacticus, seu decem Aphorismi, benè discendi.
8) Didactica sacra.
9) Usus Lexici.

In Jöchers gelehrt. Lex. wird Bisterfelden noch zugeschrieben: Phosphorus Catholicus, seu Epitome Artis meditandi.

Boetius

Johann, ein gelehrter Dominikanermönch um das Jahr 1345. Wofern ich nicht irre, so ist es Schmeizel, der ihn Johann, auch einen Siebenbürgischen Sachsen nennet, und dabey den Sigism. Ferrarius, de Rebus Hung. Provinciæ Ordinis Prædicatorum anführet. Dieser aber verschweiget seinen Taufnamen, nennet ihn zwar nach dem Vater Nemethi, einen Siebenbürger;

bürger; allein zugleich meldet er, daß ihn Antonius von Siena in seiner Bibliothek, zu der Dänischen Provinz rechne. Ich kann es nicht entscheiden, doch kann Nemethi leicht durch das zweydeutige Wort: Dacia, seyn getäuschet worden. S. Seite 443, wo zugleich folgende Schriften dem Boetius beygelegt werden: 1) Uiber des Aristoteles Werke: de Sensu, & Sensibili; Vita, & Morte, Somno, & Vigilia. 2) De Mundi æternitate. Außer diesen schreibet man ihm noch zu: Summam Dialecticam; Commentar. in Libb. Topicorum analyticorum utrorumque, und in Elenchos Sophisticos. Jöcher.

Bogner

Petrus, Apus, beyder Rechten Doktor, und Stadtpfarrer zu Kronstadt. Ob dieser merkwürdige Gelehrte ein Sohn des Bartholomäus Bogner gewesen, der 1542, der erste Evangelische Pfarrer zu Leutschau geworden, kann ich nicht sicher bestimmen. Von diesem giebt uns eine Leutschauische Chronik folgende Nachricht: „An-
„no eodem (1542) ist der Ehrwürdige Herr,
„Bartholomæus Bogner von Cronstadt aus
„Siebenbürgen, bey Reformirung der Kirchen,
„als ein Lutherischer Pfarrer in die Leutsch be-
„ruffen worden, unter dem Richteramt Herr
„Ladislai Polierer: der Schul Rector war
„Daniel Türk, auch der erste, so der Augs-
„burgischen Confession zugethan war, so her-
„nach

„nach Notarius worden." †) Unser Bogner weihete sich Anfangs den schönen Wissenschaften, der Weltweisheit, und Arzneykunst, zuletzt der Rechtsgelehrsamkeit, und endlich sah er sich zum Dienste der Kirche genöhtigt. Er besuchte Frankreich, England und Italien, und hielt sich vierzen Jahre auf ihren berühmtesten hohen Schulen auf. Zu Paris beschäftigte er sich sechs Jahre mit den schönen Wissenschaften, der Weltweisheit und Arzneykunst, nachgehends zu Orleans, Burges, Poitiers und Anjou. Endlich entschloß er sich zur Rechtsgelehrheit, that eine Reise nach England, und darauf nach Italien. Hier hörte er die berühmtesten Rechtsgelehrten zu Padua, Bologna, Pisa, Siena, Rom und Ferrara, und nahm die höchste Würde in beyden Rechten an. Nach seiner glücklichen Zurückkunft in sein Vaterland, wurde er Rahtsherr zu Kronstadt und Professor, oder Lektor bey der Schule, diente auch den Kranken mit seiner medizinischen Kenntnis, ob er gleich den Doktorhut nie empfan-

---

†) S. des berühmten Herrn Wagners Analecta Scepusii sacri, & profani P. II. S. 15. Allein S. 54, wird in Leibizers Chronik berichtet: M. D. XLIV. Reverendus, & Clarissimus Vir, Bartholomæus Bogner, vocatus est Leutschoviam ad munus concionandi, sub præfectura D. Ladislai Polirer, ubi Evangelii lumen refulsit. Ille fuit primus Evangelicus Prædicator Leutschoviæ. Ob er vor diesem Berufe einige geistliche Würden zu Kronstadt begleitet hat, weiß ich nicht; aber daß er nicht Stadtpfarrer daselbst gewesen, noch den berühmten Honterus, zum Nachfolger gehabt, ist aus den Kronstädtischen Annalen gewiß. Paul Benkner, Licentiat der Rechten, legte sein Amt freywillig 1535 nieder. Sein Nachfolger Lukas Plecker, starb das folgende Jahr; diesem folgte Jeremias Jskel, und auf ihn 1544, den 22sten April Johann Honterus.

pfangen, davon er eine artige Ursache angiebt. †) 1572, den 13. Novemb. starb der Stadtpfarrer, Jakob Mellembriger, an einem Schlagflusse, und da ward Bogner an seine Stelle beruffen. ††) Eine unvermuhtete Scene! Sie bewegte ihn zu Trähnen und Klagen, und alles zu versuchen, einen Dienst von sich zu entfernen, zu dem er sich in Frankreich und Italien gar nicht zubereitet hatte. Aus diesem Grunde that er der Synode zu Medwisch, 1573, den 20 May, öffentliche Vorstellungen, und bat auf das Inständigste, nicht eher in den geistlichen Stand, den er über alles schätze, aufgenommen zu werden, bis er nicht die nöhtige Würdigkeit dazu haben würde. — Vielleicht aber wäre dieses niemals erfolgt. Denn er that seine Pfarrerdienste sechs Jahre lang in weltlicher Kleidung, ob er gleich nur auf zwey Jahre vom Könige Stephan Báthori Erlaubniß hatte. Endlich nahm er den geistlichen Stand, auf der Synode zu Medwisch 1578, den 10 Heumond, an. Auch itzt würde es kaum geschehen seyn, wenn ihn nicht Daniel Reipchius, von dem gelehrten Arzt, Paul Kerz, und dem

Super=

---

†) In seiner Apologia, Synodo Medjeschini, d. 20. Maji, 1573, exhibita, darinnen er seine merkwürdigsten Lebensumstände erzählet: quod nulla, schreibt er: diplomata bullasque unquam viderim, qualescunque fuerint, utut etiam compositæ, inscriptionibus insignitæ, denique litteris aureis efformatæ, quæ languentem aliquem & affectum valetudine sanarent, juverint, restituerent. —

††) Da durch diese seine Beförderung das Lektorat, wie er selbst schreibt, erlediget worden: so berief er zu diesem Schuldienste den Martin Oltard, Professor bey der Hermanstädtischen Schule, den 13. Dec. 1572.

Superintendenten, Lukas Ungleich, angereizt durch etliche Kanzelreden, dazu genöhtigt hätte.

In eben dieser Synode wurden wegen der Aerndtearbeit, die beyden Feste, der Apostel Petrus und Paulus, und des Jakobus aufgehoben, die übrigen Apostelfeste aber bis auf die halbe Feyer eingeschränkt. Darauf denn dieses, Bogner in dem Kronstädtischen Kalender bezeichnete; allein zu grossem Misvergnügen des Rahts, besonders des Matthias Fronius, der Luthers und Melanchtons Schüler war. Doch blieb diese Verordnung im Burzelländischen Kapitel im Schwange, in andern aber mußte sie aufgehoben werden. Denn, da dieses Jahr durch viele Ungewitter merkwürdig wurde, und gar am Tage Jakobi ein schrecklicher Hagel die Feldfrüchte und Weinberge verdarb, sahen dieses die Bauern für Göttliche Strafgerichte wegen der abgeschaften Festtage an, wurden aufrührisch, und drohten an einigen Orten, ihren Pfarrern so gar den Tod.

Bogner starb an einem Schlagflusse 1591, den 28 Heumond. Seine Gemahlinn war Anna, eine Tochter des merkwürdigen Bürgermeisters zu Medwisch, Joachim Koch, welche er 1569, geheuratet hatte. Von seinen gelehrten Beschäftigungen ist mir nichts mehr bekannt, als:

Tröstliche Gebete wider die Türken. Kronstadt. 1586. in 8, und wieder 1594.

Bomel

Thomas. Gleichfalls ein Kronstädter, und Pfarrer zu Stolzenburg. Auch er diente zuerst dem gemeinen Wesen, und wählte hernach den geiſtlichen Stand. Nichts Ungewöhnliches zu den Zeiten unſrer Väter, da Rechtsgelehrte nicht Fremdlinge in der Gotteslehre, und Theologen nicht im Felde der Rechtsgelehrſamkeit waren. Allein, wie iſt die Geſtalt unſrer Zeiten! Wie mancher Jüngling beſtimmt ſich itzt zu Staatsdienſten, weil er ſich eines Handwerks ſchämet, und zu den Wiſſenſchaften weder Luſt, noch Fähigkeit hat! Bomel ſuchte und fand ſein Glück zu Hermanſtadt, woſelbſt er 1548, Provinzialnotarius wurde. Als ſolchen ſandten ihn die verſammelten Stände zu Sékel Vaſcharhely, in Geſellſchaft des Ladislaus Keménŷ und Johann Schombori, an den K. Ferdinand nach Wien, um deſſelben Einwilligung zur Wiederberuffung der Königinn Iſabelle und ihres Prinzen Johann Sigismund, aus Pohlen, zu erhalten. Die Rede, welche Bomel bey dieſer Gelegenheit, den 9 Hornung, 1556 gehalten, hat uns Miles im S. Würgengel, S. 56, aufbewahret. Nachgehends ward er ein Mitglied des innern Rahts, auch 1561, von Johann dem Zweyten, zum Vizeſimator erklärt. Allein, noch in dieſem Jahre verwechſelte er ſeinen Stand, und erhielt nach dem Tode des Bartholomäus Kertſchen, die Pfarre zu Stolzenburg. Hier vollendete er ſeine Tage, den 30 Januar, 1592; nachdem er 1569, auch das Dechanat bekleidet hatte. Wir haben von ihm;

1) Chronologia Rerum Ungaricarum, a primo Unnorum in Pannoniam adventu, ad milleſimum quingenteſimum quinquageſimum ſeptimum a nato Chriſto annum, per Thom. Bomelium Coronenſem,
colle-

collecta, & Inclito Senatui Coronenſi dicata. Coronæ. 1556. in 4. 3 Bog. *)

*) Der Verfaſſer vermehret deren Zahl, welche die Siebenbürgiſchen Sachſen für ein Pflanzvolk des K. Geiſa des Zweyten, halten. Doch beſtimmt er das Jahr ihrer Berufung nicht. Dieſes iſt ſeine Nachricht:
1141. Geyſa ſecundus in Regem eligitur, fuit & hic vir pius, ac humanus, moritur ultima die Maji, cum regnaſſet annos viginti.
Saxones in Ungariam evocati, in Tranſilvania, ad montana loca, quæ nunc quoque inhabitant, conſederunt.
Expeditio Hieroſolymitana.
So iſt ſeine Art zu erzählen. Bey dem Anfangsjahre der Regierung eines Königes bemerket er zugleich, wie lang er regirt, und wann er geſtorben; alsdann in Abſätzen, die merkwürdigſten Begebenheiten, aber gemeiniglich ohne Beſtimmung des Jahres. Auf dem Rande bezeichnet er die Römiſchen Kaiſer, und von 1300, auch die Türkiſchen. — Das Werkchen iſt von keiner Wichtigkeit, und nach Zaners Urtheil, in Adverſ. de Scriptor. R. Hung. & Tranſil. S. 126, wärmet Bomel alte Fehler auf, und begehet neue. Wann er aber zu den erſtern die Legende der H. Urſula mit ihren 11000 Geſpielinnen rechnet, und unter die letztern, die Erwählung des K. Ludwigs. 2. zum Ungriſchen Könige, im zehnten Jahre ſeines Alters: ſo möchte Bomel noch wohl zu entſchuldigen ſeyn. Denn das erſtere wurde damals allgemein geglaubt, niemand dachte noch an zwo jungfräuliche Märterinnen, Urſula und Ximilla, oder auf eine andre wahrſcheinliche Erläuterung dieſer unwahrſcheinlichen Legende. In Abſicht Ludwigs ſaget er uns nichts, als was die Wandchronik der Kronſtädtiſchen Hauptkirche, 1535, geſchrieben, vor ihm behauptet hat: 1517, Ludovicus natus annos 10. eligitur in Regem. Regnat annos 10.

2) Statuta Jurium Municipalium Civitatis Cibinienſium, reliquarumque Civitatum & univerſorum Saxonum Tranſilvanicorum, collecta per Thom. Bomelium, A. 1560.

3) Statuta, oder Satzungen gemeiner Stadtrechten der Hermanſtadt, und anderer Städte und aller Deutſchen in Siebenbürgen, colligirt durch Thom. Bomelium. 1560. *)

*) Bey-

*) Beyde sind nur Handschriften, die ich bis izt nur in der Kapitularischen Bibliothek zu Hermanstadt bemerkt habe. Das deutsche ist eine bloße Uibersetzung des vorhergehenden. Bomel fand mit dieser seiner Arbeit vielen Beyfall, und man machte Gebrauch davon. Da nicht nur Sächsische Städte und Marktflecken, sondern auch manche Dörfer Gericht halten, und das Recht über Tod und Leben besitzen: was konnte nohtwendiger seyn, als eine schriftliche Verfassung, der bey Gerichten bisher üblichen Gewohnheiten und Rechte? Matthias Fronius folgte seinen Fußtapfen, und gab der Nation ein Gesetzbuch, das noch allen Sächsischen Gerichtsstühlen zur Richtschnur dienet.

Brecht von Brechtenberg

Joseph Klemens. Von diesem Gelehrten weis ich nichts mehr, als, daß er sich einen Doktor, Professor, und 1714, den ersten Lektor des Kronstädtischen Gymnasiums nennet. Ob er eine Person mit dem Brecht gewesen, der 1692, zu Hermanstadt, wegen seiner Schmähsucht, den 11 Septemb. in Verhaft genommen wurde, überlasse ich andern zu entscheiden. Durch den Druck hat er bekannt gemacht:

1) Invitatio solemnis ad Studium Historicum. Coronæ. 1709. in 8.

2) Göttlicher immerwährender Fest= und Historien=Kalender, nach der Form und Eintheilung, die der h. Geist selbst gestellet, und im alten und neuen Testament gebrauchet. Darinnen, auf was vor einen Tag und Jahr die berühmtesten Feste und Historien gefallen, zu finden. Nach welcher auch die heutige heydnische Kalender=Form corrigirt, wobey auch zugleich einige Dies fatales, und wunderlich verhängte Geschicke bemerkt — Hermanstadt, druckts Michael Helzdörfer, 1714. in 4. *)

*) Der Verfasser bemühet sich den gewöhnlichen Kalender zu verbessern, und einen neuen einzuführen. Seinen fanget er mit dem Märzmonate an, und schließet mit dem

dem Hornunge. Fast bey jedem Tage setzet er eine, auch mehrere Begebenheiten, die an demselben vorgefallen seyn sollen. So ist nach seiner Meynung der 3 März, der erste Schöpfungstag, und den 9 Oktober im Jahre der Welt 4140, Jesus Christus gebohren worden. — Das Werkchen von 6¼. Bogen, ist dem Kaiser Karl, dem Sechsten zugeschrieben. Wie hoch muß der Verfasser seine Erfindung geschätzet haben, und niemand will davon Gebrauch machen!

Brenner

Martin. Ein geschickter Arzt von Bistritz, oder Nösen, lebte in Hermanstadt, und starb an einem Gallenfieber den 24 Januar 1553, nachdem er kurz vorher sich die Grabschrift gesetzet:

Ευσεβηα χρησε σοφιαʃε χαιηθεσιν αγνοις
Μαεʃινος Βρεννερ ενθαδεξητε θανον.

Bey den Freunden der Ungrischen Geschichte hat er sich durch die Herausgabe folgender Schriften, nicht wenige Dienste erworben:

1) Aurelii Brandolini, cognomento Lippi, Florentini, Ordinis Auguſtini Monachi, Romæ 1498 mortui, *Dialogus* ad Matthiam, invictiſſimum Hungariæ Regem. A. 1540.

2) Antonii Bonfinii, Rerum Hungaricarum Decades tres, nunc demum induſtria *Mart. Brennerii*, Biſtricienſis Tranſilvani, in lucem editæ, antehac nunquam excuſæ. Quibus acceſſerunt Chronologia Pannonum a Noah usque hæc tempora, & Coronis Hiſtoriæ Ungaricæ diverſorum Auctorum. Baſileæ, ex Roberti Winter officina. Anno. M. D. XLIII. Fol. *)

---

*) Brenner hat sie nicht aus dem Originale herausgegeben, Schade! sondern aus einer Handschrift, die er von Franz Bornemissa, Archibiakonus zu Stuhlweissenburg, erhalten, aber einer kritischen Feile sehr nöthig hatte. Nachgehends gab Kaspar Helt, sechs Bücher der vierten Dekas, in seiner Hiſtoria Matthiæ Hunyadis,

R. Ungar. 1565, zu Klausenburg heraus; diese ganze Dekas aber, nebst der Hälfte der fünften Inhann Oporin, zu Basel, 1568. in Fol. Den Titel dieser Ausgabe führet Czwittinger, ich weiß nicht wie, gar nicht richtig an; denn er lautet also: Antonii Bonfinii Rerum Ungaricarum Decades quatuor cum dimidia. Quarum tres priores, ante annos XX, Martini Brenneri Bistriciensis, industria editæ, jamque diversorum aliquot Codicum manuscriptorum collatione, multis in locis emendatiores: Quarta vero Decas cum quinta dimidia, nunquam antea excusæ, Joan. Sambuci, Tyrnaviensis, Cæs. Majest. Historici &c. Opera ac studio nunc demum in lucem proferuntur: Una cum rerum ad nostra usque tempora gestarum Appendicibus aliquot, quorum seriem versa pagina indicabit. Accessit etiam locuples Rerum & Verborum toto Opere memorabilium Index. Cum Cæs. Majest. gratia & privilegio, ad annos sex. Basileæ ex officina Oporiana. 1568. Hievon veranstaltete Sambukus zu Frankfurt, 1581 eine neue, und wie er meynet, verbesserte Ausgabe, die unter einem neuen Titelbogen, zu Hanau, 1606, der gelehrten Welt wieder mitgetheilt wurde. Von diesen und folgenden Ausgaben des Bonfins sehe man des berühmten Schwarz, Decadum Antonii Bonfinii editio nupera Posonio — Viennensis justo pretio æstimata. Osnabrugi, 1745. Die letzte und schönste ist diejenige, welche Herr Professor Bel in Leipzig, herausgegeben hat.

Brukner

Johann. Magister der freyen Künste, und Pfarrer zu Grospolt unter dem Walde, gebohren von bürgerlichen Eltern zu Hermanstadt, den 12 März, 1712. Er weyhete sich der Gotteslehre, reisete 1732, zu Ende des Jahres nach Halle im Magdeburgischen, woselbst er bey dem Königlichen Pädagogium 1736, als Lehrer diente. 1739, nahm er zu Wittenberg die Magisterwürde an, und kehrte endlich das folgende Jahr in sein Vaterland zurück. Hier erhielt er auf einmal 1740, den 11. Heumond, das Konrektorat,

rat, und nach sechs Jahren, den 1. Oktob. 1746, das Rektorat, welchem er bis 1750, mit unermüdetem Fleiße vorstund; den 19 August aber zur Pfarre in Grospolt beruffen wurde. Hier erfolgte sein Tod an einer Brustkrankheit den 24 Januar 1765, in einem Alter von 52 Jahren, 10 Monden, und 12 Tagen.

1) Differtatio Academica, de Lucta Facultatis Adpetitivæ inferioris & superioris, Respondente Joh. Paulo Vinhold, Gedanensi. Witebergæ. 1739. in 4.
2) Differtationes Philosophicæ varii argumenti, quas Præside Joh. Brukner, defenderunt Ordinis latini primi Membra, Halæ in Pædagogio Regio, semestri hiemali 1738, semestri æstivo, 1739. *Mscr.* *)

* Es sind 29, die der Verfasser in einer schönen Abschrift der Hermanstädtischen Bibliothek, zu seinem Gedächtnisse verehret hat.

Bütner

Michael, Pfarrer zu Neudorf im Hermanstädter Stuhle. Sein Vater gleiches Namens war Pfarrer zu Nependorf, und starb nach einer 42 jährigen Amtsführung 1578. Ein solches Glück hatte der Sohn nicht. Er erhielt zwar 1593, nach dem Tode des Johann Laurenti, die Neudorfer Pfarre, starb aber noch in demselben Jahre. In seiner akademischen Laufbahne zu Wittenberg, gab er folgende Gedichte heraus, davon das erstere ein Elegisches, das andere ein Heroisches ist:

1) Carmen in Natalem Christi Servatoris: Litt. & S. Judic. Viro, Georgio Branchyno — ac optimæ spei adolescenti, Michaeli Golay, Pannoniis — dicatum. Witebergæ. 1582. in 4.
2) De Morte Christi Domini, ad mortales lamentatio. Witeb. 1582. in 4.

Clausenburger

David. Ein Mann von grossen Fähigkeiten, aber sehr unruhigem Geiste, der endlich sein Ende tragisch machte. Er war ein natürlicher Sohn der Katharine, gebohrnen Waida. Dieses Frauenzimmer vermählte sich mit Daniel Clausenburgern, einem reichen Patricier und Rahtsherrn zu Medwisch. Nach dessen Tode heuratete sie Georg Schelker, ein Hermanstädtischer Rahtsherr, der in dem unglücklichen Pohlnischen Kriege des Fürsten Rákozi, 1657. die Sächsischen Truppen anführte. Als sie wieder Wittwe geworden, hatte sie, ich weiß nicht für wen, solche Zärtlichkeit, daß sie auf ihrem Landgute die Mutter dieses Sohnes ward, dem sie den Geschlechtsnamen ihres ersten Gemahls beylegte. Weil er bald viele Hoffnung von sich gab, wurde er auch von dem Clausenburgischen Geschlechte willig angenommen. Er bestimmte sich der Rechtsgelehrheit, auf die er sich zu Wien legte, auch daselbst, 1690, eine öffentliche Streitschrift vertheidigte. Darauf durchreisete er Deutschland, Frankreich und Italien; allein bey seiner Zurückkunft erfüllte er nicht die Hoffnung seines Vaterlandes. Er war stolz, eigensinnig und verwägen. Aus diesem Grunde verlohr er bald seinen Sekretardienst, den er zu Medwisch erhalten hatte. Hierauf bediente sich die Gemahlinn des Superintendenten, Lukas Hermann, bey ihrer ausgebreiteten Haushaltung, seiner, als eines Schreibers. Auch hier blieb er nicht lange. Endlich erhielt er bey dem berüchtigten Johann Baba=

Zabanius, Bürgermeistern zu Hermanstadt, den Dienst eines Konsularsekretärs.

Einmal geschieht es aber, daß er in dessen Zimmer seine Brieftasche liegen läßt. Zabanius bemerket sie, und indem diese seine Neugierigkeit durchsuchet, findet er ein schriftliches Ehebündniß zwischen dem Clausenburger und der Gemahlinn des Superintendenten, auf den Fall seines Todes. Dieses Geheimniß entdeckte Zabanius dem Königsrichter Valentin Frank, und dieser dem Superintendenten. Die Sache machte grosses Aufsehen. Hermanns Gemahlinn läugnete alles, indem sie ja nicht einmal schreiben könnte, und suchte ihre Ehre gerichtlich. Clausenburger blieb aber dabey: sie habe dieses Eheverbündniß mit ihm geschlossen. Sie war auch sicher keine Lukretia. Allein Thorheit war es, daß sich Clausenburger selbst das Urtheil des Todes sprach, wann ihm das Gegentheil erwiesen werden könnte. Man hatte eben keine grosse Staatskunst nöhtig, um voraus zu bestimmen, welcher Theil den Proceß verlieren würde. Clausenburger verlor ihn, und unter dem Vorwande, er hätte sich in diesem Falle, ja selbst das Todesurtheil gefällt, wurde er 1696. den 18. Christmonds, auf öffentlichem Marktplaße bey der Schandsäule, oder Pranger enthauptet. Sein Tod war eine klägliche Scene. Der unachtsame Scharfrichter traf im Zuhauen ein Bündel Ruhten, das zur Züchtigung einer Hure an den Pranger aufgestellet war. Dadurch ward der Hieb so matt, daß er Clausenburgern nur umstürzte. Zwar wiederholte der Scharfrichter den Hieb etlichemal, aber vergebens. Endlich faßten zween Zigäuner das unglück.

glückliche Schlachtopfer bey den Haaren, und um den Leib, und so wurde ihm denn der Kopf abgeschnitten. Worauf sein Leichnam mit gewöhnlichen Feyerlichkeiten bey Leichenbegängnissen, hinausgetragen, und begraben wurde. Zabanius sah das klägliche Trauerspiel mit freudigem Gesichte aus seinen Fenstern an, klatschte dabey in die Hände, und rief: Abermal ein Kopf weg! Allein, wie wenige Jahre verflossen, so sah sich Zabanius auf eben der traurigen Stätte, und viel mehrere klatschten in die Hände. — Clausenburgers Tod, wurde mit unter seine Blutschulden gerechnet. Von Clausenburgern haben wir:

Exercitatio Juridica inauguralis, de Subditis temporaneis, quam favente Deo O. M. ex authoritate Mgf. Rectoris, sub Præsidio Dn. Petri Grundemann, J. F. J. N. SS. Theol. Doct. & in antiquissima Academia Viennensi Pr. Ord. Cel. Doctoris sui venerandi, in publico eruditorum congressu defendet, David Clausenburger, Med. Patr. Transilv. d. 1 Apr. Viennæ Austriæ, 1690. in 4.*)

*) Ein Michael Clausenburger, gleichfalls von Mebwisch, dessen Umstände mir übrigens unbekannt sind, hat einen Kalender nach der neuen und alten Zeitordnung, auf das Jahr 1678, zu Hermanstadt, herausgegeben. Er nennet sich darauf: Philo-Mathematicum. E. G. D.

Clompe

Petrus. Von Kronstadt, und Rektor des dasigen Gymnasiums von 1749 bis 51, da er den 14. Januar, in der Hälfte seiner Tage diese Welt verlassen mußte. In seinen Universitätsjahren, gab er bey Gelegenheit der berüchtigten Wolfischen Streitigkeiten, mit einem seiner Freunde

Colb.

be, folgende Uiberſetzung aus dem Franzöſiſchen heraus:

Neue Schriften über die angegebenen Irrthümer, welche in der Philoſophie des Herrn Hofraths Wolf, enthalten ſeyn ſollen. Leipzig, 1736. in 4. *)

*) Die Uiberſetzer bezeichnen ihre Namen durch die Anfangsbuchſtaben: G. und C. der erſtere aber iſt mir unbekannt.

Colb

Lukas, von Kronſtadt, Pfarrer zu Roſenaue im Burzellande, und Dechant des Burzelländiſchen Kapitels, welches ehmahls mit dem Hermanſtädtiſchen, freye Dekanate waren. Sie ſtunden blos im Geiſtlichen unter der Gerichtsbarkeit des Erzbiſchofs von Gran, deſſen Vikarius der Biſchof, zu Milkov in der Moldau war, nachgehends aber, der Dechant des Hermanſtädtiſchen Kapitels. Daher genoſſen die Plebanen dieſer Dekanate die ganzen Zehenden. Colb ſtarb im Jahre 1753. und hinterließ in der Handſchrift:

Codex Privilegiorum Capituli Cibinienſis.

Georg Colbius, der 1668, zu Wittenberg eine Streitſchrift: de Salutis oblatione in Vocatione ad Eccleſiam, unter dem Konſtantin Zigra, vertheidigte, möchte wohl ſein Vater geweſen ſeyn.

Czak, von Roſenfeld

Franz. Gleichfalls von Kronſtadt, erhielt nach dem Clomp, 1751, das Rektorat, hatte aber dabey gleiches Schikſal, indem er in dieſem Dienſte 1755, ſtarb. Ob David Czak ſein Großvater geweſen, kann ich nicht ſicher beſtimmen.

men. Dieſer ſtudirte zu Wittenberg, woſelbſt er 1666, eine Streitſchrift: de Myſterio Prædeſtinationis, unter Johann Deutſchmann, und 1667, unter Abrah. Calov. Elench. Hugonis Grotii in Aggæum Prophetam, vertheidigte, auch daſelbſt Magiſter der freyen Künſte wurde. Von Franz Czaken, haben wir außer verſchiedenen Gelegenheitsgedichten, auch:

1) Die bis zum ſchmähligen Kreuzestod erniedrigte Liebe Jeſu; deren geſegnete Früchte, theils durch eine ungebundene und gebundene Rede; theils durch einen Actum ſcholaſticum — vorgeſtellet worden. Nun aber auf Verlangen und Befehl einiger fürnehmer Standesperſonen — durch einen öffentlichen Druck — zu Gemüthe geführt worden, von Franciſco Czako de Roſenfeld, Rectore des Cronſtädtiſchen Gymnaſii. Cronſtadt, druckts Chriſtian Lehmann, 1755. in 4. 9½ Bogen.

Czigler, ſ. Ziegler.

Czirner

Andreas. Von dieſem Manne weis ich nichts, als daß Schmeizel einer öffentlichen Rede gedenket, die er auf dem Gymnaſium zu Kronſtadt gehalten, aber nie gedruckt worden.

Oratio Gallicana de Saxone Tranſilvano, ad res capiendas perficiendasque haud inepto. 1739. M. Octob.

In Abſicht des Urſprungs der Siebenbürgiſchen Sachſen, vertheidigt er inſonderheit wider Seldmannen, die Meynung derer, welche ſie für eine Vermiſchung deutſcher Pflanzvölker mit den alten gothiſchen Einwohnern halten. Sein größter Beweis iſt das National Privilegium, ſo wie es Töpeltin bekannt gemacht hat; welchen er gegen den Vorwurf der Verfälſchung, alſo vertheidigt: Injuria hæc eſt non
par-

parva, cum homo privatus publicum scriptum, totam gentem concernens, corrumpere & mutare non fuiſſet auſus, & ſi fuiſſet, coram Univerſitate Saxonica rationem reddidiſſet, non ſine pœnis juſtiſſimis & graviſſimis. Czirner urtheilet vollkommen recht; es iſt aber auch geſchehen. Töpelt hat ſich dieſerwegen ſchriftlich bey dem Hermanſtädtiſchen Rahte entſchuldigen, und wiederruffen müßen. Seine Palinodie befindet ſich noch im Hermanſtädtiſchen Archive.

De Dacia

Petrus. Ein berühmter Aſtronom um den Anfang des vierzehnten Jahrhunderts, deſſen Schriften Geſner in ſeiner Biblioth. S. 148, bekannt machet. Czwittinger, und deſſen Nachfolger in dieſem Felde, halten ihn für einen Siebenbürger, aber aus keinem andern Grunde, als weil er ſich, de Dacia ſchreibet. Allein aus eben dieſem Grunde halte ich ihn für keinen; ſondern für einen Dänen. Denn wann hat ſich jemals ein Siebenbürgiſcher Unger, Zekler, oder Sachs, de Dacia geſchrieben? Daß ſich aber ſelbſt die alten Könige von Dänemark, Reges Daciæ genannt, iſt bekannt genug. Man ſehe auch nur ihre Münzen. Ein Gleiches muß ich vom Maximilianus Tranſilvanus anmerken, der ſich durch ſeine Gedichte, und Schiffahrt aus Spanien nach den Moluttiſchen Eiländern in der gelehrten Welt bekannt gemacht hat. Er muß ſeines Namens wegen gleichfalls ein Siebenbürger ſeyn; allein König in ſeiner Bibliothek, S. 816. nennet ihn einen Brüßler; und dieſes wird mir durch ſeine Lebensumſtände, und daß ſeine Gedichte den Delit. Belg. Tom. IV. S. 449. einverleibt worden, ſehr wahrſcheinlich.

Davidis, oder David

Franz. Hofprediger bey Johann dem Zweyten, und erster Unitarischer Superintendent in Siebenbürgen. Nach Bods Nachrichten in seinem Ungrischen Athen, war er der Sohn eines Sächsischen Schusters zu Klausenburg. So habe denn Davidis auch eine Stelle in diesen Blättern! — Bey den grossen Revolutionen des sechszehnten Jahrhunderts in der Kirche, spielte er eine zu merkwürdige Rolle, als daß sein Gedächtniß vergessen werden sollte, wäre es gleich ein herostratisches. Man muß es nur gestehen: Davidis war ein Mann von grossen Talenten, die nur durch die Anwendung endlich böse wurden; unermüdet in Ausführung seiner Plane, von eroberneder Beredsamkeit, und unerschöpflich in seinen Gründen für seine Grundsätze, sie möchten wahr, oder falsch seyn. Er schien jenen Engeln zu gleichen, die auch nach dem Verlust ihrer moralischen Güte, dennoch fürchterlich blieben. Der Glanz seines Ruhms verdarb sein Herz, und dieses endlich seinen Verstand. Da einmal sein Herz ein Raub des Stolzes geworden, versuchte er alles: Anfangs die Sächsische Kirche mit der Ungrischen zu vereinigen, und trennete sie dadurch gänzlich; darauf der Stifter einer eigenen Kirche zu werden. Er erreichte seine Absichten, aber weder zu seinem Glücke, noch zu seiner Ehre.

Wann uns einmal die Wirbel des Irrthums ergreifen; so ziehen sie uns ihrem Mittelpunkte, dem Abgrunde des Unglaubens, immer näher. So bald die ewige Gottheit Jesu nicht geglaubt wurde: sobald raubte man ihm seine Göttliche

Verehrung; als dieses geschehen, sah man ihn bald für einen Menschen an, um den man sich zu bekümmern gar nicht Ursache habe. So wurde die Socinianische Glaubenslehre eine Mutter, deren Kinder immer mehr ausarteten. Sie gebahr die Davidisten, diese die Jüdischgesinnten, und diese endlich vollkommene Juden. Die Socinische Glaubenslehre ist 1571, von Johann Zapolya dem Zweyten, unter die bestätigten Religionen des Landes aufgenommen worden. Die Davidisten behaupten nach ihrem öffentlichen Glaubensbekentnisse vom 1 August, 1637, Christus sey nur als unser Fürsprecher, Messias, und Erlöser, zu verehren, und anzuruffen. Dieser ihre Gemeine ist die größte, sie verloren aber unter dem Fürsten Gabriel Bethlen, auf die siebenzig Kirchspiele in den Zeklerischen Stühlen, Schepsi, Kesdi und Orbai, die sich mit den Reformirten vereinigten. Die Jüdischgesinnten folgen den letzten unseligen Glaubenslehren des Davidis, nach welchen er die Anbetung Jesu Christi gänzlich verwarf, und ihn für nichts als einen natürlichen Menschen erklärte. Diese nennen sich die wahren Unitarier, und sie heißen die Socinianer, Dualisten. Aus ihnen entstunden die Sabbatarier. (Szombatorok) Sie erwarten mit den Juden noch den Messias, halten die Beschneidung für nohtwendig zur Seligkeit, feyern den Sonnabend, enthalten sich aller im Mosaischen Gesetze verbotenen Speisen, und verwerfen die Schriften des neuen Bundes. Ihr Stifter war Simon Petschi, ehemaliger Kanzler des Fürsten Gabriel Bethlen. Seine übertriebene Liebe zu den Orientalischen Sprachen, zu den Rabinischen und Mahomedanischen Schriften, stürzte ihn in diesen scheußlichen Aussatz, davon ihn doch sein hohes Alter heilte. Die Fürsten Gabriel Bethlen und Georg Rákozi der Erste, suchten diese Sekte durch scharfe Befehle auszurotten. — Doch genug hievon.

Als ein Freund des Augsburgischen Glaubensbekentnisses, begab sich Davidis nach Wittenberg, woselbst er sich 1548, zum Dienste der Kirche zubereitete. Nach seiner Zurückkunft erhielt er das Schulrektorat zu Klausenburg. Er verwaltete es mit grossem Ruhme, und erwarb sich in dem Theologischen Kriege des bekannten Stankarus und Kalmanschei, so viel Lorbeern, daß er 1557, die Stadtpfarrerswürde, die Kaspar Helth niedergelegt hatte, nebst der Superintendentur der Ungrischen Kirchen erlangte. Nicht weniger fand Petrus Melius, der 1558, die Reformirte Glaubenslehre auf das Neue einführen wolte, an ihm einen hitzigen Gegner. Allein, noch in diesem Jahre gieng Davidis zu seiner Parthey über. Man saget: seine Furcht, die Gunst einiger Kalvinischgesinnten Magnaten zu verlieren, und die Hoffnung, die Sachsen leicht zu ähnlichen Gesinnungen zu bewegen, wären die Triebfedern seiner Glaubensänderung gewesen. In Absicht der Sachsen sah er sich betrogen. Er wollte ein Markus Antonius seyn, aber er fand an ihnen nicht das Heer des Lepidus.

Im Jahre 1559, berief er mit Königlichem Befehle die Sächsische Geistlichkeit auf den 14 August nach Medwisch. Hier aber vertheidigten
die

die Superintendenten der Sächsischen und Ungrischen Evangelischen Kirchen, Matthias Hebler, und Dyonisius Alesi, ihre Lehre mit solchem Nachdrucke, daß sich Davidis vergebens geschmeichelt hatte. Nichts vortheilhafter für ihn, endigte sich auch die Synode zu Enyed, 1564; ob er sich gleich von der Freundschaft des bevollmächtigten Vorsitzers, der Blandrata war, sehr Vieles versprach. So unglücklich in diesen Feldzügen, entwarf sich Davidis andere Plane. Wider alle Vermuhtung verließ er das Lager der Reformirten, und schwor zu Blandratens Fahne. Das grosse Gewicht, dieses seiner Religion nach, noch ziemlich unbekannten Arztes, bey Johann dem Zweyten, und der Ruhm das Haupt einer Kirche zu werden, waren ihm Reitzungen genug, dessen Lehrsätze anzunehmen. Blandrata war auch gegen seinen Proselyten nicht undankbar. Er bewegte den Fürsten, seinen Hofprediger Alesius zu entlassen, und Daviden anzunehmen, der dann den Fürsten bald dahin führte, wohin ihn Blandrata haben wollte: ein Socinischgesinnter zu werden, wie er war.

Die neue Verwandlung des Davidis veranlassete neue Scenen, die endlich für ihn tragisch wurden. Da er mit seinem Freunde Blandrata grosse Eroberungen bey Hofe gemacht, ja selbst den Fürsten gewonnen hatte: so kündigten sie der Gottheit Jesu des Messias, und dem hochheiligen Geheimnisse der dreyeinigen Gottheit öffentlich den Krieg an. Sie breiteten allerhand giftige Schriften darwider aus, und suchten so gar durch Bilder die heil. Dreyeinigkeit lächerlich, wo nicht verabscheuungswürdig zu machen. †) Welchem Freund des Christenthums konnte dieses gleichgiltig seyn? Besonders aber verfuchte Melius, Pfarrer zu Debrezin, alles, den so genannten König Johann, zu einer allgemeinen Versammlung der Sirbenbürgischen Geistlichkeit zu bewegen. Endlich wurden seine Wünsche erfüllt, aber ohne gehoffte Folgen. Den 8 März, 1568. traten die streitenden Partheyen in Gegenwart des Fürsten, und der Magnaten, zu Weißenburg auf den Kampfplatz. Zehn Tage stritten sie mit einer Hefftigkeit, die den weichen Heltai zur Flucht nöhtigte, Blandraten aber eine Theologische Heiserkeit verursachte. Zuletzt, wie gewöhnlich, blieb jeder bey seiner Meynung. Nur Liebe zur Wahrheit, und nicht Begierde Recht zu haben, läßt bey Theologischen Streitigkeiten erwünschte Folgen erwarten. Doch verband ein Fürstlicher Befehl beyde Theile, bey Verlust des Kopfs, nachdrückliche Bewegungsgründe! sich in Zukunft aller Schmähungen gegen einander zu enthalten. Nun breitete sich die Unitarische Religion gleich Wasserfluhten aus, doch nicht unter den Sachsen, außer in Klausenburg. Feuer und Schwerdt dro-

---

†) Man sehe das Werk: De falsa & vera unius Dei Patris, Filii & Spiritus S. Cognitione. Libr. II. Authoribus Ministris Ecclesiarum Consentientium in Sarmatia & Transilvania. 1 *Thessal.* 5. Omnia probate, quod bonum est tenete. Albæ Juliæ, in 4. Die Zueignungsschrift an Johann II. ist den 7. Aug. 1567. unterschrieben. Schesäus, ein Zeitgenosse, merkt hiebey an: der Buchdrucker desselben, der auf Fürstlichen Befehl dazu nach Weißenburg beruffen worden, sey plötzlich darauf krank geworden und eines elenden Todes gestorben. Dieses war Raphael Hoffhalter.

Davidis, oder David.

drohete sie allgemein zu machen. Allein diese schwarze Wolke verschwand, ehe sie sich ausgießen konnte. Johann starb, Kaspar Békeschi mußte dem Stephan Báthori das Fürstenthum überlassen, und das Land räumen. So sahen sich die Unitarier bey ihren stolzen Planen, gar bald ohne Macht und Stütze. Sie wurden auf dem Landtage, 1572, so eingeschränkt, daß sie nirgends als zu Klausenburg und Tornburg, Synode halten durften. Zugleich verbot ihnen der Fürst die Druckfreyheit. †) Ein wirksames Mittel die Ausbreitung einer Lehre zu verhindern! Allein dieses Verbot wurde schlecht beobachtet.

1576, sah sich Davidis in neue Streitigkeiten verwickelt, welche die Ehre seines moralischen Charakters sehr schwärzten. Er hatte als Wittwer, 1572, Katharine Baráth geheuratet; ein junges und reiches Frauenzimmer, aber eine zwote Xantippe. Diese klagte ihn itzt der Untreue, des Meyneyds, und mörderischer Nachstellungen ihres Lebens an, und verlangte die Ehescheidung. Der Fürst Stephan Báthori berief eine Versammlung Ungrischer und Sächsischer Geistlichen nach Enyed, die Sache zu untersuchen. Davidis Schande wurde ganz offenbar, also das Band ihrer Ehe getrennet, und er seines Amts ganz unwürdig erklärt, doch aber nicht entsetzt. ††) Zugleich erhielt er die Freyheit, nach zwey Jahren

---

†) Michael Pari, in seinem Briefe an Josias Simler, vom 10 Apr. in Miscell. Tigur. II Theil. II Ausgabe, S. 216.
††) Der Schluß ihres Endurtheils ist denkwürdig: Ac licet Franciscus juste amoveri poterat ab ecclesiastica functione, juxta dictum Pauli —— sed cum nobis nihil com-

Jahren wieder zu heuraten. Allein diese Periode endigte sich für ihn gar nicht mit dem gewöhnlichen Schlusse der Lustspiele.

Blandrata, dieser sein alter Freund, wurde die Triebfeder seines Verderbens. Die geheime Ursache seines rachsüchtigen Hasses, soll eine schändliche Heimlichkeit gewesen seyn, welche Davidis von Blandraten, wider dessen Vermuhten, erfahren. †) Die öffentliche aber, waren die neuen Davidischen Glaubenslehren. Es ist wahr, Davidis äußerte so gar auf der Kanzel solche Meynungen, die unsern Heyland aller Göttlichen Ehre beraubten, und ihm kaum die Vorzüge ließen, die Mahomet, Jesu zugestehet. ††) Allein die Wahrheit zu gestehen; es waren nichts als natürliche Folgen der Socinischen Glaubenslehre. Ist Jesus nicht das Wort, das im Anfange war, und bey Gott war, und das Gott selbst war: welche Folgen sind natürlicher, als daß er die Ehre der Anbetung nicht verdiene; ein blosser Mensch sey, unser Mittler nicht seyn könne? — Allein, die Grundsätze sollten ihre Richtigkeit haben, nicht aber ihre natürliche Folgen. Blandrata ließ den Socinus auf seine Unkosten aus Pohlen nach Klausenburg kommen, um Daviden eines Bessern zu belehren, eigentlich aber seine Gesinnungen

---

mune fit cum eo, fufpendant, fi volunt, Magiftrum difcipuli fui; fin minus, habeant & recognofcant, ut fordefcant adhuc magis. (hæc funt verba Principis Stephani Bathori.)

Paftores Ecclefiarum Saxonicarum & Ungaricarum Enyedini congregati.

†) M. sehe das Werk: Defenfio Franc. Davidis. 1581.
††) Eben daselbst.

xungen desto mehr auszuspähen. Dieses konnte um desto leichter geschehen, da sich Socinus in Davidens Hause aufhielt. Da sie nun Stof genug zu seinem Verderben hatten, auch Davidis seine neuen Lehren öffentlich bekannt machte: so klagten sie ihn 1579, bey dem Waywoden, Christoph Báthori, als eine Person an, die wider die Reichsgesetze von 1571, Neuerungen in der Religion einführe, und also die strengste Ahndung verdiene. Könnten wir einem gewissen Zeugnisse glauben: so war die schreckliche Lehre: Jesus sey im Gebete nicht anzuruffen, schon seit 1572, in der Klausenburger Kirche öffentlich gelehrt worden, nun auch ohne Widerspruch angenommen. Und dennoch mußte sie itzt als eine Neuerung, Blandraten das Mittel zu Davidis Verderben werden. Dieser wurde auf die Anklage, in seinem Hause gefänglich gehalten, und nach einiger Zeit nach Weißenburg abgeführet, sich vor dem Waywoden und versammelten Ständen und Geistlichen beyder Nationen, zu verantworten. Davidis läugnete seine Lehrsätze nicht, betheuerte aber, nichts darinnen zu behaupten, als was diejenigen selbst gelehrt, die itzt sein Verderben suchten. Die Untersuchung wurde auf den folgenden Tag ausgesetzt. Sie fiel gar nicht vortheilhaft für ihn aus. Er wurde als ein Gottesläſterer und Neuling in der Religion, zu einem ewigen Gefängnisse verdammt. Man führte ihn also nach drey Tagen auf das Bergschloß Deva. Hier verfiel er bald in eine Schwermüthigkeit, die sich zuletzt in eine Raserey verwandelte, darinn er elendlich starb,

Vita-

Vitaque cum gemitu fugit indignata sub umbras.

Der Tag seines Todes wird sehr verschieden angegeben. Das Verzeichniß der Unitarischen Superintendenten bestimmet aber den 15. November.

Ich komme auf Davidis Schriften, die uns ihn nach seiner verschiedenen Gestalt zeigen:

1) Responsio Philippi Melanthonis de Controversiis Stancari, scripta anno M. D. LIII. Impressa anno M. D. LIIII. in 8. ohne Meldung des Druckorts. *)

*) Aus dem Drucke, der dem folgenden gleich ist, erhellet, daß diese Antwort zu Klausenburg gedruckt worden, und wahrscheinlich vom Davidis herausgegeben worden, der insonderheit mit Stankarn kämpfte.

2) Dialysis scripti Stancari contra primum Articulum Synodi Szekiensis, qui de doctrina controvertitur, conscripta per Franc. Davidis. *Psalmo* XXXI. Muta fiant labia dolosa — & contumeliosa. 8. zu Ende liest man: Impressum Claudiopoli Transylvaniæ, per Georgium Hoffgrevium. Anno M. D. LV. *)

*) In diesen Blättern hat Davidis nicht nur den Stankarus; sondern auch seine eigenen Schriften, die er in der Folgezeit als Socins Jünger herausgegeben, sehr wohl widerlegt.

3) Consensus Doctrinæ de Sacramentis Christi, Pastorum & Ministrorum Ecclesiarum in Inferiori Pannonia, & Nationis utriusque in tota Transylvania. Conscriptus & publicatus in S. Synodo Claudiopolitana Transylvaniæ, ipsa die, Sanctæ, Individuæ, & semper benedictæ Trinitatis. Anno M. D. LVII. Claudiopoli, in officina Georgii Hoffgrevii. in 4. *)

*) Vollkommen dem Lehrbegriffe der Evangelischen Kirche gemäß! Die Freunde der Kalvinischen Lehre, vom heil. Abendmahle, überschickten diese Schrift dem Melanchton nach Wittenberg, und baten sich dessen Bedenken darüber aus. Dieses veranlassete 1558, die Synode zu Thorda, und folgende Schrift:

4) Acta

4) Acta Synodi Paſtorum Eccleſiæ Nationis Hungaricæ in Tranſylvania, die Apoſtolorum Philippi & Jacobi. Anno M. D. LVIII. in Oppido Thordæ, celebratæ. Quibus adjunctum eſt Judicium inclytæ Academiæ Wittebergenſis, de Controverſia Cœnæ Domini, a Clariſſimo & Doctiſſimo Viro, Phil. Melanthone conſcriptum, Eccleſiisque Tranſylvanicis transmiſſum. Die & anno, ut ſupra. Zu Ende des Werks: Impreſſum Claudiopoli, in Officina Georg. Hoffgrevii. in 4. *)

*) Die Vorrede iſt von Davidis, als Pfarrern zu Klauſenburg, und Superintendenten, darinn er wider die Feinde der Gottheit Jeſu eifert. Darauf folget: 1) Acta Synodi Thordenſis. 2) Judicium Incl. Acad. Witebergenſis, de Controverſia Cœnæ Domini, a Cl. & Doctiſſ. Viro, Philipp. Melanthone conſcriptum, Eccleſiisque Tranſylvanicis transmiſſum. A. Dni. 1558. d. 16. Jan. 3) Verba Confeſſionis Eccleſiarum Saxonicarum, ad quæ Dn. Philippus in ſuperiori ſcripto remittit, titulo, de Cœna Domini. — In dieſer Synode wird den Geiſtlichen bey Verluſt ihrer Würde, die Anſchaffung der H. Schrift anbefohlen. Dieſe, nebſt dem Apoſtoliſchen, Nycäiſchen und Athanaſiſchen Glaubensbekenntniſſe, wird zur Richtſchnur der Lehre geſetzt. Von Gottesdienſtlichen Gebräuchen werden beybehalten: die Pahten bey der Taufe, die Privatbeichte, die Einführung der Neuverlobten und Sechswöchnerinnen in die Kirche, nebſt andern, zwar gleichgiltigen, aber der Ordnung wegen, nöhtigen Ceremonien. In Abſicht der Pfarrer und Diener des Worts, wird verordnet: daß ſie in weißen Chorröcken, und dreymahl die Woche, mit ihrer Gemeine Gottesdienſt halten, wie auch für das Wohl der Kirche und ihrer Obrigkeit beten ſollen. Jeder ſoll bey ſeiner Gemeine bleiben, nicht Wein ſchenken, noch weniger ſelbſt Weinſchenken beſuchen, oder andere unanſtändige Handthierungen treiben. Kein Diener des Worts ſoll ohne Erlaubniß des Superintendentens, oder Archidiakonus ſeine Dienſte antreten, wenn er gleich darzu beruffen wäre. Die Schulmeiſter und andere untergeordnete Perſonen, ſollen ihren Paſtoren redlichen Gehorſam leiſten, und alle überhaupt als treue Haushalter des Evangeliums erfunden werden. — Wie ſchlecht hat dieſes Davidis ſelbſt erfüllet!

5) Rövid ut mutatás az Iſtennek Igégének igaz értelmére moſtani Sz. Háromságról támadott vélekedésnek

désnek meg-fejtésére 's meg-itélésére haſznos és ſzükséges. Albæ Juliæ. 1567. in 4. oder: Kurze und ben Widerlegung und Beurtheilung der itzt von der heiligen Dreyeinigkeit entſtandenen Meynung, nützliche und nohtwendige Anleitung zum wahren Verſtändniſſe des Göttlichen Wortes.

6) Rövid Magyarázat, miképen az Anti-Kriſtus az igaz Iſtenrül-való Tudományt meg-homályosította, és a' Kriſtus az ö Hiveinek általa tanítván minket, miképen épitette-meg az ö Mennyei Szent Atyjáról, és a' Szent Lélekröl bizonyos értelmet adván elönkbe. Albæ Juliæ. 1567. in 4. Oder: Kurze Erklärung, auf welche Weiſe der Antichriſt die Lehre von dem wahren Gott verdunkelte, und Chriſtus durch ſeine Gläubigen uns unterrichtend, ſolche aufbaute, indem er uns das gewiſſe Verſtändniß von ſeinem himmliſchen Vater und von dem Heil. Geiſte vorgelegt hat.

7) Refutatio Scripti Petri Melii, quo nomine Synodi Debrecinæ docet, Jchovalitatem & Trinitarium Deum, Patriarchis, Prophetis & Apoſtolis incognitum. Albæ Juliæ. Excudebat Typogr. Regius, Raphael Hoffhalter. Anno, Chr. Dom. M. D. LXVIII. in 4. *)

*) Vor der Zueignungsſchrift an Johann den Zweyten, die Davidis und die Aelteſten der Ungriſchen Kirchen in Siebenbürgen, auf der Synode zu Vaſcharhely, den 1. Sept. unterſchrieben, ſiehet man das Wappenſchild des Fürſten, nebſt einer Erklärung in Verſen. Weil es zur Erläuterung ſeiner Münzen nicht wenig dienet: ſo will ich daſſelbe hier einrücken. Der Schild von einer Krone bedeckt, iſt quadrirt. Das I Feld iſt gleichfalls geviertheilt, und führet im 1. Quartiere, einen halben auf drey Hügeln aufgerichteten Wolf, darüber Sonne und Mond; im 2. das doppelte Kreuz auf drey Hügeln, im 3. die Ungriſchen Ströme, und im 4. ein ſpringendes Einhorn, welches nebſt dem Wolfe das Zapolyaiſche Geſchlechtswappen iſt. Das II. Hauptfeld enthält den gekrönten, Pohlniſchen Adler, das III. die Maylänsdiſche gekrönte, und ein Kind verſchlingende Schlange: dann das IV. die drey Dalmatiſchen Pardersköpfe. Dieſes erläutern folgende Verſe:

Cer-

Cernis uti fuavi labuntur quatuor amnes
Murmure, Pannonici nobile ftemma foli.
Primusque Ifter adeft rapidusque Tybifcus, at illos
Dravus cum Savo fratre fequuntur amnis.
Flumina bruta fuum lætantur adeffe Patronum,
Paffa fatis tergo flebile Martis opus.
Clara Polonorum quicquid complectitur ales,
Hujus ad Auguftam ferre laborat opem.
Fallor, an Italici florebant rura Ducatus,
Dum Mediolanas victor habebit opes.
Confcia figna fidem faciunt: Crux, Ales & Anguis,
Munocerosque ferox, Dalmaticusque Leo.
Definite, o Proceres! ftudia in contraria fcindi,
Ne vindex laceret vifcera veftra Lupus.

8) A' Sz. Irásnak fundámentomából vett Magyarázat, a' Jefus Kriftusról, és az ö igaz Iftenségéröl. Albæ Juliæ. 1568. in 4. Oder: Auf die h. Schrift gegründeter Unterricht von Jefu Chrifto, und von feiner wahren Gottheit.

9) Litteræ convocatoriæ ad Seniores Ecclefiarum Superioris & Inferioris Pannoniæ, ad indictam Synodum Thordanam, ad tertium Martii diem, additis Thefibus ibidem disputandis. *Ephef.* V. Omnia autem, quæ arguntur, a lumine manifeftantur, omne enim, quod manifeftatur, lumen eft. Albæ Juliæ. M. D. LVIII. *) in 4.

*) So auf dem Titelblatte; allein der Brief ift ben 20 Januar, 1568, unterschrieben. Jenes muß alfo ein Druckfehler feyn, und defto ficherer, da Davidis 1558, ganz andere Gefinnungen hegte. Die abzuhandelnden Sätze betrafen die Gottheit Jefu und des heil. Geiftes, zweytens, die Kindertaufe.

10) Brevis enarratio Difputationis Albanæ, de Deo Trino, & Chrifto duplici, coram Serenifs. Principe & tota Ecclefia, decem diebus habita, anno Domini, M. D. LXVIII. 8. Martii. *Ecclefiaftici* 37. Qui fophiftice loquitur, odibilis eft, in omni re defraudabitur, non eft enim illa data a Domino gratia; omni enim fapientia defraudatus eft. Excufum Albæ Juliæ, apud viduam Raphaelis Hoffhalteri. A. M. D. LXVIII. in 4. Mit einer Zugabe: Antithefes interprætationis Melianæ in Caput I. Joannis. *)

*) Bob fchreibt diefe Ausgabe Daviden, Sanbius aber in Biblioth. Anti-Trinit. 1684. Blandraten zu. Beyde mö-

mögen wohl Antheil haben. So viel ist gewiß, daß
sie hier keine vollständige Erzählung gaben, deswegen
Melius den Heltay bewegte, solches zu thun. S. Seltl).

11) Refutatio Propositionum Petri Melii, non inqui-
rendæ veritatis ergo; sed ad contendendum pro-
positarum, ad ind:ctam Synodum Varadinam, die
22 Aug. 1568. I Cor. II. Quod si quis videtur —
Ecclesiæ Dei. Albæ Juliæ, in 4. *)

*) Der berühmte Alsted eignet dieses Daviden zu. Die
Vorrede an die Vorsteher der Kirchen in Ungern, ist den
15 August, 1568. zu Weißenburg unterschrieben a Superintendente & Ministris Ecclesiarum Consentientium
in Transylvania. Das Werk selbst hat zween Theile. Der
I. enthält: 1) Responsionem ad Propositiones Petri
Melii, de *Jah* & *Jehova*, vel de unitate & trinitate
in Deo vero. Item, de Christi æterna generatione, &
hypostatica Deitate Christi, & Spiritus Sancti, Patri co-
æterna & coæquali in vera unitate & identitate, jure
& prærogativa soli Deo vero competenti, contra mon-
stra hereticorum: Ebionis, Cerinthii, Sabellii, Samo-
sitani, Arrii, & Photini, Macedonii, Eunomii, Serve-
ti, Gentilis, & reliquorum, qui his consentiunt. 22 die
Augusti disputandas. Varadini A. D. 1568. 2) Theses
Thordæ disputandæ ad 14 d. Nov. & in Synodo Vara-
dina. d. 22 Aug. publicatæ. Der II. Theil giebt eine
Unitarische Erklärung des ersten Kapitels Johannes, des
Evangelisten.

12) Demonstratio falsitatis doctrinæ Petri Melii & re-
liquarum Sophistarum, per Antitheses, una cum
refutatione Antitheseon Veri & Turcici Christi,
nunc primum Debrecini impressarum. *Psalm.* XII.
Eloquia Domini, eloquia munda, quasi argentum
— septempliciter. Albæ Juliæ, in 4. ohne Meldung
des Jahres. *)

*) Nach dem Bod, ist Davidis der Verfasser. Um diese
Zeiten kamen verschiedene Anonymische Schriften zu
Weißenburg heraus. Ob aber Davidis, Blandrata, oder
ein anderer ihr Vater sey, ist mir unbekannt. Da sie
jedoch zur Literärgeschichte der Unitarier gehören, will
ich folgende zwo hier einrücken:

13) Æqui pollentes ex Scriptura Phrases, de Christo Filio Dei ex Maria nato, figuratæ, quas si
quis intellexerit, & in numerato habuerit, ad multa

ta intelligenda in Scripturis juvari poterit. Albæ Juliæ, 1568. in 4.

14) Antithefis Pfeudo Chrifti, cum vero illo ex Maria nato — Albæ Juliæ, 1568. in 4.

15) Refutatio Scripti *Georgii Majoris*, in quo Deum Trinunum in Perfonis, & unum in Effentia, unicum deinde ejus Filium in Perfona, & duplicem in Naturis, ex lacunis Antichrifti probare conatus eft. Authoribus: Francifco Davidis, Superintendente, & Georgio Blandrata, Doctore. *Joh.* V. Ego veni in nomine Patris mei, & non recepiftis me; alius veniet in nomine fuo, & illum recipietis. *Auguftinus*: Deus Verbum, Filius æternus mifit fe ipfum. Venit in nomine fuo, & fanctificavit fe ipfum &c. *de Trinit.* L. I. Cap. 2. & L. II. Cap. 1. ac Libr. VI. Cap. 6. 1569. in 4. *)

*) Mit einer Zueignungsſchrift an den Kanzler Michael Czáky, und einem Anhange: Volfgangi Fabricii Capitonis, Prognofticon de Repurgatione doctrinæ Ecclefiæ in progreffu Evangelii, & majore ejus illuftratione; juxta etiam fuaforium, ac falutare confilium, ad piam modeftiam & cunctationem continens, ante annos 36. edita, & publicata. Nämlich in der Vorrede des Martin Cellarius, de Operibus Dei.

16) Az Atya Iftenröl, Jefus Kriftusról, és a' Szent Lélekröl, hetven - egy Prédikátziok. Albæ Juliæ, 1569. *Fol.* Oder: Ein und ſiebenzig Predigten von Gott dem Vater, Jeſu Chriſto, und dem heiligen Geiſte.

17) Váradi Difputziónak, vagy Vetélkedésnek az egy Atya Iftenröl, és annak Fiáról a' Jéfus Kriftusról, és a' Szent Lélekrol igazán-való elö-fzámláláfa. Kolosvár, 1569. in 4. Oder: Wahrhafte Erzählung von der zu Grosmardein gehaltenen Difputation von dem einigen Gotte dem Vater, und feinem Sohne Jefu Chrifto, und dem heil. Geifte.

18) Epiftola ad Ecclefias Polonicas fuper quæftione, de Regno millenario Jefu Chrifti hic in terris. Albæ Iuliæ, 1570.

19) Az egy ó magatól-való felséges Iftenröl, és az ó igaz Fiáról, a' Nazaréti Jéfusról, az igaz Mefiásról. A' Szent irásból vólt Vallastettet mellyben meg-fejtetnec. Dávid Ferentztöl a' meg-feſzitettec Jéfus Kriftusnak ſzogaliatol irattatot. Kolosvárot, 1571. in 4. Oder: Von dem Einigen, Selbſtändigen und Allerhöchſten Gott, und von ſeinem wahren Sohne, dem Jeſus von Nazareth, dem wahren Meſſias, aus heil. Schrift genommene Glaubensbekenntniß, in welcher alle Schlüße und falſche Erklärungen der Katholiſchen Kirche widerlegt werden. —

20) Az egy Atya Iftennek, és az ö áldott Sz. Fiának a' Jéfus Kriftusnak Iftenségéröl igaz vallástétel a' Profetáknak és az Apoftoloknak iráfinak igaz folyáſa-ſzerént. Iratott David Ferentztöl a' megfefzittetett Jéfus Kriftusnak ſzolgájától, Károly Péternek és Mélius Péternek okoskodáſinak eliene vettetett. Kolosvár. 1571. in 4. Oder: Wahrhafte aus der Propheten und Apoſtel Schriften hergeleitetes Glaubensbekenntniß von der Gottheit des Einigen Gottes des Vaters, und ſeines gebenedeyten heil. Sohnes Jeſu Chriſti. Von Franz David, Diener des gekreuzigten Jeſu Chriſti, geſchrieben, und denen Schlüßen des Peter Károli und Peter Melius entgegen geſetzt.

21) Defenſio Francifci Davidis in Negotio de non invocando Jefu Chriſto in precibus. *Deut.* VI. 13. & X. 20. *Matth.* IV. 10. Impreſſa in Aula Baſilienſi. A. 1581. in 4. *)

*) Czwittinger irret, wenn er: 1580. in 8. ſetzet. Dieſe Vertheidigung enthält: 1) Davidis Theſes IV. de non invocando Jefu Chriſto in precibus facris, Fauſto Socino propoſitæ. 2) Fauſti Socini Reſponſio ad Theſes Franc. Davidis. 3) Davidis Confutatio reſponſionis Fauſtinæ. 4) Judicium Eccleſiarum Polonicarum de caufa Franc. Davidis, in quæſtione de vera hominis Jeſu Chriſti, Filii Dei viventis, invocatione. Prius impreſſum folum Claudiopoli in Officina Relictæ Caſparis Helti 1579. 5) Confutatio vera & folida Judicii Eccleſiarum Polonicarum de caufſa D. Francifci Davidis, in quæſtione — Authore clariſſimo Philoſopho, & Theo-

Theologo, Doctore: A — FAV... die übrigen Buchstaben dieses Namens sind in meinem Exemplare gänzlich ausgeloschen worden. Nach dem Sandinus, ist der Verfasser dieser Widerlegung der berüchtigte Jakob Palåologus. Des Blandrata wird darinnen gar nicht geschonet, und die Vorrede ist folgende: Cum mota esset controversia de invocatione Jesu Christi in precibus, ante annos circiter decem, & publice proposita in Ecclesia Claudiopolitana in Transylvania, anno 1572. &c. Christum in precibus non esse invocandum, ita, ut jam plane etiam apud Auditores negotium illud esse sopitum. Sed anno 1578 & 79, nescio quo spiritu ducti, aliquot Scioli, qui Georgium Blandratam eo impulerunt, ut ei caussæ, cujus antea erat fautor, se opponeret. Ideo Faustum Sozinum, quem vocaverat ad hoc, Francisco Davidi opponit. Antequam dolus detegeretur, Georg. Blandrata hoc Consilium dabat Francisco Davidis, videlicet scribat, inquit: Franciscus, scribat & Faustus, mittamus utraque scripta ad fratres Polonos. Ubi judicium fratrum Polonorum habebimus, convocabimus generalem Synodum, & quidquid Synodus approbaverit unanimi consensu, pro rato habebimus. Ita Franc. Davidis credens verbis Blandratæ, has sequentes Propositiones scripsit, & Fausto tradidit.

22) Quæstiones nonnullæ, sind unter den Fragmenten des Fausts Socin, mit dessen Antwort, der Streitschrift wider Christian Franken, beygedruckt. Sandii Bibl. Antitrin. S. 56. Folgende sind Handschriften:

23) Theses Blandratæ oppositæ, in quibus disseritur: Iesum Christum vocari nunc non posse Deum, cum non sit verus Deus; Jesum invocari non posse in precibus; justificationem & prædestinationem a Luthero & Calvino male fuisse intellectas; de Regno ejus Messiæ, quem fore Prophetæ divinarunt, qui esset Jesus Christus. A. 1578.

24) De Dualitate Tractatûs, in tria Capita distinctus, cui adjunguntur Tractatus II. quod unus solus Deus Israelis Pater Christi, & nullus alius invocandus sit, continens Theses XV. in generali Synodo Thordana propositas. Tractatus III. Observationes in Theses Georgii Blandratæ.

25) Thefes XVI. Davon die erfte: Homo ille Jefus Nazarenus Mariæ Jofephi filius ex ejusdem Jofephi femine conceptus & natus fit, quacunque tandem ratione necelle eft, fi volumus eum Meffiam effe in veteri teftamento a Deo promiffum. Und die letzte: Quam ob rem Jefu Chrifto in quiete fua placide verfante; nihil nos ab eo nunc juvari apud Deum vel credamus, vel curemus, nifi quatenus dum hic inter nos fuit, falutis viam nobis oftendit, & ad Deum accedendi modum docuit, donec ad nos regnum accepturus revertens, vere habendum veniat, & in hoc modo perfonaliter præfens, nos Dei veritate foveat atque fuftentet. Interim ad Deum ipfum folum, nulla Chrifti præfente alia ope aut poteftate confifi, perpetuo confugiamus. Amen. *)

*) Diese lästernben Sätze überschickte Blanbrata, nebst den Gegensätzen des Faustus Socinus, den 7 April, 1579, der Unitarischen Geistlichkeit, und begleitete sie mit folgender Zuschrift:

Gratia & pax a Deo Patre noftro & Domino Jefu Chrifto! Quoniam in proximis Regni comitiis ad diem 26 hujus Menfis, Thordæ indictis, in quibus de caufa D. Francifci Davidis ferie agetur, ibique, ut audiemus, de eo fententia feretur, fieri non poteft, quin de tota caufa Religionis tractetur, & de novatoribus diligens inquifitio & judicium fimul fiat. Quæ comitia confecutura eft brevi Synodus Generalis, in qua potiffimum fidei confeffio, quæ verbo Dei & Regni legibus non adverfetur, conftituenda erit. Vifum eft nobis, vos horum admonere, ut ad utrumque Conventum, ea quæ nobis ad Dei gloriam pertinere videbuntur, diligenter prius mediata, quatenus oportuerit, afferre poffitis. De univerfo enim ftatu Ecclefiæ, & fingulorum, qui in ea docendi munus habent, ut videtur, agetur. Ut autem id commodius facere poffitis, mittimus ad vos Thefes, de quibus in Synodo tractatum iri omnino credimus, quarum ut unusquisque ex vobis publice deteftetur, & quas illis thefes oppofitas legatis, amplectatur, putamus necefle futurum, nifi munere fuo privari & extorris etiam fieri velit. Non autem quo alicui veftrum timorem incuteremus, hæc vos fcire volumus, ut fcilicet metu adacti, contra confcientiam veftram aliquid, vel dicatis, vel faciatis: fed id præcavere, & in eo vobis prodeffe officii noftri stri esse arbitrati sumus, ne quis ex vobis aliud quidpiam in tanto periculo prae oculis habeat, quam unam ipsam veritatem, cujus testimonium in corde suo coram Deo se habere, plane persuasus sit. Speramus Deum nobis adfuturum, si ejus opem, ut quidem nos facimus, supplices implorare, in communi hoc discrimine non intermiseritis. Ipse vero Dominus noster Jesus Christus consoletur corda vestra, & sit cum Spiritu vestro. Amen! Claudiopoli, 7. Apr. Anno 1579.

Senior & Frater vester,
G. Blandrata D.

26) Confessio, edita XIII Aprilis, Anno 1579, in Conventu Thordensi. *)

*) Nach Bods Nachricht; allein der Tag scheinet mir unrichtig bezeichnet zu seyn, da nach Blandratens vorhergehendem Briefe, die Synode den 26 April gehalten wurde.

Decani (Dechent)

Johann. Ein Bistritzer, von dem mir aber nichts mehr bekannt ist, als:

Ode congratulatoria Stephano Báthori, de Victoria relata de Moschis. Coronae, praelo Honteriano. A. 1580.

Ein anderer Johann Decani, studirte im verflossenen Jahrhunderte zu Wittenberg, woselbst er 1688, den 21 März, eine Streitschrift: de Discursu brutorum ex Physicis, unter M. Nathanael Falk, vertheidigte, und unter Johann Deutschmannen, de aeterna commiserationis Oeconomia, ex Rom. XI. 32. den 15 Febr. 1689. Beyde sind in 4.

Decani

Stephan. Stadtpfarrer zu Bistritz seiner Vaterstadt, und Dechant des Kapitels. Die erstere

stere Würde, erhielt er nach des Matthias Keunzels Tode, 1667. und bekleidete sie bis 1682, welches das letzte seines Lebens war. Er hat in der Handschrift hinterlassen:

> Beschreibung der Belagerung Mösens, von Georgio Basta, Kriegsobersten in Siebenbürgen, im Jahre 1602, den 22 Februar.

Deidrich

Andreas. Von Hermanstadt, der freyen Künste Magister, und Rektor des dasigen Gymnasiums. Sein Vater gleiches Namens, war Pfarrer zu Frek, jenseits des Altflusses. Als zweyter Kollaborator diente er vierthalb Jahre bey der Schule; 1612. wurde er Lektor, und als der Rektor, Andreas Hasler, das folgende Jahr das Unglück hatte, von einem Báthorischen Haiduken tödtlich verwundet zu werden, übertrug ihm der Senat und der Stadtpfarrer Besodner, das Prorektorat. Deidrich aber schlug es als etwas Neues und bisher nie Gewöhnliches klüglich aus. Indessen versah er die Rektors Dienste bis 1614, da er denn als wirklicher Rektor eingeführet wurde. Er hat zu erst der Schulbibliothek, durch Eintheilung in gewisse Klassen eine bessere Ordnung gegeben. Überhaupt verwaltete er seine Dienste mit vielem Beyfalle; allein seine schwächlichen Kräfte und heftigen Krankheiten, nöthigten ihn 1619, sie dem Michael Funk, einem Müllenbächer, zu überlassen, und sich zur Ruhe zu begeben. Wie lang er nachgehends noch gelebet, ist mir unbekannt.

1) Iti-

1) Itinerarium scholasticum, anno 1616, a restituto autem Cibinio *Tertio*, pro exemplo inventionis Poeticæ, suis in Schola Patriæ Auditoribus conscriptum — Cibinii, excud. Jacob Thilo, impensis Benjamin Fiebik. *) 1616. in 4.

*) Dieser Fiebik war ein Buchhändler zu Hermanstadt, der in diesem Jahre auch ein Gesangbuch, mit musikalischen Noten in 8. herausgab. Ein seltsames Werk! — Nach den geistlichen Liedern kommen: Odæ ex diversis Poetis in usum Litterarii decerptæ, & recens aliquot locis auctæ, atque a mendis repurgatæ; darauf folgen wieder sechs geistliche Gesänge, und zu Ende des ganzen Werks liest man: Finis Psalmorum & Orationum. Römische Dichter mögen wohl damals bey der Schuljugend seltner gewesen seyn: allein in einem geistlichen Gesangbuche, auch. Sic de diva potens Cypri — Odi profanum vulgus, u. d. g. zu finden, wem sollte das wohl nur träumen?

2) Tyrocinium Philosophico-Theologicum ad utriusque studii, sed diversimode demonstrandum, pio studio descriptum — A. 1618. a restituto Cibinio, anno quinto. Cibinii, in 4. *)

*) Diese neue Epoche der Hermanstädter, ihre Jahre seit ihrer Befreyung von dem eisernen Joche des Fürsten Gabriel Báthori zu zählen, hörte, so wie das jährliche Dankfest bald auf.

Deidrich

Georg. Der Fr. Künste Magister und Pfarrer zu Tekendorf im Bistrizischen. Dieses war auch sein Geburtsort, und sein Vater gleiches Namens, Pfarrer daselbst. Von der Bistrizischen Schule kam er auf die Hermanstädtische, woselbst er etliche Jahre lebte. Von hier begab er sich nach Klausenburg, und 1587, auf die hohe Schule nach Straßburg. Hievon singet seine Muse:

Tempus erat, canis gelidus cum montibus humor
Liquitur, & sævo frigore cessit hyems:
At foL IpSe reCens pLVVIosIs pISCIbVs annVM
CLaVserat, aC teneræ sIgna tenebat oVIs.
Teutonicos quando populos terrasque petebam,
Quas Pater undisonis Rhenus inundat aquis.

Nachdem er hier verschiedene Proben seines Fleißes bekannt gemacht, auch den 20 März, 1589, die Magisterwürde erhalten hatte, that er eine Reise nach Italien. Zu Rom wurde er durch einen besondern Zufall bekannt. Einmal befand er sich bey einem Gastwirthe, da solche Händel unter der Gesellschaft entstunden, daß die ganze Gesellschaft in Verhaft genommen ward. Deidrich befand sich itzt in kritischen Umständen, in der Fremde, und ohne Freunde. In dieser Verlegenheit nahm er Zuflucht zu seiner Muse, und überschickte einem gewissen Prior, unfehlbar einem Jesuiten, †) ein Lateinisches Gedicht. Dieses that erwünschte Wirkungen. Denn nach etlichen Tagen erhielt er nicht nur seine Freyheit; sondern er hatte so gar die Ehre, seiner Päbstlichen Heiligkeit vorgestellt zu werden. Als Sixtus der Fünfte, sein Vaterland hörte, sagte er: Trausylvani
pessi-

---

†) Denn mit diesen Vätern hatte er noch in Klausenburg gute Bekanntschaft. Dieses erhellet aus den gerichtlichen Verhören bey seinem Processe, daraus ich auch seine Geschichte größtentheils entlehnet habe.

pessimi sunt hæretici, ejecerunt enim Jesuitas meos. Doch muß Deidrich viele Gnade bey demselben gefunden haben; denn sein Stammbuch zeigte das Bildniß dieses Pabstes, nebst dessen eigenhändiger Unterschrift: Sixtus V. Pont. Opt. Max. scribebat Georgio Deidricio, filio suo charissimo.

Dieses verursachte ihm nachgehends vielen Verdruß. Nach seiner Zurückkunft suchte er sein Glück zu Hermanstadt, woselbst er 1591, das Schulrektorat erhielt, welches er mit vielen Ruhme, aber auch Neid verwaltete. Das folgende Jahr hatte er das Vergnügen, daß die Schulbibliothek, durch milde Fürsorge und Unterstützung des gelehrten Königsrichters, Albert Huets, in der so genannten Kapelle, eingerichtet, und mit Mauergemälden ausgeziert wurde, welche äble Handlung, Deidrich durch Aufschriften verewigte. †)

Allein, in eben diesem 1592sten Jahre, sah er sich in grosse Verdrüßlichkeiten verwickelt. Lukas Hermann, ††) Lektor bey der Schule, beschuldigte ihn öffentlich, theils einer nachtheiligen Aufführung zu Rom, da er dem Pabste die Füsse geküßet; theils, daß er der Urheber einiger Pasquille sey. Die Sache wurde gerichtlich, indessen beyde ihrer Dienste entlassen. Mag. Leonhart erhielt das Rektorat. Endlich fällte das Hermanstädtische Kapitel den 12 May, 1593, das Endurtheil, welches für den Deidrich sehr vortheilhaft ausfiel. Er wurde für unschuldig erklärt,

sein

---

†) s. Huet. ††) In den Akten heißet er nicht selten: Ehrmann.

sein Gegner aber für einen Verläumber, der in Zukunft keine Hoffnung zu einiger Beförderung haben sollte. Das folgende Jahr, starb Deidrichs Vater, den 24 Apr. worauf er den 9. Brachmond, dessen Pfarre erhielt. Von seinen übrigen Schicksalen aber weis ich nichts mehr, als daß er von seiner Pfarre 1598, ausgeschlossen worden.

1) Analysis Libri VI. Ethicorum Aristotelis ad Nicomachum, de quinque habitibus intellectus : Arte, Scientia, Prudentia, Sapientia, & Intelligentia, Præside Joh. Ludovico Hawenreuter D. Argentorati, 1589. in 4.

2) Elegia, de obitu Cl. & Doctiss. Piæ memoriæ Viri, Michaelis Bentheri, J. V. D. & Histor. in Celeb. Argitensium Academia quondam Professoris, ad prudentia, virtute doctrinaque præstantem Virum, D. Albertum Hutterum, Judicem Regium Incl. Reipublicæ Cibiniensis in Transylvania, Patronum suum summa observantia colendum, Anno 1588. scripta a Georgio Deidricio, Tekensi-Transf. Argentorati. Excud. Carolus Kieffer. M.D.LXXXIX. in 4.

3) Oratio sub auspiciis Melchioris Junii, Rect. Acad. Argent. de eo : Quod sciri, certoque percipi nihil possit in hac vita. Ebend. 1589.

4) Hodoeporicon itineris Argentoratensis, insigniumque aliquot locorum & urbium, cum Ungariæ, tum vero maxime Germaniæ descriptiones, fluviorum item ac montium quorundam appellationes, Historicas denique nonnullas, aliaque lectu non injucunda continens, scriptum a Georgio Deidricio, Tekensi-Trans.

Horat.

Qui studet optatam cursu contingere metam,
Multa tulit fecitque puer, sudavit & alsit,
Abstinuit Venere, & vino qui Pythia cantat.

Argen-

Argentorati. Excud. Carol. Kieffer. M. D. LXXXXIX. (ſo, ſoll aber 1589. ſeyn) in 4.

*) Dieſes Werkchen von 5 Bogen, in Elegiſchen Verſen geſchrieben, iſt gleichfalls dem Grafen der Sächſiſchen Nation, Albert Huet, wie auch dem Stephan Helnern, Rahtsherrn zu Biſtritz, zugeeignet.

5) *Carmen in Laudem Principis Sigismundi.* Ein Blatt in Fol. Oben iſt das Wappenſchild des Fürſten, darunter: Sigismundus Bathoreus. ANAΓPAMMATICAS: Magnus Heros, Dius tubis. Unter dem Gedichte: Cibinii, Typis Joh. Henr. Cratonis. M. D. XCI. *)

*) Das Báthoriſche Geſchlechtswappen hält er gleichfalls, nicht für Drachenzähne, oder Klauen; ſondern für Wolfszähne. Er ſchreibet:

At quamvis veterum tua ſint pars ſtemmata Regum,
Romuleam ut referant dentibus illa lupam.

6) Programma ad Diſcipulos. Cibinii, 1591. X, Kal. Jan. Typis Joh. Henr. Cratonis. Fol.

7) Theſes Ethicæ, de cauſa efficiente virtutum moralium, ex Libr. 2. Ethic. Ariſtot. in celebr. Cibinienſium Gymnaſio, ad diſputandum propoſitæ, 19 Febr. 1592. Mit einer Zueignungsſchrift an den Kanzler Wolfgang Kowatſchozi.

8) Epithalamion in nuptias Rev. Clariſſimique Viri, D. Georgii Melæ, & Annæ, feminæ pudiciſſimæ, relictæ quondam D. Joannis Reneri, Senat. Cibin. Cibinii, d. VI Febr. 1592. celebratas, ſcriptum — Cibinii, typis Joh. H. Cratonis. Anno 1592. Fol. Die Anfangsbuchſtaben dieſes Gedichts enthalten: Georgius Melas, Paſtor Cibinienſis.

9) Programma. Cibinii, X. Kal. Jan. 1592. typis J. H. Cratonis. Fol.

10) Epigramma, in admirandam conſervationem Ill. Principis Tranſylvaniæ, & Siculorum Comitis — Dn. *Sigismundi*, nec non Magnificorum Dominorum, D. Balthaſaris & D. Stephani, Bathoreorum, ſcriptum — Cibinii, typis J. H. Cratonis. 1593. Fol.

11) Der

11) Der du bist Schöpfer aller Ding. *)

*) Diese Uiberseßung des Liedes: Deus Creator omnium, wird in des Valentin Rabeß, Gesangbüchlein, Klausenburg, 1620, unserm Deidrich zugeschrieben.

Drauth

Markus. Gleichfalls von Kronstadt, studirte zu Wittenberg und Leipzig. Dort vertheidigte er unter Johann Deutschmann, 1687, eine Streitschrift, de officio Christi; am letztern Orte aber, gab er eine öffentlich gehaltene Rede heraus. Sie führet die Aufschrift:

Tranſylvania ſubſcribens Leopoldo I. Lipſiæ, 1689. in 4.

Von Drauth

Samuel. Der Arzneykunst Doktor, und Mitglied der Römischkaiserlichen Akademie der Naturforscher. Gleichfalls ein Kronstädter, der zu Halle im Magdeburgischen, 1734, die Doktorwürde erhielt. Allein nach wenigen Jahren fand er in seiner Vaterstadt ein trauriges Ende. Würdig der beßten Schikſale wurde er den 1 Sept. 1739, von einem einstürzenden neuen Gewölbe erschlagen. Er hätte sich noch retten können, wann er mehr für sich, als andere besorgt gewesen wäre. Denn er bemerkte das drohende Unglück zuerst, warnte die Bauleute, die sich auch glücklich retteten; als er es aber thun wollte, war es zu spät. Man zog ihn tod unter dem Schutte heraus, und seine Hände zeigten deutliche Merkmaale, wie sehr er sich um seine

Erret=

Errettung bemühet habe. S. des **Albrichs Brief** an den Prof. Schulze, im Numoph. Schulz. P. I. S. 324.

Differt. Inauguralis Medica, de Animalibus humanorum corporum infeftis hofpitibus, Præf. Fridr. Hoffmann, pro gradu Doctoris, M. Maji. Halæ, 1734. in 4.

Fabricius

Johann. Von Dobra in der Arwenfer Gefpanfchaft. Ein gelehrter Mann, aber von einer fehr hefftigen Gemühtsart, die ihm in der Folgezeit nicht wenig fchädlich wurde. Unterftützt von Stephan Witnedy, einem von Adel, fah er fich fo glücklich, hohe Schulen befuchen zu können. Er ftudirte zu Tübingen, Jena, und Wittenberg, erhielt auch am vorletztern Orte die Magifterwürde. Nach feiner Zurückkunft wurde er Rektor zu Brezno, nachgehends zu Kafchau, wie auch erfter Profeffor. In die damaligen Religionsftreitigkeiten verwickelte er fich mit mehrerm Muhte als Klugheit, daher er fich den ganzen Haß der Jefuiten zuzog. Nicht weniger verdarb er es mit feiner eigenen Obrigkeit. Seine nachläßige Befoldung fetzte ihn in folche Hitze, daß er ihr den empfindlichften Brief zufchickte. †) Diefes aber machte ihn unglücklich. Er fah fich genöhtigt Kafchau zu verlaffen, ohne zu wiffen, wo er fein Glück finden könnte. Nach einiger Herumfchweifung

---

†) Er fchreibet darinn: Salvete Patres Patriæ, id eft: Voragines & Gurgites Patriæ, qui Ecclefiam & Scholam præclare defenditis, id eft: evertitis, peffum datis,

fung kam er endlich nach Hermanstadt, woselbst er den 26 Apr. 1673, als Professor an das dasige Gymnasium berufen wurde. Als aber der Rektor, Andreas Belzelius, 1675, das Archidiakonat erhielt, folgte er ihm den 16 Apr. mit Behaltung seines vorigen Gehalts, im Rektorate. Bald darauf wollte er Susannen, eine Pfarrerstochter von Schárosch heurahten; allein der Tag zu seiner Vermählung bestimmt, wurde der Tag seines Todes. Er starb den 22 Sept. an der Ruhr, die itzt Hermanstadt gleich einer Pest verwüstete, im ein und vierzigsten Jahre seines Alters, †) und in ziemlicher Armuht. Den folgenden Tag wurde er in die Parochialkirche in Gegenwart seiner Braut, und ihrer Eltern begraben. Von seinen Schriften sind mir bekannt worden:

1) Dissertatio de Ubietate Universalium. Magdeburgi, typis Joan. Mulleri. 1665. in 4. Hierinn gedenket er der Wohlthaten seines Gönners, Witneby.

2) Dissertatio Theologica, de Veritate sensus literalis, cujusque dicti Scripturæ Sacræ. Leutschoviæ, 1667. in 4.

3) Exa-

---

tis, qui pietate Majorum sustinendo Gymnasio descripta Minervalia procuratis, & merentibus juste transcribitis, id est: abliguritis, in censum privatum redigitis, focis & aratro vestro inde prospicitis. Digni estis omnium indignatione, risu, contemptu, Satyra, o Vitrici! — M. f. Andr Schmels Adversaria ad illustrand. Historiam Ecclesiast. Evangelico-Hungaricam.

†) Matth. Miles, in seinem Kalender von diesem Jahre. In der Schulmatrikel, wird des Fabricius unter den Rektorn, aus mir unbekannten Ursachen, gar nicht gedacht.

3) Examen Discursus P. Holoviti, quondam Academiæ Tyrnaviensis Rectore. Leutschov. 1667. in 4.

4) Diss. Apologetica, in qua Theses Prœmiales Controversiarum Fidei, Matthiæ Sámbár, in Collegio Cassoviensi Professoris, examinantur, discutiuntur, & refutantur, conscripta anno 1669. in 4. *)

*) Eine Beantwortung folgender Schrift: Theses Controversiarum Fidei Prœmiales & simul compendiales pro omni Articulo Fidei, facile decidendo; tribus Luthero-Calvinicis Gymnasiis, Cassoviensi, Eperiesiensi, Patakiensi, ad discutiendum propositæ, in alma Episcopali Universitate Cassoviensi Soc. Jesu, a Joh. Debrödi, A. A. & Philos. Magistro — Præside, Matthia Sámbár, e Soc. Jesu, Philosoph. Doct. & S. Scripturæ Controversiarumque Professore Ord. An. 1669. in 12.

5) Exertitatio Theologica, de Distinctionibus voluntatis Divinæ, I. in absolutam, & conditionatam. II. In antecedentem, & consequentem. III. In efficacem & inefficacem, opposita Johan. Maccovio — Leutschov. 166. in 4.

6) Theses Theologicæ de Scriptura S. quas favente divina gratia, Mag. Joan. Fabricius, Gymn. Cibin. Moderator & Professor Publicus, ad diem 30 Augusti — ad ventilandum proposuit, *Resp.* Mich. Czinnio, h. t. Gymnasii Præfecto. Cibinii, per Steph. Jüngling. 1673. in 4.

7) Theses Theologicæ, de Deo Optimo Maximo, *Resp.* Leonh. Conrad, Rosavallensi, ad diem 24 Jan. 1674. Ebendaselbst, in 4.

8) Adamas Cœlestis veritatis, quo veritatis expertem pumicem Sámbario-Debrödianum, falso appellatum: *Lapillum Davidis*, M. Joh. Fabricius, in Gymn. Cibin. Publicus Prof. contrivit, Theopoli, sub Signo Providentiæ divinæ, in 4. ohne Meldung des Jahres. *)

*) Dieses Werkchen ist 1674, zu Kronstadt gedruckt, und dem Fürsten Michael Apasi, zugeschrieben. Der Verfasser ließ es auch dem Hermanstädtischen Raht überreichen, allein dieser schickte es ihm den 12 Novemb. mit feyerlicher Protestation zurück.

9) Soli-

9) Solidissimus cœlestis Veritatis Malleus, quo Zephyrium Sámbário-Debrödianum Ovum, M. Joh. Fabricius, Gymn. Cassov. Rector & Profess. Primarius, concussit, contrivit, & disjecit. Stephanopoli recusus, 1664. in 4. das Jahr der ersten Ausgabe ist mir unbekannt.

Fabricius

Valentin. Von Trapold im Schäßburger Stuhle, und Pfarrer daselbst. Als Diakonus zu Schäßburg, wurde er 1623, zu diesem Kirchspiele beruffen, woselbst er sein Leben 1645, beschloß. Zu Thorn, wo er um das Jahr 1619, sich der Wissenschaften befleißigte, gab er heraus:

Disquisitio de Formis Stili variis, exhibita juxta consultationis modum in Gymnasio Thorunensi, per Oratiunculas aliquot concinnatas, a Valentino Fabricio, Trapoldensi-Transylvano, Gymnasii tum prædicti Alumno. Typis August. Ferberi, 1619. in 4. *)

*) Es sind zwölf Reden, die er seinen Mäcenen zu Hermanstadt zueignet, dem Königsrichter, Kollmann Goßmeister; dem Bürgermeister, Michael Lutsch; dem Stuhlrichter Petrus Ludovici, und dem ältesten Rahtsherrn, Petrus Kämner.

Felmer

Martin. Mitglied der Gesellschaft der freyen Künste zu Leipzig, und Stadtpfarrer zu Hermanstadt. An diesem Orte wurde er den 1 Novemb. 1720, von bürgerlichen Eltern gebohren. Von seiner Kindheit an zeigte er eine so überwiegende Neigung zu den Wissenschaften, daß endlich sein Vater bewogen ward, ihn seinem Triebe und der göttlichen Fürsorge zu überlassen. Er bereitete

tete sich auf dem Hermanstädtischen Gymnasium mit solchem glücklichen Erfolge zu, daß er im zwanzigsten Jahre seines Alters, 1740, den 22 März, auf hohe Schulen gehen konnte. Da er sich denn Halle erwählte, und daselbst 1741, eine eigene Streitschrift, von der natürlichen und übernatürlichen Kraft der H. Schrift, mit grossem Beyfalle vertheidigte. Im Maymonde des folgenden Jahres kehrte er nach Wien zurück. Hier blieb er bis gegen das Ende des Jahres, übte sich in der geistlichen Beredsamkeit, und nützte die dasigen berühmten Büchersammlungen nach Möglichkeit, und mit Vortheilen. Den 22 Christmond, kam er glücklich und reich an gelehrten Schätzen nach Hause. Hierauf diente er bey dem dasigen Gymnasium bis den 7 Hornung, 1750, im Ministerium aber bis 1756, da er denn als Mondtagsprediger, wieder zu Schuldiensten und zum Konrektorate, mit einer erhöhten Besoldung, beruffen wurde. Nach zween Jahren erhielt er den 4 Hornung, 1758, das Rektorat, welches er mit grossem Ruhme, und Zusammenflusse von Schülern aus allen Sächsischen Städten, verwaltete. Allein 1763, den 26 März, erwählten ihn die Heltauer zu ihrem Oberseelenhirten. Hier weyhete er seine Muse insonderheit der vaterländischen Geschichte. Und wie Vieles hätten wie von seinem guten Geschmack, unermüdeten Fleiße, und ausgebreiteten Einsichten erwarten können, wann er nicht so bald dem ruhigen Landleben wäre entzogen worden! Folgte er Herrn Andreas Schunn im Rektorate; so folgte er ihm auch in der Stadtpfarrerswürde, den 29 Januar 1766. Mitten in seinen podagrischen Schmerzen mußte er nach

Hermanstadt kommen, und dieses hatte so traurige Folgen, daß er in eine Schwindsucht verfiel, die ihn den 28 März, 1767, dem Vaterlande nnd der gelehrten Welt, viel zu früh! durch den Tod entriß, nachdem er 46 Jahre, 4 Monden und 28 Tage, gelebet hatte.

Schade! seine vorzüglichsten Schriften sind ungedruckt, und theils, daß man sagen muß:

Defuit & scriptis ultima lima suis.

1) Dissertatio Theologica, de Efficacia S. Scripturæ naturali & supernaturali, sub Præsid. Sigism. Jacobi Baumgarten; subjicit Auctor, Martin. Felmer, C. T. ad diem — Oct. 1742. Halæ, in 4.

2) Tabulæ oratoriæ Freyerianæ, Prælectionibus publicis accomodatæ. 8. ohne Meldung des Orts und Jahres. *)

*) Felmer gab sie als Rektor der Rhetorischen Klasse, zum Gebrauche seiner Schüler, zu Hermanstadt heraus. Im Jahre 1761. wurden sie wieder aufgelegt, und ein Tyrocinium Poeticum vermehrte sie, dessen Verfasser, Daniel Filtsch, damaliger Lektor der Dichtkunst war.

3) H. Pastor Felmers zu Hermanstadt in Siebenbürgen, Schreiben an den Herausgeber dieses Neuesten.*)

*) S. das Neueste aus der anmuhtigen Gelehrsamkeit, vom Jahre 1761. N. X. S. 743—51. In diesem Schreiben handelt Felmer, damals Schulrektor, nicht aber Pfarrer, doch weil er Diakonus gewesen, unterschreibet er sich: Diener des Wortes: 1. Von der Münze des Ungrischen Königs, Samuel, den die Geschichtschreiber, Abba, Oba, nennen. 2. Von der merkwürdigen Siebenbürgischen Münze, mit der Aufschrift: A TERGO ET FRONTE MALUM. TANDEM DEUS PROPITIARE. A. M. DCII. FATALI. TRANSSYLVANI.

4) Im zweyten Theile des Joachimischen Neueröfneten Münzkabinets, Nürnberg, 1764. sind Felmers Anmerkungen über zehen Ungrische Münzen, von S. 21.—31, eingerückt; wie auch S. 328. sein

Schreiben, die im erſten Bande, Tab. XXXIV. b. befindlichen Ungriſchen Münzen betreffend.

5) **Ehrengedächtniß des Wohlgeb. H. Herrn Joſeph von Sachſenfels** — geweſenen Rittmeiſters bey dem löbl. Huſarenregimente von Kálnoky — Hermanſtadt, 1763. Fol. *)

*) Joſeph von Sachſenfels war der älteſte Sohn des Kaiſ. Königlichen Rahts und Provinzialkonſuls zu Hermanſtadt, Petrus Binder von Sachſenfels, und ſtarb in der Blühte ſeiner Jahre, den 2. Januar, 1763, zu Trautenau in Böhmen. Felmer hielt dieſe Gedächtnißrede in der Parochialkirche, über. Gen. XXXVII. v. 31, 32.

6) **Kurzgefaßte und mit Hauptſprüchen der H. Schrift bewieſene Grundſätze der Chriſtlichen Religion**, in 8. *)

*) Iſt zum Gebrauche der Schulen, durch die Fürſorge des damaligen Rektors, H. Daniel Filtſch, 1764, zu Hermanſtadt und Medwiſch gedruckt worden.

7) **Panegyricum Franciſci I. Imperatoris Auguſti** 1.65. *Fol.* *)

*) Dieſe Lob = und Gedächtnißrede hielt Felmer als Heltauer Pfarrer, zu Hermanſtadt, den 10 Oktober. S. Schunn.

8) **Primæ Lineæ, M. Principatus Tranſylvaniæ Hiſtoriam, antiqui, medii & recentioris ævi referentes & illuſtrantes. Cibinii, Typis Barthianis, 1780.** in 8. *)

*) Dieſes Handbuch der Vaterländiſchen Geſchichte, würde wohl nie, wann Felmer gelebt hätte, in dieſer Geſtalt in der gelehrten Welt erſchienen ſeyn. Es iſt ein Werk ſeiner jüngern Jahre, das er zwar bis 1762. fortſetzte, aber zugleich auch Willens war, es ganz umzuſchmelzen, und zu verbeſſern. Allein, hievon hat er nur einen Anfang machen können, vielleicht durch den Tod verhindert! Hat nun daſſelbe gleich das gewöhnliche Schickſal der Poſtumiſchen und nicht zum Druck beſtimmter Schriften: ſo iſt es doch bis noch, das beſte Handbuch unſrer Geſchichte, und die Felmeriſchen Erben ſahen ſich auf gewiſſe Art genöhtigt, es dem Drucke zu überlaſſen.

Die vorzüglichsten seiner handschriftlichen Werke sind:

1) Geschichte von Siebenbürgen. *)

*) Felmers Entwurf war, diese Geschichte in drey Theilen abzuhandeln. Der I. sollte die ältere Geschichte bis zur Regierung K. Stephans des Heiligen, enthalten; der II. die neuere bis auf unsere Zeiten, und der III. eine Kritik über die zween erstern Theile. Diesen würde er wohl ohne seine Namen bekannt gemacht haben. Uibereilt von dem Tode, hat er aber nur den ersten Theil, der Presse würdig hinterlassen. Seine Wittwe konnte einmal dreyßig Dukaten für die Handschrift haben, nebst der Versicherung, sie drucken zu lassen.

2) Kurzgefaßte historische Nachricht von der Walachischen Völkerschaft überhaupt, und insonderheit derjenigen, die heut zu Tage in dem Kaiserlich Königlichen Erbfürstenthume, Siebenbürgen anzutreffen ist.

3) Catalogus Woyvodorum Transylvaniæ ex Diplomatibus erutus. A. 1764. *)

*) Wir haben zwar verschiedene Verzeichnisse dieser Woywoden, vielleicht aber wird es nicht ganz überflüßig seyn, auch das Felmerische hier bekannt zu machen, dabey er allezeit seine Bürgen anführet.

Andoras Errös. 1002. u. f.
Ladislaus, des vorhergehenden Sohn. 1058.
Petrud, Comes de Zonuk. 1063.
Lenstathius. 1175.
Macharius, Comes de Zonuk. 1193.
Hermon, Comes de Zonuk. 1197.
Nicolaus, in den Jahren 1201, 02.
Benedictus. 1208.
Michael. 1209.
Simon. 1215.
Paulus. 1215.
Neuca. 1217.
Ropoinus. 1218.
Paulus. 1222.
Gyula, filius Lenstathii, 1230.
Laurentius, 1240, noch 1251.
Chak. 1251.
Ladislaus, Comes de Zonnuk. 1260, 63.
Matthæus, Comes de Zonnuk (Zolnok) 1272, ward Ban in Kroatien.

Nico-

Nicolaus, Comes de Zoñnuk. 1272, 73, 74.
Poufa. 1281.
Nicolaus, filius Mauritii. 1286.
Rorandus, 1288. noch 1296.
Georgius Bors. 1299, nach dem Husti; allein im angeführ=
ten Diplome stehet er nicht.
Ladislaus, Comes de Zonuk. 1307, noch 1314. im Jahre
1291, Vice-Woywod.
Nicolaus, Comes de Zonuk. 1315.
Gyula. 1319.
Thomas, Comes de Zonuk. 1320.
Daufa, Comes de Zonuk. 1320, 21.
Thomas, Comes de Zonuk. 1323, noch 1342.
Petrus, adjunctus, vel suffectus Thomæ Farkas, 1340.
Nicolaus, Comes de Zonuk. 1344, 46.
Stephanus, Comes de Zonuk. 1345, 47, 48. Diesen hält
der Verfasser nicht für einen Sohn des Ladislaus Apor,
sondern des Lachk, der 1329 Graf der Zekler war.
Andreas Laczkfi. 1349. des vorhergehenden Bruder.
Nicolaus, filius Laurentii Toth (nachgehends Kont.) 1351
— 56.
Andreas, Comes de Zonuk. 1357.
Dionyfius. 1359 — 66.
Nicolaus, Comes de Zonuk. 1367, 68.
Emericus, Comes de Zonuk. 1370 — 72.
Stephanus. 1373.
Emericus. 1374.
Stephanus Chák. 1376.
Ladislaus, Comes de Zonuk. 1377.
Stephanus Laczkfi de Lindva. 1381, 82. Das folgende
Jahr Ban von Slavonien.
Ladislaus, Comes de Zonuk. 1383 — 89. *)

*) Balk und Drag, Grafen der Zekler 1387, waren nicht
Woywoden, sondern heißen von ihrem Vater
Száfz Vayvoda alfo. Dieser aber bekleidete diese Wür=
de in der Maramorosch.

Franconus, filius Konyæ Bani, Comes de Zonuk. 1390
— 95.
Stiborius de Stiborich, Comes de Zonuk. 1397, noch
1400.
Nicolaus de Marschal, Comes de Zonuk. 1403, 04.
Joannes & Jacobus de Tamafi, 1405 — 08.
Stiborius de Stiborich. 1409, noch 1412.
Stephanus de Lofoncz. 1415.
Nicolaus de Chák, Comes de Zonuk. 1416, noch 1426.
Ladislaus de Chák, Com. de Zonuk. 1428, 31, 34, 35. *)

*) Stiborius & Joannes Mathifius Waivodæ. 1429. C.
Pray Annal. P. II. p. 296.

Desö de Losoncz, Comes de Zonuk. 1438, 39.
Stephanus de Losoncz. 1440.
Joannes Hunyades, 1440, 41.
Joannes Hunyades & Nicolaus d' Ujlak. 1442.
Nicolaus d' Vilak, & Emericus de Pelseöcz. 1447, 48. huic suffectus:
Comes de Zalavar. 1450. huic
Dominicus de Bethlen Iktar. 1452.
Joannes de S. Georgio & Böczin, Comes Siculorum, una cum Vilakio 1457.
Joannes de Rozgon. 1458.
Michael Szilágyi de Horogszek, Comes perpetuus Biſtricienſis, & Gubernator Partium Transylvanarum. 1461, Joannes de Gereb, Vice-Gubernator.
Joannes Pongrácz de Dendelegh, & Nicolaus de Vjlak. 1462 — 65.
Joannes Gereb, de S. Georgio, 1466.
Sigismundus de S. Georgio, & Bertholdus Elderbach de Monyorokrék, 1467.
Nicolaus Csupor de Monoszló. 1468, 69.
Joannes Pongrácz de Dengelegh, & Nicolaus Csupor, Comites Siculorum. 1470. Csupor obiit 1473. (ex his ficti funt Joannes & Nicolaus Bátori.)
Blaſius Magyar, 1473, 74. cum Joanne Pongraczio, qui adhuc 1476.
Petrus Geréb de Wingarth. 1478.
Stephanus Bátori de Nyir. 1478 — 1492. Judex Curiæ. Antonius de Sarmaſſagi & Franciſcus de Waradia, forte Vice-Waivodæ.
Ladislaus de Losoncz, & Bartholomæus Dragfi de Beltewk, Comites Siculorum. 1493, 94. Losonczio Judice Curiæ Reginalis facto.
Barthol. Dragfi, solus 1495 — 98.
Petrus de S. Georgio, ſimul Comes Siculorum. 1499. — 1507. A. 1504, Waivoda & Judex Curiæ, Nicolaus de Thearz vero, Comes Siculorum. †)
Joannes de Zápolya, Comes Siculorum, & Generalis Capitaneus. 1510 — 26.
Petrus de Perén, Comes Siculorum. 1526 — 28.
Stephanus Bátori de Somlyó, Comes Siculorum. 1529, ſeqq.
Emericus Cibák. 1533, 34.
Stephanus Mayláth, de Szunyogſzék, Siculorum Comes. 1536.

Bal-

---

†) Stephanus de Bátor, Comes Comitatus de Zabolth, Wayvoda Tranſylvaniæ & Siculorum Comes. 1503. Nach seiner eigenhändigen Urkunde im Archive des Hermanstädtischen Kapitels.

Balthafar Bánfi de Talocz, ex parte R. Ferdinandi.
Stephan. Mayláth, & Emericus Balaſſa. 1538. Alter titulum Generalis Capitanei adſumit, 1540. mortuo Joanne iterum iisdem Waivodatus confertur.
Georgius Martinuſius. 1551.
Andreas de Bátor, & Siculorum Comes. 1552.
Stephanus Dobó de Ruſzka. 1553, cum Franciſco Kendi, 1554, 55, ſimul Comites Siculorum.

4) Epiſcopi Tranſylvani, ex Diplomatibus eruti. 1764. Der erſte iſt **Villarius**, der unter K. Kolomann, 1113. dieſe Würde bekleidete, der letzte, J. **Antonius Batai** vom Jahre 1761.

5) Elenchus Paſtorum Cibinienſium & Rectorum, qui ſub inſpectione eorundem Gymnaſium direxere, inde a tempore Reformationis concinnatus. 1765. Der erſte iſt **Matthias Ramaſchi**, der als Pleban zu Bros, 1536 den 17 May, beruffen wurde. Hiebey widerlegt der Verfaſſer diejenigen, welche den Ramaſchi, zum Nachfolger des **Matthias Kollomann**, der 1521 geſtorben iſt, halten. Denn auf Kolomannen folgte **Martin Huet** (Pileus) und auf dieſen **Petrus Woll**, der 1536 im Februar ſtarb.

6) Catalogus Judicum Regiorum Civitatis Cibinienſis & Comitum Nationis Saxonicæ in Tranſylvania, inde a vetuſtioribus temporibus, quoad fieri licuit, deductus. 1765. *)

*) Nach dem Privilegium des Königs Andreas von Jeruſalem, vom Jahre 1224, erkannte die Sächſiſche Völkerſchaft in Siebenbürgen, keinen höhern Richter außer dem Könige, als den Königsrichter zu Hermanſtadt, welcher deswegen Graf der Sächſiſchen Nation genannt wurde. In derſelben Urkunde heißet es: Volumus etiam & firmiter præcipimus, quatenus illos nullus judicet, niſi Nos, vel Comes Scybinienſis, quem nos eis loco & tempore conſtituemus. Weil aber ehemals alle Richter, auch auf den Dörfern Comites, genannt wurden: ſo wird es ganz zweifelhaft, ob die Comites de Cibinio, allemal Grafen der Nation und Königsrichter zu Hermanſtadt geweſen ſind, wenn gleich auch ſolche Comites de Cibinio, Judices Regiæ Majeſtatis heißen: denn ſo nannten ſich alle, die auf Königlichen Befehl, in beſondern Fällen das Richteramt verwalteten. Dieſes hat Felmern bewogen:

I. Diejenigen anzumerken, die in alten Urkunden: Comites de Cibinio, und Judices Regiæ Majestatis heißen. Da ist der erste Albertus, 1272.

II. Die wirklichen Grafen der Nation und Königsrichter zu Hermanstadt; so viele er aus sichern Urkunden sammeln konnte. Von 1411, da Andreas diese Würde bekleidete, bis auf seine Zeiten.

7) Series Magistrorum Civium Cibiniensium, ex Documentis, 1765. *)

*) Von Jahrhunderten her ist der Bürgermeister zu Hermanstadt, nebst dem dasigen Königsrichter das Haupt der Hermanstädtischen Provinz, oder der Sächsischen Nation gewesen. In der Stadt hat er den Rang vor dem letztern, außerhalb der Stadt aber dieser. Die Bürgermeister besorgen die Oekonomie der Provinz, die Königsrichter aber das Justizwesen. In ältern Urkunden heißen sie allezeit Magistri Civium, und die Rahtsherren nicht selten Consules. Erst im 17ten Jahrhunderte ist der Name Consul Provincialis gebräuchlich geworden. Der erste Bürgermeister, den Felmer entdecket hat, ist Michael Nunenkleppel, in den Jahren 1373 — 74. Eine Stolzenburgische Urkunde zeiget uns aber einen ältern. Nach derselben, war es Jakob Senczemanisse, 1366.

8) *Martini Schmeizelii*, Bibliotheca Hungarica, sive, de Sciptoribus Rerum Hungaricarum, Transylvanicarum, vicinarumque Provinciarum, Commentatio Litterario-Critica, aucta & emendata, studio & opera Martini Felmer, Cibinio-Transylv. 1764.

9) *Georgii Soterii*, Transylvania celebris — auctior & emendatior, a Martino Felmer, t. t. Pastore Heltensi.

Fenser

Johann. Ein Bistritzer, den ich aber nur aus der Nachricht des gelehrten Herrn Mag. Kornides kenne. Als er zu Königsberg studirte, gab er heraus:

1) Ora-

Filstich.

1) Oratio de Censu habito ab Augusto Cæsare, quo regnante natus est Christus Redemtor noster. Regiomonti, 1652. 4. In seinem Vaterlande aber:

2) Pro Unitate veræ Ecclesiæ simul ac pace Reipublicæ conservanda, Decas Thesium antea proposita atque defensa in sancta Synodo Generali Transylvaniensi celebrata, apud Maros-Vásárhelinum, 25 — 27, Junii, jam vero repetenda in Alma Universitate Albensi dd. 14, 15 Julii, ad ampliorem veritatis evictionem, speciatim ad corroborandam Transylvaniam Catholico-Reformatarum sanctam unionem. Albæ Juliæ, 1656. 4.

Filstich

Johann, von Kronstadt, starb als Rektor der dasigen Schule 1743, den 17 Decemb. nachdem er diesen Dienst seit dem 22 Febr. 1720, vier und zwanzig Jahre verwaltet hatte. Wir haben von ihm:

1) Schediasma Historicum, de Walachorum Historia, annalium Transylvanensium multis in punctis magistra & ministra. Jenæ, 1743. 4.

*) Eine öffentliche Rede, die Filstich auf dem Gymnasium gehalten hat. Ihre Aufschrift läßt uns mehr erwarten, als wir in der Abhandlung finden. S. 11. leitet er die Sächsische Benennung der Walachen, Bloch, von dem Wort Bloch (Truncus) ziemlich lächerlich her. Weil sie nämlich so grob und ungeschliffen, wie ein Kloz wären. Daher hießen wir noch einen groben Menschen, da Bloch! Das letztere kann seyn, denn auch in Frischens Wörterbuche heißet es: Bloch, Blok. Truncus, it. Homo stupidus; allein wer wird den Namen der Walachen davon herleiten? welche in alten Urkunden von dem Griechischen Βλαχχοι, Blacci genannt werden, und daher in einigen Sächsischen Mundarten, Blach. Nennet man im gemeinen Leben unverschämte, freche Leute, Zigunnen; (Zigäuner) sollte es also unwahrscheinlich seyn, daß auch ungesittete, grobe, wegen ihres Walachischen Charakters, Bloch genennet werden?

2) Brie-

2) Briefe an den Prof. Schulze zu Halle, 1741, 42 und 43. Im erſten Theile des Numoph. Schulz. S. 369 u. f.

3) Hiſtoria Eccleſiaſticæ Tranſylvaniæ. Mſcr.

4) Kurze geographiſche und hiſtoriſche Anmerkungen von dem Fürſtenthume Siebenbürgen. Mſcr.

5) Hiſtoria Walachorum, methodo Cellariana 1741, elaborata. Mſcr.

6) Hiſtoriola Moldaviæ. Mſcr.

7) Hiſtoria Regni Tranſylvanici Civilis. Mſcr.

Flechner

Kaſpar, von Kronſtadt, Pfarrer zu Wölz 1594, hernach zu Hetzeldorf im Medwiſcher Stuhle: General Dechant 1614, und das folgende Jahr, Aelteſter des Generalkapitels. Er hat ſich im Felde der Dichter durch folgende Schriften bekannt gemacht:

1) Vita Juliani Apoſtatæ, Imperatoris Romanorum triceſimi noni, ex Eccleſiaſticis Scriptoribus excerpta. Coronæ, in officina Joh. Nitrei, Cibin. 1580. 4. Ein Elegiſches Gedicht, das der Verfaſſer dem berühmten Grafen der Nation, und Königsrichter zu Hermanſtadt, Albert Huet, zueignet.

2) Jonæ Prophetæ Hiſtoria, continens exemplum veræ pœnitentiæ, non ſolum conſideratione, verum etiam imitatione, hac præcipue ultimi Sæculi tempeſtate digniſſimum, reddita Elegiaco Carmine, a Caſparo Flechnero, Coronenſi. *Matth. C. III. v. 2. Reſipiſcite, appropinquavit enim regnum cælorum.* Cibinii, typ. Jo. Henr. Cratonis. iu 4. Auf die Zueignungsſchrift an den Bürgermeiſter, Joh. Liſembergcr, den Königsrichter Servatius Guſt, den Stuhlrichter Georg Breet, und die übrigen Rahtsherren zu Schäsburg, unterſchrieben: Datum Wölzino, 1594,

1594, folget eine Alkaifche Ode von dem Unterſchiede der heidniſchen und chriſtlichen Buſſe. Zu Ende: *ad Momum*.

Hæc dices magni, scio, Mome, haud esse momenti;
Si scis, si probus es, fac meliora, precor.

3) ἴπος, ad Rev. & ornatiſſ. Virum, Dn. Chriſtianum Lupinum, Paſt. Eccl. Cibin. *Mſc*.

Jogreſcher.

Thomas, von Kronſtadt, erhielt das Rektorat bey der daſigen Schule den 16ten Dec. 1625. Er hatte zu Danzig ſtudirt, woſelbſt er 1623, drey Streitſchriften unter dem Vorſitze des Andr. Hoier vertheidigte: de Prædicamentis reſpectivis; de cauſa gratuitæ juſtificationis, und de bonis Operibus; als Verfaſſer aber:

Diſp. Scholaſtico-Theologica, de divina apud creaturas omnipræſentia carnis Chriſti. 1624. in 4.

Franciſci

Johann. Ein Kronſtädter, Doktor der Weltweisheit und der Fr. Künſte Magiſter, vertheidigte zu Wittenberg verſchiedene Streitſchriften. Unter Mag. Nathanael Falk, den 19ten Oktob. 1687. Poſitiones ſelectas ex Pnevmaticis, de Anima ſeparata; wie auch: de Angelo aſſumto corpore apparente. Unter Johann Deutſchmann, 1688. de æterna Paradiſiacæ converſationis Oeconomia, e *Prov.* Cap. 8. v. 31. und unter Schurzfleiſchens Vorſitze, 1690. de Dacia Conſulari, Theſes XI. welche auch in deſſen zuſammengedruckten Diſſertationen befindlich,

lich ist. Von eigenen Schriften des Francisci kenne ich aber nur folgende:

Memorabilia aliquot Transylvaniæ. Præside M. Joh. Francisci, Corona-Transyl. respondente Thoma Scharsio, Mediensi. d. 16. Apr. Witebergæ, 1690. in 4. *)

*) Der Verfasser handelt 1) de Provincia Dacia sub Romanorum Imperio in Alpensem, Ripensem & Consularem divisa. 2) De Daciæ Consularis denominatione, und 3) de Incolis Transylvaniæ, atque terræ fertilitate.

Francisci

Paullus. Der Arzneykunst Doktor; und Bruder des Vorhergehenden. Studirte zu Altdorf, wo er 1678, die Doktorwürde erhielt; ward nachgehends Stadtarzt zu Stonsidel im Vogtlande, und lebte noch daselbst 1711.

Disp. inauguralis, de Paralysi ex Colica. Altorfii, 1678. in 4.

Francke

Christian. Gebohren zu Gardeleben in der alten Mark, 1549, von Evangelischen Eltern; bekannte sich aber in seinem zwanzigsten Jahre zur Römischen Kirche, und trat darauf zu Rom in dem Jesuitenorden. Doch auch dieser Kirche blieb er nicht treu; sondern gieng zu den Lager der Sozinianer über. Nachdem er einige Zeit Rektor zu Chmielenitz in Pohlen gewesen, kam er nach Klausenburg, wo er 1585, als Lektor bey der Unitarischen Schule lebte. 1590. verließ er wegen des Türkenkrieges Siebenbürgen wieder, bekannte sich zu Prag zum drittenmale

male zur Römischen Religion, und hielt sich 1595, zu Regensburg auf. Seine Schriften führet Jöcher aus des Sandius, Bibl. Antitrinit. an, denen noch beyzufügen ist:

Epicteti Philosophi Stoici Enchiridion, in quo ingeniosissime docetur, quemadmodum ad animi tranquillitatem, beatitudinemque præsentis vitæ perveniri possit: quam ingeniosus Lector profecto consequetur, si adjectas quoque commentationes in pectus admiserit. Claudiopoli, apud Casparem Helti, A. 1585. in 8. *)

*) In der Vorrede schreibet Franck: quod autem ad libelli hujus græce scripti, & latinam versionem & explicationem attinet: neutra tota est mea; sed maxima ex parte versio est *Hieronymi Wolfii*, græce & latine doctissimi viri; Commentatio vero *Thomæ Naogeorgii*, qui eum divinitus quædam ad omnem animi dolorem tollendum valde opposita scripsisset, in omnium manibus ea versari debere judicabam, & tamen commentationis hujus vix unum in tota Germania exemplum videram.

Quærenti autem mihi hujus rei caussam, illa statim occurrebat, quod optimus hic Christianus Philosophus, dum in optimum Ethnicum Philosophum, Epictetum commentaretur, pessimam forte Uxorem habuerit, cujus intemperię concitatus, acerrime in Magistrum inveheretur, qui viris non permitteret Uxores suas verberibus in officio continere. Hæc igitur & nonnulla alia mihi resecanda videbantur; quæ resecari non erat necesse, brevitatis tamen caussa omisi: non pauca denique Capita ipse sum interpretatus, & multis illius commentationibus meas attexui. — Itaque hic libellus sit compendium non solum totius Philosophiæ Moralis, verum etiam Commentariorum *Thomæ Naogeorgii* in Epictetum.

Frank von Frankenstein

Valentin. Wirklicher Königlicher geheimer Regierungsraht im Fürstenthume Siebenbürgen, Graf der Sächsischen Nation, und Königsrichter zu Hermanstadt. Ein Mann von grosser Kenntniß der Sprachen und Wissenschaften. Sein Vater gleiches Namens, war von Regen gebürtig, wurde Schulrektor zu Hermanstadt, und als solcher 1626, Provinzialnotarius; starb als Graf der Nation und Königsrichter, den 9ten May, 1648. Ihm setzte sein Sohn folgende Grabschrift:

> Hæc loca, qui transis, persiste parumper amice!
> Valentini hic Frank ossa sepulta jacent.
> Quis fuerit, quæris? Pietas, Rex, Virtus & Æquum
> Dicet, & in sera posteritate canet.
> Consul erat Patriæ bis binos Urbis & unum
> Annos; post Comitis claret honore tribus.

Frankenstein, gebohren den 20sten Okt. 1643. studirte zu Hermanstadt, und nachgehends zu Altdorf, woselbst er 1666. unter dem Professor Dürr, eine Streitschrift, de Æquitate, vertheidigte. Nach seiner Zurückkunft verwaltete er verschiedene Aemter zu Hermanstadt, wurde 1682, Provinzialnotarius, wobey er sich die Liebe der Bürger so ungemein zu erwerben wußte, daß er nach dem Tode des Königsrichters Johann Haupt, 1686, den 14ten Hornung dessen Würde erhielt. Der Fürst Apafi bestätigte ihn als Grafen der Nation, und erklärte ihn den 11ten März, des folgenden Jahres, zum Fürstlichen geheimen Rahte. Ordentlicher Weise waren diese drey Würden allezeit mit einander verbunden; so, daß die Hermanstädtischen Königsrichter zugleich Grafen der Nation und Fürstliche geheime Rähte waren. Die Geschichte zeiget uns nur einen gegenseitigen Fall. Aus Vatinianischen Haß gegen die Hermanstädter, erklärte der Fürst Gabriel Báthori, 1612. den David Weyrauch, Königsrichter zu Reps, zu einem Grafen der Sächsischen Nation; allein das blutige Ende des Fürsten, war auch das Ende seiner Würde.

Frankensteins Amtsführung wurde von wichtigen Begebenheiten begleitet. Den 28 Okt. 1686, besetzten die Kaiserlichen Kriegsvölker unter dem General Scherfenberger Hermanstadt. Im Jahre 1688, begaben sich der Fürst Apafi und die Landesstände unter Römisch-Kaiserlichen Schutz, darauf auch die übrigen Städte und Gränzfestungen Kaiserliche Besatzungen bekamen. Nach dem Tode des Fürsten Apafi, wurde auf allerhöchsten Befehl von dem kommandirenden Generale, Grafen Veterani, ein Regierungsraht von zwölf Personen im Fürstenthume eingesetzt. Dieses geschah den 9 Apr. 1692 auf dem Landtage zu Hermanstadt. Vielleicht ist bey diesen Feyerlichkeiten folgende seltne Münze von feinem Silber, und der Größe und Dicke eines doppelten Dukaten, ausgetheilet worden:

Av. LEOPOLDUS. D.ei G.ratia R.omanorum I.mperator S.emper A.ugustus, G.ermaniæ H.ungariæ ET B.œmiæ R.ex. Der doppelte Kaiserlicher Adler, unter einer Krone, mit einem Zepter in der rechten Klaue, und dem Schwerdte in der linken. Der gekrönte Brustschild

schild enthält das Hermanstädtische Stadtwappen, oder zwey umgekehrte, und kreuzweisgelegte Schwerdter, in einem Dreyecke, dessen jede Spitze ein Seeblatt führet. Welches letztere so wohl die Sächsische Universität, als das Hermanstädtische Jubikat in ihren Siegeln hat.

Rev. MONETA NOVA TRANSYLVANIÆ. 1692. Die sieben Sächsischen Kastelle, 1, 3, 3. unter der Kaiserlichen Krone, und zwischen zwey Lorberzweigen.

Graf Georg Bánfi von Loschoncz, wurde zum Gubernator erklärt, und zu geheimen Regierungsräthen drey von der Katholischen, drey von der Reformirten, drey von der Evangelischen, und drey von der Unitarischen Kirche. Frankenstein wurde auch ein Mitglied derselben, und erhielt zugleich vom Kaiser Leopold, die Bestätigung als Graf seiner Nation, wie auch den adelichen Beynamen von Frankenstein. Er war ein rechter Märtyrer des Podagra, und dieses beschleunigte auch seinen Tod, der 1697 den 27 Sept. in einem Alter von 54 Jahren, erfolgte. Sein Denkmaal an einem Pfeiler der Parochialkirche, enthält folgende von ihm selbst bis auf die letzten Zeiten, verfertigte Aufschrift:

MUNDE
IMMUNDE,
QUARE ES MUNDUS?
AN QUIA TAM PULCHRA CREATURA?
AN QUOD A TAM MUNDO AUCTORE CREATUS?
ERRAS!
MUNDE IMMUNDE VALE, QUÆ SUNT MUNDANA
RECUSO!
MUNDUS ERAS.
SED TE FILII TUI FILIÆQUE FECERUNT
IMMUNDUM.
INTER QUOS ET EGO IMMUNDUS.

AT DOLOROSUS!
QUEM GRATIA DEI
ET SANGUIS DOMINI NOSTRI JESU CHRISTI
MUNDIFICAT AB OMNI PECCATO.
VALE.
ATQUE ITERUM VALE
ET MUNDIFICARE.
VALENTINUS FRANCK
A FRANCKENSTEIN.
NATUS
D. 20 OCTOB. AN. 1643.
DENATUS D. 27 SEPT.
1697. ÆT. ANN. 54.

Frankenstein hatte zwo Gemahlinnen. Die erste Margaretha Klokner, heurahtete er den 15 Febr. 1668, und sie starb 1692, den 24 Aug. die zweyte, Anna Maria Rosenauer, verwittwete Wayda, nahm er den 11 Nov. 1693. zur Ehe. Aus der erstern Ehe hatte er zween Söhne und zwo Töchter, davon der älteste Georgius, das Geschlecht fortgepflanzet hat. Sein Bildniß und adeliches Wappen finden wir in einer Sammlung von kleinen Lob= und andern Gedichten seiner Freunde und Verehrer, die unter der Aufschrift: Rosetum Franckianum, 1692 zu Wien in 12. gedruckt worden. Czwittingers Nachricht von dem Frankenstein, S. 158 — will ich auch in Absicht auf dessen Schriften ergänzen:

1) Hundert sinnreiche Grabschriften etliger Tugend- und Lasterhaften Gemühter, zu Liebe und stehts- grünenden Ehren des unsterblichen Lichtergeistes in Druck verordnet, 1677. von denen Mache Meinen Muht Voller Freuden Christe! (*Matthias Miles Mediensis, Valentinus Franck Cibiniensis.*) Rectus est cervi cursus, sed periculosus, Vulpeculæ flexuosus, sed tutior. Hermanstadt, druckts Steph. Jüngling 8. *)

*) Die meisten sind aus Hofmannswaldaus Poetischen Grabschriften, doch ohne Anzeigung desselben, genommen

men worden, manche mit einigen Veränderungen. Z. E.
Des Römers Kurtius.

Durch diesen weiten Schlund war mit bewehrter Hand,
Der Kurtius von Rom nach Pluto Reich gesandt.
Wie ihn die grosse Schaar der Teufel hat empfangen,
Erlernstu mit der Zeit, wann du wirst hingelangen.

Zuletzt ist eine Zugabe, von dem brennenden Brunnen
zu Baßnen, im Medwischer Stuhle, der sich 1672 ent=
deckte. Vielleicht ist manchen Lesern ein Auszug davon
nicht unangenehm:

Was bey dir (dem Dorf) Seltnes ist, hat die Natur ver=
schwiegen,
Bis daß der Sonnenlicht den Himmel hat bestiegen
In sechsthalb tausend Jahr, und allererst entdeckt,
WIe es Des Herbstes LVst Mit FeVer angesteCkt.
Am Ufer eines Bachs von Untergang geflossen,
Aus dick gesträuchtem Busch mit trüben Sand ergossen,
An welchem Nordenwerts der Bachus sein Gezelt,
Und Ceres Mittags zu, ihr Lager hat bestellt.
Allwo die Hirten gehn und ihre Heerde weiden,
Und Pan im langen Rohr die Flöhten pflegt zu schneiden.
Allwo der Titirus die schlappen Seiten zwingt,
Und in dem schlanken Thal von Amarillis singt,
Hat auch Vulkan zugleich die Werkstatt aufgerichtet:
Der Nachbar Göttinn sich mit Liebestreu verpflichtet;
Die Kammer ist gebaut tief in der Erdenschlund,
Damit nicht sey bewust der stille Neigungsgrund.
Der Dampf geht oben aus mit zweyen Wasserqwellen,
Steigt also über sich, aus diesen düstern Hellen,
Die herbe Salzesfluht dem Munde Grauen schafft,
Und wirfet neben sich Pechschwarz gefärbten Saft.
Wie wenig, oder nichts die graue Näße fließet,
Und daß mans kaum vermerkt in Stille sich ergießet,
Schwillt sie doch über sich und qwillet frisch herfür,
Fein wallend hin und her in ihrem Schrankrevier. —
Die Entzündung dieser Qwelle geschah zufälliger Weise:
Indem das Bauernvolk auf ausgedörrten Rangen
Das nimmersatte Vieh zur Nahrung läßt gelangen,
Im dritten Jahrestheil ein Feuer zündet an,
Damit es desto baß die Kälte stillen kann.
Darzu kam Aeolus, und rufte sein Gesinde
Aus der verborgnen Kluft, sie mußten sehr geschwinde
Durch alle Matten gehn, und trieben solche Glut,
In einem Augenblick bis zu gemeldter Fluht.
Das fühlte Mulciber, und kommt heraus geschloffen
Aus dem verhüllten Loch, der Brunstgefühlte Ofen.

Schmeißt

Schmeißt Dampf und Feur von sich mit dem vermehrten
  Sauß,
Und speyte heißen Gneist mit bleicher Loh heraus.
So wütet der Vulkan, und ließ sein Feuer wallen,
Er wollte gänzlich nicht den Eifer lassen fallen,
Bis daß der Sonnenfuß den Steinbock hat erreicht,
Und diesen seinen Grimm durch rauhe Kält erweicht. —

Der Verfasser kam zu diesem merkwürdigen Schauspiele der
  Natur zu spät; die Flammen waren verloschen, doch
  sein Versuch erneuerte sie:

Trug also Feur hinzu durch nächsten Rohr empfangen,
Und ließ es alsobald in solches Wasser hangen.
Da sah ich, daß die Kraft bis noch verhanden war,
Und vielleicht bleiben wird in manche hundert Jahr.
Die Flamme schlug heraus drey Spannen in die Höhe,
Drey Finger ob der Fluht, der Haut geschah es wehe,
Wo sie berühret ward, erlöschet aber bald,
Und ließe hinter sich gedachtes Wasser kalt. *)

*) Dieses kalte und salzigte Wasser wird von vielen Kranken, nicht ohne Nutzen zu warmen Bädern gebraucht. Nach den chymischen Versuchen des Doktors, Michael Felfaluschi von Mogat, 1752, enthält es nichts als ein Mittel-Küchensalz. Er schreibet einem guten Freunde — Mense Majo, Viris illustribus præsentibus, hanc aquam per plures probas chemicas scrutatus, non alio præterquam salino medio culinari, reperi fœtam principio, neque alibi, quam in cœno ad scaturiginem stagnantes quidam latices, stramine injecto & accenso quandoque flagrabant. Quod alibi simili amurcæ quoque evenisse comperi. Forte tempestas plus nimio humida decantatos effectus nobis subripiebat, ac alia quoque principia suprimebat. Inquirendum esset, nonne aliarum quoque salsarum aquarum, uti Salzburgi, & pluribus aliis locis scaturientium & stagnantium, imo domi ex sale aqua soluto confectarum, virtutes medicæ convenirent. Palmam reliquis aquis salinis præripit fons pagi *Kis-Czeg*, Comitatus Kolosiensis, ex qua per diversa experimenta chemica, præsente illustr. D. Joanne, Comite Lázár, Sal Epsoniensi Anglico analogum elicui, virtute aperiente & laxante probatissimum.

2) Hecatombe Sententiarum Ovidianarum, germanice imitatarum, d. i. Nachahmung hundert auserlesener Sprüche des berühmten Römischen Poeten Ovidii Nasonis, aufgesetzet von Val. Franck,

Patricio. Cibinii, excud. Steph. Jüngling. 1679. in 8. *)

*) Er gab sie als Burggraf bey dem rohten Thurme, heraus. Einige sind zugleich in Ungrischer, Walachischer und Siebenbürgisch-Sächsischer Sprache übersetzt, zur Probe:

95.

Si rota defuerit tu pede carpe viam.
Wer nicht zu reiten hat, noch sich kann lassen führen,
Muß wenn er wandeln will, fein sacht zu Fuß marschiren.

Saxon.

Wier Getter zem regben und Faurwerk sun andrern moß beblen,
Dem pfleget man wenich Strie hengder den Wuagen ze zeblen.

Hung.

Alkalmatofságtól minden ember várjon,
Es az kinek nintsen lóva, gyalog járjon.

Valach.

Csinye náire kai si kar, sze meárge ku folofz,
Sztrenyge binye picsöerelye si umblyé pre fofz.

3) Favor Avonius quondam erga D. Valentinum Franck Juniorem, Patricium Cibiniensem, declaratus a nonnullis fautoribus & amicis, nunc vero in eorundem Authorum gratiam & honorem lege talionis vulgatus. *Salust.* Difficillimum inter mortales est gloria invidiam vincere. — Cibinii, per Steph. Jüngling. 1679. in 8. *)

*) Das Roserum Franckianum ist eine vermehrte Ausgabe von dieser Sammlung.

4) Breviculus Originum Nationum, & præcipue Saxonicæ in Transylvania, cum nonnullis aliis observationibus ad ejusdem jura spectantibus, e ruderibus Privilegiorum & Historicorum desumtus. Cibinii, 1696. in 12. *)

*) In gleichem Formate wurde dieses Werkchen 1697. zu Klausenburg gedruckt; auch gab es Johann Fabricius in demselben Jahre, nebst einem Briefe an den Verfasser, unter der Aufschrift Origines Nationum & præcipue

pue Saxonicæ — zu Helmstädt, in 4. heraus. Der grosse Leibnitz urtheilet von diesem Werkchen sehr vortheilhaft. Man sehe sein Otium Hanoverianum, S. 84 — 89. So auch Schurzfleisch in seinem Briefe an dem Verfasser, der ihm sein Werkchen überschickt hatte: Atqui tuum illud opusculum plane est exquisitum, & omnibus doctrinæ gravis, & seriæ partibus, numerisque expletum, tantoque mihi carius, & pretio suo magis æstimandum. S. dessen Epistc. Arcan. N. CXX. In einem Briefe an den M. Fronius nennet er Frankensteinen, den Siebenbürgischen Kato. — Die Sächsische Völkerschaft in Siebenbürgen, ist so gar unsern Geschichtschreibern ein Aergerniß. Wären sie gleich durch unterirdische Wege in das Land gekommen; so könnten die Meynungen von ihrem Ursprunge kaum verschiedener seyn. Einige sehen diese Sachsen für Uiberbleibsel der alten Dacier und Gothen an, die sich in der Folgezeit mit ankommenden Deutschen vereinigt. Andere behaupten, sie seyen ein deutsches Pflanzvolk. Wie verschieden sind aber ihre Meynungen in Absicht der Zeit ihrer Hereinkunft! Diese lassen sie unter Geisa dem Ersten, und dessen Prinzen K. Stephan dem Heiligen, nach Siebenbürgen kommen: jene behaupten solches von den Zeiten des Königs Geisa des Zweyten. Noch andre glauben, sie haben ihren Ursprung den deutschen Krigsvölkern zu danken, mit welchen der unglückliche König Bela der Vierte, in sein verwüstetes Königreich zurück gekehrt ist. Der unwahrscheinlichen Meynung, als habe K. Karl der Grosse einen Theil der Sachsen hieher verbannet, zu geschweigen.

Mich däucht aber, hier sey nicht die Frage: zu welchen Zeiten deutsche Kolonien nach Siebenbürgen gekommen sind? Denn dieses möchte wohl noch unter dem H. Könige Stephan, unter Bela dem Vierten, und zu manchen andern Zeiten geschehen seyn; sondern: wann die Sächsische Völkerschaft, welche König Andreas von Jerusalem, 1224, mit besondern Freyheiten beehrte, und die Gränzen ihres Gebietes bestimmte, in das Land gekommen sey. — Diesen Gordischen Knoten kann das Andreanische Privilegium selbst am sichersten auflösen. Heißet es darinnen: K. Geisa habe diese Deutschen nach Siebenbürgen berufen, wer könnte darnach zweifeln, daß der Ursprung der heutigen Sachsen hier zu suchen sey? Und geschah solches nach dem wichtigen Zeugnisse ihrer ältesten Siegel, zur Erhaltung der Krone: (ad retinendam Coronam) so wird die Nachricht des Vaters Schmith, 1) als wären die Sachsen durch die

---

1) S. dessen Archiepisc. Strigonienses, T. I. S. 61.

die grosse Theurung, die um das Jahr 1143 herrschte, genöhtigt worden, sich in Ungern und Siebenbürgen niederzulassen, allen Glanz der Wahrscheinlichkeit verlieren. Nun decket Frankenstein den Irrthum eines Töpelts und andrer auf, die aus dieser Andreanischen Urkunde beweisen wollten, die Siebenbürgischen Sachsen seyen vom Könige Geisa nur mit besondern Freyheiten und Vorrechten begnadigt worden. Er zeiget, daß die Originalurkunde nicht donati, sondern vocati habe. Sollte er aber dieses aus dem urschriftlichen Diplome selbst, oder nur aus Transumten sagen? Ich glaube das Erstere nicht, ob gleich Szegedi 1) uns bereden will, das Original sey nur vor etlichen Jahren an den Kais. Hof nach Wien geschickt worden. Hätte es Frankenstein im Hermanstädtischen Archibe gefunden, würde er wohl einen gewissen gelehrten Freund, dessen Mittheilung allezeit nur versprochen, nie aber geleistet haben? und was er ihm einmal zeigte, war gar nicht dasselbe. Fehlet uns aber das Original, so bewahret dasselbe Archiv doch verschiedene alte und urschriftliche Transumte. Dieser eines mag unfehlbar der Zeuge unseres Frankensteins seyn. Schade! daß er nicht die ganze Urkunde eingerückt hat! Ich werde es mit einem Transumte des Königs Karl Robert, bey dem Artikel: Töpelt, thun.

Bey dem Ursprunge der Ungern und Zekler verweist der Verfasser seine Leser auf die Ungrischen Geschichtschreiber. Er scheinet denen beyzupflichten, welche den Namen der Zekler von Scythis, Scythulis herleiten. Da aber die Ungern in Siebenbürgen von ihren Gespanschaften, Komitatenser, die Sachsen von ihren sieben Hauptpflanzstädten, Siebenbürger (septem Castrenses) heißen: sollte es nicht mehrere Wahrscheinlichkeit haben, daß die Zekler, deren Gebieht in Stühle eingetheilt ist, von Szék, einem Stuhle, den Namen Sekler und Siculi, erhalten haben? — Die Walachen sind dem Verfasser, so wie den meisten Schriftstellern, Uiberbleibsel der alten Römischen Kolonien. Wenn sie aber jemand für Abkömmlinge der alten Dacier, deren Muttersprache mit der Römischen, durch ihren langen Umgang, vermischt worden, halten sollte: so würde ich nicht sehr widersprechen. Man sehe die Kleidung der alten Dacier auf der Trajanischen Säule zu Rom, wer wird darinnen die heutigen Walachen verkennen? — Von den
Wieder-

---

1) In seinem Werkchen: Andreas II. Adsertor libertatis Saxonum in Transjlvania, Jaurini, 1751.

Friderici.

Wiedertäufern, die sich zu unsern Zeiten zu einer im Lande bestätigten Religion haben bekennen müssen, berichtet Frankenstein: sie seyen unter dem dreyßigjährigen Kriege vom Fürsten Gabriel Bethlen aus Mähren herein gebracht worden. Es geschah aber nicht aus Mähren, sondern aus Ungern, von der Echtliger und Tschäckizer Herrschaft, wie sich eines ihrer Jahrbücher ausdrückt. Ihre Anzahl war überhaupt 183 Personen, die den 1 Apr. 1621, zu Vinz, oder Alvinz ankamen. Franz Walther, war Diener des Wortes, Konrad Kürz Haushalter.*)

Eine Deutsche Uibersetzung dieses Frankensteinischen Werkchens hat Friderici herausgegeben.

*) S. Ungr. Magazin, III B. a. d. 219. S.

5) Breviculus Pyrotechnicus memoriæ artificium in ea re commendatus. Cibinii. d. 4 Mart. A. 1697. 1 Bog. in 12. *)

*) Im 1. Hauptstücke handelt der Verfasser, de Tormentis, im 2. de Dosi materiarum machinis pyrotechnicis convenientium, welches er mit folgenden Worten beschließt: præcedentes compositiones sunt partim aliunde, partim propria industria comparatæ, omnesque infallibi successu probaræ, a me V. F. de Franckenstein. — Daniel Vera, K. gekrönter Dichter, hat ein prächtiges Lobgedicht darauf geschrieben. Man liest es im Roset. Franck. S. 23.

6) Jus Publicum Transylvaniæ. Ein handschriftliches Werk, das ich aber nie gesehen habe.

Friderici

Johann, von Hermanstadt. Nachdem er die Pfarren zu Klausenburg und Kastenholz verwaltete, wurde er 1704, nach Großscheuren berufen, starb aber das folgende Jahr im Christmonde. Als er noch bey der Hermanstädtischen Schule diente, gab er eine Uibersetzung des Frankensteinischen Werkchens, de origine Nationum — unter der Aufschrift heraus:

Kurzgefaster Bericht, von den Einwohnern, sonderlich aber der Sächsischen Nation in Siebenbürgen,

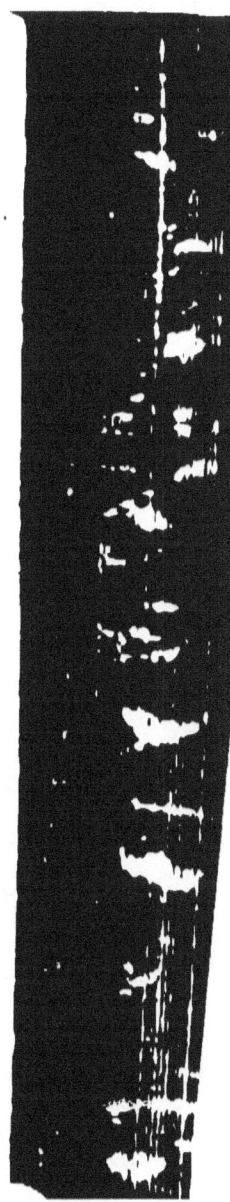

bürgen, Ursprung, und etlichen Gebräuchen, durch die viel- und wohlerfahrne Feder, des hoch- und wohl-edel-gebohrnen, Namhaften, hoch-weisen, hoch- und wohl-gelehrten Herren, Valentini Frankens von Frankenstein, des hoch-löbl. Königl. Siebenbürgischen Gubernii, hoch-meritirten geheimen Rahts, der Sächsischen Nation confirmirten Comitis, wie auch Königsrichters in Hermanstadt, nach Inhalt der alten Grundschriften, und Originalprivilegien, in Lateinischer Sprach entworfen; damit er aber jedermäniglich kund werde, auch in das Hochdeutsche übergesetzt, von Johann Friderici, der H. S. und W. W. Ergebenen, wie auch p. n. C. C. C. II. (Collegii Cibiniensis Collaboratore secundo) Hermanstadt, 1696. in 12. *)

*) Dieses deutsche Kleid ist dem Römischen gar nicht angemessen. Der Uibersetzer verändert die Folge der Sätze, läßt weg, setzet hinzu, so, daß ich glaube, Frankenstein müsse selbst die Aufschrift über diese Uibersetzung geführet haben. Denn eine solche Behandlung seiner Arbeit, hätte er gewiß im gegenseitigen Falle, nicht mit kaltem Blute ertragen. Der Mann war er nicht. — Frankensteins Wappenschild, nebst einigen Versen auf dasselbe, und an den Stadtpfarrer, M. Isaak Zabanius, den Bürgermeister, M. Johann Zabanius, den Stuhlrichter, Petrus Weber, den Hermanstädtischen Raht, Hundertmanschaft und die Bürger, sind vom Friderici vorangesetzt worden.

Fronius

Markus. Der Fr. Künste und Weltweisheit Magister, und Stadtpfarrer zu Kronstadt, gebohren 1659. Sein Vater Petrus Fronius, Pfarrer zu Neustadt im Burzellande, erzog ihn mit großer Sorgfalt, und sah seine Bemühungen nicht fruchtlos. Auf den Gymnasien zu Kronstadt und Hermanstadt, bildete er sich zu höhern Schulen. Unter diesen wählte er sich nachgehends Wittenberg,

berg, wo er den 27 Apr. 1682, unter dem Prorektor, Michael Sennert, die Magisterwürde erhielt. In seinem Vaterlande wurde er Pfarrer zu Rosenaue, und nach dem Tode des Stadtpfarrers, Martin Hartung, den 11 Christmond, 1703, zu Kronstadt. Diese Würde bekleidete er bis 1713, mit einem vorzüglichen Ruhme, da er den 14 April, in seinem vier und fünfzigsten Jahre starb, nachdem ihn ein Bauer durch seine Merkurialischen Pillen, in den kläglichsten Zustand versetzt hatte. So war Fronius unglücklicher als ein Mäurermeister zu Hermanstadt, der vor etlichen Jahren auf den Gebrauch einer gleichen Merkurialischen Pille, einen Speichelfluß bekam, der ihn von seiner Wassersucht glücklich herstellte, davon ich durch mein Amt verpflichtet, ein Augenzeuge gewesen. Fronius hat uns verschiedene Beweise hinterlassen, daß er nicht unter die Zahl derjenigen Landgeistlichen gehöre, die ein alter Gelehrter, noch insgemein Pecora campi, nannte. In Schurzfleischs Epistt. Arcan. 1712. befinden sich brey Briefe, die dieser berühmte Gelehrte an den Fronius geschrieben, und von ihm in dem letztern ein sehr günstiges Urtheil fället. S. Epist. CXI. CXXVII. und CCLXX.

1) Diss. de τριαδογνωσια primorum N. T. Fidelium, ante publicum Christi Præconium, Præf. Joh. Deutschmann. Witeb. 1682. in 4. *)

*) Man findet sie auch in Deutschmanns Sammlung: Theosophia & Triadosophia, Witebergæ, 1685, in 4. welche Deutschmann dem Superintendenten, Generaldechanten, und der ganzen Sächsischen Geistlichkeit in Siebenbürgen zugeeignet hat, weil alle diese Streitschriften von Siebenbürgern vertheidigt worden. Außer dem Fronius sind es: M. Johann Albrich, Johann Mantisch, Andreas Scharsius, Andreas Sattler, Markus Königer,

Johann

Johann Wibmann, Jakob Zultner, Petrus Closius, und Johann Arz.

2) Diss. Metaphysica, de distinctione, Præside Christ. Donati. Kal. Nov. Witebergæ, 1671. in 4.

3) Diss. de distinctione Totius & Partium, Respond. Joh. Hoch, Parathia — Transylvano. Kal. Nov. Witeb. 1672. in 4. mit einer Zueignungsschrift an seinen Vater, Petrus Fronius.

4) Eccur præ se ferat aliud, aliud animo destinet, Deus Optim. Max., Præside M. Marco Fronio, Andreas Rekesch, Cibiniens. Transylv. propugnabit, An. 1686. d. III. Februar. — Witebergæ, in 4. *)

*) An statt der Zueignungsschrift ist ein Brief, der von unserm Fronius handelt, aber mir sehr räthselhaft ist. Es ist folgender:
Illmo de Muarthir.
Illme Domine.

Optarem quidem vel Fronio tuo tantillum inobedientior existere possem, vel ipse mihi obedientiam suam magis probaret; sed rigida ejus virtus (contumacitatem in tacendo puto) eheu quando eam franget, totoque mundo fabricatam in se illius homuncionis protervitatem — At meum est, ut lubens sim ingratus. Infelix calame, cui altius volare non licet! Tamen secunda vice tibi dedicare constitui, & ea adscribere, quæ vel maximam partem ex ore ejus hausi, vel eo ductore in auctoribus demonstrata mihi fuerunt, cum ille hæc verba ad me diceret: *En speculum, quod caveat Narcissus.* Et cum incusarem tarditatem, respondebat: *Utere tu Pegaso, me fortuna damnavit ad asinam, ad rosas aliquando mittendam.* Tu ipse velim, ut judices, quid ulterius hoc in puncto suscipiendum. Me interim apud eum excusatum habeas, qui per Fronii tui amorem morior

Illmæ. T. Dominationis
Servus obstrictissimus,
Ph. a S. L. P.

5) Tusculanæ Heltesdenses. Coronæ, typis Lucæ Sculeri, M. D. per Stephanum Müller. Anno M. DCC. IIII. in 4. *)

*) Auf

Fronius.

5) Auf der andern Seite liest man: Differtationes de SS. Theologia, quibus Articulorum Fidei omnium connexio methodo fcripturaria e feptem omnino S. Sc. Locis deducta, commonftratur, ventilatæ, Præfide, Marco Fronio, P. M. & n. Paft. Cor. quorum nomina dabunt fingulæ. Sie sind Gesprächsweise und in Laconischer Schreibart verfasset. Davon die I. Ingreffio. *Act.* XIV. 17. Refpond. Simone Guft. Rofis. XIII. Kal. Dec. 1701.

II. De Theologiæ Præcognitis. *Tit.* I. 1 — 3. Refpond. Troftfried Greißing, Cor. Rofis, Prid. Id. Dec. 1701.

III. De Theologiæ fubjecto, quod eft homo peccator. *Rom.* V. 12. Refp. Nathan. Traufch, Cor. Rofis. III. Non. Febr. 1702.

IV. De falutis noftræ cauffis. *Joh.* III. 16 — 19. Refp. Luca Kolbio, Cor. Rofis, VI Id. Mart. 1702.

V. De conferendæ falutis modo. *Tit.* III. 4 — 7. Refp. Valent. Igel, Rofis, Non. Jul. 1703.

VI. De Mediis falutis humanæ. 1 *Joh.* V. 8. Refp. Mart. Albrich. Rofis, Prid. Non. Aug. 1703.

VII. De Ecclefia. *Eph.* IV. 15 fequ. 30. Refp. Joh. Barbenio, Cor. Rofis, Prid. Non. Aug. 1703.

VIII. De Noviffimis. 1 *Cor.* XV. 22 — 24, 28. Refp Georg. Drauth, Jun. Rofis, Domin. XVII. p. Trin. 1703.

IX. Conclufio. *Act.* XX. 27. Refp. Jofepho Schobel, Cor. Prid. Kal. Jun. 1704. Hier rechtfertigt Fronius zugleich die Aufschrift seines Werks.

Unfehlbar redet Schurzfleisch in seinem 27sten Briefe von diesen, wann er an den Verfasser schreibet: Meditationes tuæ nitorem orationis præferunt, & fubtiliter arguteque conceptæ, pariter atque confectæ funt, quas multa cum voluptate perlegi; exemplum hoc fequantur alii, & terfum accuratumque fcribendi genus afferant, partesque fuas recte agant. —

6) Patriam quærens Exul Pfyche!

Terra domus animis non eft accommoda noftris,
    Altius it noftræ conditionis honos.

Qui nimium terras amat, & mortalia tecta,
    Fallitur. Eft alio patria noftro loco.

Hic

Hic fumus extorres, alienaque regna tenemus,
Sub gravis exilii servitiique jugo. I. B.

In placidum eruditorum examen vocata, a Marco Fronio, P. D. P. C. (*Pro-Decano, Pastore Coronensi.*) Coronæ, 1705, curr. Febr. in 8.

7) Der Artikel von der Buſſe, in etlichen Sermonen fürgeſtellt, aus den Worten des Propheten Joels, II. 12 — 14. Kronſtadt, in der Säuleriſchen Druckerey. Druckts Steph. Müller. 1707. in 8.

8) Ordinationspredigt, als Herr Simon Draud, Gymn. Coronensis Lector, zum Pfarrer in Rothbach ordinirt und inſtallirt wurde, im J. Chriſti, 1709, den 12, Horn. Kronſtadt. in 8.

9) Enchiridion, oder kleiner Catechiſmus — Ebendaſ. 1709, mit Kupfern, in 8. *)

*) Fronius hat eine Vorrede, Einleitung, und drey Lieder beygefügt.

10) Die heimliche und verborgene Weisheit Gottes, welche Gott verordnet hat vor der Welt, zu unſrer Herrlichkeit. 1 Theil. In ſieben Sprüchen heil. Schrift entworfen, ſeinen Kindern aber gezeiget, von M. F. P. C. Ebendaſ. in 8.

11) Sprüche, woraus die Glaubensartikel in Schriftmäßiger Ordnung nach Anleitung der ſieben Grundſprüche, welche unterm Namen der himmliſchen und verborgenen Weisheit Gottes, herausgegeben, und abgehandelt worden. Zweyter Theil. Ebendaſ. 1710. in 8.

12) Die von unſern Herrn Jeſu allen denen zu ihm kommenden und beladenen verſprochene Ruhe der Seele, in einer Feſtandacht betrachtet, zu Kronſtadt, im Auguſtmonate, des 1711 Jahres. Ebendaſ. in 8. *)

*) Uiber Luc. XXII. 24 — 30.

13) Ordinationspredigt, als Herr Georgius Marci, aus Kronſtadt, zum Pfarrer nach Klauſenburg beruf-

beruffen worden, über Matth. XXVIII. 18 — 20. Ebendaſ. 1711, in 8.

14) Iſts auch recht? Bey dem betrübten Falle eines Eigenmords abgehandelt. Kronſtadt, 1712. Am Sonntage Trinit. über das ordentliche Evangelium, von M. F. C. D. in 8.

In der Handſchrift hat Fronius hinterlaſſen:

1) Epithalamium in Nuptias *Georgii Cantacuzeni*, Principis Valachiæ, Coronæ, d. 8 Mart. 1689, celebratas.

2) Viſitationsbüchlein.

3) Κυρυζο — λαβαιζολογια. Eine Geſchichte des letztern Malkontentenkrieges, da die Rákozischen Mißvergnügten, wahrſcheinlich von den alten Cruciatis, Kurutzen genannt wurden, die Ungriſchen Huſſaren aber, welche für den Kaiſer Leopold fochten, Labanzen. Dieſer letztere Name iſt noch unter den Botſchkaiſchen Unruhen aufgekommen; dagegen hieß man die Botſchkaiſchen, zu ihrem größten Aergerniſſe, Durbanten. *)

*) S. hievon ein Mehreres im Ungr. Magazine, S. 221, des II. Bandes.

4) Hiſtoria Biblica, ab Orbe condito, ad usque Meſſiæ adventum. A. 1690.

5) Æſtivæ Muſarum umbræ. A. 1690.

6) Diaconus Barcenſis.

7) Hypotheſes de Vocatione.

8) Catechismus Lutheri, commentatione illuſtratus.

9) Curſus Theologicus in Tabellis.

10) Eine Deutſche Theologie. 1702.

Fronins

Matthias. Ein geſchickter Rechtsgelehrter, und Rahtsherr zu Kronſtadt im ſechszehnten Jahrhunderte. Nach vollendeten Univerſitätsjahren zu Witten=

Wittenberg, diente er Anfangs bey der Schule, bekleidete auch 1545, das Rektorat, ward aber nachgehends Rahtsherr. Das itzige Siebenbürgisch-sächsische Recht, hat insonderheit seinem Fleiße das Daseyn zu danken. Fronius machte es 1570 bekannt. Stephan Bátori, König von Pohlen, und Fürst von Siebenbürgen, bestätigte es den 18 Hornung, 1583; worauf es bey allen Sächsischen Gerichtsstühlen eingeführet wurde. Wenn Fronius gestorben, ist mir unbekannt. Denn, Matthias Fronius, der den 27 März, 1609, als Richter zu Kronstadt starb, scheinet mir dessen Sohn gewesen zu seyn.

1) Statuta Jurium Municipalium Saxonum in Transylvania, opera Matth. Fronii, revisa, locupletata, cum gratia Regia, & Privilegio decennali. 1583. in 4. Zu Ende liest man: Impressum in Inclyta Transylvaniæ Corona. *)

*) Auf der andern Seite ist ein gekrönter Schild mit dem Pohlnischen Adler, in dessen Brustschilde das Bátorische Geschlechtswappen, oder drey Wolfszähne erscheinen. Drauf folget: Georgii Helneri, Coron. Carmen ad Sereniss. Regem Poloniæ, Stephanum Bátory, ejus nominis I. Victorem & Triumphatorem potentiss. alsdann, Pauli Kerzii, Coron. Med. D. Elegia ad Consules, Judices, Juratosque Senatores Civitatum, ac Sedium Saxonicarum in Transylvania. Hier schreibet dieser gelehrte Arzt von unserm Fronius:

Tu quoque carminibus semper celebrabere nostris
 Pro studio & meritis, Fronie docte! tuis.
Cui virtus, doctrina, fides, pietatis alumna,
 Verus sinceræ Religionis amor,
Æternam laudem peperit, gratumque favorem
 Multorum, & dulces junxit amicitias.
Vive, valeque diu, Musarum candide fautor!
 Ac superes Pylii secula multa senis.

Diese Rechte sind von dem Verfasser größtentheils aus Sonters Compendium Juris, und Bomels Auszug der Sächsischen Rechte, gesammlet, vermehret, und zulezt von dem berühmten Grafen der Sächsischen Nation,

tion, Albert Huet, (Süveg) und den gelehrten Kronstädtischen Rahtsherren, Lukas und Petrus Hirscher, kritisch durgesehen worden. Die Abgeordneten, welche sie im Namen der Sächsischen Nation dem Könige von Pohlen, zur Bestätigung überreichten, waren außer dem Fronius, und Albert Huet, Dominikus Dietrich, Königsrichter zu Schäsburg, Joachim Roch, Bürgermeister zu Medwisch, und Kaspar Budaker, Richter zu Bistriz. In den vorhergehenden Zeiten, bediente man sich bey gerichtlichen Fällen des Rechts des Herkommens, und der alten Gewohnheiten, die oft seltsam genug waren; zu Hermanstadt aber insonderheit eines handschriftlichen Gesezbuchs, das der Bürgermeister Thomas Altenberger, 1481 verfertigen ließ. Es enthielt das Nürnbergische, und Iglauische Stadtrecht, und war auf Pergament in Folio, mit schön ausgezierten, und stark vergoldeten Anfangsbuchstaben geschrieben. Mehreres davon habe ich in einem Briefe von den Rechten der Sächsischen Nation in Siebenbürgen gesagt, der sich im V. Jahrgange der Wiener Anzeigen S. 212 — befindet, wie auch im Ungr. Magazine, I. Bandes 2ten Stücke.

2) Der Sachsen im Siebenbürgen Statuta: Oder eigen Landtrecht. Durch Matthiam Fronium übersehen, gemehret, und mit Kön. Majest. in Pohlen Gnad und Privilegio in Druck gebracht. An. M. D. LXXXIII. in 4. *)

*) Auf der lezten Seite: Gedruckt in Kronstadt in Siebenbürgen durch Georg Greus, in Verlegung Herrn Mathia Fronii. Schmeizel muß diese ersten Ausgaben nicht gesehen haben; sonst würde er in seiner Bibliotheca Hungarica, Sect. II. de Scriptoribus Transyl. nicht behaupten: die lateinische sey 1583 zu Hermanstadt gedruckt, und die deutsche, die einen ihm unbekannten Uibersezer habe, sey später erfolgt. Bey den Sächsischen Gerichten bedienet man sich eigentlich nur der Deutschen oder Sächsischen Sprache, also auch nur dieser Uibersezung, und vielleicht weis wohl mancher Richter, bey allem Stolze auf seine Einsichten, nicht einmal, daß das Original unserer Nationalrechte lateinisch sey. In diesem deutschen Kleide sind sie in der Folgezeit mehrmals gedruckt worden, als: 1684, durch Stephan Jüngling zu Hermanstadt, und ebendaselbst 1721, durch Johann Barth. Die neueste Ausgabe, Lateinisch und Deutsch, nebst einer Erläuterung derselben, ist die Reissenfelsische zu Leipzig, 1744.

H   Fuchs

Fuchs

Johann. Ein Kronstädter, und Pfarrer zu Weidenbach im Burzellande, 1662. Er hat sechs Streitschriften, die er unter dem Vorsitze verschiedener Lehrer zu Wittenberg, in den Jahren 1653, und 54, öffentlich vertheidigte, unter folgender Aufschrift herausgegeben:

Fasciculus Disputationum Philosophicarum. Witebergæ, 1654. in 4. *)

*) Sie sind diese:

1) De Constitutione Methaphysicæ, præs. Ægidio Strauch, 1653.

2) Axiomata affectionis Entis &c. præs. Joh. Weiß.

3) De Ratione Entis in ordine ad inferiora, præs. Joh. Christoph. Neandro.

4) De Caussis corporis naturalis in genere, & in specie de Materia, præs. Jo. Fridr. Tatinghoff, d. 23 Jul. Besonders gedruckt führet sie den Titel: Exercitationum Physicarum Disp. II. de Caussis &c.

5) Centuriæ primæ Axiomatum 5. Regularum Philosophicarum, Dec. IX. Præside Christoph. Graumüller, 1654.

6) De Cœlo ex Physicis, qua auctor Respondens, Præside M. Joanne Fridr. Tatinghoff, die 23, Jun. 1654. Diese ist auch besonders gedruckt, und allen damals zu Wittenberg studierenden Siebenbürgern zugeschrieben, deren vier und dreyßig waren.

Fuchs, Vulpinus

Markus, von Kronstadt, und daselbst Pfarrer. Zu diesem Amte ward er den 24. Nov. 1705, erwählt, und den folgenden Tag von Rosenaue, seiner bisherigen Pfarre, beruffen. Unter er denen ihm vorgelegten Bedingungen, war auch eine, daß kein Pfarrer Macht haben sollte, weltliche Personen der Hurerey wegen, um Geld zu strafen; welches aber nur Bedingungsweise angenommen ward. In diesem Amte lebte Fuchs bis 1619, da er den 28 Jäner, im 62sten Jahre seines Alters, in die Ewigkeit übergieng. Wir haben von ihm in der Handschrift:

Chronicon, sive Annales Rerum Hungarico-Transylvanicarum. *)

*) Eigentlich ein Werk seines Vorfahrers, Simon Massa, welches er aber nach dessen Tode fortsetzte, und vom Jahre 1586 an, vermehrte. S. Massa.

Gemmarius

Thomas. Baccalaureus der freyen Künste, und Rektor der Hermanstädtischen Schule in den Jahren 1528, 29. Im letztern Jahre hat er eine lateinische Grammatik herausgeben, und sie dem jungen Johann Pemflinger, einem Sohne des Grafen der Sächsischen Nation und Königsrichters zu Hermanstadt, Markus Pemflinger, zugeeignet. Soterius in Transylv. Celebr.

Gorgias

Johann, von Kronstadt, der Fr. Künste Magister, Kaiserl. gekrönter Dichter, und Mitglied des Deutschen Schwanenordens. Den 31 März, 1679, erhielt er das Schulrektorat in seiner Vaterstadt, welchen staubigten Dienst er bis an seinen Tod, der den 7. Heumond, 1684, an der Wassersucht erfolgte, verwaltete. Proben sei-

seines dichterischen Geistes, habe ich bis itzt noch keine gesehen, wohl aber einige andere Schriften, als:

1) Opusculum Metaphysicum. Coronæ, 1667. in 4.
2) Gemma Quæstionaria, ex Synopsi Logica. Coronæ, 1679. in 4.
3) Syllabus Distinctionum Philosophicarum usitatiorum, exemplis illustratarum, atque ordine alphabetico digestarum, in gratiam studiosæ juventis adornatus, a M. Jo. Gorgia, P. L. C. & Gymnas. Coron. Rectore. Lipsiæ, 1681. in 8.
4) Poliandini, gestürzeter Ehrenpreis des hochlöblichen Frauenzimmers. *)

*) Schulzens Schrift: Ehrenpreis des hochlöblichen Frauenzimmers, Frankfurt, 1663. entgegen gesetzt. Sie machet aber ihrem Verfasser wenig Ehre.

5) Veriphantor, jungferlicher Zeitvertreiber. 1678.
6) Ebendess. Die bulende Jungfrau. — Diese drey Schriften eignet Dahlmann, im Schauplatze der masquirten und demasquirten Gelehrten. Leipzig, 1710, S. 271, und 319. einem Siebenbürger, Johann Gorgias zu. Ich zweifle nicht, daß es eben dieser Gorgias sey; doch weis ich nichts von dem, was Dahlmann behauptet: daß er wegen einiger Vergehungen aus seinem Vaterlande geflüchtet wäre. *)

*) Ein andrer Gorgias, hat 1728, Epigrammata — zu Ehren des gelehrten Gubernialsraht, Samuel Kölescherr von Keresch-Eer, zu Klausenburg in 8, herausgegeben. Dieser war von Heilsberg in Wermeland, und Generalatsdoktor in Siebenbürgen, starb den 7, Okt. 1734, zu Hermanstadt an der Bräune. Wein und Dichtkunst waren sein angenehmster Zeitvertreib, deswegen machte Doktor Vanderbech, das Epigramm auf ihn:

Olim clamanti Plutarchum! reddidit Echo,
Ut Graji memorant, e latebris: *Sophiam.*

At mihi clamanti Te Gorgi! reddidit Echo
Rupibus e vacuis, quid stimulata? *Merum*.

Graffius, oder Láni

Andreas, von Medwisch gebürtig, woselbst er bey der Schule als Kollege diente. Seine ausschweifende Lebensart, besonders aber eine beißende Satyre zog ihm 1642, den Verlust seines Dienstes zu. Er gieng hierauf nach Ungern, und ward Rektor der Schule zu Trentschin. Von seinen Schriften sind mir bekannt:

1) Pastor Transylvanus Saxo. — Qui quod vult, facit, quod non vult, audit. *Mscr.* *)

*) Dieses ist die obengedachte Satyre auf die Sächsische Geistlichkeit. Sie enthält viele Galle, aber auch manche unläugbare Wahrheit, und ist recht methodisch geschrieben. Der Verfasser handelt 1) de Definitione. 2) De Vocationibus. 3) De Confirmatione. 4) De Functione. 5) De stipendio, und 6) de Ordine. Man findet sie sehr selten; weil sie bald nach ihrer Geburt von dem Generaldechanten, Johann Sabini, in öffentlicher Versammlung des Kapitels verdammt, und unterdrückt wurde.

2) **Lex mihi Ars**. Studium Eloquentiæ absolutum I. Elementali, II. Systemate, III. Gymnasio. Autore Andr. Graffio, Rect. Trentschin. Leutschoviæ, 1643. in 8. Sollte er bey dieser Ueberschrift: Lex mihi Ars, nicht an seine Landsleute gedacht haben?

3) Præcepta Poeticæ.

4) Metaphysica.

5) Therapeutica Scholastica. *Mscr.*

Graffius

Johann. Ein Hermanstädter, studirte zu Altdorf, und vertheidigte den 26 Jun. 1700. unter dem Vorsiße des Pfalzgrafen und Professors, Dan. Wilh. Moller, folgende Streitschrift:

De Transylvania, Altdorf. 1700. in 4. *)

*) Ob Graffius als ein gebohrner Siebenbürger, etwas zu dieser Abhandlung beygetragen habe, weis ich nicht: so viel aber ist gewiß, daß die gelehrte Welt sie wohl hätte entbehren können. Sie ist größtentheils aus dem Reichersdorf, Töppelt, und Kelp zusammengetragen, und was der Verfasser Eigenes hat, ist manchmal seltsam genug. Z. E. seine Herleitung des Wortes, Siebenbürgen. Nichts ist wahrscheinlicher, als daß dieser deutsche Name des ganzen Landes, seinen Ursprung den dasigen Deutschen oder Sachsen, zu danken habe, welche von ihren vorzüglichen sieben Pflanzstädten Siebenbürger genannt wurden. Kein Unger oder Sekler hat sich jemals, weder in der lateinischen, noch seiner Muttersprache, einen Siebenbürger genannt. Ein gleiches gilt von den Walachen. Wohl aber haben es die Sachsen gethan. So nennet sich Klingsor, der berühmte Dichter des dreyzehnten Jahrhunderts unter dem Könige Andreas von Jerusalem, Septem Castrensem. Aeneas Sylvius, nochmaliger Pabst Pius der Zweyte, lebte in einem Zeitalter, wo ihm Vieles Licht seyn konnte, welches uns cimmerische Finsternisse bedecken. Warum sollte denn seine Nachricht in dem Leben Kaiser Friederichs des Dritten, nicht Beyfall verdienen? Teutones in Transylvania e Saxonia originem habent, viri fortes, & bello exercitati; a septem civitatibus, quas habitant, *Siebenburgenses*, patrio sermone appellati. — Doch, Moller wendet dagegen ein, der Name Siebenbürgen, sey eher gebräuchlich gewesen, als die sieben Städte erbauet worden. Er führet aber keinen Beweis, kein Beyspiel davon an. Auf sein bloßes Wort werde ich es also nimmermehr glauben. Ist denn seine eigene Meynung wahrscheinlicher? Er schreibet: Meam ut sententiam quoque heic aperiam, originem vocis Siebenbürgen, ab antiquo urbis *Sibinii*, vel *Cibinii* nomine arcessendam esse judico, hanc præcipue ob rationem, quod vetustis Sueviæ populis *Sibinis*, in eo loco, ubi hodie Cibinium in Transylvania situm est, considentibus, & burgo & fluvio præterlabenti Sibini, nomen
adhæ-

adhærere cœperit; unde postea vox Sibinerburg, & tractu temporis, Siebenbürger enata, & ad posteros facile potuit esse derivata. Wie viel wird hier nicht vorausgesetzt! Ist es denn so gewiß, daß die alten Sibini die Gegend von Hermanstadt bewohnet haben? Wann, und von wem ist denn Hermanstadt die Sibinerburg genannt worden? und wie sind denn die Sachsen zu den Zeiten des Königs Andreas von Jerusalem Septem Castrenses genannt worden?

§. XXII. Handelt der Verfasser von den Städten, und merket außer den Sieben Sächsischen Städten, zugleich 50 der vorzüglichsten Oerter im Lande an; woraus aber nichts deutlicher erhellet, als daß Graffius in seinem Vaterlande ein eben so grosser Frembling, als sein Lehrer, gewesen sey. Welche Unrichtigkeiten! welcher Mischmasch! Die Frage: welche Anfangs die sieben Sächsischen Pflanzstädte, oder Burgen gewesen, wovon der Name Siebenbürgen entsprossen, bleibet noch immer aus Mangel nöthiger Urkunden, ein Gordischer Knoten; leicht zu zerschneiden, schwer aber aufzulösen. Nach der gemeinen Meynung sind es: Hermanstadt, Schäßburg, Kronstadt, Medwisch, Bistritz, Millenbach und Klausenburg; welche letzte im 16ten Jahrhunderte wegen der Unitarischen Religion von der Sächsischen Universität ausgeschlossen worden. Allein, nach der berühmten Andreanischen Urkunde vom Jahre 1224, gehörte damals wenigstens der Bistrizische Distrikt, Klausenburg, und Burzelland, nicht zu dem Gebiehte der Sächsischen Völkerschaft, wie sich denn heute noch die Burzelländer nicht zu den Siebenbürgern rechnen. Ich würde also Kronstadt, Klausenburg, und Bistritz aus der Zahl der sieben ersten Sächsischen Pflanzstädte ausschließen. Doch mit leeren Muthmassungen ist der Geschichte und der Wahrheit wenig gedient. Aus diesem Grunde will ich lieber meine Unwissenheit bekennen, als ohne Beweise die ersten Hauptpflanzstädte bestimmen, die unsere Ahnen bey ihrer Hereinkunft unter dem Könige Geisa den Zweyten, errichtet haben. Ihr Gebieht ist unlaugbar von größerm Umfange gewesen, als itzt. Szepsi, itzt ein Zeklerischer Stuhl, ist die terra Sebus, die nach dem Andreanischen Nationalprivilegium, zu dem Sächsischen Gebiehte gehörte, und wer weis, wie manches die Komitatenser davon besitzen! — Herr Fridwalsky hat in seiner Minerologie, S. 8, einen ganz besondern Einfall. Er schreibet: Siebenbürgen habe seinen Namen von den sieben Burgen: Karlsburg, Klausenburg, Schäßburg, Türzburg, Marburg, Tornburg und Salzburg. Sollte aber das Land von solchen Oertern, die

Burgen genannt werden, den Namen erhalten haben: o! so weis ich nicht, ob es nicht Vierzehnbürgen heißen müßte. Haben wir nicht auch ein Stolzenburg, Kockelburg, Mäburg, Sommersburg, Burgberg? — Marburg ist kein Ort in Siebenbürgen, wohl aber ein Marienburg im Burzellande; Karlsburg hieß vorher Weißenburg.

Graffius

Lukas. Superintendent der Sächsischen Kirchen, und Pfarrer zu Birthälmen. Ein gelehrter, und besonders in Orientalischen Sprachen wohl erfahrner Mann. Er stammte aus einem Geschlechte, das der Kirche verschiedene verdiente Männer geschenket hat. Sein Grosvater Paulus Graffius von Mäburg, wurde 1632 Stadtpfarrer zu Medwisch, und starb als Generaldechant den 3 Jun. 1645. Sein Vater Lukas Graffius bekleidete gleiche Würde, die er nach dem Tode des Stadtpfarrers Johann Zekeli, 1668 erhielt, aber nach wenigen Jahren, und viel zu früh für diesen seinen Sohn, 1671 im Sept. gleichfalls ein Opfer der Sterblichkeit ward. Unser Graffius sah sich, ehe er noch vier Jahre alt war, in dem traurigen Stande eines Waisen, doch sorgte die göttliche Versehung so wohl für ihn, daß er die schöne Laufbahn seiner Väter betreten konnte. Nach seiner Zurückkunft von Wittenberg, woselbst er sich zum Dienste der Kirche zubereitet hatte, diente er nach ländlicher Gewohnheit zuerst bey der Schule seiner Vaterstadt; 1690, den 11 Nov. erhielt er das Diakonat, ward nachgehends Archidiakonus, und den 5 Apr. 1695, Pfarrer zu Kleinschelken. Als aber Stephan Gundhart zu Medwisch 1699,

starb,

starb, beriefen ihn die Bürger den 24 März, zu dessen Nachfolger in der Stadtpfarrerwürde. Im Jahre 1711, hatte er bey der Superintendentenwahl gleiche Stimmen mit dem Stadtpfarrer zu Schäßburg, Georg Kraus. Das Loos entschied zwar die Sache für den Letztern, allein Kraus starb den 5 August, des folgenden Jahres, und so erhielt Graffius, damals zugleich Generaldechant, durch einstimmige Wahl den 17 November, die Superintendur. Diese Würde verwaltete er bis 1736, mit grosser Wachsamkeit und Treue, da er den 30 Oktober seine Laufbahn vollendete.

Wir haben von ihm, außer einer Streitschrift: de Versione, quam vocant LXX. Virali ΙΣΤΟΡΟΥΜΕΝΑ, Isaaco Vossio potissimum opposita, die er unter dem Vorsitze des M. Gerhard Meyers, den 24 Nov. 1687, zu Wittenberg vertheidigte, folgende Werke in der Handschrift:

1) Annales Ecclesiastici, ab A. 1659, quo Clariss. Dn. David Hermannus suos finivit, ad finem usque Saeculi illius, ex documentis publicis, adeoque authenticis & indubiis, continuati a Luca Graffio, Ecclesiarum Aug. Confess. addictarum per Transylvaniam Superintendente.

2) Bedenken über die Frage: Ob ein Prediger, dessen Hausgenossen von der Pest angesteckt worden, sich seines Amtes enthalten, und weichen könne?

3) Ἀπόδειξις, sive Demonstratio plena, plana, & perspicua, testimoniis & argumentis evidentissimis, quod Reges & Principes Transylvaniae exercitum Jurium Episcopalium vi Transactionis Passaviensis ad se devolutorum, Superintendenti, & non alii cuiquam concrediderint. *)

*) Das Hermanstädtische Kapitel gehörte ehemals zu dem Bisthume Milkowa, an den Gränzen der Moldau und Walachey, dessen Bischöfe Suffragane der Erzbischöfe zu Gran waren. Nachdem aber dieser Ort gänzlich zerstört, und das Bisthum vernichtet worden, erhielt das Kapitel wegen der grossen Entfernung von Gran, vom Pabste Eugen dem Vierten, 1436, den Genuß bischöflicher Rechte, welche auch die Erzbischöfe den Dechanten als ihren Vikarien bestätigten. Dieser Vorrechte und Gerichtsbarkeit hat sich auch das Kapitel beständig bedient. Als die Sächsische Geistlichkeit im sechszehnten Jahrhunderte für gut befand, die Superintendur einzuführen: so überließen sie zwar dem erwähnten Superintendenten die höchste Gerichtsbarkeit, doch so, das jedes Kapitel in seinen alten Freyheiten und Rechten ungekränkt bleiben sollte. Also blieb auch das Hermanstädtische im Genusse seiner Bischöflichen Rechte. Diese suchte nun Graffius demselben streitig zu machen, und durch diese Schrift zu erweisen, daß solche ihm, als Superintendenten, allein zukämen. Allein Stephan Hermann, Dechant und Pfarrer zu Stolzenburg, beantwortete sie 1723, im Namen des Kapitels, mit gleich grosser Bescheidenheit, als Gründlichkeit. (siehe den T. Hermann.)

Graffius veranstaltete auch zum Dienste seiner Kirchspiele eine neue Auflage des Seidelischen Katechismus, der 1727 zu Kronstadt in 8. gedruckt wurde.

4) Demonstratio, quod Vener. Capitula Cibiniense & Barcense, respectu Jnrium Episcopalium nulla gaudeant prærogativa. Auch diese Schrift wurde beantwortet.

5) Succincta Explicatio Jurium Superintendentis.

6) Untersuchung und Erklärung, wie sich der Glaube in der Rechtfertigung verhalte.

7) Historisches Tagebuch.

8) Prüfung des Leipziger Unterrichts vom Pietismo.

9) Anmerkungen über Herrn Schäffers Abbildung des lebendigen Glaubens.

10) Catechismusfragen von Stephan Chrestels.

11) Anweisung zur lateinischen Sprache.

Greißing

Valentin, der Fr. Künste und Weltweisheit Magister, und Pfarrer zu Rosenaue. Er stammte aus einem alten Patricischen Geschlechte zu Kronstadt her. Cyrillus Greißing bekleidete daselbst 1592, die Richterswürde, Johann Greißing, gleichfalls 1614. Ein Paul Greißing vertheidigte 1655, zu Straßburg eine Streitschrift: de αὐτοχειρία, als Verfasser. Johann Greißing, disputirte zu Wittenberg 1668, unter Simon Friedr. Frenzel, de vita universi corporis naturalis. Der Vater unsers Greißings war, Christoph Greißing, ein Rahtsherr, welcher ihn mit grosser Sorgfalt auferzog. Er begab sich nach Wittenberg, wo er sich die höchste Würde in der Weltweisheit erwarb, ward auch Adjunkt der dasigen Philosophischen Fakultät, und hielt öffentliche Vorlesungen. Den 7 Heumond, 1684, erhielt er das Kronstädtische Schulrektorat, welches er bis 1694 verwaltete, und darauf nach Rosenaue beruffen, und den 11 Nov. feyerlich eingeführet wurde.

1) Sal ΜΩΡΑΝΘΕΙΣ, quem e *Matth.* V. Comm. 13. Exercitatione philosophica erutum declaratumque — Resp. Matthia Götzke, Otterndorfio Hadelensi. d. 24. Febr. 1667. Witebergæ, in 4. von diesem Jahre sind auch folgende drey:

2) Disquisitio Philosophiæ Naturalis, de Partu septimestri. Resp. Mich. Gütschio, Kisdino-Transylv. d. 31, Mart. Ebendas. in 4.

3) ΔΥΩΔΕΚΑΣ positionum Physicarum — Auctor & Resp. M. Theodorus Thomas von Pesterbitz. Ebendas. in 4.

4) Exer-

4) Exercitatio Academica *Prior*, de Atheifmo, oppofita inprimis Renato des Cartes, & Matthiæ Knutzen. Refp. Georgio Tutio, Kis-Schenkino-Tranfylv. d. 24, Nov. Ebendaf. in 4.

5) Exercitatio Academica *Pofterior*, de Atheismo — Refp. Georg. Tutio — d. 18 Decemb. 1677. Ebend. in 4.

6) Diſs. de Theologia Naturali, Auctore Refp. M. Chriſtiano Fridr. Braun. Witeb. 1678. in 4.

7) Difp. Theologica, de æterna verbi Dei duratione, ut de vera juſtitia, juxta *Matth*. V. comm. 18 — 20. Præfide Joh. Deutſchmann. Witeb. 1678. in 4.

8) Immolatio Liberorum Molocho facta, juxta *Levit*. XX. comm. 2. Exercitatione Philologica — Refp. Nicolao Joh. Michaelis, Revalia — Liv. Ebend. 1678, in 4.

9) Sylloge Controverfiarum felectarum ex Philofophia rationali, *Prima*. Refp. Michaele Eufer, Muſchnenſi-Tranſyl. Ebend. 1679. in 4.

10) Sylloge Controverfiarum felectarum — *Altera*. Refp. Joh. Georg. Hornigio, Dresd. Ebend. 1679. in 4.

11) Difputationes Exegetico-Polemicæ in Compendium LL. Theologicorum Leonhardi Hutteri, in 4. *)

*) Dieſe Streitſchriften hat Greißing als Rektor zu Kronſtadt, gehalten, und Stückweiſe herausgegeben. Ihre Anzahl weis ich nicht, da ich nur folgende davon geſehen: *De Theologiæ Prolegomenis*, Refp. Joanne Abrahami, Praſmarienſi. 1687. Coronæ, typis Hermannianis. *De Religione*, Reſp. Luca Farnengel, d. 24 Dec. deſſelben Jahres. *De Articulis Fidei*, Reſp. Andrea Conradi, Medienſi, d. 20 Dec. 1688. Difp. VI & VII. *de Eſſentiali diviſione Libb. Biblicorum in Canonicos & Apocryphos*. Refp. Georgio Nußbächer, Coron. & Simone Roht, Marizvall. die 6, & 7. Januar. 1693. Typis Lucæ Sculeri. Die Kronſtädtiſchen Buchdruckereyen, die uns ehemals ganze Griechiſche Werke geliefert

fert haben, müßen damals gar keine Griechischen Lettern gehabt haben. Denn in diesen Streitschriften sind die Griechischen Wörter alle eingeschrieben.

12) Paradoxa Logica quadraginta, Resp. Georgio Waad, Scholæ Oratore. Coronæ, 1692. in 4.

13) Donatus Latino - Germanicus. Coronæ, 1693. in 8. Dieses sehr brauchbare Buch für Schulkinder, ist bey allen Sächsischen Schulen eingeführet, und sehr oft, auch zu Hermanstadt gedruckt worden. *)

*) Peter Bod, in seinem Ungrischen Athen, gedenket noch folgender Greißingischen Schriften. Positiones Philologicæ ex N. Test. De Potentia Dei. De Miscellaneis Physicis.

Grosse

Andreas Karl, Sanitätsdoktor in Siebenbürgen. Er war ein Sohn des Michael Grosse, Pfarrers zu Großau, unweit Hermanstadt, der als Aeltester des Kapitels 1735 starb. Er studirte die Arzneykunst zu Halle im Magdeburgischen; woselbst er 1732, die höchste Würde in derselben erhielt. In seinem Vaterlande bekannte er sich zur Katholischen Kirche, diente Anfangs als Stabmedikus in der Kaiserlichen Walachey, nachgehends in Siebenbürgen als Pestmedikus, welche sonst Doctores sanitatis genennet werden.

1) Dissertatio Philosophico - Medica inauguralis, Methodo scientifica conscripta, qua sistitur: Verum universæ Medicinæ Principium in structura corporis humani Mechanica reperiendum, pro gradu Doctoris — M. Maji 1732, Halæ Magdeb. in 4.

2) Ob-

2) Obſervatio, de coctura Mercurii vulgaris in aqua ſimplici, eaque poſtea virtute Anthelminthica prædita. Cibinii, 1734. in 8.

Gündeſch

Johann, von Hermanſtadt. Daß er ſich zu Altdorf zum Dienſte der Kirche 1665 zubereitet habe, iſt alles, was meine Bemühungen von ſeiner Lebensgeſchichte haben entdecken können. Michael Gündeſch ſtarb als Pfarrer zu Großſcheuren 1652; und Paulus Gündeſch, als Pfarrer zu Großau, 1691. Dieſe nennen ſich von Heltau: ich kann alſo nicht entſcheiden, ob unſer Gündeſch aus ihrem Geſchlechte geweſen.

Diſſ. Theol. de Peccato in Spiritum S. præſ. Joanne Weinmann D. Th. qua auctor reſpondens. Altdorfii, 1665. in 4.

Gundhart

Stephan. Stadtpfarrer zu Medwiſch ſeiner Vaterſtadt, und Generaldechant. Vorher bekleidete er gleiche Würde zu Müllenbach, und war zugleich Dechant des Unterwälder Kapitels. Im J. 1691, wurde er nach Medwiſch berufen, und das folgende Jahr zum Generaldechant erwählt. Gundhart ſtarb den 25 December 1698, und hatte den Lukas Graffius zum Nachfolger in ſeinem Amte.

1) Ezechielis des Propheten Augenluſt, aus dem 24 Kap. V. 15 ꝛc. den 19 Januar, 1692. Kronſtadt, in 4. *)

*) Eine Leichenrede bey Beerdigung der Frau Anna, gebornen Töfelt, und Gemahlinn des Bürgermeiſters zu Medwiſch, Samuel Konrabi.

2) An-

a) Annales Transylvaniæ Ecclesiastici. Ein handschriftliches Werk, das ich aber niemals gesehen.

Gunesch

Andreas. Stadtpfarrer zu Müllenbach, und Dechant des Unterwälder Kapitels. Dieser verdiente Gelehrte um die Vaterländische Geschichte, ward 1648 zu Hermanstadt gebohren, woselbst sein Vater Christian Gunesch, Bürger und Mitglied des äußern Rahts, oder der Hundertmanschaft war. Als er auf dasiger Schule wohnte, hatte er 1667 Gelegenheit, eine seltene Naturbegebenheit zu sehen, welche er selbst erzählet. †) Johann Groß, einer seiner Beywohner gehet in der Nacht gegen den 27 August, um drey Uhr in den Schulhof. Als er dahin kömmt, siehet er den Knopf des Thurms auf der Kathedralkirche, der 5 Siebenbürgische Ellen, und 3 Achtheile im Umfange hat, in vollen Flammen stehen. Erstaunt über diesen Anblick, eilet er in ihre Stube zurück, und weckt den Gunesch, nebst den übrigen schlafenden Beywohnern auf, um diesen seltsamen Vorfall mit anzusehen. Sie kommen heraus, und bemerken, daß man den Thurmknopf für den Flammen nicht sehen kann. Die Witterung war dabey trüb, und etwas regnerisch. Sie hörten auch das Getöse der Flammen, wie wenn Regentropfen darauf fielen, ganz genau. Dieses dauerte fast eine Viertelstunde. — Im ein und zwanzigsten Jahre seines Alters reisete Gunesch 1669, nach Deutschland, um sich auf hohen

---

†) In Supplem. Joannis Bethlen.

hohen Schulen zum Dienſte der Kirche zuzubereiten, von dannen er im Jahre 1674, in ſein Vaterland zurück kehrte. Nach ſechs Jahren erhielt er die Pfarre zu Petersdorf unter dem Walde. Von hier ward er 1685 nach Kellneck berufen, und 1702 nach Müllenbach. Er lebte aber nicht lange mehr. Denn, das folgende Jahr befiel ihn zu Hermanſtadt eine hefftige Krankheit, daran er den 27 Dec. ſeine Tage, im fünf und fünfzigſten Jahre, vollendete. Von ſeinen Schriften ſind mir bekannt worden.

1) Das ſehnliche Verlangen eines Chriſten, aus dem Pauliniſchen Briefe an die Philipper, K. 1 Vers 23. den 9 Okt. 1696. *) in 4.

*) Eine Leichenrede auf Daniel Femger, Stadtpfarrer zu Müllenbach, und Dechant des Unterwälder Kapitels.

2) Fides Saxonum in Tranſylvania, d. i. Der Sachſen in Siebenbürgen Treue und Beſtändigkeit, aus hiſtoriſchem Grunde, von den zwey nächſt verfloſſenen Sáculis hervorgeſtellt, durch einen der Hiſtorien Liebhaber. 1697. *)

*) Dieſes handſchriftliche Werkchen iſt dem damaligen Grafen der Sächſiſchen Nation und Königsrichter zu Hermanſtadt, Valentin Frank von Frankenſtein zugeſchrieben. In der Vorrede beklaget ſich der Verfaſſer über die ungleichen Urtheile, welchen die Sachſen bey den damaligen kriegeriſchen Unruhen ausgeſetzt waren. Es gieng ihnen, ſchreibet er: wie demjenigen, der im mittelſten Stockwerke wohnet, vom oberſten wird er mit braunem Waſſer begoſſen, und vom unterſten mit Rauch gequälet. Die Ungriſchen Misbergnügten beſchuldigten ſie, daß ſie die Deutſchen ins Land gerufen; die Deutſchen Soldaten, ſtimmte das Glück nicht zu ihren Wünſchen, ſchalten ſie Specktürken und Rebellen. Sie hätten die Türken berufen, verlangten nach dem Tököli, u. d. g. — Dieſes bewog den Verfaſſer zur Rettung der Ehre ſeiner Völkerſchaft, ihre unverbrüchliche Treue gegen ihre rechtmäßigen Beherrſcher, aus der Geſchichte, ſeit den groſſen Revolutionen nach dem unglücklichen Tode, König Ludwigs bey Mohátſch zu erweiſen. Sei-

ne Nachrichten sind zum Theile so gemein nicht. In
Wahrheit! sollten die Berichte Sächsischer Geschicht=
schreiber der gelehrten Welt bekannter werden; so wür=
be nicht so vieler Rauch unsere Vaterländische Geschichte
decken.

3) Supplementum in Libros VI. Rerum Tranſylvaniæ, a *Spectab. ac Generoso D. Joanne Bethlenio*
conſcriptos ac editos, adjectum ac collectum,
per quendam *Hiſtoriophilum*. 1697. *Mſcr.* *)

*) Dieſe Handſchrift enthält: 1) Zuſätze zu der Sieben=
bürgiſchen Geſchichte des Kanzlers Johann Bethlen, die
aber größtentheils aus dem Ortelius, und andern aus=
ländiſchen Nachrichten entlehnet ſind. 2) Eine Fort=
ſetzung dieſer Geſchichte, von 1663, bis 1689. Man fin=
det darinnen manche nicht gemeine Denkwürdigkeiten;
doch iſt ſie mit der eigenen Fortſetzung des Grafen Beth=
lens, gar nicht zu vergleichen.

4) Vorſtellung des 17 Sæculi, derer Sachen, ſo
ſich in Siebenbürgen zugetragen. Eine Fortſe=
tzung des Siebenbürgiſchen Würgengels vom Jah=
re 1600. *Mſcr.*

5) Triga Aphorismorum de Saxonum in Tranſylvania Origine. Da der Verfaſſer mit alten Ur=
kunden, als ächten Quellen der Geſchichte, ziem=
lich unbekannt war: ſo konnte er uns wenig Neues,
noch weniger Zuverläßiges ſagen. *Mſcr.*

6) Decas Aphorismorum in libellum: Hiſtoria Eccleſiarum Tranſylvanicarum. *Mſcr.*

7) Antiquitates Capituli Saxopolitani, ſive brevis
Commemoratio Actorum Capitularium, Paſtorum
Szaſzváros, hinc inde ex Litteris transmiſſio-
nalibus, relatoriis, aliisque ultro citroque
miſſis epiſtolis, comportata, ac in ordinem reda-
cta, per Andr. Guneſch, Kelnicienſem Paſto-
rem, Capitulique Anteſilvani Decanum. 1697.
M. Aug. *Mſcr.*

8) Kleinwinzige Medwiſcher Chronica. 1700. *Mſcr.*

9) Res antiquæ Gothicæ, Hunnicæ, & Longobar-
dicæ. A. 1701. *Mſcr.*

10) Rui-

10) Ruina Hungariæ, A. 1702 & 1703. *Mſcr.*

11) Oratio de Rerum publicarum corruptelis, & medelis. *Mſcr.* *)

*) Schmeizel in Bibl. Hungarica, gedenket zweyer Bände historischer Schriften des Gunesch, die Thomas Fritsch zu Leipzig, 1718, von einem Siebenbürgischen Studenten in sehr geringem Preise erhandelt habe. Die Sache verhielt sich also. Andreas Gunesch ein Sohn desselben, wollte in Gesellschaft eines Petrus Salmen, der nachgehends als Pfarrer zu Báránykut gestorben ist, nach Universitäten reisen, und benannte Bände für einen billigen Käufer mit sich nehmen. Er starb aber, und so wurden sie dem Salmen anvertraut, durch dessen Fürsorge die Guneschischen Erben einen grossen Gewinnst davon hofften: allein, sie erhielten sehr wenig. Fritschens Sohn war damit glücklicher. Herr Szilági, nachmaliger Beysitzer bey der Königlichen Gerichtstafel in Siebenbürgen, gab ihm dafür 100 Dukaten. Ob einige, und wie viele von den hier angeführten Schriften des Gunesch, in diesen historischen Bänden vorkommen mögen, kann ich nicht sagen.

Ein Johann Gunesch, gleichfalls von Hermanstadt, machte zu Utrecht, 1658, folgende medicinische Streitschrift bekannt: Diſſ. de Medicatione viri Arthritide laborantis, Præſide Henrico Regio. 4.

Hammer

Nikolaus. Ein Kronstädter, hatte 1585, das Unglück in einen Brunnen zu stürzen, und elendlich darinn umzukommen. Seiner gedenket König, in der Bibl. Vet. & Nova. S. 378. und führet von ihm eine Schrift an: De Propoſitionum Natura.

Haner

Georgius, der freyen Künste und Weltweisheit Magister, und Superintendent der Sächsischen Kirchen in Siebenbürgen. Schäßburg war seine

ine Vaterstadt, woselbst er den 28 Apr. 1672 gebohren ward. Die gute Anwendung seiner natürlichen Fähigkeiten, setzte ihn in den Stand, die hohe Schule zu Wittenberg ziemlich frühzeitig zu besuchen. Im Jahre 1691, vertheidigte er schon daselbst eine öffentliche Streitschrift: ubjectum Philosophiæ Moralis speciale, seu rationis affectus & actiones morales, præde Abrahamo Henr. Deutschmann. Das folgende Jahr übte er sich nicht weniger in diesem Felde, das zur Uibung der Denkungskräfte so vortheilhaft ist. Unter dem Johann Deutschmann vertheidigte er den 22 Heumond, 1692, die Streitschrift: Pentecostalis Pnevmatologia Paradisiaca, h. e. Mysteria Pentecostalia de Spiritus S. beneficiis divinitus in Paradiso, Gen. Cap. I. II. III. revelata, und den 21 Dec. unter dem Theodor Dassov: Lustratio Hebræorum ad explicanda commata: *Psalm*. LI.). *Hebr*. IX. 13, 14. In diesem Jahre erhielt auch Haner die Magisterwürde. Nach seiner Zurückkunft, verwaltete er von 1695 bis 98, das Rektorat der Schäßburgischen Schule mit Ruhm und Nutzen. Hierauf diente er im Predigeramte, bis er nach Absterben des Zachar. Silkenius, die Pfarre zu Trappold erhielt. Von hier berief ihn die Gemeine zu Keisd zu ihrem Seelenhirten, und 1708, Großschenk. Doch die Vorsehung hatte ihn noch zu wichtigern Diensten der Kirche bestimmt. Im Jahre 1713, erwählte ihn Medwisch zum Stadpfarrer, 1719. ward er Generaldechant, und 1736, den 13. Dec. Superintendent. Allein die Zahl seiner Jahre war schon zu groß, als daß die Kirche in diesem wichtigen

Amte lange Dienſte von ihm hoffen konnte. Die Göttliche Vorſehung rief ihn den 15 Dec. 1740, in ſeinem neun und ſechszigſten Jahre, aus dieſer Sterblichkeit. Von ſeinen eigenen Schriften habe ich geſehen:

1) Diſſertatio Philologica, de Literarum Hebraicarum origine & AVOENTIA. Reſpondente Paulo Brelfft, †) Cibinio Tranſyl. d. 24 Dec. 1692. Witeb. 4.

2) Diſſ. Hiſtorico Philologica, de Punctorum Hebræorum cum Literis coævitate & θεοπνευςία. Reſpond. Joanne Helgy, Peſchino Tranſylv. d. 21 Oct. 1693. Ebendaſ. in 4.

3) Hiſtoria Eccleſiarum Tranſylvanicarum, inde a primis Populorum Originibus ad hæc usque tempora, ex variis iisque antiquiſſimis & probatiſſimis Auctoribus, abditiſſimis Archyvis & fide digniſſimis Manuſcriptis IV. Libris delineata, Auctore M. Georgio Haner, Schæsburgo Tranſylvano Saxone. Francofurti & Lipſiæ, Apud Joh. Chriſtoph. Fölginer, An. 1694. In 12. *)

*) Der Verfaſſer handelt darinnen von dem Heidenthume der alten Gothen, von ihrer Bekehrung zu dem unlautern Chriſtenthume nach der Lehre des Arius; von der Verbeſſerung derſelben unter dem Geiſa, und dem heiligen Stephanus, und dann von den Religionsveränderungen des 16 Jahrhunderts, und den Schickſalen der Kirche bis 1652. — Czwittinger ſetzet unrichtig 1694. In Abſicht des Urſprungs der Sächſiſchen Völkerſchaft in Siebenbürgen, und der Religionsveränderung zu Hermanſtadt, verdienen ſeine Nachrichten den Beyfall ihrer Leſer nicht. Tſpelt, Kelp, Oltard, und Parispapai haben ihn verführet, uns Rauch für Licht zu verkaufen. Beweiſe hievon werde ich in dem Art. Oltard und Töpelt geben.

4) Acroaſium Theologicarum, Diſputatio prima.

5) Ex

---

†) Dieſer Brelfft, ſtarb als Pfarrer zu Talmatſch, in ſeinen beſten Jahren, 1708, den 29 May.

5) **Ex Theologia de Theologia** in genere, fub moderamine S. S. Trinitatis, Præfide M. Georgio Haner, Schæsburgenfi, Gymnafii patrii Rectore, publice difputabit Andreas Gerger, Balaftalk. Cœtus ibidem Orator, in Auditorio Studioforum, Anno 1696, die 26 Nov. Cibinii, recudit Johan. Barth. in 8. *)

*) Diefe und verfchiedene andere Streitfchriften hielt Haner zur Uibung feiner Schüler über Konrad Dieterichs, Inftitutiones Catechet. die zu Kronftadt gedruckt wurden.

Handfchriftliche Werke:

1) **Continuatio Hiftoriæ Ecclefiarum Tranfylvanicarum.** *)

*) Schmeizel berichtet uns in feiner Bibl. Hung. Haners Sohn, der den Fußtapfen feines Vaters fo glücklich gefolget, habe diefe Handfchrift, mit nach Jena gebracht; aber wegen Mangel eines Verlegers wieder in fein Vaterland zurück geführet.

2) **Compendium Privilegiorum Ordini Ecclefiaftico Saxo-Evangelico in Tranfylvania**, variis ab Imperatoribus, Regibus, Principibus, eorumque denique Locumtenentibus clementiffime conceforum. An. 1717.

3) **Der Privilegirte Siebenbürgifche Priefterftand.**

4) **Hiftoria Daciæ Antiquæ, & Ecclefiarum Tranfylvanicarum.**

5) **Nota bene Majus, Tomi III.** Der erfte beftehet in drey Theilen, davon der 1) Articulos tam doctrinam, quam Politiam partim fæcularium concernentes, Acta fynodalia. u. a. m. enthält; der 2) Privilegia ut plurimum generalia, fpecialia tamen etiam, imo & fingularia, und der 3) fingularium quorumdam Capitulorum, fpecialiumque Decanatuum conftitutiones. Der zweyte Tomus enthält 167, und der dritte, 184 Urkunden, befonders die zur Kirchengefchichte gehören.

6) **Treuherzige Warnung an die auf Akademien befindlichen Siebenbürger.** *)

*) We-

*) Wegen des damals so berufnen Pietismus. In welchen Streitigkeiten Haner viele Briefe an ausländische Gelehrte geschrieben hat.

7) Schriftsgrund der h. zehen Gebote.

8) Nöthige Anmerkungen über den Katechismus Horbii.

9) Schriftmäßige Beantwortung der so genannten Uiberzeugung von der Wiederbringung aller Dinge, Johann Dietrichs, Past. Bolgatziens. *)

*) Dieser Dietrich, Pfarrer zu Bolgatsch, war ein gelehrter und frommer Mann, aber ein besonderer Freund des Chiliasmus. Doktor Petersens Schriften, und Siegvolks ewiges Evangelium hatten seinen Verstand und sein Herz ganz erobert. Vielleicht wären seine Grundsätze noch lange verborgen geblieben, wann man nicht unter den Papieren eines verstorbenen Studenten, einen Brief von ihm gefunden hätte, darinn Petersens Schriften sehr gelobet wurden. Allein dieser Brief bewegte den Superintendenten Lukas Grasius, 1726, eine Versammlung der Geistlichkeit nach Großpropstdorf zu berufen, woselbst Dietrich sich über 51 Punkte von der Wiederbringung aller Dinge erklären mußte. Er übergab hierauf ein schriftliches und ausführliches Bekenntniß von dieser Lehre; welches denn von dem Superintendenten und einigen andern Geistlichen gleichfalls schriftlich widerlegt wurde. Die Sache machte grosses Aufsehen in der Kirche. Andreas Teutsch, Graf der Nation, und Königsrichter zu Hermanstadt, ließ zwey Bedenken, von der theologischen Fakultät zu Jena und Helmstädt, über diese Streitigkeiten kommen. Endlich aber befand es Dietrich doch für besser, seine Wiederbringung, als seine Pfarre zu verlassen. Das war wohl das klügste. Um der Teufel zukünftigen Wohl sein gegenwärtiges Glück aufzuopfern, wäre eine grosse Thorheit! — Indessen hat Dietrich viel Gutes in seiner Gemeine gestiftet. Seit seiner Amtsführung wissen die Bolgatscher nichts von Diebstählen, Tänzen und andern unordentlichem Leben und Wesen.

10) Diarium Decanale. Dieses enthält seine öffentlichen Reden und Briefe, die er als Generaldechant gehalten und geschrieben hat.

Haner

Georg Jeremias. Superintendent der Sächsischen Kirchen, und Pfarrer zu Birthalmen. Ein würdiger Sohn des Vorhergehenden, gebohren den 17 Apr. 1707. Er wählte die Laufbahn seines Vaters, und vollendete sie mit Ruhm und Ehre. Nach seiner Zurückkunft von ausländischen hohen Schulen 1730, diente er nach Gewohnheit seines Vaterlandes, bey der Schule und Kirche zu Medwisch, 1735 aber erhielt er den Beruf zur Kleinschelker Pfarre. Im Jahre 1740, ward er Stadtpfarrer zu Medwisch, und als Generalsyndikus 1759, Superintendent. Seine beyden letztern Amtsführungen sind für ihn und die Sächsische Geistlichkeit denkwürdige Perioden. Erniedrigung, Freundlichkeit, und allgemeine Menschenliebe, waren Hauptzüge von Haners Charakter. Allein nicht selten sah er sich schlecht genug belohnt. Dem in unserer Geschichte herostratisch unvergeßlichen Makovsky, erzeigte er 1747 viele Liebe; was ärndtete er aber davon? — daß ihn dieser seiner Sackuhr, die er nachgehends mit 12 Dukaten in Bukarescht auslösen mußte, heimlich beraubte, und zuletzt in Verhaft, und Gefahr den Kopf zu verlieren brachte. Doch rettete ihn die Göttliche Vorsehung, und die Gerechtigkeitsliebe unster nunmehr verewigten Monarchin.

Im Jahre 1772, hatte Ihre K. K. Apostolische Majestät, die unschätzbare Gnade für die Sächsische Nation, ihr einen freyen Zutritt zu Ihren allerhöchsten Trohn huldreichst zu erlauben. Von Seiten der geistlichen Universität waren die

Abgeordneten, unser Haner, und Johann Müller, Pfarrer zu Großau, und Dechant des Hermanstädtischen Kapitels. Den 18 May traten sie ihre Reise nach Wien an, und kamen im August des folgenden Jahres voller Zufriedenheit, und Bewunderung der huldreichesten Gnade der grossen Theresia, in ihr Vaterland zurück. Noch auf seinem Sterbebette floß Haners Mund von Ihrem Lobe, Ihrem Ruhme, Ihrer Gnade über; er behtete für Sie, und Ihr allerdurchlauchtigstes Haus, und entschlief. Der 9. März 1777, war nach einer Brustentzündung, der letzte seiner Tage, die er Gott, dem Vaterlande, und der gelehrten Welt mit unermüdetem Fleiße fast siebenzig Jahre gelebet hatte. Seine historischen Schriften werden Liebhabern der vaterländischen Geschichte, allemal nöhtig, und nützlich seyn. Sie sind folgende:

1) Das Königliche Siebenbürgen, entworfen, und mit nöhtigen Anmerkungen versehen, von — Erlangen, gedruckt und verlegt von Wolfgang Walther, 1763. in 4. *)

*) Betrachtet man dieses Werk als ein Handbuch für Schulen, und gedenket dabey die Verhältnisse des Verfassers, so wird man gewiß davon billig urtheilen. Das Fürstliche Siebenbürgen ist unausgeführt geblieben, doch hat Haner zur Probe davon, das Leben des Fürstens Gabriel Bátori, vollständig hinterlassen. Schade! daß die besten Nachrichten gemeiniglich in den Anmerkungen vorkommen.

2) De Scriptoribus Rerum Hungaricarum & Transylvanicarum, scriptisque eorundem antiquioribus, ordine chronologico digestis, adversaria. Viennæ, typis Joan. Thomæ Nob. de Trattnern. 1774. in 8. *)

*) Der zweyte Theil, de Scriptoribus recentioribus, ist ganz zum Drucke fertig; der dritte aber, de Scriptoribus

bus recentiſſimis, nicht in das Reine gebracht. Haners übrige handſchriftliche Werke ſind:

1) Iſagoge in Hiſtoriam Tranſylvanicam trium recentiſſimorum Sæculorum, Eccleſiaſticam, ſupplendæ partim, partim continuandæ Hiſtoriæ Eccleſiarum Tranſylvanicarum Hanerianæ, deſtinata. Tom. III. Der erſte enthält das XVI Jahrhundert, nebſt einem Anhange, der II. das XVII. und der dritte, das XVIII, bis 1771.

2) Analecta Hiſtorica, defectum Hiſtoriæ Tranſylvanicæ inprimis eccleſiaſticæ ſupplendorum gratia congeſta. Tom. II. der erſte enthält 105, und der Zweyte 152 Stücke Urkunden, und andere kleine Schriften.

3) Annales Eccleſiaſtici Hermanno-Grafiani continuati.

4) Bibliotheca Hungarorum & Tranſylvanorum Hiſtorica.

5) Diarium Syndicale.

6) Tranſylvania Regalis.

7) Index Rerum & Perſonarum memorabilium.

8) Alphabetum Hiſtoricum Hungaro-Tranſylvanicum.

9) Miſcellanea Hiſtorica, Tom. III. Eine Sammlung von allerhand Urkunden und Nachrichten. Im erſten Theile, kommen auch die chronologiſchen Tafeln der Kirchen zu Hermanſtadt, Muſchen, Bräthey, Hetzeldorf, Biſtritz, und auf dem Rahthauſe zu Mediwiſch-vor.

10) Conſervatorium Documentorum ad Hiſtoriam Tranſylvaniæ Eccleſiaſticam ſpectantium Novantiquorum conquiſitorum, hucusque reconditorum. Tom. III. der erſte enthält 265 Stücke, der zweyte, 257, und der letzte, 166.

11) Haneriana Mixta, Tom. II. Dieſe enthalten einige Abhandlungen und Arbeiten des ſ. Haners.

Tomus I, Ecclefiafticus, begreifet in fich:

1) Jurisdictio Saxonum Tranfylvanorum Ecclefiaftica, contra ejus impetitores adferta.
2) Subfidium Nationale Paftorum in Tranfylvania Saxonicorum, onus effe contributionale.
3) Entwurf einer Siebenbürgifchen Kirchenhiftorie.
4) Catalogus Epifcoporum Tranfylvaniæ Szentivánianus, recognitus & continuatus.
5) Opinio de modo conftituendæ novæ in Tranfylvania Academiæ.
6) Chriftliche Gedanken von den Herrnhutern.
7) Quæftionum Aulicarum de ufu difpenfandi Cleri in Tranfylvania Saxonici Analyfis.
8) Circumftantialis Synodorum Tranfylvanienfium Declaratio. —
9) Synopfis Hiftoriæ Tranfylvaniæ fui temporis Ecclefiafticæ.

Tomus II. Politicus, enthält:

1) Scriptorum Res Tranfylvaniæ civiles tractantium Catalogus.
2) Gynécæum Auguftale Numifmaticum, a Julio Cæfare usque ad Carolum M. defcriptum.
3) Daſſelbe deutſch unter dem Titel: das ausgemünzte Römiſch-Kaiſerliche Frauenzimmer, von Julio dem erſten Röm. Kaiſer, bis auf Karl den Groſſen.
4) Ad quæftionem nuperam: Num Fundus Regius fit bonum Fifci? fuccincta Refponfio.
5) Pofitionum de Terra a *Város* usque ad *Baralt* Andreano-Privilegiali teffera.
6) Quæftiones quædam dubiæ de Privilegio Saxonum Andreano, Litterisque ejus confirmationalibus motæ, refolutæ.

7) In-

7) Index Articulorum Transfylvaniæ Diætalium.

8) Potiora Nationem in Tranfylvania Saxonicam ferientia Fifci Procuratorum Præjudicia.

9) Der Siebenbürgifche Fürft, Gabriel Bátori.

10) Catalogus Regum Hungariæ Szentivanianus recognitus, & ad noftra usque tempora deductus.

11) Acta Tranfylvanica.

12) Haneriana Decimalia Tomi II. Im erften fomt met vor :

1) Fundamenta Juris , quo Clerus Saxonicus ex Fundo Saxonico Decimas olim integras, poftmodum autem , pro locorum diverfitate, unam pluresque earum quartas percipiendas habuit.

2) Fundamenta Juris Paftorum in Tranfylvania Saxonicorum, in Decimas Incolarum Fundi Regii Valachorum.

3) Adfertiones quædam de Privilegio Saxonum Tranfylvanicorum Nationali, deque Decimis eorum Hiftorico Politicæ. 1753.

4) Adferta Fifci Tranfylvanici nupera, neceffariis ad defendendam Cauffam Capituli Barcenfis Decimalem, obfervationibus prævifa.

5) Decimæ Peregrinorum integræ, Paftoribus Capituli Medienfis adfertæ.

6) Tres Decimarum Quartæ, Fundi Saxon. Paftoribus in Tranfylvania Saxonicis adfertæ.

7) Succincta , aft genuina Juris Paftorum in Tranfylv. Saxonicorum decimalis Repræfentatio.

8) Juris Parochorum Catholicorum in Fundo Saxonum Tranfylvanorum Regio Decimalis thetica Expofitio Pataueriana , neceffariis obfervationibus colluftrata.

9) Puncta Inftructionis Decimalis Frendeliana, neceffariis quibusdam Obfervationibus colluftrata,

The-

Thefiumque quarundam fcitu neceffariarum Appendice aucta.

Im Zweyten Bande.

1) Thefes de Decimis Fundi Saxonum Regio, Quartisque ejus Fifcalibus, notis neceffariis illuftratæ.

2) Prifca & recentiora quædam Regum Hungariæ, Tranfylvaniæ Principum: Oracula, Mandata, Factaque publica; item Statuum & Ordinum Regni conclufa, obfervato, quoad ejus fieri potuit ordine chronologico, cum nuperis Fifci Tranfylvanici Regii adfertis, Ordinationibus & attentatis collata; infignisque illorum horumque Contrarietas ad oculos pofita. 1770.

3) De Decimis Peregrinorum Birthalbenfibus, & Mufchnenfibus, gemina facti fpecies.

4) Pofitiones de Privilegii Gabriele-Bathoriani validitate, nobis quibusdam comprobatæ.

5) Thefis, quod Decimæ Paftorum Saxon. nunc actionatæ, non fint bona Fifcalia, Demonftratio.

6) Etliche neue Sätze, auf welche das in der Barzenfer Zehenbfache A. 1752, gefprochene Deliberat gegründet worden, aus alten Urkunden als unrichtig erwiefen.

7) Potiora de Decimis, uti in genere, ita illis Fundi Saxon. Regii in fpecie, deque Cenfu Paftorum Saxonicorum Cathedratico, Fifci Procuratorum Præjudicia.

8) Privilegii Gabriele-Batoriani, & Articulis Diætalis coævi cum Approbatarum Conftit. Part. II. Tit. X. Art IV, Conciliatio.

9) De Privilegio Gabriele-Batoriano ufu reprobato, Obfervationes.

10) De Decimarum ademptione, & reftitutione, Quæftiones refolutæ.

11) Antiquus Paftorum in Tranfylvania Saxonicorum Decimas percipiendi modus.

Hebler

Matthias. Der Fr. Künste Magister, Superintendent der Sächsischen Kirchen, und Stadtpfarrer zu Hermanstadt. Czwittinger, Schmeitzel u. a. sind in ihren Nachrichten von diesem Manne gar nicht zuverläßig. Es würde aber überflüßig seyn, ihre Fehler anzuzeigen, da ich zu Heblers Geschichte sichere Quellen habe. †) Dieser unvergeßliche Gelehrte war von Karpen aus der Altsoler Gespanschaft in Ungern. Er studirte zu Wittenberg, erhielt auch daselbst die Magisterwürde. Nach vollendeten akademischen Jahren kam er nach Siebenbürgen, und Hermanstadt. Hier fand er eine willige Aufnahme, wurde 1551, Kollege bey der Schule, und das folgende Jahr Rektor. Nach zwey Jahren aber verwechselte er auf Verlangen des Stadpfarrers Wiener, und des ganzen Rahts 1554, die Schuldienste mit dem Diakonate. Doch Wiener starb das folgende Jahr, und so wurde Hebler zu dessen Nachfolger im Amte erwählet. Darauf ihn denn auch die Sächsische Geistlichkeit, 1556, am Feste der beyden Apostel, Petrus und Paulus, zum Superintendenten erwählte.

Seine Amtsführung war eine der unruhigsten, aber desto glorreicher für seinen Ruhm. Itzt wurde Siebenbürgen ein Staat, da jeder herrschen, und jeder ein Glaubensverbesserer seyn wollte. Franz Stankarus, Martinus Kalmanchäi; zu letzt Franz Davidis, und Kaspar Helth, waren die Feinde, mit welchen Hebler allezeit

zu

---

†) Unter andern: Protocollum Plebanatus Cibiniensis, von Pergamente.

zu kämpfen hatte. Könnte er hiebey nicht ihre Herzen erobern, so verhinderte er sie doch, ihre Lehrsätze unter seinen Kirchspielen auszubreiten, Sieg genug! Unter so mancherley Streitigkeiten, vollendete Hebler 1571, seinen Lauf mit Freuden. Den 12 August verfiel er nach gehaltener Sonntagsprebigt, in eine tödtliche Schwachheit, an welcher er den 18 Sept. Morgens um 8 Uhr, in den Armen seines Beichtvaters sanft entschlief. Sein Leichnam wurde den folgenden Tag in die Kathedralkirche neben den Altar beygesetzet. Man siehet noch daselbst, so wohl seinen Grabstein, als an der Mauer, das ihm von seinen Freunden: Jakob Mellembriger, Stadtpfarrer zu Kronstadt, und Doktor Paul Kerzius, schriftlich errichtete Denkmaal. Der Grabstein hat unter einem kleinen Schilde mit drey Rosen, und den Buchstaben: M. H. C. folgende Aufschrift:

Matthiæ Hebleri sita sunt hoc ossa sepulcro,
   Quem rapuit celeri mors inimica manu.
Saxonicæ Superintendens dignissimus oræ,
   Et vigilans ista Pastor in Urbe fuit.
Sectarum Furias rabiemque perosus iniquam,
   Defendit firma dogmata sancta fide:
Et varios inter de Religione tumultus
   Asseruit laudes, Maxime Christe! tuas.
Pro quibus æternæ cœlestia munera vitæ,
   Perpetuisque capit gaudia plena bonis.

Die Randschrift ist etwas verloschen: SEPULT --MATTHIÆ HEBLERI ECCLÆ CIBINIENSIS VERBI DIV-- OBIIT IN CHRISTO. 18. SEPT. AN. 1571. Mellembrigers Epicedium auf Heblers Tod:

Ergo

Ergo jaces, venerande Pater! digniſſime Præſul!
  Eloquio præſtans & pietate gravis:
Quem ſupera nobis divinum Numen ab arce,
  Munus ut eximium, nemo dediſſe negat.
Quam fuerit tali gens Tranſylvanica digna
  Munere, multorum corda profana docent.
Aſt aliquando Deus penſabit, ut arbiter æquus,
  Singula pro merito cuilibet acta ſuo.
Namque tuos procul hinc licet olim duxeris ortus,
  Carpatus hic ubi mons terminat Hungariam:
Fidus eras patriæ tamen, ac eccleſia ſenſit
  Sincera pro ſe te vigilaſſe fide.
Juſſa Dei ſummi, ſacrasque Melanthonis artes
  In noſtris conſtat te docuiſſe Scholis.
Cum graſſaretur paſſim mors ſæva Cibini,
  Et ſtatui nulli parceret atra lues:
Intrepido proprium gerebas pectore munus,
  Turpe tuam Spartam deſeruiſſe putans.
Cumque ſenex Præſul ſuperas remeaſſet ad arces,
  Paulus, cui nomen clara *Vienna* dedit;
Sollicitaque diu verſaret mente Senatus,
  Quem ſibi præficeret, quem populoque virum,
Te, prius excultum variisque dotibus auctum
  Obtulerat noſtris, quem Deus ante locis,
Occulto nutu jam nunc deſinat, & a ſe
  Electum pridem te monet eſſe virum.
Sic Domini juſſu tibi ſe ſe Eccleſia ſubdit,
  Offers huic contra teque tuamque fidem.
Mox Superintendens communi nomine dictus
  Auſpiciis lætis munia tanta ſubis.

Pro-

Proponens populo Mosen sanctosque Prophetas,
  Ac Evangelii Semina pura ferens,
Arcebas subito sinceri dogmatis hostes,
  Ne rueret vigilans trux in ovile lupus.
Sœpe lacessitus pellebas longius hostem,
  Optabas quocum conseruisse manus.
Sœpius ex acri rediens certamine victor,
  Ponebas nostris læta tropæa locis.
Atque hæc eloquio tanto, sacra bella gerebas,
  Quanto non alius, qui loca nostra colit.
Dixeris Heblerum Hyblæis in montibus ipsis
  Nutritum quondam dulcibus esse favis.
Tantus erat lepor, & talis facundiæ linguæ,
  Divino veluti nectare tincta foret.
Non ergo immerito cuncti suspeximus unum,
  In quo donorum copula tanta fuit.
Scandala tollebas, lites & jurgia fratrum,
  Ut pacem colerent omnibus auctor eras.
Ast ubi pugnato sat erat compluribus annis,
  Et data pax fuerat Cœtibus alma piis:
Ceu pugilem lassum mandato munere functum,
  Ultima te Christus claudere fata jubet.
Ergo satur vitæ sponte hæc terrena relinquis,
  Sanctorumque Patrum gliscis adire chorum.
Hic licet optata placide jam pace fruaris,
  Exemtus curis, liber ab invidia.
Pectore te mœsto tamen orba Ecclesia luget,
  Obque tuam mortem nocte dieque gemit.
Multaque commemorans profert hæc ultima tandem:
  Vix feret Heblero patria nostra parem!
Nos quoque, qui colimus præclaræ Barcidos oram,
  Quos quondam sacro glutine junxit amor:
Te

Te multis lacrymis nobis lugemus ademptum,
 Triſtia de querulo pectore ſigna damus.
Dicimus ingenue, dicturi ſemper id ipſum:
 Quando ferent ſimilem Sæcula noſtra virum?
Et quia te Chriſtus patriam revocavit in illam,
 Quæ venit æterno fœdere danda piis:
Nos tibi cum ſanctis cœleſtia dona favemus,
 Dona ea, quæ curis invidiaque carent.
Vive igitur longum, Præſul digniſſime! vive
 Lætus & in Chriſti jam requieſce ſinu.
Donec ab excelſo veniens Mediator olympo,
 Ad vitæ æternæ gaudia pandat iter,
Et ſcelerum vindex hoſtes deturbet ad orcum,
 Siſtat & ad dextram teque ſuamque gregem.
Huc ades, Heblero fueras, qui fidus amicus,
 Atque pii defles triſtia fata viri.
Has voces puro nobiscum pectore prome:
 In gremio Chriſti vivito, chare pater!
Utere conceſſa requie nunc, inclyte Præſul!
 Vive, vale, æternum vive, iterumque vale!

Ich komme auf Heblers Schriften, welche die Freunde des Kalvinismus veranlaßten.

1) Brevis Confeſſio, de Sacra Cœna Domini, Eccleſiarum Saxonicarum & conjunctarum in Tranſylvania, An. 1561. Una cum judicio quatuor Academiarum Germaniæ, ſuper eadem Controverſia. *Pſalm.* CXIX. *Servus tuus — teſtimonia tua.* Cum gratia & privilegio Sereniſſ. Principis noſtri, Electi Regis Hung. &c. M. D. LXIII. in 4. Auf dem letzten Blatte: Excuſum Coronæ in Tranſylvania. *)

*) Dieſes Bekenntniß ſetzte Hebler in der Synode zu Mebwiſch vom 6 Febr. 1561, auf, welches von der gegenwärtigen Geiſtlichkeit in ihrem, und ihrer Mitbrüder Namen unterſchrieben wurde. Weil nun Franz Davidis ausbreitete, ſeine Lehre wäre die allgemeine Lehre der

Proteſtantiſchen Akademien: ſo ſah ſich die Sächſiſche Geiſtlichkeit genöhtigt, dieſes ihr Glaubensbekenntniß von dem h. Abendmahle, an die berühmten Univerſitäten zu Leipzig, Wittenberg, Frankfurt an der Oder und Roſtock zu überſchicken, um ihr Gutachten darüber zu vernehmen. Die Abgeordneten waren: Georg Chriſtiani, Pfarrer zu Heltau, und Dechant des Hermanſtädtiſchen Kapitels, Nikolaus Fuchs, Pfarrer zu Honigsberg, und Dechant des Burzellandiſchen Kapitels, wie auch Lukas Unglerus, oder Ungleich, Schulrektor zu Hermanſtadt, welche nach glücklicher Verrichtung ihrer Geſchäfte, den 8 März, 1562, wieder zurück kamen.

Von dieſem Werke veranſtaltete Nikolaus Selneccerus, 1584, eine neue Ausgabe, die unter der Auffſchrift, Confeſſio Eccleſiarum Saxonicarum in Transylvania, de Cœna Domini: Anno 1561, miſſa, allata & exhibita Academiis, Lipſienſi, Witebergenſi, & Roſtochinæ, & harum de illa Confeſſione Cenſura — zu Leipzig in 4. herauskam. Das Bekenntniß iſt hier von viel mehrern Sächſiſchen Geiſtlichen unterſchrieben, als in der erſten Ausgabe; auch zu Ende des Scheſäus Gedicht: Imago boni Paſtoris, beygefügt.

Dieſe Bedenken der Leipziger und Wittenberger Theologen hat auch Joh. Dietrich Winkler, Superintendent der Hildesheimiſchen Kirchen, ſeinen Anecdot. Hiſtorico-Eccleſiaſticis Nov-antiquis. St. VI. No. XLI. einverleibet.

a) Elleboron ad repurganda Phanaticorum quorundam Spirituum Capita, qui primum in Tranſylvaniam Calviniſmi ſemina ſpargere ceperunt, authore Martino Calmanchæi, ſub patrocinio Petrovitz, Locumteneute Reginæ Iſabellæ, An. 1556. Recens editum a Paſtoribus Saxonicis in Tranſylvania. 1560. *Rom.* 16. *Obſecro autem vos fratres — corda ſimplicium.* Ich habe es nur in der Handſchrift geſehen.

Hedieſch

Andreas. Von dieſem Kronſtädtiſchen Rahtsherrn führet Schmeitzel folgendes handſchriftliche Werk an:

Chro-

Chronica germanica Rerum Sæculi XVI. cum continuatione Hieron. Ostermayer, Organedi Coronens. & Simonis Rösneri, Pastoris Helzdorfensis.
Wie aber dieſes mit des Herrn Benkō Bericht, in Transylvania T. II. S. 622. zu vereinigen ſey, weis ich nicht, da ich das Werk nie geſehen habe. Nach dem letztern, gehen Oſtermayers Annalen, von 1520, bis 1570, und des Hedjeſch ſeine, von 1603. bis 1617. Nach mir bekannten Annalen, ſtarb Oſtermayer, 1561. Wie können ſich denn ſeine Nachrichten mit dem Jahre 1570, beſchließen? Trauriges Schickſaal der Siebenbürgiſchen Geſchichte! daß unter ihren Herolden bis zum Aergerniſſe, keine Uiberſtimmung iſt.

Heldmann

Andreas, Lektor der deutſchen Sprache zu Upſal, und Gantmeiſter der Univerſität. Er war von Birthalmen gebürtig, und ſtudirte zu Hermanſtadt. Als aber König Karl der Zwölfte, aus Demirkocca durch Siebenbürgen nach Schweden reiſte, nahm ihn ein Schwediſcher Officier mit ſich hinaus, †) da er denn in der Folgezeit den gemeldeten Dienſt zu Upſal erhielt, auch daſelbſt heurahtete. Nach Schmeitzels Nachricht, war er

ein

---

†) Dieſes berichtet Felmer in ſeinen Annotat. ad Notitiam Rer. Patriar. Allein die Sache iſt mir ſehr zweifelhaft. König Karl reiſte 1714, durch Siebenbürgen, und mit ſolcher Eilfertigkeit, das wenige zu Hermanſtadt das Glück hatten, dieſen außerordentlichen Helden zu ſehen. Heldmannn lebte auf dem Hermanſtädtiſchen Gymnaſium von 1709. bis 1711, da er den 6 des Chriſtmonds Abſchied nahm, um nach Univerſitäten zu reiſen. Dieſen Entſchluß müßte er nun entweder geändert haben; oder aber mit einem durchreiſenden Schwediſchen Officier hinausgezogen ſeyn; welches mir deſto wahrſcheinlicher iſt, weil ihn Schmeitzel in Schweden geſprochen hat, dieſer aber 1713, nach Schweden reiſte, und noch in demſelben Jahre zurückkehrte.

ein Vater von vielen Kindern, dabey aber doch reich, und hatte immer eine Sehnsucht nach seinem Vaterlande. Seine Völkerschaft in diesen mitternächtigen Gegenden bekannter zu machen, gab er heraus:

Disputatio Historica, de Origine septem Castrensium Transylvaniæ Germanorum, quam Præside M. Fabiano Törner, Eloqu. Profess. Reg. & Ord. Rectore, h. t. Magnifico, ventilandum publice sistit Auctor, Andreas Heldmann, Saxo-Transylvanus, Lingv. Ger. in Acad. Vsp. Magister, Anno 1726. die 14. Dec. Vpsaliæ, Typis Joh. Hen. Werneri, Typogr. Sueciæ Directoris, in 4 *)

*) Mit einer Zueignungsschrift an den Grafen Gustav Kronhielm, Kanzler der Upsalischen Universität. -- Diese Abhandlung ist eine der besten, die wir vom Ursprunge der Sächsischen Nation in Siebenbürgen haben, und verdiente in der gelehrten Welt bekannter zu seyn. Sie enthält zwey Hauptstücke. Das I. ist Chronographisch, und handelt:

§ 1. De Ætate & origine vocabuli *Transylvaniæ*.
2. De varia ejus Adpellatione.
3. De Situ, Terminis, & Amplitudine.
4. De Divisione generali.
5. De Divisione Regiminis Saxonum Septemcastrensium.
6. Distributio Saxonum ratione Regiminis Civilis & Ecclesiastici.
7. Cur non plura persequantur Chorographica.
8. De Transylvaniæ dotibus.
9. De Incolis, ratione & religione diversis, & quæ inde incommoda.
10. Natio præcipua est Germanica, cujus originem suscepimus investigandum.

Das II. Hauptstück, handelt de Septemcastrensium Origine.

§ 1. Diversæ de Origine Septemcastrensium sententiæ.
2. Vero similior ea, eos esse Germanos Saxones, a Rege Hungarorum, Geysa II. in Transylvaniam evocatos.
3. Diversi Germanorum in Hungariam accessus, cum *Nostrorum* non confundentur.
4. Argumentum I. quod Septemcastrenses probat Saxones esse Germanos, a nominibus gentilibus, quibus gaudent, petitum.

5. Ar-

5. Argument. II. a similitudine morum, regiminis, insignium, & linguæ desumtum.
6. Quo sensu nostri dici queant Colonia.
7. Argument. III. e diplomate Regio & Annalibus Septemcastrensium depromtum; ubi, quo auctore, quove tempore in Transylvaniam venerint, ostenditur.
8. Quibus caussis commoti venerint.
9. In quem finem, & qua occasione.
10. Quorum auctoritate sententia nostra nitatur.
11. Contrariæ sententiæ indicantur, & quibus laborent difficultatibus, generatim ostenditur.

Helner

Georg. Ein geschickter Humanist des XVI. Jahrhunderts, von Kronstadt, woselbst sein Vater Valentin Helner, als Stadthan (Quæstor) 1590, starb. Er studirte zu Wittenberg, von dannen er 1580, in sein Vaterland zurückkehrte, und darauf Lektor bey der Schule ward, bey welcher er vierzehn Jahre diente. Ob er aber alsdann gestorben, oder eine Pfarre erhalten habe, kann ich nicht sagen. In dem letzten seiner Universitätsjahre gab er heraus:

1) ΕΛΕΓΕΙΟΝ, in quo inter cætera, vera Domini nostri Jesu Christi, Dei & Mariæ semper Virginis, Filii Majestas asseritur, ad Rever. Dnum, Georgium Hyrscherum, Antistitem Ecclesiæ Dei in oppido Czeyden — Witebergæ, excud. Clemens Schleich. 1580. in 4. Zu Ende sind verschiedene Zeugnisse der Kirchenväter für die Ehre des Gottmenschen beygefügt worden: aus dem Augustin, Hieronymus, Cyrillus, Hilarius, Amphilochius, Sophronius von Jerusalem, Beda, Vulgarius, und Sedulius.

2) Apologia de Luthero — Witebergæ 1580. in 4. Man findet sie auch in folgender Sammlung.

3) ΠΡΟΠΕΜΤΙΚΑ in abitum & reditum Georgii Helneri, Coronenſis Tranſylv, una cum Reſponſione ejusdem ad quæſtionem Dn. Andreæ Perlitii, Quedelburgenſis, valedictionem ad præcipuos fautores & amicos complectente, a quibusdam eorum ſcripta. — Witebergæ. 1580, in 4.

Helth, Heltai

Kaſpar. Dieſer beruffene Gelehrte in der Siebenbürgiſchen Kirchengeſchichte, war wahrſcheinlich ein Sachſe, wenigſtens kein Unger. Das letztere erweiſet ſo wohl ſein Beruf zur Kronſtädter Pfarre; als das Zeugniß ſeines Sohnes, der ausdrücklich ſaget, er wäre kein Unger. †) Wann, und wo er aber gebohren worden, habe ich nicht entdecken können. Klauſenburg kann ſein Geburtsort nicht ſeyn, weil er es ſelbſt ſeine zwote Vaterſtadt nennet, und daß es Heltau im Hermanſtädtiſchen Stuhle, geweſen, iſt mir ſehr zweifelhaft. ††) Uiberhaupt iſt die Geſchichte dieſes Gelehrten nicht wenig mit Wolken der Vergeſſenheit bedeckt. Im Jahre 1543, ſtudirte er zu Wittenberg, und kehrte 1545, nach Siebenbürgen zurück, woſelbſt er zu Klauſenburg ſein Glück fand. Im vorhergehenden Jahre, war der

daſige

---

†) Ein Ungriſches Rechenbuch, das er gedruckt hat, beſchließt mit den Worten: Verzeihe mir die Fehler, denn ich bin kein Unger. Gott erhalte dich! den 21, Oktob. 1591. der Buchdrucker.

††) Dieſes gründet ſich bloß auf ſeinen gewöhnlichen Namen: Heltai, ſo viel als: von Heltau. In dieſem Falle hätte er ſich aber Heltanus, oder Heltenſis heißen müſſen; er nennet ſich aber Lateiniſch allezeit: Helvus, und im Deutſchen, wie es aus ſeinen Schriften erhellet: Selth.

dasige Pleban, Adrianus, der Arzneykunst Doktor, und Kanonikus zu Weißenburg, den 7. Hornung gestorben; und vielleicht ward Helth sein Nachfolger im Amte. So viel ist gewiß, daß er nach Honters Beyspiele eine Buchdruckerey anlegte, welche viele Schriften auch nach seinem Tode verbreitete.

Seine Pfarre verwaltete er mit solchem Ruhme, daß ihn die Kronstädter nach dem Tode des berühmten Wagners, 1557, zu ihrem Oberseelensorger beriefen, welchen Beruf aber Helth ausschlug. Miles im Würgengel, S. 68. meynet, er habe es gethan, weil er schon ein heimlicher Freund der Blandratischen Irrthümer gewesen wäre. Allein, wer kannte damals auch nur die Religion dieses Arztes? Die wahre Ursache mag die seyn, weil sich Helth aller öffentlichen Dienste entziehen wollte. Denn bald darauf legte er auch seine Pfarrwürde nieder, zufrieden mit dem Titel eines Aeltesten der Klausenburgischen Kirche; †) worauf denn Franz Davidis die Pfarre erhielt, und zum Superintendenten der Ungrischen Kirchen in Siebenbürgen erwählet ward.

K 4 Hätte

---

†) Eodem anno, quo Heltus vocationem Coronensium acceptare noluit, officio etiam Pastoris Claudiopolitani renunciavit, titulo senioris Ecclesiæ ejusdem contentus. Franciscus Davidis ei in Pastoratu successit, atque Superintendens Ecclesiarum Hungaricarum per Transylvaniam electus est eodem anno. Hermann in seinen Annal. Eccles. Auch unterschreibt Helth, den Consensus Doctrinæ de Sacramentis Christi, Pastorum — welche in der Klausenburgischen Synode, 1557, bekannt gemacht ward: *Caspar Heltus, Senior Ecclesiæ Claudiopolitanæ.*

Hätte er sich doch auch nicht mehr in Religionsgeschäfte gemischet! Denn seine Gelehrsamkeit wird sogar von seinen Gegnern gerühmt, allein für die Religion hatte Helth weder Muht, noch Standhaftigkeit genug. Von Melanchtons Gemühtsart war ihm vieles eigen, schüchtern, beugsam, allen Streitigkeiten feind, und bis auf Unkosten der Wahrheit zum Frieden geneigt. Davidis hinreißende Beredsamkeit hatte Gewalt über seine Seele. Kaum war dieser ehrgeitzige Gelehrte ein Schüler des Melius; so ward es auch Helth; kaum schwor Davidis zur Socinischen Glaubenslehre des Blandrata; so wankte auch Helth, und folgte bald seinen Fußtapfen nach. Ich glaube, Helth hätte eher alle Religionen angenommen, als deswegen sich viel gezanket. Auf dem Religionsgespräche zu Weißenburg, den 8 März, 1568 wurde ihm das Geräusch der Streitenden so unerträglich, daß er die Versammlung nach drey Tagen unter dem Vorwande einer Unpäßlichkeit verließ. Itzt war er noch ein Gegner der Unitarischgesinnten, aber nicht lange hernach, wenigstens 1570, nicht mehr. Bod in seinem Magyar Athenás saget uns, was er will, wenn er behauptet: Helth habe es gethan, um als Pleban zu Klausenburg die Zehnden nicht zu verlieren, indem die Unitarier sich sehr ausbreiteten, auch Johann der Zweyte, für ihre Lehre eingenommen, anfieng, denselben die Zehnden zu geben. — Denn damals lebte Helth schon lange ohne öffentliche Dienste. Von gleichem Wehrte ist dessen Nachricht: es habe das Ansehen, als hätte Helth sowohl sein Plebanat, als die Zehnden verloren, und deswegen eine Buchdruckerey errichtet.

tet. — Bod muß vergessen haben, daß Bücher in der Helthischen Druckerey herausgekommen sind, ehe er noch zum Lager der Reformirten übergieng, schon 1550. Endlich vollendete Helth 1577, seine Laufbahn, und hinterließ einen Sohn gleiches Namens, der Rahtsherr und Buchdrucker war; wie auch eine Tochter, Anna, Gemahlinn des dasigen Rahtsherrn, Matthias Rau. Diese erbte nach dem Tode ihres Bruders die Buchdruckerey. Doch ich wende mich zu den Helthischen Schriften:

1) Ritus explorandæ veritatis in dirimendis Controversiis. Colosvarini, M. D. L. in 4. *)

*) Der berufene Georg Martinusius, ließ dieses aus dem Wardeiner Archiv genommene sehr schätzbare Monument durch Helthen drucken, wozu dieser eine schöne Vorrede machte. Wegen der grossen Seltenheit dieses Werks, hat es Matth. Bel, in seinem Adparatus ad Historiam Hungariæ, wieder auflegen lassen. Decad. I. Monument. V. von Helths Vorrede hat er aber nichts gewußt.

2) Eine Ungrische Uibersetzung der H. Schrift. Klausenburg, in 4. fünf Bände. *)

*) Sie kam Stückweise von 1551, bis 1561, in seiner Druckerey heraus. Dabey waren seine Gehilfen: Stephan Gyulai, Prediger der dasigen Ungrischen Gemeine, Stephan Osorai, Georg Visaknai, Rektor der Schule, u. a. m. Peter Bod handelt davon ausführlich in seiner Szent Bibliának Históriája. Cibinii, 1748. S. 135 — Nach der Zueignungsschrift des N. Testaments, an Annen Nádaschdi, verwittweten Stephan Majláth, 1561, ist so wohl sein Schwager, als Bruder Pfarrer zu Deesch gewesen.

3) Summa Christlicher Lehre; anderst, der kurze Cathechismus, durch Caspar Helth, Pfarrern zu Klausenburg. 1551. in 8. Zu Ende: zu Klausenburg in Siebenbürgen, durch Kaspar Helth, und Georg Hofgref. 1551.

4) Trost-

4) Trostbüchlein, mit Christlicher Unterrichtung, wie sich ein Mensch bereiten soll zu einem seligen Sterben, gesammelt, und zusammen gesetzt aus Christlicher Prediger Schriften, durch Kaspar Helth, Pfarrherrn zu Klausenburg. Ebendaselbst. 1551. in 8. In Ungrischer Sprache aber, 1553.

5) Wider die Trunkenheit, Ungrisch. Ebendas. 1551. in 8.

6) Confessio de Mediatore generis humani, Jesu Christo, vero Deo & homine, contracta nomine & voluntate Ministrorum Ecclesiæ in urbe Claudiopoli in Pannonia, a Casparo Helto, ejus loci Pastore, ex veterum & recentium Theologorum Scriptis. Witebergæ, A. 1555. in 8. *)

*) Zu Ende liest man: Carmen de dulcissimo nomine Margaridos, scriptum a Joanne Langero. In der Vorrede entdecket Helth die Bewegungsgründe zu dieser Schrift, nämlich, nicht durch Stillschweigen den Verdacht zu erwecken, als billigten sie des Stankarus Irrthümer, die er itzt auszubreiten suchte. Dieser berüchtigte Arzt, durchschwärmte von Königsberg verbannt, Pohlen und Ungern, und kam endlich 1553, den 22 März, nach Klausenburg. Hier erwarb ihm seine Arzneykunst die mächtige Freundschaft des Grafen, Petrus Petrawitsch. Er hätte glücklich werden können, wenn er nur nicht immer ein Apostel hätte seyn wollen; allein dieses ward überall sein Unglück. Durch seinen Bekehrungsgeist angefeuert, suchte er bey dem Grafen Georg Bátori, die Freyheit zu erhalten, öffentlich zu lehren. Der gewarnete Graf aber hielt eine Versammlung von Geistlichen, um dessen Theologie zu prüfen. Hier ward Stankarus ganz entdeckt, und mußte nach hitzigen Gefechten, insonderheit mit dem Franz Dabibis, endlich 1557, die Stadt räumen. Hierauf nahm er seine Zuflucht nach Hermanstadt, woselbst er sich durch einen Entwurf zu einer bessern Einrichtung der dasigen Schule, bekannt gemacht hat. Er betheuerte nur ein Arzt, und kein Bekehrer seyn zu wollen. Also erlaubte ihm der Bürgermeister, Augustin Sedwig, den Aufenthalt in seinem Hause. Allein, kaum war Stankarus etliche Monden daselbst: so suchte er Proseliten zu machen, und zog sich dadurch das Schicksal zu, daß er von dem Rathe nebst Weib und Kindern auf ewig aus Hermanstadt verbannt ward. So un-

ſtåt und flüchtig auf Erden, begab er ſich wieder nach Klauſenburg, fand aber an dem Davidis den 1 des Chriſtmonds, deſſelben Jahres, abermal einen ſo ſiegreichen Gegner, daß er beſchämt die Stadt räumen mußte. Von hier zog er nach Biſtriz, fand aber keine Aufnahme, darauf er denn nach Neumark gieng, wo ihn endlich Alexander Kendi als Feldarzt gebrauchte. Dieſes kleine Glück erweckte ſeinen alten Stolz und Verfolgungsgeiſt wieder. Den 25. Hornung, 1558, ſchrieb er einen Brief an die Königinn Iſabella, darinnen er von ihr, als eine Pflicht forderte, ſeine Gegner, Zeblern, Davidis, Helthen, und ihre Anhänger, mit Feuer und Schwerdt auszurotten. Dieſe Raſerey wurde nach Verdienſt beantwortet. Nach dem Tode des Petrowitſch und Kendi, fand Stankarus keine Freunde, noch Zufluchtsort mehr, verließ alſo Siebenbürgen, und reiſte nach Pohlen. Mit ſeiner Entfernung verſchwanden auch die Irrlichter ſeiner Glaubenslehre.

7) Agenda, az az, Szent-egy-házi tselekedetek, mellyeket követnek közönséges-képen a' Kereſztény Miniſterek és Lelki Páſztornok. Ujonnan nyomtattatott, cum gratia & privilegio Sereniſſimarum Majeſtatum Hungariæ. Kolosváron, 1559. in 4. (Agenda, das iſt: kirchliche Verrichtungen. Vom Neuem gedruckt cum — Klauſenburg.) *)

*) Es wird darinn gehandelt: von der Taufe, dem Kirchengange der Sechswöchnerinnen, der Abſolution, der Beſuchung kranker Perſonen, und Zubereitung der Gefangenen zum Tode.

8) Soltár, az az, Szent Dávidnak, és egyéb Profetáknak Pſalmuſinac, avagy Iſteni dichireteknek Künyue: Szép ſummátkackal és rövideden-való ærtelmöckel, Magyar Nyeluen Heltai Gaſpar — Colosvarát. 1560. in 8. (Der Pſalter, das iſt: das Buch der Pſalmen und göttlichen Loblieder des H. Davids, und anderer Propheten. Mit ſchönen kleinen Summarien, und kurzen Erklärungen in Ungriſcher Sprache von Kaſpar Heltai — Klauſenburg.) *)

*) Die Zueignungsſchrift an den Johann Zápolya den Zweyten, iſt den 20. Febr. 1560. unterſchrieben, als an demjenigen Tage, da vor acht Jahren der Kardinal Martinuſius, zu Albini ermordet worden. Dat=
Colo-

Colosvarini, Anno Domini, M. D. LX. die XX. Februarii, quo ante annos octo, Frater Georgius Dalmata, Thesaurarius, hostis veritatis Christi & Majestatis tuæ Serenissimæ, in castro Alvintz perfidiæ suæ — justas pœnas dedit. So denkwürdig diese blutige Scene in der Siebenbürgischen Geschichte ist: so sehr wundert es mich, daß der Tag derselben bey unsern Geschichtschreibern so verschieden angegeben wird. Nach einigen war es der 17 Oktob. S. Cimon, Epit. Chronuol; nach dem Petrus von Reva, der 8. Decemb. 1551; nach dem Ischtwánfi, der 13. Decemb. nach dem Siegler und Milles, der 17; nach dem Pater Schmith, in Archiepisc. Strigon. der 18, und nach Bechets Histoire du Cardinal Martinusius, Liv. VI. S. 405. der 19. December. Helth setzet nun sogar das Jahr 1552. Wie unrichtig aber dieses sey, beweiset ein Brief des Kaiserlichen Feldherrn, Baptist Kastaldi, den der berühmte Herr Pray in seinem specim. Hierarchiæ Hungaricæ, P. I. S. 180, aus dem Orginale bekannt gemacht hat. Die Unterschrift ist: Ex Zazsebes, die XVII. Decembr. 1551. und Kastalbi berichtet darinn dem Thomas Nádasdi, die Ermordung des Kardinals.

9) Troporum, Schematum, ac Figurarum communium Libellus, ex variis authoribus in usum studiosorum Theologiæ, & bonarum Artium collectus, una cum indice — Editus in Officina Casparis Helti, in urbe Claudiopolitana, 1562. in 8. *)

*) Der Verfasser ist Bartholomäus Westheimer aus Pforzheim. Helth ließ dieses Werkchen mit einer Zueignungsschrift an den jungen Balthasar Czaki, zum Gebrauche der dasigen Schule wieder auflegen.

10) Historia inclyti Matthiæ Hunyadis, Regis Hungariæ Augustissimi, ex Antonii Bonfinii, Historici diserti, Libris, Decadis primum *tertiæ*, deinde *quartæ*, (quæ latuit hactenus, nullibique impressa fuit) in unum congesta ac disposita, a Caspare Helto, Claudiopolitanæ Ecclesiæ Ministro, & Typographo. — Vaticinium *Anton. Bonfinii*, de perturbatione & concussione Regni Hungarici, exstat *Libr.* IIII. *Decad.* III. p. 426: Barbaram igitur Scythiæ, *inquit*, gentis immanitatem, quæ tantopere concordiam & ocium

abom:-

abominatur, diu iste furor exercuit, & eousque (ni mentiar) exercebit, donec se quisque metiri, cohercere ambitionem, aliena dimittere, invidia carere, mutuamque concordiam amare didicerit. Claudiopoli in Transylv. 1565. Fol. *)

*) Zu Ende ist beygefügt: Elegia Matthiæ Regis, ad Antonium Constantium. Der Vorredner, Basilius Fabricius, berichtet: Helth habe bey dieser Ausgabe eines Theils der Bonfinischen Geschichte, nur eine einzige Handschrift, und diese von Michael Czáky, erhalten können, und auch diese sey durch Unwissenheit und Nachläßigkeit der verschiedenen Schreiber so mißhandelt und verdorben gewesen, daß er oft den Verstand nur errathen müßen. Doch hätte er nicht alles nach seinem Gefallen geändert. Denn die Kühnheit in einem fremden Werke alles nach seinen eigenen Gutachten ändern und verbessern wollen, werde mit Recht von allen Gelehrten getadelt. — Zugleich meldet er, Helth würde den ganzen Bonfin in einem Auszuge der gelehrten Welt mittheilen. Dem Werke selbst sind Randglossen, oft seltsame! beygefügt, und was den Helth nicht gefallen, hat er mit umgekehrten Lettern drucken lassen.

Czwittinger, S. 167. eignet Helthen ein Werk de Rebus præclare gestis Matthiæ I. Hung. Regis, in Lateinischer und Ungrischer Sprache zu. So schreibet auch Schmeizel in *Bibl. Hung.* Sect. I. Classs. VI. Theca VII. §. 14: Pleniorem historiam inclyti Regis Matthiæ, ex Bonfinio aliisque Scriptoribus compilavit Caspar Heltus, Ecclesiæ Claudiopolitanæ Protestantium Minister, quam Latiue & Hungarice, edidit Claudiopoli, 1565. in 4to. Ein Gleiches thut Bod, S. 107. aber so, daß er sie nicht gesehen haben muß. Ich müßte mich sehr irren, daß das Werk, von welchem diese Schriftsteller reden, nicht eigentlich dieses sey, dessen ich hier gedenke, das aber nicht in Quart, sondern in Folio gedruckt worden, auch hat es Helth nicht aus verschiednen Schriftstellern zusammen getragen; sondern es ist ganz des Bonfinius Arbeit, außer daß Helth desselben Herleitung des Korvinischen Geschlechts widerlegt, und behauptet, Johann Korvin sey ein natürlicher Sohn des Königs Siegmund gewesen. Eine Nachricht, die auch weit mehrere Wahrscheinlichkeit für sich hat, als die gegenseitigen. Welche den Korvin noch vor 1379, in den Diensten des Zagraber

Bischofs, Demetrius, seyn laſſen, mögen zuſehen, was ſie ihm für ein Alter beylegen wollen, da er mitten auf ſeiner Heldenbahn den 10 Sept. 1456 ein Opfer der Sterblichkeit ward. Sollten diejenigen nicht mehr Glauben verdienen, die ihn 1392, gebohren werden laſſen? und iſt es nicht merkwürdig, daß die Walachiſchen Koſpodaren, die bekannte Geſchichte vom Raben mit dem Ringe im Schnabel, der von einem Baume herabgeſchoſſen wird, in ihren Siegeln führen?

Dieſes Helthiſche Werk beurtheilt der berühmte Gottfr. Schwarz, in ſeiner Abhandlung: Decadum Antonii Bonfinii editio nupera Poſonio-Viennenſis juſto pretio æſtimata, Oſnabrugæ, 1745, in 4. Er führet darinnen verſchiedene von den abweichenden Leſearten in dieſer Helthiſchen, und der Frankfurter Ausgabe des Bonfins, von 1581, an, und giebt den letztern den Vorzug. Sie verdienen es auch größtentheils, und bey einer kritiſchen Ausgabe des Bonfins, wäre dieſes Helthiſche Werk unentbehrlich. In der merkwürdigen Stelle des VI. Buchs: Stephanus turmatim rem inprimis divinam fieri edidit. Mox omnibus *myſticam terram* Euchariſtiæ loco impartiri, ambulatorioque jentaculo quotum quemque militem corpora aliquantulum reficere — jubet, ſtehet bey Helth für terram, *cænam.*

Ob endlich dieſe Geſchichte des Königs Matthias Korvinus, auch in Ungriſcher Sprache herausgekommen ſey, kann ich weder bejahen, noch verneinen.

11) Diſputatio in cauſſa Sacro Sanctæ & ſemper benedictæ Trinitatis, indictione Sereniſſimi Principis — inter Novatores, D. Georgium Blandratam, Franciſcum Davidis, eorumque aſſeclas; & Paſtores Miniſtroſque Eccleſiæ Dei catholicæ ex Hungaria & Tranſylvania, qui divinam veritatem ex ſcriptis Propheticis & Apoſtolicis, juxta continuam Eccleſiæ ſanctæ catholicæ conſenſum, defendendam ſuſceperunt per decem dies, Albæ Juliæ in Tranſylvania habita, Ordinatione & voluntate eorundem Paſtorum ac Miniſtrorum catholicæ partis, reviſa ac publicata, Claudiopoli a Caſpare Helto — A. D. 1568. in 4. *)

*) Die-

*) Dieses zehntägige, und wie gewöhnlich, fruchtlose Religionsgespräch, ward im Fürstlichen Pallaste in Gegenwart des Fürsten, Johann des Zweyten, und der Landesstände gehalten, und den 8 März, 1568, damit der Anfang gemacht. Die bestimmten Richter dabey, waren von Seiten der Rechtgläubigen: Matthias Hebler, Superintendent der Sächsischen Kirchen; Sebastian Károli; Kaspar Helth, und Nikolaus Fabricius, Pfarrer zu Großaue. Von Seiten der Socinischgesinnten: Ludwig Szegedi, Stephan Czaschmai, Nikolaus Starius, und Paul Karadi. Die streitenden Personen, Petrus Melius, Superintendent und Pfarrer zu Debrezin, Georg Czegledi, Pfarrer zu Waradein, Paul Turi, Pfarrer zu Bihár, Lorenz Klein, Pfarrer zu Bistritz, und Peter Károli, Schulrektor zu Waradein. Von den Unitariern: Franz Davidis, Hofprediger bey Johann den Zweyten, Georg Blandrata, Leibarzt desselben, Paul Julanus, Schulrektor zu Weißenburg, Stephan Basilius, Ungrischer Pfarrer zu Klausenburg, und Demetrius Hunyadi. Dieses Religionsgespräch verursachte dem Blandrata eine Theologische Heiserkeit, und nöthigte ihm, das ihm selbst unbekannte Geständniß ab: er sey kein Theolog, sondern ein Arzt. Doch machte er mit seinen Freunden dasselbe so gleich zu Weißenburg durch den Druck bekannt. Weil sie aber Melius dabey der Untreue beschuldigte; so veranstaltete er durch Helthen diese Ausgabe. Die Unitarier vertheidigten sich zwar in einer Schrift: Demonstratio falsitatis doctrinæ P. Melii, & reliquorum Sophistarum — aber schlecht genug. Helth nennet sich in der Vorrede: Ecclesiæ quondam Claudiopolitanæ Pastorem, & Ministrum, nunc vero ejus urbis & Ecclesiæ Christi Catholicum.

Bod S. 106. führet die Aufschrift dieses Werks gar nicht richtig an; indessen kann er Recht haben, daß es Helth unter den Titel: A' Fejér-vári ciz napi Disputáczió az Istenröl a' Király-elött, 1568. in 4. (Zehntägige Weissenburgische Disputation vor dem Könige gehalten) auch in Ungrischer Sprache herausgegeben. Ich weis es nicht, wenn aber Haner in Adverfar. S. 204. behauptet, daß es in beyden Sprachen zu Weißenburg gedruckt worden; so irret er. Dafür hätten Blandrata und Davidis schon gesorget. Bod setzet noch hinzu: bey der erstern Ausgabe dieses Religionsgesprächs, wäre Helth ein Mitglied der Reformirten Kirche gewesen, bey der andern aber ganz andrer Gesinnungen. Das folgende wird dieses erläutern, und berichtigen.

12) Disputatio de Deo, per decem dies continuos, indictione Serenissimi Principis — inter partes habita, in urbe Transylvana Alba Julia. Denuo cum nova Praefatione edita Claudiopoli, An. 1570. in 4. *)

*) Keine neue Ausgabe, sondern die vorhergehende mit einem neuen Titelbogen. Denn zu Ende stehet, wie vorher: Impressum Claudiopoli in Transylvania, in Officina Casparis Helti, A. D. 1568. Die Vorrede entdeckt uns, warum dieser Rauch der Welt verkauft worden. Helth suchte Gelegenheit, öffentlich wiederrufen zu können, was er Blandraten und dessen Freunden, und mit ihnen versöhnt und bereinigt, in der Ausgabe von 1568, Beleidigendes gesagt hatte. E: bereuet es, sie Neulinge und Käzer gescholten zu heben, und danket ihnen feyerlich für seine Bekehrung.

13) Magyarok Décrétomok: Kolosvár, 157:. in 4. *)

*) Uiberfezung des Stephan Verböczi, Decretum tripartitum Juris consuetudinarii Regni Hungariæ. In der Vorrede meldet er: Er sey von vielen ersucht worden, die Schreibart der Ungrischen Uiberfezung, die Blasius Veres, 1564, zu Debrezin herausgegeben, zu verbessern, welches er denn in dieser seiner neuen Uiberfezung gethan habe. In der Originalsprache gab er dieses Werk ebenfalls, 1572, in 4. heraus.

14) Chronika a' Magyaroknak dolgairól, mint iöttek-ki a' nagy Stzitiából Pannoniába, és mint foglalták magoknak az Országot. Es mint birták ozt Hertzegröl Hertzegre, Királról, Királyra, nagy sok tudakodásokkal és számtalan sok viaskodásokkal. Mellyet Heltai Gáspár meg-irt Magyar nyelven, és ez rendre hozta a' Bonfinius Antalnak nagy könivellöl nem kitsiny munkával. *Kolosv.* 1575. in *Folio*, nicht in 4. wie Ezwittinger setzet. *)

*) Eine Chronik von den Begebenheiten der Ungern, wie sie aus Großscythien nach Pannonien gekommen sind, und wie sie sich des Reichs bemächtigt, und von Herzogen zu Herzogen, und Königen zu Königen unter großen Kriegen geherrschet haben. Von Kaspar Helth in Ungrischer Sprache beschrieben, und nicht mit weniger

ger Mühe aus dem Anton Bonfinius nach der Ordnung herausgezogen. — Wahrscheinlich der Auszug des Bonfins, welchen Fabricius in der Vorrede zur Historia incl. Matthiæ Regis, verheißet; doch findet man in diesem Werke Manches, das man bey dem Bonfin vergebens suchet. Unter andern, eine weitläufige Beschreibung des Risses von den Akademischen Gebäuden, die König Matthias zu Ofen aufführen wollte, welchen er beym Bischofe Stephan Broderich gesehen.

Nach einer kurzen Vorrede von Bonfins Leben und Schriften, handelt der Verfasser: von Scythien; dem ersten Ausgange der Ungern aus Scythien; ihrem ersten Heerführer Attila; dessen Auszug, Heurathen und Tod; von Attilas Söhnen: Chaba und Aladar, deren Zwietracht und Zurückkehrung des Ersten nach Scythien; von den Zeklern, vom zweyten Ausgange der Ungern aus Scythien, ihren Kriegen mit Karl dem Großen, und den Sachsen; von ihren folgenden Herzogen und Königen bis auf König Ludwig den Zweyten.

Hermann

David. Einer unsrer verdientesten Gelehrten, von unermüdetem Fleiße, und ohne Furcht und Scheu für die Wahrheit. Schade! daß seine Verdienste der Welt so unbekannt sind, und theils seyn müssen. Medwisch war seine Vaterstadt. Anfangs weihte er sich der Rechtsgelehrheit, und ward Stadtnotarius zu Medwisch. Nachgehends aber wählte er den geistlichen Stand, erhielt 1648, die kleine Pfarre Arbegen, auch diese in Absicht der Kirche, und der Pfarrerwohnung ganz wüste. Allein, er wußte beyde, bey allem Widerspruche der eigensinnigen Gemeine, wieder herzustellen. Hier hatte er das empfindliche Schicksal, sowohl seiner Gemahlinn, Sara Ganger, 1651, als im folgenden Jahre, seines noch einzigen Sohnes, Samuel, durch den Tod beraubt zu werden. Im Jahre 1668,

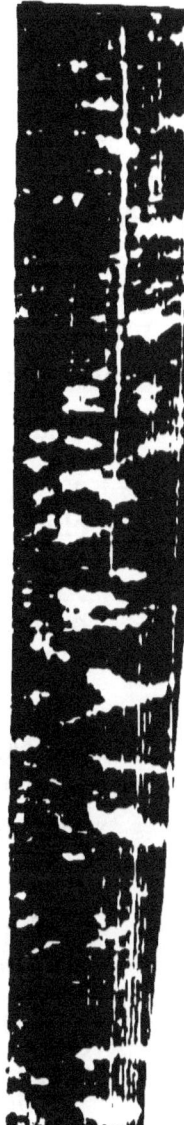

1668, ward er nach Wurmloch beruffen, wo er bis an seinen Tod, 1682, lebte. — Dieses bezeugen die Kirchenbücher dieser Dörfer. Schmeitzel, Bod, und Benkö, haben sie niemals gesehen. Sind sie also nicht zu entschuldigen, wann der erstere Hermannen, die gute Pfarre zu Muschen, und die Letzteren die noch bessere von Müllenbach verleihen?

1) Judicium liberale & sobrium de *Israelis Hübneri*, Calendariographi temerario: I. Novissimi diei calculo & ex II. solis prævisa totali Eclipsi anno 1654, nec non III. Cometa pridem sub finem anni, 1652 viso, quorundam Astrologorum, *Prognostico*, in gratiam eorum, qui non a quovis agitantur vento; sed solis & solidis S. Scripturæ, rectæ rationis & experientiæ vestigiis, firmo & immoto, quod dicitur, talo, insistere consueverunt. Authore: D. H. M. (Davide Hermann Media) Transylvano. Herbornæ Nassoviorum, 1656. in 8. *)

*) Der Verfasser eignet sein Werkchen dem Johann Simonius, damaligen Provinzialnotarius zu Hermanstadt zu, welchen er Litteratorum ipsum Litteratissimum, nennet. Israel Hübner, von Schneeberg gebürtig, lebte zu Hermanstadt, und hatte den Jüngstentag auf das Jahr 1666, im öffentlichen Drucke verkündigt. Dieses machte unter dem gemeinen Volke Aufsehen. Deswegen setzte ihm Hermann diese Schrift entgegen, dabey er seine vernünftigen Absichten in folgenden Worten entdecket: Divina Oracula, seu temporum Novissimi diei mysteria ab absurda & inepta expositione religiose vindicare: Maculam concionatoribus a Calendariographo publice & immerito impressam studiose eluere: Mortales alias terque quaterque infelices, idololatrico Syderum metu liberare, & a Chaldaicis superstitionibus ad Mosen & Prophetas auscultandos fideliter exhortari: Principes neglectis Astrologorum ex pelvi minis consolari, & ad obeundam alacriter vocationem incitare: Studiosos literarum a vetitis verbo Dei divinandi scientiis, ceu impio Astronomiæ abusu arcere ac dehortari: denique dulcissimam veritatem ab inveteratis superstitionum

num nebulis suppressam, in lucem producere, firmisque rationibus eandem exornare, hoc mihi propositum habui. Er handelt also I. de Novissimi diei Calculo, II. de Eccliptis solis Præsagio, und III. de Cometarum Prognostico.

In der Handschrift haben wir von ihm:

2) Jurisprudentia Ecclesiastica, seu Fundamenta Jurisdictionis Ecclesiasticæ Saxonum in Transylvania. *)

*) Der Verfasser hat sie als Pfarrer zu Arbegen 1665 geschrieben, und in drey Theilen abgehandelt. Im I. handelt er de Jure Personarum Ecclesiasticarum, im II. de Rebus Ecclesiasticis, causisque spiritualibus mixtis, und im III. de Foro, seu Judicio, Processu & Pœnis Jurisdictionis Ecclesiasticæ. Von einem Ungenannten haben wir: Dav. Hermanni Jurisprudentia Ecclesiastica, aucta & limitata, a J. S. C. T. N. P. S. E. Simonius.

3) Annales Rerum Politicarum in Transylvania, inde a Reformatione Religionis, anno scilicet Christi, 1520 gestarum. An. 1655.

4) Annales Ecclesiastici Rerum Transylvanicarum inde a Reformatione Religionis A. 1520, auctore Davide Hermanno, Past. Wormlochensi. *)

*) Diese Annalen gehen bis auf das Jahr 1659. Lukas Grafius hat sie bis 1703 fortgesetzet.

5) Devastatio Urbis Cibiniensis sub Gabriele Bátori, Princ. Transylv.

6) Codex memorabilium Actorum publicorum Status Ecclesiastici Saxonum in Transylvania, inde ab anno Reformationis Religionis An. 1520 ad præsentia usque tempora elaboratus, in quo continentur: I. Privilegia quædam Pastorum Saxonicorum. II. Constitutiones Regni Transylvaniæ in latinum translatæ. III. Thesaurus Differentiarum Juris Civilis & Canonici. IV. Articuli utriusque Universitatis Saxonum, An. 1577 conditi, rursus approbati, 1607. V. Acta Synodica aliquot annorum cum Articulis. VI. Doctrina graduum consanguinitatis & affinitatis; & VII. Annales Rerum gestarum in Ecclesia & Politia.

litia. *Volumen Primum*, induſtria Dav. Hermanni, Med. A. 1660. *)

*) Die Conſtitutiones R. Tr. aus den Reichsſchlüßen von 1540 bis 1653 geſammelt, kamen in der Ungriſchen Sprache 1653, zu Waradein in 4. heraus. Die Doctrina graduum verfertigte er auf Verlangen des Superintendenten Stephan Adami. Man findet ſie auch bey ſeiner Jurisprudentia Eccleſ.

7) Protocollum Actorum publicorum Status inprimis Eccleſiaſtici Saxonum in Tranſylvania, inde ab anno Reformationis Religionis 1520, ad præſentia noſtra tempora: annexis etiam quibusdam negotiis Politicis, ſeu ſæcularibus, memoria perpetua dignis, *Volumen Alterum*. Induſtria Dav. Hermanni, Med. in gratiam poſteritatis concinnatum. Cum indice rerum & titulorum utriusque voluminis.

8) Ruina Tranſylvaniæ.

9) Articuli approbatarum Conſtitutionum Statum Eccleſiaſticum concernentes, excerpti, & in latinam linguam translati.

Hermann

Leonhard. Doktor der Weltweisheit, der Fr. Künſte Magiſter, und Pfarrer zu Hamersdorf bey Hermanſtadt. Er ward im Jahre 1570, zu Reichesdorf im Mediaſcher Stuhle gebohren, woſelbſt ſein Vater Johann Hermann, vielleicht Diakonus war, denn, als Pfarrer ſtarb er zu Prätei 1592. Weil er ſich nach dem Beyſpiele ſeines Vaters und Großvaters dem geiſtlichen Stande beſtimmte, reiſete er 1590, nach Frankfurt an der Oder, auf die hohe Schule. Hier vertheidigte er 1595, eine öffentliche Streitſchrift de Ætherea mundi regione, & Stellarum differentiis, præſ. M. Davide Organo, zano, Glacenſi, Mathem. Prof. Das folgende Jahr 1596 erhielt er die höchſte Würde in der Weltweisheit, vertheidigte als Vorſitzer zehen Streitſchriften über den Ariſtoteles, und kam nach einer ſechsjährigen Abweſenheit in ſein Vaterland zurück. †) 1598, erhielt er das Schulrektorat zu Hermanſtadt, in welchem er auch die Schulmatrikel angefangen, darinnen die Schulgeſetze, und Namen der Rektoren, wie auch der übrigen Lehrer und Lernenden enthalten ſind. 1599, folgte er dem Stephan Groß in der Pfarre zu Hamersdorf; allein er hatte nicht das Glück, das Alter dieſes ehrwürdigen Greiſes zu erreichen, indem er den 5 Nov. 1602, ein frühzeitiges Opfer der damals wütenden Peſtſeuche ward.

1) Ariſtotelis Analytici poſteriores, Decade Diſputationum methodice comprehenſi ac propoſiti, a M. Leonhardo Hermanno, Tranſylv. Reichviniano. Francof. ad Oderam, 1596. in 4. *)

*) Die Zueignungsſchrift iſt dem Stephan Botſchkai, damaligen Hofmarſchal und geheimen Rahte des Fürſten Siegmund Bátori, geweihet. Die Reſpondenten der fünf erſten Streitſchriften ſind Siebenbürger: Michael Adelphus, Petrus Fronius von Kronſtadt, Johann Zelch, Wolfgang Goebel, und Michael Vietoris. Von den folgenden ſind: Georg Secman aus Hollſtein, Friederich Rentſch aus Schleſien, Adam Wolf aus Sagan, Jakob von Mohle, ein Märker, und Daniel Nigrinus aus Glatz.

2) Cho-

† ΠΡΟΟΔΙΚΑ ad Virum Clariſſ. Literaturæ tum honeſtioris, tum ſanctioris ornamentum, Præſtantiſſ. M. Leonardum Hermannum Tranſylv. ex III. Acad. Francofurtana, Patriam Tranſylv. repetentem, ſcripta ab amicis. Francof. 1596. in 4.

2) Chorus Muſarum de novo honore atque onere Reverendiſſ. & Excellentiſſ. Viri, Chriſtoph. Pelargi, SS. Theolog. Doct. & P. P. in Academia Francof. diverſo carminis genere gratulantium, cum illi circa initium Anni, 1596. Dei O. Max. & Ill. Elect. Brandeburgici voluntate ἐπισκοπη Generalis totius Marchiæ commendaret, in ſcænam productus, a Leonh. Hermann. Tranſylv. in 4. *)

*) In des Chriſtoph Pelargi, Locc. Theologic. ΕΞΕΤΑΣΙΣ Decad. III. — VIII. Francof. 1595. befinden ſich auch einige Streitſchriften, die Leonhard vertheidigte, als: De Peccato originali. De Libris S.S. vere Canonicis. De Verſione, & Translatione Bibliorum.

Hermann

Lukas. Superintendent der Sächſiſchen Kirchen, und Pfarrer zu Birthalmen, welche Würden auch ſein Vater gleiches Namens, bekleidete. Vorher war er Pfarrer zu Eibesdorf, Wurmloch, und von 1687, Stadtpfarrer zu Medwiſch. Er verwaltete das Generaldekanat, als er 1691, den 28 Jäner, nach dem Tode des Superintendenten Mich. Pankratius, zu deſſen Nachfolger erwählet ward. Unter den Rákoziſchen Unruhen, mußte er viel leiden. Denn, den 25 März, 1704, kamen die Misvergnügten, oder ſo genannten Kurutzen, unter der Anführung des Johann Etſchedi nach Birthalmen, beraubten die Burg, doch nicht gänzlich, weil ſie Hermann mit 100 Gulden befriedigte. Sie kamen aber bald wieder, und plünderten die Burg, Kirche und Sakriſtey rein aus. Hermann ſaß vor dem Altare, dieſes ſchützte ihn aber ſo wenig, daß ſie ihn vielmehr ganz entkleideten, und nur im Hembe und Niederkleide lieießen. So gar die **Gräber** der ruhenden Superintendenten wurden erbrochen; weil sie sich ber in der Hoffnung Schätze zu finden, betrogen sahen, plünderten sie die Einwohner, und wenn jemand ein gutes Kleid, oder nur gute Schuhe hatte, mußte er sie hergeben. Dieses war auch das einzige Feld, wo die Kurutzen Helden waren. Hermann überlebte diese traurige Periode für Siebenbürgen nicht; sondern starb den 11 Sept. 1707, und hinterließ in der **Handschrift:**

1) Protocollum Actorum publicorum Synodalium Status Ecclesiastici Saxonum in Transylvania, inde ab anno 1545 ad præsentia nostra tempora anni currentis 1682. a Luca Hermanno, Juniore, in ordinem redactum.

2) Protocollum Diplomatum privilegialium pro Pastoribus Ecclesiarum Saxonicalium in Transylvania. 1682. *Cicero.* Privilegia ignorare, est iisdem penitus carere. Diese Sammlungen sind desto schätzbarer, weil sich Hermann der chronologischen Ordnung bediente.

Hermann

Petrus. Der Fr. Künste und Weltweisheit Magister, und Pfarrer zu Großschenk. Sein Geburtsort war Hermanstadt. Zu Wittenberg erhielt er die Magisterwürde, nachdem er verschiedene Proben seines Verstandes in Vertheidigung öffentlicher Streitschriften gegeben hatte. Unter Johann Deutschmann vertheidigte er zwo: de Peccato per ignorantiam, ex Act. III. 17. im Jahre 1692; und den 8 Oct. 1700, Jubilæum Apostolicæ prædestinationis piis meditationibus,

bus, ex Epheſ. I. 3, 4. In ſeinem Vaterlande erhielt er 1702, den 29 Sept. das Schulrektorat, ward 1709 den 28 Sept. Archidiakonus, und 1713 den 21 Apr. Pfarrer zu Großſchenk, woſelbſt er 1739, den 3 Jul. im ſechs und ſechszigſten Jahre in die Ewigkeit übergieng. Von ſeinen Schriften habe ich geſehen:

1) Diſp. Phyſica altera, de Fontium origine, Reſp. Gabriele Klun. Witeb. 1701. in 4.

2) Diſp. Moralis, de Natura & conſtitutione Ethicæ. Reſp. Mich. Hermann. d. 2 Aug. 1702. Cibinii, in 4. Hermann war damals Lector primus.

3) Theſes Theologicæ, de Chriſto Servatore noſtro. Reſp. Dan. Agnethler, Rege Adoleſcentium, & Chriſtiano Schmidt, Bibliothecario, A. 1709, d. 15 Jul. Cibinii, per Michaelem Helzdörfer. in 4.

Hermann

Stephan. Pfarrer zu Stolzenburg, und Dechant des Kapitels. Dieſer Gelehrte war von Olzen gebürtig, welches ehemals der Hauptort im Stuhle und dem Kapitel war, die itzt von Leſchkirch, die Leſchkirchiſche genannt werden. Er ſtudirte gleichfalls zu Wittenberg, wo er den 16 Aug. 1689, unter Johann Deutſchmann, Primum vereque Paradiſum SS. Trinitatis feſtum protoplaſtorum, ex Genes. III. vertheidigte. Als er zu Hermanſtadt das Archidiakonat verwaltete, erhielt er 1699, den Beruf zur Rohtberger Pfarre. Nachgehends ward er 1707, nach Großau berufen, und den 4 März, 1714 nach Stolzenburg. Hier ſtarb er 1731, den 11 März. Im Namen des ganzen Hermanstädtischen Kapitels, und zur Vertheidigung deſſen Biſchöflichen Gerichtsbarkeit ſchrieb er:

Plena, perſpicua, proque tuenda charitate fraterna in ſpiritu lenitatis formata, atque ſecundum poſtulatum Viri S.. Vener. atque Clariſſ. nec non Doctis. Dni *Lucae Grafii*, Superintendentis Eccleſ. Saxonic. per Tranſylv. ſpectatiſſimi, contra ejus ἀπόδειξιν, ſive: Demonſtrationem plenam, duobus Vener. Capitulis, Cibinienſi cum adpertinentibus e Sede Schenk & Leſchkirch, & Barcenſi inſinuatam, quod Reges ac Principes Tranſylvaniæ, exercitium Jurium Epiſcopalium, vi Transactionis Paſſavienſis ad ſe devolutorum, in Eccleſiis Saxo-Evangelicis per Tranſylvaniam Superintendenti, & non alii cuiquam concrediderint, a Capitulo Cibinienſi exhibita *Reſponſio*. A. 1723. *Mſcr*.

Hiebner. ſ. Hübner.

Hirſch

Georg, aus Ungern, und Pfarrer in der Bergſtadt Topſchau. Nach dem Verluſte ſeiner Pfarre, nahm er wie viele andre ſeiner unglücklichen Mitbrüder, ſeine Zuflucht nach Siebenbürgen, und kam 1675, nach Hermanſtadt, fand auch eine mitleidige Aufnahme. Da kein Dienſt eben frey war; ſo erklärte ihn der Rath, 1677. zum zweyten, oder Veſperprediger bey der Kloſterkirche. Er war der erſte in dieſem Diakonate, welches nachgehends, ſo lang die Evangeliſchen dieſe Kirche im Beſitze hatten, bey derſelben beybehalten worden. Hirſch ſtarb in dieſem

Dienste. Er schrieb bey Gelegenheit der feyerlichen Einführung des Königsrichters: Semriger:

> Ein Regimentshut — den dem neuen Ehren Regenten, Herrn Matthias Semriger, bestätigten Grafen der Sächsischen Nation, kürzlich und einfältig beschreibet — den 7. März, 1676. Hermanstadt, druckts Stephan Jüngling. in 4.

Honterus

Johann. Der Fr. Künste und Weltweisheit Magister, und Stadtpfarrer zu Kronstadt. Dieser unvergeßliche Gelehrte für Siebenbürgen, ward daselbst im Jahre 1498, geboren. Sein Vater, ein Lederermeister, hieß Georg Graß; er aber führte an statt dieses väterlichen, den Namen Honterus; wie man sagt: zum Andenken seiner Errettung aus einem Flusse, darinn er verloren gewesen wäre, wann er nicht noch eine Hollunderstaude hätte ergreifen können. Den Hollunder aber nennen unsere Sachsen: Hontert. Die Erzählung bleibe bey ihrem Werthe; so viel ist gewiß, daß die schädliche Gewohnheit für die Genealogien, seinen Namen in Griechische und Lateinische zu verwandeln; oder ganz unbekannte anzunehmen, oder auch sich nach dem Geburtsorte oder dem Handwerke zu nennen, unsern Vätern ebenfalls nicht ungewöhnlich war. — Doch, es sind noch mehrere Knoten in Honters Geschichte aufzulösen! Zwittinger behauptet: er habe zuerst zu Krakau, dann zu Basel studirt; Kelp aber †) läugnet das erstere, und setzet dafür

---

†) In Natal. Saxonum Transylv. Cap. I. §. X. 2.

dafür Wittenberg. Aus einem gewissen Ge=
sichtspunkte haben beyde recht. Honterus ist
auch Luthers Zuhörer in Wittenberg gewesen.
Dieses erweisen uns die Verse des Jonas Ni=
kolai, in des Georg Helners ΕΛΕΓΕΙΟΝ —
Wittenberg, 1580.

Dacicus Honterus tua, clara corona! corona,
   Cosmographus præstans, Theologusque
       bonus.
Saxoniam veniens ad nobilis Albidos urbem,
   Discipulus fidus — Luthere! tuus.

Nur ist die Frage: wo er zuerst gelebt, zu
Wittenberg, oder Krakau? Ich dächte das er=
stere, und zwar wegen der Nachrichten, die uns
Schesäus und Flechner, beyde Gelehrte des
16ten Jahrhunderts, von unserm Honter mit=
theilen. Jener schreibet: Honterus habe sich ei=
nige Zeit zu Krakau aufgehalten, nachgehends
aber sey er durch milde Unterstützung des Königs
Siegmund, nach Basel gereiset. — Der letztere:
Honterus sey der Prinzessinn Isabella, nachma=
ligen Königinn von Ungern, Lehrmeister gewe=
sen; er selbst habe dessen Elementa Grammatices prima, zu Krakau gedruckt, die noch in ei=
nigen Schulen gebräuchlich, gesehen. — Nach
Basel reitzte ihn insonderheit der grosse Ruff des
gelehrten Johann Reuchlins; von dannen kam
er 1533, den 22sten Jäner, †) auf erhaltenen
Beruf, nach Kronstadt zurück, brachte zugleich

---

†) Nach der Handschrift eines Eberianischen Kalenders.
Oltard aber in seiner Reform. Predigt, schreibt 1533.
um Margarethens Feste. So auch Parispapai, im Rud.
Rediv. doch wie gewöhnlich, aus Oltarden.

geschickte Leute, und alle Bedürfnisse zur Errichtung einer Buchdruckerey mit sich. Welcher Dienst für das Vaterland! auch dieser allein verdiente es, daß sein Name der dankbaren Nachwelt unvergeßlich sey. Nimmermehr würden Künste und Wissenschaften sobald über Unwissenheit und Irrthum triumphirt haben! — Im folgenden Jahre wurde mit dem Drucke verschiedener Bücher der Anfang gemacht. Die Augsburgische Konfession, und Luthers Schriften waren die Erstlinge.

Was für Dienste Honterus vor seiner Stadtpfarrers Würde, zu Kronstadt, verwaltet, oder vielleicht gar keine öffentlichen, ist mir bis itzt noch anbekannt. Daß er aber des berühmten Leonhard Stöckels, Schulrektors zu Bartfeld, Nachfolger, und zugleich Superintendent der dasigen fünf Königlich freyen Städte gewesen wäre, †) läßt sich mit unsern Annalen nicht vereinigen, ja es ist an sich unmöglich. — So viel ist gewiß, daß er von seinen Tagen den nützlichsten Gebrauch machte. Die Ausbreitung der Augsburgischen Konfession war eine seiner Hauptbeschäftigung, ob gleich mit vielem Widerspruche,

und

---

†) In der Leutschauer Chronik, die der berühmte Wagner, in Analect. Scepusii S. & Profani. T. II. bekannt gemacht hat, heißt es S. 15. „Anno 1533, hat gelebt „Herr Leonardus Stöckel, von Bartfeld, ein Schüler „Lutheri, welcher die 5. freyen Städte zur Augspur„gischen Confession gebracht. Ihm ist gefolgt, Johan„nes Honterus, Transylvanus, der zugleich Superin„tendent dieses Trakts gewesen. „ — Wie wäre das möglich? Stöckel starb 1563, den 7ten des Brachmonds; und unser Honterus, 1549. Entweder will also der Anna-
list

und grossen Gefahren nicht selten verbunden. Johann Fuchs, Richter zu Kronstadt, Matthias Glatz, oder Calvinus, Pleban in dem Marktflecken Reps, und der gelehrte Mag. Valentin Wagner, unterstützten ihn dabey mit vielem Muhte, Klugheit und Eifer. Endlich sah sich Honterus 1542, so glücklich, daß nicht nur Kronstadt, sondern ganz Burzelland die Augsburgische Konfession öffentlich annahm, und einführte. In diesem Jahre heurahtete der Stadtpleban, Jeremias Jöckel. Ein redlicher Mann, aber ohne die nöhtige Tüchtigkeit zu einem so wichtigen Amte. Er war von Birthalmen, und ward als ein armer Schüler, aus Mangel geschickterer Leute, Diakon, und darauf Stadtpfarrer. Er wählte daher 1544, das Landleben, und erhielt die Pfarre zu Tartlau. Unser Honterus ward durch allgemeinen Beyfall den 21sten Apr. †) zu dessen Nachfolger erklärt. So sehr sich hieburch seine Geschäfte häufften; so blieb doch sein Eifer für Religion und Wissenschaften immer gleich gespannt. Zu ihrem Dienste veranstaltete er eine Papiermühle, welche

1547,

---

list sagen: auf die Reformation des Stöckels, sey die Honterische erfolgt, nämlich in Siebenbürgen, oder Burzelland, welches Trakts er zugleich Superintendent gewesen. (Welches er aber nie gewesen.) Oder aber ist hier die Rede von einem Sohne des Honterus, der gleichen Taufnamen geführt hat. Möglich ist es, allein die Familiennachrichten, gedenken keines Johann, unter seinen Söhnen. Vielleicht ist er dessen Sohn aus ersterer Ehe, von der ich aber eben so wenig weis.

†) Fuchs Chronicon Mscr. Nach andern aber ward er Stadtpfarrer den 22sten Apr. und starb den 23sten Jäner.

1547, das erste Papier lieferte. †) Die schöne Bibliothek zu Kronstadt, welche nicht nur wegen der Menge; sondern auch wegen der Seltenheit ihrer gelehrten Schätze aus der zerstörten Ofner, und andern Bibliotheken Griechenlandes, berühmt war, erkennet ihn gleichfalls für ihren Stifter. Allein, klägliches Schicksal! 1698. den 21sten Apr. ward sie zum unersetzlichem Verluste, der Raub einer schrecklichen Feuersbrunst, die Kronstadt verheerte.

Von allen Redlichen geliebt und beklagt, beschloß er seine schöne Laufbahn den 23sten Jän. 1549. nachdem er über Kopfschmerzen geklaget hatte. Er hinterließ sieben Kinder. Seine drey Söhne waren: Kalixtus, der 1571, den 26sten Apr. als Pfarrer zu Petersberg starb. Marzellus ward als Diakon seiner Vaterstadt, in eben dem Jahre, so wie der dritte Kornelius, zu Tartlau, 1603, den 13ten August ein Opfer der Pestseuche. ††)

Seine Gebeine sollen in der Folgezeit aus ihrem Grabe genommen, und an einen andern Ort beygesetzt worden seyn. Dieses sagt uns

Zwit-

---

†) Unsere Chroniken sagen: aus wollenem Tuche. Das Papier aber möchte ich wohl sehen! vielleicht wird Baumwollene Leinwand gemeynet. Denn das Papier in den Honterischen zu Kronstadt gedruckten Schriften, ist sehr schön.

††) Wann sich Honterus vermählt, ist mir noch ungewiß. Nach einer alten Handschrift im Eberischen Kalender, geschah es, 1535. Ist dieses richtig, so muß es seine zwote Ehe gewesen seyn. Nach seinen Familien

Zwittinger. Vielleicht waren damals die Beinhäuser noch gebräuchlich, wo aber nicht; so ist eine Nachricht eben so wahr, als wann er seine Leser überreden will: daß in Siebenbürgen die Gräber vorzüglicher Personen, an statt der Grabsteine, mit kostbaren Teppichen bedeckt werden. In Kronstadt ist der Gebrauch, daß der Sarg bey Leichenbegängnissen mit einem Teppiche bedeckt wird, nicht aber das Grab. Für diese Teppiche wird gezahlt, und sie bezahlen sich reichlich, bis sie abgenützt werden. Zu Hermanstadt war es nie gebräuchlich. Hier werden die Särgedeckel vornehmer Personen mit seidnem Zeuge überzogen, und mit kleinen breitköpfigen, vormals auch silbernen Nägeln beschlagen, und damit der Name und das Alter des Verstorbenen bezeichnet. Kurzes Denkmaal unsres Gedächtnisses! — Befinden sich halbvermoderte Gebeine in den Gräbern; so werden sie sorgfältig gesammelt, und nicht an einen andern Ort, sondern in eben das nämliche Grab wieder beygelegt. Die Schriften dieses verdienstvollen Gelehrten verdienen desto sorgfältiger aufgezeichnet zu werden; je seltner sie vorkommen, und immer mehr und mehr ein Opfer der Vergessenheit werden:

1) De Grammatica, Libri duo. Impressi Cracoviæ, per Hieronymum Vietorem. Anno partus Virginei M. D. XXXII. 8. Eigentlich nur für die Pohlnische Jugend, indem die beygefügten Vokabeln nur eine Pohlnische Uibersetzung haben. Mit welchem

---

Nachrichten ward sein ältester Sohn, Kalixtus, den 22sten des Brachmonds 1533, gebohren. Ist dieses wahr; so muß Honterus noch außerhalb seinem Vaterlande geheurahtet haben.

chem Beyfalle diese Sprachlehre aufgenommen worden, bezeugen die öftern Ausgaben derselben; Eben daselbst: ex Officina Floriani Ungleri, Anno Dom. M. D. XXXV. Wieder in der Vietorischen Buchdruckerey: M. D. XXXVIII. von dem Verfasser auf das Neue übersehen, und mit den besten Regeln und Beyspielen vermehrt. — Per Mathiam Scharffenbergum, ebend. M. D.XXXIX. und wieder, M. D. XLVIII. in 8. Der Kronstädter Ausgaben, werde ich hernach gedenken. Staravolszius in Hecatontade Script. Polon. S. 57. gedenket auch seiner Obſervationum Grammaticarum, Libr. II. Wie weit diese Schriften von einander unverschieden sind, ist mir noch unbekannt.

2) Rudimenta Cosmographiæ, Libri II. Basileæ, apud Henr. Petri. 1534. in 4. chartis 5, una cum Dyonisii Afri verſione. *Geſner*. Biblioth. Bl. 426. Das erste Buch enthält die Anfangsgründe der Astronomie, das 2te, der Geographie, nebst einem Verzeichnisse der alten und neuern Namen der Oerter. Dieses Werkchen ist auch der Margarita Philoſophica einverleibt, und in Hexametern geschrieben.

3) Rudimenta Cosmographica, Libr. IV. distincta cum annotationibus *Bernardi Formerii*, ac tabulis geographicis æri incisis, per *Mich. Mercatorem*. Basileæ, 1735. in 4. Diese Ausgabe ward zu Zürch, 1565, in 8. zu Duisburg, 1595. in 4, und zu Antwerpen 1610, in 8. wieder aufgelegt.

4) Rudimenta Cosmographica. M. D. XLII. Coronæ, vier halbe Bogen in 8. mit vierzehn vom Verfasser selbst gestochenen Landchärtchen.

5) Rudimentorum Cosmographicorum *Joan. Honteri*, Coronenſis, *Libr*. III. cum tabellis geographicis elegantiſſimis. De variarum rerum Nomenclaturis, *Liber* I. in 8. ohne Meldung des Ortes.

6) Enchiridion Cosmographicum, continens praecipuorum orbis regionum Delineationes, elegantissimis tabulis expressas. Tiguri, 1597. in 8. *)

*) So Zwittinger. Beym Gesner lese ich: Enchiridion totius Orbis terrarum comprehensum, tabulis aliquot elegantissimis, in libello Chartis 2. impresso, nuper in *Corona*, urbe Transylvaniæ. Et Rudimenta Cosmographica versibus Hexam. — Dieses schreibet Gesner 1545. Diese Kronstädtische Ausgabe, wohl die erste, ist mir unbekannt. Einer Zürcher, von 1537, gedenket Benkö in s. Transylv; von 1602, Georg Draudius, in Biblioth. Class. S. 1136. gleichfalls in 8. Cum nova instructione Spheræ & Compendio universalis Chronici, opera *Matthæi Quadi*, cum notis & tabulis *Bernardi Formeri*. Coloniæ 1600. in 8. Accessit: ejusdem *Honteri Liber*, de variarum rerum Nomenclaturis, in Classes distributus. Tiguri, 1597. in 8.

7) Tabulæ II. in Aratum Solensem; cum ejusdem versione, impressæ Basileæ, 1535. — Gesners Bibl. Bl. 426. Bey dem Zwittinger muß also das Jahr 1553, ein Druckfehler, oder das Merkmaal einer neuen Ausgabe seyn.

8) Compendium Grammatices latinæ, Libr. II. Coronæ, 1535, in 12. wieder 1577, in 8. Nach dem Berichte des Kaspar von Pesth, eines Ungers, der sich wegen der Ungrischen Kriegsunruhen zu Kronstadt aufhielt, hat Honterus, auch eine Griechische Grammatik herausgegeben.

9) Rudimenta præceptorum Dialectices, ex Aristotele & aliis collectæ. Coronæ, 1539. in 8.

10) Compendium Rhetorices, ex Cicerone & Quinctiliano. Ebendas. 1539. in 8.

11) Sententiæ ex libris Pandectarum Juris Civilis excerptæ. Ebend. 1539, in 8. mit einer Zuschrift an den König Johann den I. von Ungern.

12) Sententiæ ex omnibus operibus divi Augustini decerptæ. Ebend. 1539. in 8. mit einer Zueignungsschrift an die Königinn Isabelle.

13) Divi

13) Divi *Aurelii Augustini*, Hipponensis Episcopi, Hæreseon Catalogus. Ebend. in eben dem Jahre, 8. *)

*) Das Auffallende bey diesem Werkchen ist wohl die Zueignungsschrift. An wen dann? — an den Bischof zu Fünfkirchen, Johann Essecki, Königlichen Raht.

14) *Mimi Publicani*, Enchiridion Xisti Pithagorici, Dicta Sapientum in Græcia. Ebendaselbst. 1539. in 8.

15) Hermogenes. Davon mir weiter nichts bekannt ist; gründet sich auch wohl auf einen Misverstand der Worte Kaspars von Pesth, in der Vorrede zu den Adagiis — Aristotelem, *Hermogenem*, Ciceronemque & Quinctilianum, earum disciplinarum facile principes, sequutus, ea in quibus tota vis præceptorum (Dialecticorum & Rhetorum) consistere videbatur, ad usum omnium Studiolorum, in *utraque lingua* legendum proposuit. —

16) Epitome Adagiorum græcorum & latinorum, juxta seriem Alphabeti. Ex Chiliadibus *Erasmi Roterodami*. Coronæ, 1541. in 8. *)

*) In der Vorrede des Kaspars von Pesth, werden alle bisher zu Kronstadt gedruckte Honterische Schriften erzählet. Darunter auch folgende zwo sich befinden:

17) Sententiæ Catholicæ *Nili*, Monachi Græci. — Honterus überschickte sie auch dem Michael Neander, nachmaligen Rektor zu Ilefeld, der sie mit seiner Uibersetzung, unter der Aufschrift: *Nili*, Episcopi & Martyris, Capita, seu Præceptiones de Vita pie, christiane &, honeste exigenda, græco-latine — 1559. zu Basel heraus gab. Honterus hat diesen Schriftsteller zuerst durch den Druck bekannt gemacht.

18) Geographia universalis, una cum imaginibus Constellationum. — Teutsch, im aufgerichtetem Denkmaale — schreibt hievon: „Diese führet zwar erwähnter Pesthiensis auch an, ich habe aber keine Nachricht davon einnehmen können; es sey

sey denn, daß er die Cosmographie darunter verstünde. — Daß der hochgelehrte Mann geographische Tabellen in Holz geschnitten, ist bekannt, welche ziemlich groß gewesen, schon 1540. verfertigt worden, und zwar mit einer kurzen Erklärung, welche die Anfänger gelernt.,,

19) Formula Reformationis Ecclesiæ Coronensis & Barcensis totius Provinciæ, Coronæ, 1542. in 8. Das folgende Jahr, erschien eine neue Auflage unter der Aufschrift: Reformatio Ecclesiæ Coronensis, ac totius Barcensis Provinciæ. Zugleich gab sie Melanchton mit seiner Vorrede zu Wittenberg in 8. heraus. Wieder, und viel vermehrter ließ sie Honterus, 1547, in seiner Buchdruckerey, in 8. mit dem Titel: Reformatio Ecclesiarum in Transylvania, auflegen. Nach dieser Ausgabe erschien auch in eben dem Jahre 1547, daselbst eine deutsche Uibersetzung: Kirchenordnung aller Deutschen Sybenbürgen, gleichfalls in 8. — Vor Zeiten mußten alle Kronstädtischen Richter und Stadthanen (Quæstores) bey Uibernehmung ihres Amtes, auf dieses Buch den Eid ablegen.

20) Apologia Reformationis A. D. XLIII. conscripta, & in Comitiis Isabellæ Reginæ oblata. Sehr ausführlich, aber so viel ich weis, nie gedruckt. *)

*) Isabelle, berief eine allgemeine Landesversammlung nach Weißenburg, und es ward dem Kronstädtischen Rahte und dem Honterus ihrem Reformator, besonders anbefohlen, persönlich zu erscheinen. Die Haupttriebfeder dazu war der beruffene Georg Martinusius. Honterus war auch sogleich bereit, die Wahrheit seiner Lehre persönlich vor der Königin und den Landesständen zu vertheidigen. Allein, das Leben dieses Mannes war den Kronstädtern viel zu schätzbar, als es so drohender Gefahr auszusetzen. Sie wollten ihn nicht hinreisen lassen, und der muhtige Matthias Glatz (Kalvinus) erbohlt sich selbst, dessen Stelle zu vertreten; er that es auch mit den vollkommensten Beyfalle seiner Mitbrüder. So reisten denn Johann Fuchs, Richter, nebst zween Rathsgeschwornen, der Dechant des Kapitels, Jeremias Jockel, Pfarrer zu Kronstadt, Nikolaus Stephani, Pfarrer zu Rosenaue, Valentin, zu Heltsdorf,

dorf, nebſt Glatzen, auf den Landtag. Hier überreichten ſie dieſe Apologie ihrer Glaubenslehre der Königinn, und vertheidigten ihre Sache ſo gut, daß ſie den Beyfall verſchiedener Perſonen vom erſten Range, erhielten, und allen Falſtricken das Waradeiner Biſchofs, glücklich entgiengen. Unter jenen waren insonderheit, Urban Bathyani, ein Liebling der Königinn, und Michael Tſcháki.

21) Philippi Melanchtonis, de Controverſiis Stancari, Scripta. Coronæ, 1543. in 8..

22) Compendium Juris Civilis, in uſum Civitatum ac Sedium Saxonicarum in Tranſylvania collectum. Ebend. 1544, in 4. Voran ſtehet *Valentini Wagneri*, ad prudentes ac circumſpectos Dominos, Magiſtros Civium, Judices, Juratosque Senatores Civitatum, ac Sedium Saxonicarum, Coloniarum Germanici Imperii in Tranſylvania, in Compendium Juris civilis *Carmen*. Das Werk ſelbſt beſtehet aus vier Theilen, und fand allgemeinen Beyfall, ward auch bey verſchiedenen Gerichtsſtühlen gebraucht, bis endlich Markus Fronius ſein Munizipalrecht der Siebenbürgiſchen Sachſen bekannt machte.

23. Diſticha Novi Teſtamenti, materiam & ordinem Capitulorum cujusque Libri, per literas initiales indicantia. Ebend. 1545. in 8.

24) Agenda, für die Seelſorger, und Kirchendiener in Siebenbürgen. Ebend. 1547. in 8. Darinnen wird gehandelt 1) von der öffentlichen und häuslichen Taufe in Nohtfällen. 2) Vom Unterrichte und der Tröſtung der Kranken. 3) Von der prieſterlichen Verbindung verlobter Perſonen, und 4) von den Feſt-und Feyertagen.

25) Odæ cum Harmoniis ex diverſis Poetis in uſum Ludi litterarii Coronenſis decerptæ. Ebendaſelbſt. 1548. *)

*) Unter andern Schriften hat Honterus auch Melanchtons Grammatik, und den Terenz zum Dienſte der Schulen neu auflegen laſſen. Wahrſcheinlich haben wir ihm auch folgendes zu danken: Approbatio Reformationis Eccleſiæ Coronenſis, ac totius Barczenſis Provinvineiæ, a Clariff. D. Martino Luthero, Philippo Melanchone, & Joanne Pomerano, Viteberga Cibinien. Paſtori, ſuæ Eccleſiæ reformationem petenti, transmiſſa, ex autographo, ſive originali deſcripta. Coronæ, in 8. ohne Meldung des Jahres. Es ſind drey Antwortſchreiben von Luthern, Melanchton, und Bugenhagen an den Hermanſtädtiſchen Pleban, Matthias Ramaſchi, im Jahre 1543, überſchickt.

Hoßmann

Johann, Von Roſeln (Vallis Roſarum) in Großſchenker Stuhle, ſtudirte zu Danzig um das Jahr 1622. Was für Aemter er aber in einem Vaterlande bekleidete, iſt mir unbekannt. Denn Johann Hoßmann, Pfarrer in dem Königlichen freyen Markte Reps, und vieljähriger Dechant des Kosder Kapitels, ſcheinet mir ein Sohn deſſelben zu ſeyn. Mit dem Johann Hoßmann von Rothenfels, Provinzial Bürgermeiſter zu Hermanſtadt vom Jahre 1710, erhielt dieſes Geſchlecht den Adelſtand, iſt aber in deſſen Sohn, Daniel Hoßmannn von Rothenfels, 1771, den 23 Apr. ausgeſtorben. — Hoßmann vertheidigte zu Danzig, 1622, den 20 Apr. unter dem Vorſitze des Andr. Hojers, deſſen Streitſchrift: Hypotypoſis Aug. Confeſſionis γνησίως, welche de Perſona Jeſu Chriſti handelt, und die XI, der Hojeriſchen Streitſchriften iſt. Unter eben demſelben das folgende Jahr, aber als Verfaſſer:

Diſp. extraordinaria, de Electione Filiorum Dei, ad vitam æternam. die 11 April. 1623. Dantiſci. in 4.

Hübner, oder Hiebner

Ifrael. Ein Arzt, Mathematiker, und Aftrolog von Schneeberg in Meißen gebürtig, der im Tollhause der Gelehrten einen vorzüglichen Rang verdienet. Seine aftrologische Gelehrsamkeit machte ihn zu einem vollkommenen Narrn. Um die Mitte des 17ten Jahrhunderts lebte er zu Erfurt, kam darauf nach Siebenbürgen, und Hermanstadt, machte hier viel Aufsehen mit seinen Weißagungen, und starb den 28 Jul. 1668. Valentin Frank, in Hecat. Sentent. Ovid. beehrt ihn mit folgender Grabschrift:

Ifrael Hübnerus non faufto fydere natus,
  Sydera contemplans incidit in foveam.
Quando etenim extremum tempus prædixe-
    rat orbi,
  Augur erat factus funeris ipfe fui.

Denn Hübner verkündigte wegen der grossen Sonnenfinsterniß des 1654ften Jahres, nicht nur die schrecklichsten Sicksale dem menschlichen Geschlechte; sondern auch das Ende der Welt auf das Jahr 1666. Er lebte aber doch noch so lang, daß er die lächerliche Thorheit seiner eingebildeten Weisheit erkennen konnte. Ob er es aber gethan, zweifele ich sehr; denn 1668 that er noch sehr stolz, und forderte die Welt auf, ihm nur ein Beyspiel eines rechten Thematis coeli, von irgends einem Verfasser, ohne was er geschrieben, darzustellen. Er ist auch der Erfinder eines neuen Weltsystems, das er 1667, in Kupfer stechen lassen. Vielleicht ist es auf dem Schauplatze der Gelehrten so bekannt nicht,

als

als die Ptolomäische, Kopernikanische, und des Tycho Brahe Weltordnung. Ich will es also hier mit beyfügen. Hübner vergönnet weder der Sonne, noch der Erde die Ehre, im Mittelpunkte der Welt zu stehen. Nein, dieses läßt er leer, und giebt der Sonne und der Erde eine Laufbahn. Um die Erde wandelt der Mond, um die Sonne der Merkur und die Venus; um Sonne und Erde zugleich alsdenn, Mars, Jupiter und Saturn. Die Laufbahne aller dieser Weltkörper ist oval. — Von seinen Schriften in Siebenbürgen sind mir bekannt geworden:

1) Kalendarisches Prognosticon auf die grosse Sonnenfinsterniß des 1654. Jahres.

2) Kalender aufs grosse Veränderungsjahr, 1666.

3) Ephemerides. Cibinii, 1653. *)

*) Hievon schreibet David Hermann in seiner Widerlegung, 1656: Prodiere nuper typis Cibiniensibus Ephemerides Israelis cujusdam Hübneri, in quibus author ob universalem Solis Eclipsin, sub initium Mensis Augusti anni sequentis 1654, calculo Astronomico observatam, funestissima quæque mortalibus minatur, idque, ut facilius incautis persuaderet, missa in alienam messem falce, allegatis oraculis divinis, annum extremi judicii 1666, temerario calculo præfinit, quem alias, velut palam est, ex sententia Spiritus S. omnis generis calamitates excipient — Eben diese Schrift hat auch Georg Sutter widerlegt. s. Sutter.

4) Propositiones XIII. Astronomiæ Transfylvanicæ Israelis Hiebneri de Schneberg, contra judicia temeraria An. secundo post numerum corruptum 666. Anno mundi, 5636, Incarnationis anni completi, 1668. die Juliani 13 Maji, Gregoriani 23 ejusdem, Naturæ tertia die ☿ Mensis tertii. *)

*) Unter andern verwirft der Verfasser hierinnen die Fundamenta aller Kalenderschreiber, als deren Rechnungen von den Finsternissen, mit dem Erfolge, gar nicht über-

einstimmten; behauptet, die Kometen haben gleich den Planeten, ihren Lauf in einer Ellipsi, oder abländlichten Peripherie; sie bedeuteten nicht allezeit Böses, da sie auf gute Constellationes de natura Jovis, Veneris, und Mercurii, sich dirigirend præsentiren; desgleichen drohen nicht alle sichtbaren Finsternisse Krieg, Pest, oder andere Unfälle, deren Directiones ein Grad einen Monat austrägt. Keplers Motus Lunæ habe noch gute Correctur vonnöhten, u. d. g.

Von seinen in Deutschland gedruckten Schriften macht er selbst folgende bekannt:

5) Hamburgischer Kalender. 1647. Lüneburg.

6) Practica reformata. Frankfurt am Mayn. 1648.

7) Mysterium Metallorum, Herbarum, & Lapidum, i. e. Vollkommene Kuhr und Heilung aller Leibes- und Gemühts Krankheiten, ohne Einnehmung der Arzney. Erfurt und Jena, 1651. in 4. mit Kupfern. *)

*) Dieses seltne Werk hat ein Erfurtischer Buchhändler, Christ. Weinmann, 1732 wieder auflegen lassen, doch ohne Kupferstiche. Vogt in Catal. Libr. rar. S. 343, schreibet von diesem Hübnerischen Werke: Opus infrequens, singulare, paradoxum, & ob ingentem figurarum æri incisarum cumulum, satis sumtuosum — Den Titel aber führet er etwas verändert an: Mysterium Sigillorum, Herbarum, & Metallorum.

8) Apologia wider Abdiam Trew, Werve, und Freund. Leipzig, bey Timoth. Ritzschen, 1653.

9) Calendarium Philosophicum.

10) Calendarium Naturale perpetuum.

11) Mysterii Sigillorum, herbarum, & lapidum continuatio. Leipzig, 1653. in 4. Deutsch.

Huet, Pileus, Ungr. Süvegh

Albert. Kaiserlich. Königlicher Rath bey der Siebenbürgischen Kammer, Graf der Sächsischen Nation, und Königsrichter zu Hermanstadt. Einer der größten Männer der Sächsischen Völkerschaft, von ausgebreiteter Gelehrsamkeit, und vielen Sprachen, dessen Leben eine Reihe der schönsten Thaten für das Vaterland ist. Georg Huet, Graf der Nation, und Barbara, gebohrne Armbrüster, waren seine glücklichen Eltern. Als ihr jüngster Sohn, ward er den 2 Hornung, 1537, zu Hermanstadt gebohren, studirte nachgehends zu Hermanstadt und Wien, und wählte sehr frühzeitig auf Anrahten seiner Mecäne, das Hofleben; aus welchen Diensten er sich nicht eher herauswickeln konnte, als bis er sich bey vier Kaisern, Achtung und Gnade erworben hatte. †) 1574, kam er in sein Vaterland zurück, wurde den 1 Febr. 1577, Rahtsherr zu Hermanstadt, und bald darauf Graf der Nation, und Königsrichter. Den 24 März überbrachten ihm die Fürstlichen Abgeordneten, Gregorius Apafi, und Alexander Kendi die feyerliche Bestätigung.

Dieses wichtige Amt verwaltete Huet bey dem verwirrtesten Zustande seines Vaterlandes, mit Ehre und unsterblichen Ruhm. Fürst Siegmund Bátori liebte ihn vorzüglich, besonders, weil sie von Staatsgeheimnissen in Italiänischer Spra-

---

†) Ich will dieses mit seinen eigenen Worten bestätigen: Quippe, qui jam olim relicta schola cum Cibiniensi, tum Austriaca, aulicæ vitæ, Magnatibus ita suadentibus, adhæserim, neque inde me extricare potuerim, donec quatuor Imperatorum aulas familiariter ex officio frequentarim, quorum priori *Carolo V. Rom. Cæsari*, cujus exequiarum pompæ, seu celebrationi, interfui, & fra'ri ejus, tunc Regi Romanorum, *Ferdinando*, deinde filio ejus *Maximiliano*, ultimo præsenti Rudol-

Sprache miteinander reden konnten. Huet machte sich auch dieser Vertraulichkeit des Fürsten vollkommen würdig. Hätte derselbe allezeit seinen Planen gefolget, o! so würde er und Siebenbürgen nie so unglücklich geworden seyn. Durch seine Klugheit und Treue erfuhr Siegmund die giftigen Geheimnisse seiner heimlichen Feinde, und hätte Huet auf dem Landtage zu Klausenburg 1594, nicht alles für ihn gewagt, so wäre er ohne Hoffnung verloren gewesen. Sein Vetter Balthasar Bátori war schon von den Misvergnügten zum Fürsten von Siebenbürgen erwählt, er selbst aber befand sich zu Kőwár unbekannt und verlassen. Nur Huet hatte hiebey Muht genug, sich im Namen seiner Nation öffentlich zu erklären: daß, so lang sein natürlicher Fürst lebe, und gesund wäre, würde er nie eidbrüchig in eine fremde Wahl willigen. Die Kriegsvölker traten bald auf seine Seite, die Verschwornen erschracken, und so ward Siegmund wieder zurück berufen.

Mit dem Kardinale und Fürsten, Andreas Bátori, konnte Huet und seine Nation aus wichtigen Ursachen gar nicht zufrieden seyn; doch fehlet es der merkwürdigen Begebenheit, die uns Kinder †) erzählet, an dem Siegel gleichzeitiger Geschichtschreiber. Sie ist diese: Andreas Bátori, beschloß entweder die Religionsveränderung,
ober

Rudolpho, Maximiliani primogenito filio, sedulam gratamque locavi operam, diplomatibus testatam. Sed illinc quoque, ut emeritus miles, atque rude donatus, in patriam reversus —

†) Zu seinem Werkchen: de Comitibus.

oder den Untergang der Sächsischen Nation. In diesen Absichten ließ er auf dem Landtage zu Weißenburg sieben Spiße für die sieben Sächsischen Richter aufrichten. Sobald aber Huet dieses Geheimniß entdeckte, suchte er bey dem berüchtigten Gospodar der Walachey, Michael, Hilfe; zugleich schrieb er einen Brief, den ein vertrauter Stadtreiter, den folgenden Morgen in größter Angst und Eilfertigkeit, wie von Hermanstadt nach Weißenburg bringen mußte. Der Inhalt war, daß Michael plötzlich in das Land gefallen sey. — Sogleich ward der Spiße vergessen, jedermann dachte nur auf Sicherheit, und flüchtete. Zwar machte auch der Fürst Gabriel Bátori der Sächsischen Nation den Vorwurf, sie habe den Waywoden angereißt, in das Land zu kommen; allein was kann man nicht von einem Fürsten erwarten, der Ursachen zum Verderben eines Volkes suchet? In den folgenden kriegerischen Zeiten, erwies Huet gegen das Allerdurchleuchtigste Haus Oesterreich solche unüberwindliche Treue, daß ihn Kaiser Rudolf, 1604, nebst dem Joh. Rehner, zu Königlichen Räthen der Siebenbürgischen Kammer erklärte.

Welche Dienste leistete Huet seiner Nation und Vaterstadt! 1582, den 30 Decemb. reisete er selbst nach Pohlen, um von dem würdigen Könige, Stephan Bátori, die Bestätigung des Landrechts seiner Nation, zu erhalten. Auf dem Landtage zu Weißenburg 1591, den 10 Jun. vertheidigte er in Gegenwart des Fürsten Siegmund Bátori, die angefochtene Ehre, Vorrechte, und Freyheiten der Sächsischen Völkerschaft,

mit

mit ſolchem Nachdrucke, daß er das drohende Ungewitter glücklich abwendete. Hermanſtadt in einen beſſern Vertheidigungsſtand zu ſetzen, ließ er ſie vor dem Heltauer Thore, 1578, und dem Burger Thore 1604, mit wichtigen Außenwer= ken befeſtigen. Nicht weniger ſorgte er für die Aufnahme der daſigen Schule. Denn 1592 richtete er ihre Bibliothek an, ließ ſie mit vielen Mauerge= mälden auszieren, und weihete ihr ſeine reiche Bücherſammlung. Bey der Schule ſelbſt veran= ſtaltete er 1598 eine beſſere Einrichtung, und neue Geſetze für Lehrer und Lernende. Das Gedächt= niß dieſer ädeln Handlungen erhalten noch zwo Aufſchriften in der Bibliothek, woſelbſt auch ſein Bildniß in Kalk gemalt, zu ſehen iſt.

Die erſte:
INSTAURATUM
CONSULE
D. JOANNE BAVARO.
JUDICIBUS:
REGIO. D. ALBERTO HUTTERO.
SEDIS. D. LUCA ENGETER.
PASTORE. R. D. PETRO LUPINO.
RECTORE. M. GEORGIO DEIDRICIO.
ANNO S.
M. D. XCII.

Die zwote:
INSTAURATORI
SCHOLÆ CIBINIENSIS.
DOMINO
ALBERTO HUTTERO.
JUDICE REGIO
CIBINIENSI

PRU-

PRUDENTISS.
NOBILISSIMOQ. VIRO.
LITERARUM
LITERATORUMQ.
AMANTISSIMO.
MECÆNATI SUO
COLENDO.
M. GEORGIUS DEIDRITIUS-

In allem sonst glücklich, war Huet ein unglücklicher Vater, und Ehemann. 1575, den 6 Febr. heurahtete er Margarethen, eine gebohrne Ofner; allein er verlor sie und seine Kinder sehr frühzeitig. Nachgehends vermählte er sich mit einem jungen Frauenzimmer, das ihm zwar seine Hand, nicht aber das Herz schenkte. Er sah sich daher genöhtigt, das Band seiner Ehe, 1605 den 1 Nov. trennen zu lassen. — Seine ruhmwürdige Laufbahn vollendete er 1607, den 23 Apr. in einem Alter von 70 Jahren, 2 Monden, und 21 Tagen; nachdem er in der Königsrichterwürde etwas über dreyßig Jahre, die Ehre und Stütze seiner Nation gewesen. Mit ihm verlosch das Huetische Geschlecht. Hierauf beziehet sich seine Grabschrift:

Hic Pileata domus carissima condidit ossa,
 Vindicat interitu hanc nescia fama mori.

Weil sich Huet lateinisch nicht Huthius, sondern Hutterus nannte: so verwechseln viele das Huetische Geschlecht mit dem Hutterischen, welches gleichfalls alt und berühmt ist, und noch blühet. Gedruckte Schriften unsers Huets, habe

habe ich niemals gesehen, in der Handschrift aber:

1) Oratio de Origine & Meritis Saxonum, A. 1591, d. X. Jul. Albæ Juliæ recitata, coram Illustriss. Principe Sigismundo Bátori de Somlyo — *)

*) Diese Rede voller Patriotismus, beantwortete im Namen des Fürsten, der Kanzler Kowatschoßi ausführlich, und mit Beyfall des Fürsten. Alles giebt uns im Siebenb. Würgengel S. 152 — 163 davon eine deutsche Übersetzung, aber eine solche, daß der berühmte Superintendent Schwarz zu Rinteln, das Original kennen zu lernen wünschet. Ich will es wegen seiner Seltenheit hier einrücken.

2) Oratiuncula, recitata 1601, die 30 Mart. Claudiopoli, coram Sigismundo Bathoreo, Principe Transylv. & Consiliariis suis.

3) Schola est Seminarium Reipublicæ. Oratio publice habita A. 1602, d. 29 Mart. in Gymnasio Cibiniensi Academico. *)

*) Die von mir versprochene Hutische Rede ist diese:

Illustrissime Princeps ac Domine, Dne gratiosissime! Impetrata jam venia atque dicendi licentia, oro humiliter Celsitudinem Vestram Illustrissimam, ut me grandævum & senem, emeritumque militem, dum verba facio, errantem & hæsitantem, clementer audire dignetur. Quando quidem de summa rerum propolituri quidpiam & petituri accedimus Celsitudinem Vestram Illustrissimam, duo primum omnium consideranda, & ventilanda esse arbitramur:

Primo, quem accedimus, quisnam & qualis sit?
Secundo, accedentes & supplicantes, qui & quales sint?

Et de primo quidem sufficienter me loqui posse impossibile judico; si mihi sint linguæ centum, oraque centum, ferrea vox. Dicendum tamen aliquid pro virili. Si unquam Transylvania, Patria nostra dulcissima floruit, laudibusque exultavit, tripudiavit, evecta fuit; jam nunc maxime florere, exultare, laudibusque extolli merito debet: quando Principem natum ex Principe, Ecclesiæ Christi membrum eximium, ingenio cultum atque pium, & ut duobus dicam verbis, Christianum & Philosophum (si enim duo hæc dixero, omnia dixero) coram intuetur, ejus conspectu & colloquiis fruitur, ab eo feliciter regitur, atque protegitur. Dico protegitur: quia a nemine alio hæc nostra dependet Patria, quam ab indigeno Principe, & quidem absoluto: quia neque ab orientali, neque occidentali potentia obtrusus est, sed libera communium suffragiorum electione declaratus, confirmatusque est. Itaque non Vasallus aut Locumtenens, non mercenarius, aut surrogatus, sed absolutus noster Princeps, Rex, Cæsar sufficiens est. Sed dicat quis: Nonne orientalis immanis ille & crudelis Monarcha & imperat, & exigit? Respondeo: hoc nobis commune cum aliis longeque potentioribus Principibus, quorum multi tributarii sunt; qui non tributarii, iis utique est horrori & terrori. Hinc tot fabricantur triremes, tot muniuntur naves, tot exstruuntur fortalitia atque propugnacula. Hic aut tranquillus patriæ nostræ status, non cœco fortunæ impetu, sed providentia Altissimi, & ad id necessariis mediis, acquisitus est. Providentia quidem ex hoc, quod Deus altissimus utique Ecclesiam suam verbo suo puro collectum habet in isto mundi angulo, ideoque sine dubio pepercit. Necessaria media ex hoc, quod prudenti consilio, linguæ facundia ad Portam agitata & tractata hucusque sunt negotia, atque emergentes necessitates.

Cedant arma togæ, concedat laurea linguæ!

Faxit Deus, ter Opt. Max. ut hic noster Princeps multos adhuc annos in hæredibus etiam & nepotibus feliciter regnet, nostramque patriam protegat!

A Principe abſoluto deſcendamus ad ſubditos, qui & quales ſint, qui accedimus? Primo a nomine & gente *Saxones* ſunt, quorum originem nomen ipſum indicat. Toto orbe celeberrimus eſt Ducatus Saxoniæ, Principibus, Regibus, nec non Imperatoribus auxiliaribus copiis ſœpenumero munificus, utiliſſimus, ac ære commodiſſimus. Quod ipſum ſenſit & noſter Stephanus victorioſiſſimus, Rex magnus Poloniæ. Gentem autem hanc eſſe ſtrenuam atque bellicoſam, primo, indicat nomen ipſum, quod antiquiſſimis typis excuſum, & interpretatum legimus, atque nuper Cracoviæ Neopolomicii in vetuſtiſſimo exemplari, manibus Regii Procuratoris oſtenſo, relegimus: Saxo a petra ob. fortitudinem dictus, unde derivativum Petraculi in uſu fuit. Vel vero ſecundum alios, quia gladius anceps, vel bipennis, Sachs, appellatus fuit olim, ſic ab illo gladio, Sachſen, dicti ſunt. Cui rei etiam adſtipulatur uſus talium gladiorum: plerumque enim Saxones talibus accincti ſunt & fuerunt, quales & hodie apud nos viſuntur, & Celſitudo quoque Veſtra nuper Cibinii evaginatos, in ludo conſpexit gladiatorio. †) Porro antiquitatem & fortitudinem gentis hujus oſtendunt doctiſſimi Hiſtorici tam veteres, quam recentiores. Saxones enim Tranſylvanicos, Dacorum & Gothorum, ut & Saccarum reliquias eſſe, & Germanos, Dacos & Saccas ejusdem eſſe proſapiæ, teſtis eſt *Herodotus*; hasque gentes inter ſe eſſe ὁμογλώτ7ας ipſe *Strabo* author eſt. Dacis quidem Herodotus inſigne tribuit elogium, cum illos ἀνδρειοτάτας καὶ δικαιοτάτας, animoſiſſimos & juſtiſſimos appellat populos. Ex *Dione* vetuſtiſſimo Scriptore peti poteſt hiſtoria belli, quod cum Dacis geſſit Trajanus Imperator, Anno Chriſti 103, & multi ante illum Conſules & Dictatores

---

†) Die Schwerdttänze, welche ein Vorrecht der Kürſchnerzunft, ſo wie das Schneider Hengſtgen der Schneider iſt. In vorigen Zeiten wurden ſie ſehr oft, und bey jeder Jahresfeyer der Geſellenbrüderſchaft gehalten; iſt aber nur bey außerordentlichen Feyerlichkeiten.

res Romanorum. Neque aliud vox Σαχαι denotat, quam noſtrum hungaricum *Szaſz*. Gentem autem hanc primam originem traxiſſe ex Aſia in Europam, Ptolomæus affirmat, qui Antonini Pii Imperatoris vixit temporibus, circa annum Dni. 137. qui multarum gentium nomina Germanica referendo, in deſcriptione Aſiæ meminit. Ibi enim nominat *Saſſones*, *Syebos*, quod idem eſt, quod *Saxones* & *Suevi*. Taceo neotericos hiſtoricos, ut Carionem, Gencerum, &c.

Secundo, gentis hujus virtutem bellicam denotat magnanimitas atque audacia inſignis, cum victoria & triumpho in Hungaria & Tranſylvania habito. Extat hiſtoria non obſcura de *Geiſa* Hungariæ Rege, qui fortaſſis felicitate ſua abutens, rerum viciſſitudinem eſſe & fortunam vitream non perpendens: neque *Seſoſtris* Regis mentem emendatam ex parabola Regis currum trahentis aureum, & rotæ volubilitatem penſantis, præ oculis habens, juxta illud:

Sors potis eſt ſubito mutare in vincla coronam.

Poſtquam hic a barbaris & ferocibus gentibus *a*) Regno exutus atque pulſus, germanicis exularet in oris triennio ſpatio, haud veritus eſt inter alios & Saxonum ſalutare Principem, ab eoque novas auxiliares petere copias, anteſignanos atque duces, qui cum eo in patriam venirent, eamque a vaſtatorum tyrannide liberarent. Venerunt itaque dicti, viderunt & vicerunt. Laus Superis! Tandem vero ſucceſſu temporis plura præſtiterunt magnalia. Jaculatores namque tales exſtiterunt, ut annis ſequentibus Turca Regnum Tranſylvaniæ denuo invadente, cum præcipuus Baſſa *Mezetes*, Amurathe regnante, Cibinium urbem

---

a) Dav. Hermann, hat hiebey die Randgloſſe: Non hic Tartari intelligendi, qui ſub Bela IV. Hungariam primo devaſtarunt, ſed alii rebelles Imperatori Conrado II. faventes. Richtig! allein die Geſchichte weiß von der ganze Sache nichts.

bem obsidione cingeret, ad eamque capiendam viribus esset impar, eo, quod infracto animo cives urbem undiquaque tuerentur : inter alios sagittarios Saxones, quidam peritus intervallo, concidit & continuo expiravit. Quo mortuo exercitus vehementer consternatus, ignonimiose discessit, atque ita civitas obsidione liberata fuit. a) Quae historia jucundissima, legitur apud Chalcocondilam, vetustissimum Scriptorem.

Geisa itaque externis copiis, seu colonis novis stipatus, armata manu Hungariam Transylvaniamque restituit, praesidioque longe fortissimo communivit. In Hungaria quidem extant familiae memorabiles residuae: Comites *Zlunii, Francapan*, i. e. de frangepanibus; Comites *Drugeth de Homonna*, Barones *Turzones, Ugnothii, Podmaniczkii*, & similes, quibuscum ego familiariter in aulis Caesarum sum conversatus. Deinde Civitates Liberae, quae ab externis sunt constitutae gentibus. Sic in hac nostra patria Transylvania extitere memorabilia Castra septem, unde Provincia *Septem Castrorum* nomine adpellata est, & quasi a potiori facta est denominatio. Ex quibus quidem castris septem postea urbes sunt constructae: *Cibinium, Schegeschvár, Bistricium, Sabesum, Corona, Medjesch, Coloschvár.* Quarum quidem civitatum aliquae a certis ipsorum castrorum Antesignanis & Ducibus retinent & hodie nomina, utpote: Cibinium ab Hermanno Duce, Hermanstabt, Coloschvár a Claudio Duce, Claudiopolis — sed & oppida quaedam suos habuerunt claros Duces, ex memorabilibus familiis, utpote Sedes Schenk, a Schenkiana familia, Schellenberg, a familia Schellenbergica — quorum quidem claram originem arguunt, & insignia urbium & provinciae, ut Lilia, Nymphaea, gladii transversim positi, Aquilae — Quibus omnibus, si bona possessionaria

---

a) Eine Griechische Nachricht! — Meget blieb in der Schlacht mit dem tapfern Johann Korvin.

ria fuissent distribuenda, Deum immortalem! vix rerum Possessoribus, atque Colonis suffecisset. Pars itaque domum patrios ad lares reverti volens, præmiis condignis, atque spoliis remunerati redierunt; Pars vero oblata a Rege Geisa terrarum opinione, quæ loco castrensium bonorum futuræ erant, certos fundos, montes, colles, alpes, agros, prata, flumina, & quarum scaturigines occuparunt, & excoluerunt. Tantisper autem militiam exercuerunt, donec gladii in vomeres sunt conversi. Hinc aliis agricultura placuit, mercatura aliis, aliis artes mechanicæ, ut honestis viverent titulis & mediis, quibus & familias propagarent, & Regni necessitate ingruente, Regi succurrere possent. Nec desunt reliquiæ familiarum & posteritates, ut *Altembergeri*, *Armbrüsteri*, *Halleri*, *Bayeri*, *Hutteri*, *Schirmeri*, *Hechtii*, *Benkneri* — Diplomatibus postea, variisque privilegiis & prærogativis, immunitatibusve sunt condecorati, adeoque firmiter & valide, ut nulla unquam mutatio Principum aut Magnatum defectio, nulla tempora turbulenta, & insidiæ illas potuerint infringere aut evertere. Idque non sine ratione; extat namque Sigillum provinciale authenticum, cujus circumferentia continet scopum summæ rei, his verbis expressum atque sculptum: *Ad retinendam Coronam*. Ex quo facile colligitur, hanc gentem solius Principis usui, & defensioni esse destinatam & locatam. Privilegia autem continent separationem hujusce Gentis ab aliis Nationibus, ut sejuncta & distincta esset, ne quid rixarum, discordiarumque orietur, quod molestias gignat & pariat Illustrissimo Principi, & populo ejus regimini concredito. Quod Rex *Andreas* II. Hierosolymitanus expressit verbis: *a Daraus usque ad Varos unus sit Populus, & sub uno Judice censeatur*. Sed & hunc populum quasi muro, vel sepibus cinxerunt pii Reges Successores, certa Comitatuum Albensis, & de Kökellö, bona ipsis conferendo, quæ in hodiernum usque diem pacifico tenent dominio.

Qui populus incrementum fumendo tandem variis fortunæ cafibus fuam tulit opem Regibus, ac Principibus, milite equeftri, pedeftri, & belli nervo fincere.

In Kennyermezö olim Stephano Bátori de Nyir, in clade turcica peculiarem navarunt operam, cujus rei diplomata extant, ex quibus nunc unum duntaxat exemplar *Georgii Cfchukáfcb* (Hecht) Cibinienfis civis vivendum offerimus Celfitudini Veftræ Illuftriffimæ, qui Cibinio certo equitatu ad Kennyermezö occurrit, atque Stephanum Báthoreum ftrenue, feliciterque adjuvit. Multoties Moldavos in Barciam irruentes represserunt, repuleruntque, ita ut nunquam fedem in hoc regno figere potuerint. Sed dies me citius deficeret, fi univerfa a Gothorum, Dacorum & Saccarum tempore præclara & heroica recenferem facinora. Sed & Bekefchii tempore funt præftita, fides, conftantia & fumtus: Primo, tempore electionis Vajvodæ, Joanne II. demortuo, Cafpar Bekefch captabat benevolentiam validiffimis pollicitationibus, & allectamentis; fed Stephanus Báthoreus Saxonibus in idea, & votu fuit, atque communibus electus suffragiis. Secundo, cum Bekefch copiis germanicis eundem, cujus æmulus fuit, in aquirenda dignitate ex improvifo opprimere conabatur, tunc Saxones priftinam fidem, & alacritatem teftatam reddidere milite, & officiis diverfis. Et prout olim huius populi virtute, alacritateque triumphavit Rex Geifa; ita modo patria hæc noftra florens, atque celebris habetur civitatum ornatu, atque commodo: unde hoc Regnum, utroque pacis & belli tempore, hac gente felix eft. Atque fic Geifæ calamitas converfa eft in felicitatem, & lætitiam. Poft nubila Phœbus; ceu hyeme tranfeunte, ver & æftas recreant mirum in modum rerum naturam, quæ viciffitudo, fi non effet, quæ aviditas, quæ recreatio foret unquam inter mortales? Quæ Geifæ felicitas tandem redundavit

vit in Succeſſores, Reges, & Principes ; qua
quidem hodie fruitur Celſitudo Veſtra Illuſtriſſima,
cenſumque inde depromit non mediocrem, quin
potius cæteris Nationibus majorem. Sarcaſticæ
autem objectioni hoc loco obviandum eſſe putamus, & contemtui, quo plerumque Gens noſtra
afficitur. Dicunt enim: *Hoſpites eſtis, & Advenæ
& Peregrini, ideo non domeſtici & cives.* Item: Sutores, Sartores, Pelliones — ideoque non præ-
ſidiarii, nec milites propugnatoresve Regni.

Reſpondemus ad rem: Hoſpites fuiſſe primo geni-
tores noſtros fatemur, juxta contenta literarum
Andreæ, Regis ; verum id ipſum honori nobis
ducimus, nam a *Geiſa* Rege invitati ad reſtitu-
endam ejus Majeſtatem, quod & præſtitum cum
laude eſt. Retenti tandem ſunt majores noſtri
bonis his caſtrenſibus, atque ita alter alterius adjutus ope, manſit uterque hoſpes *activus* & *paſſi-
vus* pacifico in dominio ; quod ipſum Andreas
Rex Nepos Geiſæ reſtauravit, confirmavitque
novo ſuo diplomate. Ideoque cives confirmati,
& non amplius peregrini, neque Jobagiones,
ut quidam perperam, & injurioſe volunt; ſed
ſubditi, & fideles ſincere dilecti ; quod patet
non modo ex diplomatibus, ſed variis Regum
miſſilibus Literis in ſenatoria domo, plenis locu-
lis memoriæ, dignitatisque cauſſa conſervatis.
Quod Sutores & Sartores Cechani ſunt, ſit laus
Deo, quod jam pacata, & tranquilla evenerunt
tempora, quod vitam vel calceorum artificio ſu-
ſtentare valeant; atque inde Celſitudini Veſtræ
Illuſtriſſimæ promere queant craſſum & pinguem
cenſum, eumque gratum, juxta illud : Lucri
odor bonus ex re qualibet. Sed & Creatoris
Sancto inſtitutum eſt mandato: in ſudore vultus
tui comedes panem tuum. *Paulus* Doctor gentium inquit : Laborandum eſt, ut adquiramus ſu-
ſtentationem noſtri, atque inſuper ut egenis de
manu noſtra largiri queamus. Nonne contrarium
facientes, eſſemus inutilia terræ pondera ? juxta
illud ; Nos

Nos numerus fumus, & fruges confumere nati.

Propheta ait: homo natus ad laborandum, ficut avis ad volandum. Sed & Reges, ac Principes artes manuarias exercuere. Solymannus Imperator fagittas aptiflime fabricavit. Maximilianus Romanorum Cæfar aurifabrilem artem exercuit. Auguftus, Dux Saxoniæ tela baliftarum aptavit. Paulus Apoftolus textor acceptiffimus fuit. Taceo alios multos magnæ dignitatis viros. Facilius autem tolerabit Celfitudo Veftra Illuftriffima in regno, & nos quoque æquius feremus nomina: *Varga*, *Szöts*, *Szabó*, quam Dúló, Fofztó, Kóborló. a) Nihilominus tamen neceffitate id exigente, arma fumere poffunt; juxta illud:

Arma procul jaceant, tamen eft fas fumere bellum,
Sin aliter pacis non licet arte frui.

Si fortuna volet, fies de Confule Rhetor, fi volet hæc eadem fies de Rhetore Conful. Neque vero dubitet Celfitudo Veftra Illuftriffima, in hoc, quod ego audacter fpondeo, iftos Saxones exigua faltem exercitatione inftructos, omnia quæque adverfus hoftes tantaturos, tam funt patientes famis, fitis, caloris atque frigoris, nec fomno, nec vino dediti; ad labores quosvis & itinera fufferenda infatigabiles. Religionem fi fpectet quis, fana illa & integra puro Dei verbo, & ad primitivæ Ecclefiæ Apoftolicæ normam, ceu lydium lapidem regulata, formataque eft, ac minime huc illuc vacillans, aut deflectens, fed femper conftans, fibique fimilis manet fixa & firma.

Sequitur tertium & ultimum exponendum Sereniffimæ Celfitudini Veftræ, utpote cauffa adventus noftri, petitio & fupplicatio. Qualis autem illa fit, paucis dicam: Eft honefta, æqua, jufta, utilis, laudata, commoda, neceffaria, fancta. Videli-

---

a) Lieber: Schufter, Kürschner, Schneider, als Diebe, Mörder und Räuber.

delicet vita ipſa, & conſervatio noſtri, quæ naturaliter indita eſt omnibus animalibus, ac rebus animam vitalem, aut vegetativam habentibus. Petimus inquam, vitam perennem, qualem petierant Philoſophi ab Alexandro Magno. Petimus arborem Prophetæ Danielis, intra quam volatilia conſidebant, & infra quam quadrupedia quieſcebant. Poſcimus bonum patremfamilias, a quo bonus nihil differt Princeps. Poſtulamus Alphonſum Regem, pro Lege & pro Grege. Flagitamus Athenienſium juramentum: pro aris & focis. Nec dubitamus Celſitudinem Veſtram Illuſtriſſimam nobis hoc præſtare poſſe, & velle, quæ habet bona animi corporis & fortunæ præſtantiſſima, & quæ poſſit carmen hoc tuto pronunciare, quod Franciſcus Forgács, Romanorum Imperatori Poſonii coronam Hungariæ capiti aſſumenti, & paullo ante anno eodem diademate Romani Imperii, & Bohemici potito, ſcripſit, & in choro templi S. Martini affixit:

Pacatum ipſe regam patriis virtutibus orbem;

(Nos dicamus Tranſylvaniam), & in hoc incumbam, ut regnum a Patre acceptum ſalvum ſervem, & poſteris quaſi per manus tradere poſſim, juxta verba Dni. Alexandri Kendi, Thordæ in comitiis prolata: Non minor eſt virtus, quam quærere parta tueri;. & ſpartam, quam nactus eſt quisque, pro viribus ornare. *a)* Quod & Sereniſſimus Rex S.ephanus, etiam in Regno Poloniæ exiſtens, meditatus eſt ſemper, dicens: ſe paratum eſſe, ſuo ſanguinis colore humum Tranſylvanicam obducere, adpellavitque patriam hanc matrem, cujus ubera ſuxerit, juxta illud Poetæ:

---

a) Eine andere Handſchrift:
Non minor eſt virtus, quam quærere, parta tueri,
Error ineſt illic, hic erit artis opus.
Et quam ſpartam nacta eſt Celſitudo Veſtra Illuſtriſſima, pro viribus ornare contendat.

Nescio, quo natale solum dulcedine cunctos Ducit, & immemores non sinit esse sui.

Eundem animum, zelum, amorem, pietatemque in Celsitudine Vestra Illustriss. conspicimus. Quapropter supplices oramus Celsitudinem Vestram Ill. ut quemadmodum externa mala sapientissimo suo Consilio a Regno hoc avertere solita est, ita domestica, atque intestina mala auferre, explodere, delere, atque ex Saxonum Fundo evellere, extirpareque dignetur. Intestina autem mala sunt duo: I. *Impetitio privilegiorum.* II. *Impetitio facultatum.* Privilegia quidem non solum flocci penduntur, & ridentur; sed & pedibus calcantur: Facultates vero non modo imminuuntur, sed & exhauriuntur, idque non solum a Nobilitatis famulis, sed & Valachis ipsis, qui magnam exercent in pagis petulantiam, & gratis victitare volunt. Tacemus furta, & rapinas. Tanta est indifferenter in multis dominandi, & habendi libido, ut quidquid oculis cernitur, id corde adpetitur, ac per fas, & nefas usurpatur, & abripitur. Quæ absumtio ita labefactat subditos, ut jam neque ad censum integre numerandum, neque ad publica onera ordinaria præstanda sufficiant; sed deficiant viribus, jumentis, ære, & id genus necessariis. In summa, quod servi, tot domini, serpitque malum hoc duplex, ceu morbus, cancer, aut vero Phtisis, seu venenum quoddam, ita, ut nisi remediis, bezoardico, & similibus antidotis in tempore obvietur, totum tandem corpus occupatum, & infectum corruat, concidat, & emoriatur necesse est. Vel ceu Phlebotomia in plena aqua homini adhibita, totum corpus ita labefactat, & enervat, ut exangue, & emortuum reddatur. Jam itaque non urbium Saxonicalium apparentia, *a)* non ædificia, non pagi ampli, non fortalitia templorum

exi-

---

a) Eine Handschrift setzet hinzu: quæ sudes perpetua est in oculis plurimorum.

exigua & tenuia, neque jumenta pauca debent arguere divitias, juxta dicterium:

Fertilior feges est alieno semper in agro,
Vicinumque pecus grandius uber habet;

Sed potius enervatos, exhaustos, & indignos quilibet credat; quod quidem ii sciunt, & experiuntur, qui Jus Patronatus & officia in subditos exercent.

Consideret autem clementer Celsitudo Vestra Illustrissima! sicuti bonum, & felicitas Saxonum redundat in Principem, ita quoque calamitas ipsorum in privilegiis, & facultatibus redundat in Principem. Quia privatio libertatum, & devastatio terræ cultæ, & contra dignitatem Principalem, & contra nomen, & habitum boni patrisfamilias; estque contra facultatem Regni communem, & cedit in derogamen reputationis Coronæ, atque electionis liberæ, cum Saxonica Natio tertia pars sit Regni, & fruatur voce libera electionis Principum, & tractandarum rerum & negotiorum publicorum, sintque substantia coronæ, Civitates liberæ, & nemini hæreditario jure mancipatæ. Tale autem iniquum Principis nomen, & famam maximopere cavebat, & aversabatur Serenissimus olim Rex Stephanus. Dantiscana Civitas obsidioni propinqua cum esset, expedivit Rex Stephanus quondam Doctorem Juris, in urbem ad Consules, ut ad proximum diem Martis deditionem urbis decernerent, alioquin Regem perrecturum ad obsidionem. Jussit quoque Rex Doctorem explorare caussam tantæ cunctationis, & retinentiæ. Ad hanc quæstionem responsum est Doctori a Senatu Gedanensi: se audivisse, Regem bona, & privilegia cuncta a gente Saxonica ademisse. — Regia Majestas intellecta hac calumnia excanduit, dicens: Mentiuntur in collum suum, quia in propatulo est, me & novis bonis possessionariis privilegiisque illorum fortunas auxisse. Quæ verba for-

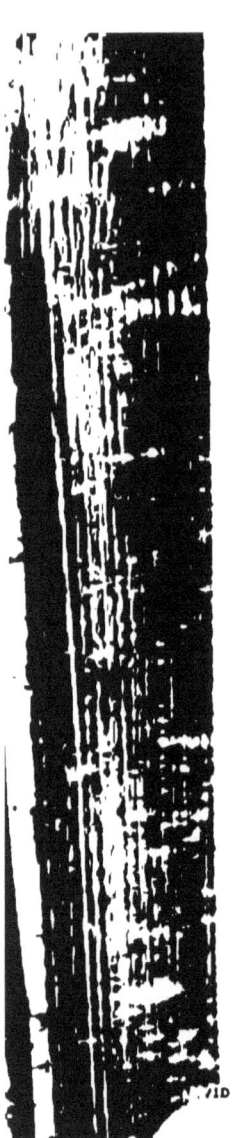

formalia ex ore Doctoris, Nepolomicii dicta, habeo. Fatemur quoque Regiam Majestatem veritatem cum laude, & optima sui memoria dixisse, Statumque nostrum Saxonicum munificentia regia, & monumentis locupletasse, quem animum, zelum, munificentiam, defensionem, & protectionem, ut & Celsitudo Vestra Illustrissima, adsumat, humiliter oramus, nec patiatur alios, præter se ipsum huic genti dominari, & tam pessumdari eam ab iis, qui dicunt: Sic volo, sic jubeo, stat pro ratione voluntas. *a*) Nos nobiles, vos ignobiles — Faxit Deus! ut nobilitet illos virtus. Neque vero metaphoricam illam locutionem de salicibus amputandis, in eum finem, ut densus succrescant, patiatur Celsitudo Vestra Illustriss. in effectum deduci; quasi sic enervati, & diminuti Saxones magis pullulent. Pessima & iniquissima est similitudo. Quod enim si contingeret, & duraret, ex hoc inconvenienti, multa mala subsequerentur. Videlicet: ruina atque vastitas, damna Principatus, obscuratio gloriæ Dei, iniquum posteritatis judicium, desolatio Regni, Regum ac Principum prædecessorum Diplomatum injuria, & dehonestatio, conscientiæ læsio, & oneratio, ac inextricabilis coram Deo rationis redditio. *b*)

Dum fortis armatus custodit atrium suum, in pace sunt ea, quæ possidet. Turcici Imperii fortitudinem prædicant ex eo, quod universæ ditiones ad unum solum Sultanum pertineant. Sic cum Saxones ad solum Principem pertineant, sitque in gente hac Jus regium inviolabile, nec loco motivum, & peculiare membrum, ac Polities Regni sint: cum fideles sint, cum privilegiati sint,

---

a) Hier wieder: Tyranni vox non Regis! Item —

b) Eine setzt hinzu: & uti in confesso est, Saxonum pro tot laboribus, & tot victoriis ingratissima remuneratio, remuneratio inquam, non levi pœna in posteris divinitus expianda.

sint, cum cives boni, & Principis Tárház *a*) peculium castrense, talentum, sparta, quis vetet illos in robore, & flore constitutos esse? Si simplex nobilis quispiam decem duntaxat haberet colonos; ab invasione, seu qualibet impetitione, *Decreti & Articulorum Regni cautela, capitalis sententia, & amissionis omnium bonorum*, facili negotio defendit, sine armorum strepitu. Cur non Princeps, Rex, Cæsar noster Transylvanicus, eadem cautela suos defendat fideles, sincere dilectos subditos? Etsi tres existant Nationes, unica tamen est navis, & æqua lance pensanda, atque Antipathia in Sympathiam convertenda; quæ harmonia, & in Dei auribus, & apud homines foret jucundissima. Efficiat Celsitudo Vestra Illustrissima, ut qui Saxones lædit, putet se diadema, sceptrum & oculum Celsitudinis Vestræ Illustriss. offendere. *Homerus Iliad.* II. ἳις κύρανος ἔςω, ἓις Βασιλὲυς.

Multos imperitare malum est, Rex unicus esto.

Efficiat inquam Celsitudo Vestra Illustriss. ut hæc gens, hi fideles suis fruantur tum privilegiis, tum facultatibus, arceanturque impetitores, tum divino mandato, quam naturæ regulis, atque edicto Celsitudinis Vestræ Ill. In sudore vultus tui vesceris pane tuo. Quod tibi non vis, alteri ne feceris. Væ! qui prædaris, quia prædaberis. Beatus Joannes inquit: Milites stipendio suo contenti sint. Tondenda sunt pecora, non deglubenda. Non gallina una cum ovis devoranda. Ne irritemus Deum & paganos: Paulus ait: si nosmet ipsos judicaremus, non alii nos judicarent. — Quæ si Celsitudo Vestra Illustrissima effecerit, sartaque & tecta conservaverit, non saltem albo lapillo consignabimus diem, verum etiam omni fide, & constantia conabimur demereri de Celsitudine Vestra Illustriss. & instar zeloti illius Marci Curtii, mortem quoque oppetere

---

a) Ærarium.

tere non dubitabimus, & exemplo fidelium Ducis Würtenbergensis subditorum, obviis ulnis amplectemur Celsitudinem Vestram Illustrissimam, ita ut tutissime caput in gremium cujusvis subditi inter Saxones in & quieti se dare possit; obtinebitque Celsitudo V. Ill. Vespasiani Imperatoris nomen, qui ob munificentiam, & quod neminem tristem a se dimisit, amor & deliciæ generis humani, adpellatus fuit. Postremo Celsitudinem V. Illustriss. sequentur hæc, laus, honor, gloria, fama & memoria perenais; Pater vocabitur Patriæ, incitabuntur Regna vicina ad amplectendum, captabitur illorum benevolentia, dabitur occasio ad promotionem, spes erigetur diadematum regalium, salvabitur conscientia, salva erit ratio coram tribunali Dei; unde finaliter sequetur corona vitæ immarcescibilis. Dixi! *)

*) Ich muß hieben anmerken, daß ich mich dreyer Handschriften bedienet habe. Die Lesearten, worinn zwo übereinstimmten, habe ich beybehalten; waren sie alle drey verschieden, so folgte ich der ältesten von 1660.

Hutter

Georg. Ein geschickter, aber unglücklicher Schulmann von Hermanstadt. Sein Vater Johann Hutter, Pfarrer zu Heltau, starb ihm sehr frühzeitig 1638. Nichts destoweniger bestimmte er sich zum Dienste der Kirche, studirte zu Wittenberg, und vertheidigteda selbst 1662, unter dem Mich. Wendeler: Nonnullæ Positiones Politicæ, ad caput de subditis pertinentes. In seinem Vaterlande erwarteten ihn manche Verdrüßlichkeiten, ob gleich Johann Fleischer, Graf der Sächsischen Nation, und Königsrichter, sein grosser Gönner war. Durch dessen Macht und Fürsorge mußte ihm Mag. Schnitzler 1665 Raum
zum

zum Schulrektorate machen, welches Hutter als erster Lektor, den 8 Okt. erhielt. Allein die feyerliche Einführung, und Bekräftigung konnte er eher nicht erhalten, als bis er es nicht mehr bekleiden sollte. Sie erfolgte endlich 1667, aber noch in diesem Jahre, ward er den 14 Nov. zum Donnerstagsprediger befördert, und Schnitzler erhielt das Rektorat wieder. Welche Last von Verdrießlichkeiten muß Huttern in diesem Dienste gedrückt haben! Er beruft seine Feinde und Verläumber, wenn sie nicht nüchtern würden; so gar vor den Richterstuhl Jesu Christi, um daselbst von ihren giftigen Verläumdungen, mit denen sie aus Neid seine Ehre zu tödten gesucht, einmal Rechenschaft zu geben! Nach anderthalb Jahren ward er zwar den 28 Apr. 1669 zum Archidiakonus erwählet, allein, ehe er noch diesen Dienst antreten konnte, starb er den 2 May an der Bräune. Er hinterließ:

1) Tyrocinium Logicum, seu brevis, & perspicua totius Logices explanatio: primo quidem privatis quorundam usibus adornata, nunc vero publicis, juventutis scholasticæ commodis donata, a G. Hutter, Rect. Cibinii, sumpt. Steph. Jüngling. 1666, in 8.

2) Bedenken Georgii Hutteri, Cibin. über H. Israelis Hübners neugestellten Kalender, Cibinii Transylvanorum, 1665 den 15 Jul. Mscr. *)

*) Hutter schrieb dieses auf hohen Befehl, als erster Lektor bey der Schule.

Hutter

Georg. Des vorhergehenden Sohn, Dechant des Unterwälder Kapitels, und Pfarrer zu Reußmart, mark, woselbst er gestorben ist. Allein in der unglücklichen Periode des Kurutzenkrieges, hätte er bald ein tragisches Ende genommen. Aus alter Bekanntschaft bittet er den gegenwärtigen Anführer der Rákozischen Misvergnügten zu Gevattern. Dieses empfand der kommandirende General in Siebenbürgen, Graf Rabutin, so übel, daß er Huttern unversehens bey der Nacht aus dem Bette aufheben, und nur so im Hemde und dem Niederkleide, geschlossen in das Lager bey dem Jungenwalde vor Hermanstadt, abführen ließ. Keine Entschuldigungen konnten ihn von dem Verdachte eines geheimen Verständnisses mit den Feinden, rechtfertigen. Er ward zum Verluste des Kopfs verurtheilt. Der Tag seines Todes war schon bestimmt, und der Adjutant von Acton, erwartete den letzten Befehl des Generals zu Hermanstadt. Da es sich aber damit etwas verzog, besuchte ein bekanntes Frauenzimmer vom Stande den Acton, er entdeckte ihr seine heutigen Geschäfte, daß nämlich der Pfarrer von Reußmark enthauptet werden sollte. Eine Anverwandtinn des unglücklichen Hutters ist dabey zugegen. Sie erschrecken über diese Nachricht, und vereinigen sich beyde den Adjutanten zur Rettung ihres unschuldigen Freundes zu bewegen. Er ließ sich überwinden, und versprach alles Mögliche bey dem Grafen Rabutin zu versuchen. Doch, sollten sie ihn von demselben wegreuten sehen; so wäre alles vergebens; würde aber sein schon gesatteltes Pferd, vor dem Hause des Generals, abgeführt, so könnten sie der erhaltenen Gnade gewiß seyn. Mit der größten Unruhe, und zwischen Furcht und Hoffnung, sehen sie diesem ntscheidenden Augenblicke entgegen. Endlich haen sie um 12 Uhr Mittags, das Vergnügen, as Pferd leer abführen zu sehen. — So ward ɔutter gerettet, dessen Unschuld sich darauf gänzich entwickelte.

In den Jahren 1692 und 93, bekleidete er das Rektorat zu Hermanstadt, ward darauf Archidiaonus, und 1697 im Januar, zur Reußmärker Pfarre berufen. Zu Wittenberg hatte er nicht ιur unter dem Johann Deutschmann 1689, eine Streitschrift: de æterna Sanctificationis Oeconomia, aus Ezech. XX. 12. vertheidigt; sondern auch als Verfasser:

1) De Distinctione suppositi a Natura, præs. M. Nathanael Falk. d. 12 Oct. 1689. Witeb. in 4.

2) De Coss. SQ. speciatim Cibiniensium, Præside C. S. Schurzfleisch. M. Maji 1690. Witteb. in 4. Hätte Hutter diese Schrift in spätern Jahren verfertigt, so würde er wohl von den Bürgermeistern und dem Rahte zu Hermanstadt mehr gesagt haben.

Hutter

Jakob. Der Arzneykunst Doktor, und Provinzialbürgermeister zu Hermanstadt. Dieser berühmte Arzneyverständige, war der zweyte Sohn des Vorhergehenden, gebohren 1708. Er studirte zu Halle im Magdeburgischen, und nahm daselbst 1732 die Doktorwürde an. Nach seiner Zurückkunft diente er als Garnisonsdoktor in der Kaiserlichen Walachey, in welchem Dienste er 1734, den Andr. Karl Groß, zum Nachfolger hat-

hatte. Das folgende Jahr vermählte er sich den 9 Nov. mit Johanne Regine, einer Tochter des damaligen Bürgermeisters, Michael Czikeli von Rosenfeld. Er ward Stadtphysikus, hernach Rahtsherr, und endlich 1766, den 27 Jäner Bürgermeister; bekleidete aber diese Würde nur zwey Jahre; und starb den 10 Febr. 1768, an einer Brustwassersucht, in einem Alter von 59 Jahres und 11 Monaten. Er hinterließ eine einzige Tochter; aber verschiedene nützliche Arzneymittel von seiner Erfindung, die noch seinen Namen führen.

Diss. Inauguralis Medica: Senectus ipsa morbus, pro gradu Doctoratus. 1732 M. Maji. Halæ, in 4.

Jakobinus

Johann. Von Klausenburg, gebohren 1573. oder 74. Er ward wegen seiner Geschicklichkeit sehr frühzeitig Notarius seiner Vaterstadt, diente hernach als Sekretär, bey der Fürstlichen Kanzley, sowohl unter dem Fürsten Siegmund Bátori, als dem Walachischen Woywoden Michael. Als Moses Székel das Fürstenthum behaupten wollte, zog ihn dieser in seine Dienste, und erklärte ihn zu seinem Kanzler. Dieser Ehre genoß er aber nicht lange. 1603, den 22 Jul. geschah die unglückliche Schlacht bey Kronstadt, mit dem Kaiserlichgesinnten Woywoden der Walachey, Radul, oder Rudolf in welcher er nebst seinem Herrn das Leben verlor. Uibrigens war er ein Mitglied der Unitarischen Kirche. Wir haben von ihm eine Beschreibung des siegreichen Feldzugs

Jakobinus.

ugs des Siegmunds Bátori, wider die Türken in der Walachey, 1595.

1) Narratio rerum a Sigismundo Bátoreo, Principe Transylv. gestarum. A. 1596, Claudiopoli, typis Heltanis. in 8. *)

*) Wir finden diese Geschichte auch in Bongars, und Schwandtners Collectio Sciptorum Rerum Hungaricarum, in Reuschners Exeges. Rerum memorabilium, und deren vermehrten Ausgabe von 1627, unter dem Titel: Syndromus Rerum Turcico-Pannonicarum. Siegmund Sjólóschi hat sie in Ungrische Verse übersetzt, und unter der Aufschrift herausgegeben: Rövid Historia, mellyben meg-iratik Szenan Baſſanak Török Tsáſzár, erejével Havaſal földinek, és Erdély Orſzágának puſztitáſára veló ki-jövetele, 1595 Eſztendöben &c. Nyomtattatott Abrugi György által. 1635 Eſztend. in 4.

2) Chorus Musarum honori nuptiarum, vera nobilitate, virtuteque ornatiſſimi Viri, D. *Stephani Cacaſſi*, *) Patricii Claudiopolitani, & Aſſeſſoris Sedis Judiciariæ Sereniſſimi Principis Tranſylvaniæ, ac ingenua natalium nobilitate conſpicuæ Virginis *Suſannæ Romeriæ*, Generoſi olim D. Lucæ Romeri Marotſchenſis filiæ, ad diem XII Januar. Anni M. D. XCII. celebratarum; per Joh. Jacobinum, Notarium Urbis Claudiopolitanæ, ſaſcratus. Claudiop. typis Heltanis. Fol.

*) Dieser Stephan Kakasch, gieng auf Kaisers Rudolfs Befehl 1602, als Abgesandter nach Persien, starb aber auf der Hinreise, den 25 Oktob. 1603, zu Lanjan in Medien. Sein Sekretär, Georg Tectander von der Jabel, hat diese Reisebeschreibung, 1610, zum drittenmale, und mit Kupfern herausgegeben.

Johannis

Erasmus. Von Antwerpen, und Prediger bey der Unitarischen Gemeine zu Klausenburg. Anfangs war er Schulrektor in seiner Vaterstadt,

Da aber ſeine Irrthümer von der Perſon unſres hochgelobten Heylandes, durch eine heimlich gedruckte Schrift bekannt wurden, ſah er ſich, um der Ahndung des Prinzen von Oranien auszuweichen, genöhtigt, Antwerpen zu verlaſſen, kam nach Pohlen, darauf aber nach Siebenbürgen. Weil er behauptete: Chriſtus habe vor Marien, ſeiner gebenedeyten Mutter, exiſtirt, und ſey eine geiſtige Subſtanz geweſen, vor allen andern Geſchöpfen von Gott erſchaffen, die hernach in der Fülle der Zeit Menſch gebohren worden: ſo hatte er wegen dieſer Lehre Streitigkeit mit dem Socein, welche dieſer in ſeinen gedruckten Werken bekannt gemacht hat. Daß der Letztere die Präexiſtenz Chriſti vor ſeiner Menſchwerdung läugnete, iſt bekannt. Sandius in Bibl. Anti Tr. S. 87, leget dem Johannis folgende Schrift bey, die ich ſelbſt geſehen habe:

1) Anthitheſis doctrinæ Chriſti & Anti-Chriſti, de uno vero Deo. Anno ſalutis 1585, in 8. Ohne Meldung des Druckorts, welcher aber Rakau iſt. Zu Ende lieſt man: Excuſum anno poſt incarnationem Filii Dei M. D. XXCV. ſub finem annorum M. CC. LX, quibus Eccleſia juxta prædictionem Angeli, *Apoc.* XII. 6, latere debuit in ſolitudine.

2) Diſcours, oû l'on fait voir clairement, que le Regne de l'Antichriſt commenca á paroitre dans l'Egliſe immediament après la mort des Apôtres; & par conſequent, que tous les Conciles, qui ſe ſont aſſemblez, & tous les Livres des Peres, qui ont été écrits depuis ce tems-la, ſont infectez de pluſieurs Erréurs Anti-Chretiennes, & méme le fameux Concile de Nicée, qui ſe tint l'an. 318. *)

*) Ich kenne dieses Werk nur aus Vogts Catal. Libr. Rar. der davon S. 373, schreibet: Scriptum paradoxum, & publice suppressum. Er soll auch Commentarium in Apocalypsin herausgegeben haben.

Jordan

Thomas, Landmedikus im Markgrafthume Mähren. Er ward 1539 zu Klausenburg von Sächsischen Eltern gebohren, und Johann Jordan, dem Helt, 1551, sein Trostbüchlein zueignete, mag wohl sein Vater gewesen seyn. Aus Liebe zur Weltweisheit, und der Arzneykunst, besuchte er die vorzüglichsten hohen Schulen in Frankreich und Italien, studirte auch zu Paris, Montpellier, Padua, Bononien, Pisa, und Rom. Bey seiner Zurückreise nahm er zu Wien die Doktorwürde an, wohnte 1566 dem Feldzuge wider die Türken in Ungern, als Feldmedikus bey, und erwarb sich dabey durch seine glücklichen Kuren in der Ungrischen Krankheit, vielen Ruhm; diente auch einige Zeit bey dem Soldatenspitale zu Wien; 1570 aber ward er Landmedikus in Mähren, da er denn auch unter die Mährische Ritterschaft aufgenommen ward. Er lebte und starb zu Brünn 1585, im 46sten Jahre, würdig eines längern Lebens! Man s. den Zwittinger, S. 186 — und Wespremi Biograph. Medic. Hung. & Transf. S. 74 —

1) Joan. Dubravii Historia Bohemica, a Thoma Jordano Medico; Genealogiarum, Episcoporum, Ducum Catalogis ornata, & necessariis annotationibus illustrata. Basil. 1575. in Fol. wieder Francofurti 1687 in 8.

a) Pe-

2) Pestis Phænomena, seu de iis, quæ circa febrem pestilentem apparent, exercitatio. Accedit Bezoar lapidis Descriptio, & ejusdem auctoris ad Laur. Jouberti Paradoxon VII. Decadis II. Responsio. Francof. 1576. in 8. *)

*) Die Antwort auf Jouberts Paradoxum, lieſt man auch im zweyten Tome, der Joubertiſchen Werke, Frankf. 1599 in Fol. S. 30 —

3) Bruno Gallicus, seu Luis novæ in Moravia exortæ Descriptio. Francof. 1577. in 8. wieder 1583, in gleichem Formate.

4) Commentariolus de aquis Medicatis Moraviæ. Ebendaſ. 1586. in 4. Dieſes Werkchen iſt zuerſt in Böhmiſcher Sprache herausgekommen, und zu Olmütz, 1580, in 4. gedruckt worden.

5) Consilia Medica. Dieſe machet Lorenz Scholz in ſeinem Werke, zu Frankfurt 1598 in *Fol.* gedruckt, bekannt.

6) Commentariolus de Aquis medicatis in genere. *Mſcr.*

Kelp

Johann, der Fr. Künſte und Weltweisheit Doktor. Sein glücklicher Vater Georg Kelp, ſtarb den 25 Febr. 1685, als Pfarrer zu Denndorf im Schäßburger Stuhle. Kelp wählte ſich außerhalb ſeinem Vaterlande, die hohe Schule zu Tübingen; allein die kriegeriſchen Unruhen bewegten ihn nach Altdorf zu gehen. Hier erwarb er ſich 1689 die Magiſterwürde, und machte ſich durch ſeine Schriften der gelehrten Welt auf eine vortheilhafte Weiſe bekannt. Nachgehends reiſete er nach Penſilwanien, und ſein Vaterland hat nichts mehr von ihm gehört. Seine Brüder waren Martin, deſſen ich im Folgenden gedenken werde, und Georg, Bürgermeiſter zu Schäßburg, deſſen Söhne den Adel mit dem Beynamen: von Sternburg, erhalten haben. Von ſeinen Schriften kenne ich:

1) Theologiæ Naturalis, ſeu Metaphyſicæ Metamorphoſin, ſub moderamine Viri — M. Dan. Guilh. Molleri, pro ſummis honoribus, & privilegiis Philoſophicis legitime obtinendis, die 15 Jun. 1689. Altdorfii, in 4, und noch in demſelben Jahre auch in 8.

2) Scylla Theologica, aliquot exemplis Patrum & Doctorum Eccleſiæ, qui cum alios refutare laborarent, fervore diſputationis abrepti, in contrarios errores miſere inciderunt, oſtenſa, atque in materiam diſputationis propoſita, a Joh. Fabricio, S. Theol. P. P. & M. Joh. Kelpio. Ebendaſ. 1690. in 8.

*) Dieſes Werkchen von 6½ Bogen, handelt in 18 Hauptſtücken: de Tertulliano, de Stephano Ep. R. de Gregorio Thaumaturgo, de Ario, de Marcello, de Joviniano, de Hieronymo, de Auguſtino, de Pelagio, de Fauſto Rheginenſi Epiſc. de Eutyche, de Berengario, de Amsdorfio, de Flacio Illyrico, de Stancaro, de Hubero. Das 18 Kap. handelt aber, de via regia inter Scyllam & Charybdin.

3) Inquiſitio, an Ethicus Ethnicus, aptus ſit Chriſtianæ Juventutis Hodegus? ſive: An juvenis chriſtianus ſit idoneus auditor Ethices Ariſtotelicæ? — Reſp. Balthaſ. Bloſio, Norimb. Ebendaſ. 1690, in 8, und 4. *)

*) Eine wichtige Abhandlung, welcher die Poetiſchen Glückwünſche auf ſeine Magiſterwürde beygefüget ſind. Bey einigen Exemplaren iſt die Zueignungsſchrift an ſeine Vaterländiſchen Gönner, den Valentin Frank, Grafen der Sächſiſchen Nation, Michael Deli, Bürgermeiſtern zu Schäßburg, und M. Johann Zabanius, Provinzialnotarius zu Hermanſtadt; bey andern aber mit einiger Veränderung, an ſeine Nürnbergiſche Mäcenen,

nen, Paul Baumgartner, Karl Welſer von Neunhoff, J. Paul Ebner von Eſchenbach, und Joh. Chriſtoph Tucher.

Kelp

Martin. Der Fr. Künſte und Weltweisheit Magiſter, Pfarrer zu Muſchen, und General-ſyndikus, ein leiblicher Bruder des Vorhergehenden. Er ward 1659 zu Halwelegen im Schäßburger Schule gebohren, woſelbſt ſein Vater Georg Kelp, damals als Pfarrer lebte. Schon in der Blühte ſeines Lebens zeigte er einen Geiſt, der ſehr viel verſprach. Im zehnten Jahre ſchrieb er lateiniſche Gedichte, die ſeinem Alter Ehre machten. Das beßte Genie wird oft durch Mangel geſchickter Lehrer verdorben. Unſer Telemach aber war ſo glücklich, auch ſeine Mentors zu finden. Elias Ladiver und Mag. Schnitzler, beeühmte Schullehrer! bildeten ſeinen Geiſt auf den Schulen zu Schäßburg und Hermanſtadt. Nach einer gelegten Grundlage zu einem ſchönen Gebäude der Wiſſenſchaften, begab ſich Kelp, 1679, nach Wittenberg. Hier verweilte er aber nicht ganzer zwey Jahre, denn ſeine Liebe zur hebräiſchen Sprache, und der groſſe Ruf des berühmten Edzard, bewegte ihn nach Hamburg zu reiſen, woſelbſt er ſich über drey Jahre deſſen Unterricht im Hebräiſchen, und Rabbiniſchen bediente. Hierauf beſuchte er Leipzig, und nahm daſelbſt 1684, die Magiſterwürde an. Bey der öffentlichen Prüfung ward ihm, und den übrigen Kandidaten, der bekannte Wahlſpruch des groſſen Auguſts: Feſtina lente, zur Ausarbeitung ge-

geben.

geben. Sie hatten hierzu von sieben bis zehen Uhr, Zeit. Kelp that mehr als seine Pflicht erforderte. Er handelte seinen Satz nicht nur im Asiatischen, und Lakonischen Style ab; sondern zugleich auch in Lateinischen Versen, und in der Hebräischen, und Griechischen Sprache.

In seinem Vaterlande erhielt er zur grossen Aufnahme der Schäßburgischen Schule, 1684. das Rektorat derselben, ward aber nach drey Jahren 1687, den 23 Jun. zur Bodendorfer Pfarre befördert. Von hier berief ihn die Gemeine zu Muschen im Mebwischer Stuhle, 1692; allein, wie weniger Jahre konnte sie seiner treuen Selensorge genießen! Die Vorsehung hatte Kelpen eine kurze Laufbahn gezeichnet, die er nach einem langen Quartanfieber, den Tag vor dem Feste der heil. Dreyeinigkeit, 1694, im 35sten Jahre seines Alters, sanft vollendete. Es sind noch verschiedene Merkmaale von seinem Briefwechsel mit Gelehrten aus Leipzig, Hamburg, und Thoren übrig. — Seine Schriften aber sind:

1) Natales Saxonum Transylvaniæ, Apofciasmate Hiftorico colluftrati. Refp. Joach. Chriftiano Weftphal, Neo-Rupin. die 22 Mart. 1684. Lipfiæ, in 4. *)

*) Diese Abhandlung enthält drey Hauptstücke. Im I. handelt der Verfasser von den Sächsischen Stühlen in Siebenbürgen; im II. vom Ursprunge der Sachsen. Hier ist Kelp ein Schüler des Trösters. Töpelts und Miles, und behauptet §. 12: sie wären Überbleibsel der alten Dacier, und Gothen, die nachgehends theils von den Gepidern, und Longobarden, theils in spätern Jahrhunderten, von Deutschen Pflanzvölkern, besonders von Sachsen, verstärkt worden. Man finde auch Spuren der alten Gallier und Schwaben. — Vielleicht haben die Französischen Lilien die man noch an manchen

alten Thürmen, und Kirchen, nebst andern Reichswappen, findet, den Verfasser bewogen, das erstere zu behaupten. Allein, sie erweisen nichts mehr, als daß solche Gebäude seit den Zeiten des Ungrischen Königs Karl Roberts, errichtet worden. Im III. Kap. widerlegt er das Kircherische Mährchen von den Hammelischen Kindern, und daß der Name der Deutschen, erst unter K. Karl dem Grossen, und den folgenden Zeiten im Lande eingeführet worden seyn soll. — Wäre Kelp mit den ächten Qwellen seiner Vaterländischen Geschichte bekannter gewesen, so würden wir gewiß von seiner Gelehrsamkeit andere Natales erhalten haben.

2) Positiones Theol. ex Articulo de Ministerio Ecclesiastico — Resp. Joanne Kelp, 1685, die 26 Sept. Keresdini, per Mich. P. Székesi. in 4.

3) Posit. Theol. ex Articulo de Magistratu Politico — Resp. Steph. Frank. Schæsb. 1685. die 29, Oct. Ebendas. in 4.

4) Positiones Theol. depromptæ ex Disp. Inaugurali — Esdræ Edzardi, Rostochii, Anno 1656 habita — Resp. Joh. Langio. 1656. Cibinii, in Folio.

*) Dergleichen Schulübungen mag Kelp wohl mehrere herausgegeben haben; wie er denn auch fürtreffliche Handschriften von Vaterländischen Merkwürdigkeiten hinterlassen hat, die Hanern, bey der Ausarbeitung seiner Hist. Eccles. Trans. sehr nützlich gewesen seyn sollen.

Kerzius

Paulus, ein gelehrter Arzt des 16ten Jahrhunderts, von Kronstadt gebürtig. Als Lektor bey der dasigen Schule las er über des Homers Odyssea, und über Melanthons Dialektik, und Physik. Seine übrigen Dienste sind mir unbekannt. Im Jahre 1585, mischte er sich in die Theologische Streitigkeit von der Allgegenwart Chri-

Chisti nach seiner menschlichen Natur, die Daniel Reipche veranlaßte, worüber er einmal in Gefahr gerieht, von dem erzürnten Pöbel gesteinigt zu werden. Man sehe hierüber Haners Kirchengeschichte von Siebenbürgen. Bongars rühmet seine Leutseligkeit, Gelehrsamkeit, und wahre Gottesfurcht, berichtet auch in Collect. Script. R. Hung. daß er von ihm erhalten habe:

1) Quadraginta sex Inscriptiones Romanas, & alia monumenta antiqua.

2) Annales, qui in templo cathedrali apud Coronenses parietibus inscripti erant. *)

*) Man findet sie auch in Schwandtners Ausgabe, Tom. I. S. 874. Von diesen beruffenen Chronologischen Tafeln muß ich anmerken, daß sie nicht in einer Reihe fortgeschrieben sind; sondern über der Loge der Schneiderzunft liest man sie von 1143 bis 1510; über der Loge der Goldschmide von 1514 bis 1541; in dem Chor über der Sakristey in der ersten Kolumne, von 1541 — 1560. und der zweyten von 1561 bis 1571. Wie könnte denn Honterus Urheber davon seyn? — Wenigstens nicht von der ganzen Chronik.

Keßler

Johann Michael. Ein Hermanstädter, von bürgerlichen Eltern gebohren, studirte zu Halle die Medicin, und nahm daselbst den 5 Septemb. 1744, die Doktorwürde an; davon er aber in seinem Vaterlande wenig Gebrauch machte. Hier heurahtete er eine Oberstwachtmeisters Tochter, bekannte sich zur Römischkatholischen Kirche, und ward endlich Rahtsherr, auch nachgehends Stadthan, ein Amt, welches unsre Väter das mühselige

lige nannten. Er hat für die Straſſen, Thore, Mühlen, und das Gebieht der Stadt zu ſorgen, und die Ziegeuner, Walachen, und alle, welche vor der Stadt wohnen, ſtehen unter ſeiner Gerichtsbarkeit. Keßler ſtarb im Jahr 1772.

Diſſ. inauguralis Medica, de Morbis hyemalibus feliciter avertendis. — ad d. 5. Sept. 1744. — Halæ Magdeb. in 4.

Kinder von Friedenberg

Johann. Provinzialbürgermeiſter zu Hermanſtadt, ein gelehrter Herr, und merkwürdig wegen der Schickſaale ſeiner jüngern Jahre. Er ward daſelbſt 1672, von bürgerlichen Eltern gebohren, begab ſich 1692 auf die hohe Schule zu Wittenberg, welche Reiſe er in Elegiſchen Verſen der gelehrten Welt bekannt gemacht hat; und legte ſich auf die Theologiſchen Wiſſenſchaften. Allein, ein unglücklicher Zweykampf, darinnen er ſeinen Gegner erlegte, nöhtigte ihn die Rechtsgelehrtheit zu ergreifen. In ſeinem Vaterlande fand er einen groſſen Freund an dem nachmals unglücklichen Königsrichter, Sachs von Harteneck, und dieſer würdigte ihn ſeiner ganzen Vertraulichkeit. Kinder verdiente ſie auch wohl, aber eben dadurch ſtürzte er ſich mit in das Verderben, das ſich über den Sachs ausgoß. Da dieſer unentſchlüßig war, was mit dem Kammerdiener des Generaladjutanten, von Acton, der ſich zu ihm geflüchtet hatte, anzufangen wäre, ſagte Kinder: Tode Hunde bellen nicht. Worauf derſelbe heimlich ermordet, und begraben ward. Als nun die Göttliche Gerechtigkeit dieſes Ge-

Heimniß aufdeckte, und Sachs sterben sollte, ward Kinder gleichfals des Kopfs verlustig erklärt. Ohne Hoffnung gieng er mit hin auf den Richtplatz, sah das blutige Ende seines Mäcens, und nun sollte auch er sterben. Allein die Fürbitte einer schwangern Standesperson, die einen Fußfall vor dem kommandirenden Generale, Grafen Rabutin that, rettete ihm noch das Leben, und er erhielt Gnade.

Doch, warum sage ich nicht lieber, die Göttliche Vorsehung rettete ihn? Die ihm ihr unausbleibliches Vergeltungsrecht zwar zeigen, aber ihn dennoch dem Vaterlande zu wichtigen Diensten in die Zukunft aufbehalten wollte. Kinder erwarb sich nachgehends nicht nur die Hochachtung seiner Nation, sondern auch die Gnade des glorwürdigsten Kaisers, Karl des VI so sehr, daß er ihn und sein Haus in den Adelstand erhob, und Kinder sehr oft in wichtigen Angelegenheiten, bald nach Wien, bald nach Siebenbürgen reisen mußte. 1734, den 4 Jäner, erhielt er die Stulrichterwürde, ob er gleich zu Wien abwesend war. Er kam zwar dieses Jahr zurück, und brachte den 21 Jul. fünf und vierzig Familien, als die ersten Transmigranten aus dem Lande ob der Ens, mit nach Hermanstadt; allein nach einem kurzen Aufenthalte, begab er sich wieder nach Hofe, von dannen er denn 1738 wieder zurückkehrte. Hierauf erwählten ihn seine dankbaren Bürger den 12 Okt. des folgenden Jahres zum Provinzialbürgermeister, er starb aber bald hernach, den 30 Apr. 1740, in einem Alter von 67 Jahren, 4 Monden, und 15 Tagen.

Bey

Bey so vielen Staatsgeschäften, haben wir doch von seinem unermüdeten Fleiße verschiedene Schriften erhalten:

1) Hodoeporicum Topographicum: Seu Diarium Itinerale, quod itineris Cibinio, per Transylvaniam, Hungariam, Silesiam, Lusatiam, Misniam, & Saxoniam, Witebergam, Academici, Insigniorum locorum, urbium, civitatum, pagorum, fluviorum, fontium & montium situs, appellationes & descriptiones, aliasque promiscuas, notatu tamen dignas, observationes continet. Inter itinerales occupationes mille versibus conscriptum a Johanne Kinder, Cib. Transf. An. 1693. Witebergæ. in 8.

Die folgenden, sind lauter handschriftliche Werke:

2) De Comitibus Romanis, Germanis, & Hungaris antiquis, in specie vero, & ex professo: de origine, officio, & dignitate Comitis Saxonum, seu Judicis Regii Cibiniensis in Transylvania, cum brevissima eorundem (quotquot potuerunt ex scriptis haberi) vitæ & gestorum Historia, tractat aliquot his pagellis, &c. cum eorum Iconibus. *)

*) Diese Abhandlung hat V. Abschnitte. Der I. handelt de Comitibus Romanis, II. de Comm. Germanis, III. de Comm. Hungaris, IV. de Comite Saxonum, seu Judice Regio Cibiniensi, und der V. de eorum vita, & rebus gestis. Das Diplom, welches die Sächsische Völkerschaft vom Könige Andreas dem II. im Jahre 1224 erhielt; erklärte Hermanstadt zum Haupt der Sächsischen Provinz, und den dasigen Königsrichter, zu den höchsten Richter der Nation, außer dem Könige. Kinder aber fängt seine Reihe, nur von dem Markus Pemflinger an, der die Würde eines Grafen der Nation, und Königsrichters zu Hermanstadt, 1521 erhielt, und schließt mit dem Valentin Frank von Frankenstein, der 1697 starb. — Die mancherley Chronologischen Fehler dieses Werkchens, und seine Behauptung, daß die Königsrichter vor dem Pemflinger so unbekannt wären, als hätten sie gar nicht existirt, entdecken gnugsam, wie wenig dem Kinder damals

damals das Archiv seiner Vaterstadt bekannt war. Das Verzeichniß dieser Grafen der Nation, das ich beyfügen will, soll mich rechtfertigen. Zwar kann ich sie nicht in ununterbrochener Reihe, der undurchdringlichen Macht der Vergessenheit entreissen. Sollten wir noch hinlängliche Urkunden hievon besitzen? Sollte ich auch alle kennen? Dieses aber knüpfet den Gordischen Knoten nicht allein; sondern, daß auch alle diejenigen von Hermanstadt, die gerichtliche Sachen zu entscheiden hatten, Comites de Cibinio, in alten Urkunden heißen; und es geschah auf Königlichen Befehl: Judices Regii, oder Regiæ Majestatis.

Die Bildnisse der Königsrichter, mag Kinder wohl aus dem Frankensteinischen Hause entlehnt haben: denn daselbst siehet man sie noch, nebst den Brustbildern der Siebenbürgischen Fürsten, im Kalk gemalt.

3) Centuria Epigrammatum promiscuorum.

4) De caussis obscuritatis Historiæ Transylvanicæ.

5) De Lingua Saxonum in Transylvania.

6) Idea Principum Transylvaniæ duorum Sæculorum, incipiendo ab anno 1538. An. 1734. die 25 Jun.

7) Historia Cibiniensis, ab exstructione ad nostra tempora. *)

*) Zum Theile wichtige Abhandlungen, allein von allen diesen habe ich keine entdecken können.

8) Ruina Transylvaniæ : seu, brevis & Diplomatica Descriptio Nationis Saxonicæ in Transylvania, ab origine, & sanguine, introitu, Privilegiis, rebus præclare gestis, antiqua libertate, perpetuaque in Domum Austriacam devotione, & fidelitate, mutatione pristini sui status, & caussis modernæ ruinæ, & desolationis, fere, vel veræ irreparabilis, nisi ejusdem Deus, & Imperator misereantur. Es verdient gelesen zu werden, und ist im Namen der ganzen Nation abgefaßt worden.

9) Religiosa Nationis Saxonicæ in Transylvania, juxta suum ordinem, & diversitatem Actorum;

sex omnino Capitibus comprehensa, & distincta. *)

*) Diese Schrift ist dem Pietismus entgegen gesetzt; worauf der Königsrichter, Teutsch in zween Briefen an einen guten Freund, 1726, antwortete.

Die Grafen der Sächsischen Nation, und Königsrichter zu Hermanstadt, aus Urkunden, und Rahtsprotokollen.

Blanns, Graf der Nation, und Königsrichter zu Hermanstadt, 1317, in welchem Jahre er nebst dem Richter zu Petersdorf im Bistrizischen, im Namen der ganzen Nation, die Bestätigung des Andreanischen Privilegiums, von Könige Karl Robert erhielt.

Martinus, Comes de Cibinio, 1346. ungewiß.

Michael, Nikolaus, Abraham, Konrad, Comites, & Judices Cibinienses 1349, ungewiß, welcher. Konrad, oder Kunzel Kall, war Stadthan. (Villicus.)

Martin, Konrad, Comites de Cibinio, 1357, ungewiß welcher. Gerlach, war Stadthan, itzt nennen sich die Hermanstädter, Burgenses de Cibinio.

Michael, und Nikolaus, und Martinus, Comites, ac Judices Cibinienses, per Majestatem Regiam Judices Provincialium constituti. 1372. Da Michael Nunennkleppel, in diesem Jahre Bürgermeister war, und diese ihre Namen, in Urkunden den Namen der Königsrichter vorsetzen: so könnte Nikolaus Königsrichter gewesen seyn. Andreas Franz, Stadthan.

Johann, und Servatius, Comites de Cibinio, 1372. Vielleicht nur abgeordnete Richter, wie noch heut zu Tage nicht selten Rahtsherren zu Richtern in besondern Fällen bestellet werden.

Johann Agnethler (Agatha) Graf der Nation, 1376 bis 87.

Jakob Sachs, Comes de Cibinio, 1383 in der Bestätigung des Andreanischen Privilegiums der Königinn Maria; vielleicht Bürgermeister.

Jakobus, und Nikolaus, Comites Sedis Cibiniensis, 1387. in der Bestätigung desselben Privilegiums vom K. Siegmund. Wahrscheinlich war Nikolaus Königsrichter, Jokobus, und vielleicht Sachs, Bürgermeister.

Johann von Jeel, Comes de Cibinio, 1406. Ungewiß.

Andreas, Graf und Königsrichter, 1411 — 21.

Antonius Trautenberger, 1432, und 1441, zugleich Bürgermeister.

Johann Sachs (Szász) 1446.

Siegmund Maurizius, Vice-Königsrichter 1449. Jakobus Bürgermeister, Johann Trausch, ein Wagner; Stadthan, Reynoldus, Judex Civitatis Cibiniensis. Ungewiß, ob er Stuhlrichter gewesen, oder Königsrichter, dessen Stelle nur Maurizius in diesem Geschäfte vertreten hat.

Johann Lemmel, zugleich Königlicher Hofjunker; ungewiß 1444; sicher von 1452 — 60.

Nikolaus Zvgleur, (Siegler) Vice-Königsrichter 1464, wirklicher 1465.

Benediktus Roth (Verresch, Rufus) 1466, die Triebfeder der bekannten Empörung wider den K. Matthias Korvin; flüchtet 1467, nach Pohlen. Der Bürgermeister Petrus Gräf, (Petrus Gereb de Weresmárth) wird nebst acht andern Personen zu Hermanstadt, auf Königlichen Befehl enthauptet.

Nikolaus Russe, auch Aurifaber, vielleicht ein Goldschmid, Vice-Königsrichter, bis 1469.

Kinder von Friedenberg.

Ladislaus Hahn (Hähnlein, Kakas.) Königsrichter, 1469.

Petrus Gráf, Gereb, Königsrichter 1480, nach einer alten Chronik. Schlägt in diesem Jahre mit den Stuhlbauern die Türken bey dem Passe des Rohten Thurms.

Thomas Altemberger, Bürgermeister, und Königlicher Kammergraf, nennet sich 1481, zugleich Königsrichter. Er starb zu Ofen, 1491.

Laurentius Hahn, ward es 1488, starb 1506, oder 07.

Johann Lulai, oder von Lula, erw. 1507. starb den 12 Apr. 1521.

Andreas, der Arzneykunst Doktor, und Stadtphysikus, Vice-Königsrichter nach des Lulai Tode.

Markus Pemflinger, 1521, wird von K. Johann I. seiner Würde verlustig erklärt, stirbt 1536.

Michael Knoll, Königsrichter, nach dem Vertrag der Hermanstadt mit dem Könige Johann vom 2. Nov. 1534. Ob ihn der König dazu erklärt oder ob er Pemflingers Stelle vertreten habe weis ich nicht. Das Rahtsprotokol hat seinen Namen gar nicht.

Matthias Armbrüster, von 1537 — 1539. Bekleidete alsdann diese Würde nicht mehr, und stirb 1542 im Dec.

Georg Huet, (Süveg, Pileus.) Von 1539 — 1543 stirbt im Maymonde.

Johann Roth, (Veres, Rubeus, Rufus.) vo 1543, wird den 1 Apr. 1556, von den erbitterte Bürgern erschossen.

Petrus Haller von Hallerstein, wird von K. Ferdinand 1555, den 4 Jun. zum Grafen und Königsrichter erklärt, bediente sich aber dieser Würde, so lang Roth lebte, nicht; starb den 12 Dec. 1569.

Augu-

Kinder von Friedenberg.

Augustin Hedwig, gemeiniglich Szöts, oder Pellio, weil er ein Kürschner war, von 1570, bis 1577, starb den 1 Febr.

Albert Huet (Süveg, Hutterus) erw. 1577, starb 1607, den 23 Apr.

Daniel Melmer (Déak, Literatus.) Bestätigt den 20 May 1607. scheint zu Ende des Jahres 1612 gestorben zu seyn.

David Weyrauch, Königsrichter zu Reps, wird vom Fürsten Gabriel Bátori zum Grafen der Nation bestimmt. Das einzige Beyspiel, daß die Grafen der Nation nicht zugleich Königsrichter zu Hermanstadt, gewesen sind. Mit dem Tode des Fürsten 1613, hatte auch seine Würde ein Ende.

Kollman Kotzmeister, von 1613 — 1633, starb den 14 Okt.

Valentin Seraphin, erw. 1634 den 10 März, starb den 20 Jun. 1639.

Michael Agnethler, oder Lang, von 1639 — 1645, starb den 18 May.

Valentin Frank, bestätigt den 26 Jul. 1645, starb zu Leschkirch, den 9 May 1648.

Johann Lutsch, 1650, stirbt als Geißel zu Konstantinopel, 1661, den 17 Nov.

Michael Arzt, Vice-Königsrichter während Lutschens Abwesenheit.

Andreas Fleischer, 1662. starb 1676, den 5 Febr.

Matthias Semriger, bestätigt den 16 Febr. 1676, starb 1680, den 3 Apr.

Georg Armbrüster, den 17 Apr. 1680, starb den 7 Jan. 1685.

Johann Haupt, 1685, starb aber das folgende Jahr, den 9 Febr. im hohen Alter.

Valentin Frank von Frankenstein, erwählt den 14 Febr. 1686. starb den 27 Sept. 1697. Er war zugleich wirklicher geheimer Raht, des Königlichen Regierungsraths im Fürstenthume Siebenbürgen, so, wie alle folgende Grafen der Nation, und Königsrichter zu Hermanstadt.

Johann Zabanius, des h. R. R. Ritter Sachs v. Harteneck, erwählt 1700, bestätigt den 4 J... 1702, öffentlich enthauptet 1703, den 5 Dec.

Petrus Weber von Hermansburg, erw. 17.. den 6 Jun. starb 1710, den 26 May.

Andreas Teutsch, der Arzneykunst Doktor, er... 1710, den 16 Jun. starb 1730, den 18 Aug.

Simon, Edler von Baußnern, erw. den 24 A... 1730, bestätigt den 11 Dec. 1732, und feyerl... eingeführt, den 10 Jun. 1733. starb 1742, den 30 Sept.

Stephan Waldhütter von Adlerhaus, bestätigt 1745, und eingeführt den 25 Febr. starb 17.., den 13 Nov. Nach dessen Tode, bleibet die Königsrichterwürde 7 Jahre unbesetzt.

Samuel, Edler von Baußnern, Königlicher Ober-Truchses im Großfürstenthume Siebenbürgen, erw. 1768, und den 12. Dec. mit gewöhnlichen Feyerlichkeiten eingeführt. Stirbt den 3 Januar, 1780, nachdem er seit 1774, den 22 Heumond in der Ruhe lebte. Seine Würde ist bis 1781 unbesetzt geblieben.

Johann Cloos von Kronenthal, Siebenbürgischer Hofrath zu Wien, sah seine Verdienste mit dieser Würde belohnt, und ward den 26sten Nov... selben Jahres feyerlich eingeführet. †)

Klings-

---

†) Man sehe hievon auch des Ungrischen Magazins II. Band, S. 261 — 302. und III. Band, S. 129 — 163. auch 393 — 432.

Klingsor (Klynsor).

Nikolaus. Ein berühmter Weltweiser, Astrolog, und Dichter des dreyzehnten Jahrhunderts. Er lebte unter der Regierung des Königs Andreas von Jerusalem, und war ein Siebenbürgischer Sachse von Adel, und grossen Reichthümern. †) Insonderheit erwarb ihm seine deutsche Muse solchen Ruhm, daß er so gar der Nikromantie beschuldigt ward; denn in 52 Poetischen Feldzügen erhielt er den Sieg. Er schien unüberwindlich zu seyn, allein zu Eisenach erfuhr er das Gegentheil. Seine Nikromantie unterlag, denn der Teufel hatte ihn gegen die Pfeile heiliger Gesänge nicht fest gemacht. O Zeiten! Er kam aber durch einen besondern Zufall nach Thüringen. Landgraf Hermann, ein grosser Liebhaber der Meistersängerkunst, unterhielt verschiedene berühmte Dichter an seinem Hofe zu Eisenach. Von diesen war Heinrich von Ofterdingen, ein Bürger zu Eisenach, mit den andern in einen Dichterkrieg verwickelt. Auferzogen am Hofe

---

†) In Theodorici de Thuringia, Vita S. Elisabethæ, C. I. S. 40, nach der Pravischen Ausgabe, finden wir folgende Nachricht von dem Klingsor: In hujus (Hermanni Landgravii Thuringiæ) palatio & familia fuerunt sex viri milites, natalitiis non infimi, ingenio excellentes, honestate morum virtuosi, cantilenarum confectores summi, sua certatim studia offerentes. Habitabat tunc in partibus Hungariæ, in terra, quæ septem Castra vocatur, nobilis quidam & dives trium millium marcarum annuum censum habens, vir Philosophus, literis, & studiis sæcularibus optime (die Canisianische Ausgabe setzet hinzu: a primævo ætatis) imbutus, nigromantiæ, astronomiæ

Hofe des Herzogs Leopold von Oesterreich, weihte er dankbar alle seine Gesänge dem Lobe desselben, zog ihn allen Fürsten des Reichs vor, und verglich ihn mit der Sonne. Dieses war den übrigen Sängern ein Aergerniß, sie lobten dagegen ihren Landgrafen Hermann, und verglichen ihn mit dem Tage. Diese Lieder hießen der Krieg von Wartburg. Denn sie sungen immer wider einander, und so hefftig, daß sie gar den ehrlichen Heinrich bey dem Landgrafen in Ungnade zu bringen suchten. In diesem Gebränge berief sich Heinrich auf Klingsors Urtheil, und Entscheidung. Er reisete also mit Empfehlungsschreiben des Landgrafen nach Siebenbürgen, und bewegte den Klingsor nach Thüringen zu kommen. Ehe dieser noch zu Eisenach den Landgrafen zu sprechen die Gnade hatte, soll er einmal bey der Nacht in der Thürschwelle seiner Wohnung gesessen seyn, und mit grosser Aufmerksamkeit die Gestirne betrachtet haben. Als er hier befragt

---

miæ scientiis nihilominus eruditus. Hic Magister, nomine Klynsor, ad dijudicandas prædictorum virorum causationes (Kanisius: cantiones) in Thuringiam pèr voluntatem, & beneplacitum Principum est ductus; qui ante, quam ad Landgravium introisset, nocte quadam in Isenacho sedens in janua hospitii sui, astra diligentius est intuitus; tunc rogatus ab his, qui aderant, ut si qua secreta perspexisset, ediceret; respondit: noveritis, quod in hac nocte nascitur Regi Ungariæ filia, quæ Elizabeth nuncupabitur, & erit sancta, tradeturque hujus Principis filio in uxorem, de cujus sanctitatis præconio exultabit, & exaltabitur omnis terra. Ecce! qui per Balaam ariolum incarnationis suæ prænunciavit mysterium, ipse per hunc præelectæ sux Elisabeth benedixit (Kanisius: prædixit) nomen & ortum.

Klingsor. (Klynsor.)

ragt ward, ob er eine wichtige Entdeckung mache, entwortete er: Diese Nacht wird dem Könige von Ungern eine Prinzeßinn gebohren werden, sie wird den Namen Elisabeth erhalten, eine Heilige seyn, und die Gemahlinn des Prinzen des Landgrafens werden. †)

Wolfram von Eschenbach freute sich einen so berühmten Meister der Kunst kennen zu lernen, besuchte ihn in seiner Herberge, empfieng ihn mit einem Verse im schwarzen Tone, und begehrte, Klingsor sollte ihm in eben dem Tone antworten. Weil aber solches dem Klingsor verächtlich vorkam, und er dem Wolfram, als einem ungelehrten Layen antwortete, beschuldigte ihn dieser der schwarzen Kunst, und erbot sich, mit ihm um die Meisterschaft zu singen, jedoch von nichts anders, als von Gott und Christo. Klingsor band mit ihm an, und weil er nichts gewinnen konnte, gestund er endlich, daß er ein Schwarzkünstler sey, drohte aber dem Wolfram in der künftige Nacht seinen Boten zu senden, mit dem er disputiren sollte. Wolfram erwartete diesen unerschrocken, triumpfirte auch über den höllischen Dichter, und also auch über den Klingsor. Dieser entschied hernach den oben gedachten Streit zu Heinrichs Vortheil, nicht ohne Verdacht, es geschähe dem Wolfram zum Verdrusse. ††) Als nun Landgraf Hermann 1211, Gesandte nach Ungern schickte, um die seinem Prinzen Ludwig, zur Gemahlinn bestimmte vierjährige Prinzeßinn,

---

†) Welches auch 1207 eintraf.
††) Tenzels Monatl. Unterred. 1691. S. 915, 16.

Elisabeth, abzuholen, damit sie in Thüringen aufgezogen würde: so begleitete unter andern Gefährten auch Klingsor dieselbe. Ob er nachgehends wieder nach Siebenbürgen gekommen, ist mir unbekannt.

Proben der Klingsorischen Muse befinden sich im zweyten Theile der Zürchischen Sammlung von Minesingern aus dem Schwäbischen Zeitpunkte, CXL Dichter enthaltend — 1759. in 4.

Von S. 1 — 16. Das Gedicht führet die Uiberschrift: **Klingesor von Ungerland**. Nach dem Berichte meines Freundes, wird in der Vorrede des 1sten Theils dieser Sammlung, S. 8. folgendes Urtheil von unserm Dichter gefällt. "Aus dem zu urtheilen, was wir in dem so genannten Kriege, d. i. Wettstreite der Poeten, von Wartburg, unter der Person des Klinsor lesen: so war er stark in dunkeln Allegorien, in geistlichen Legenden, und einem astronomischen Mischmasche, der in seinen Zeiten für ächte Sternkunde genommen ward, und einen Menschen, der ihn fertig redete, leicht in den Ruf eines Zauberers bringen konnte. Das sind die Materien, über welche er Eschilbachen ansticht, der sich in denselben nicht schwächer zeiget. Andere Poesien haben wir von Klingsore nicht. In dem Jenaischen Kodex werden etliche Strophen mehr zwischen diesen beyden gewechselt, welche der Manessische nicht hat; wiewohl sonst weit mehrere in dem Manessischen sind, die in dem Jenaischen gänzlich mangeln. Diese Strophen haben eine Dramatische Gestalt; zu erst kömmt der von Oftertingen zum Vorscheine, der den Fürsten von Oesterreich, über alle andere erhebet; ein andrer giebt dem Könige von Frankreich den Vorzug; ein anderer dem Landgrafen von Düringen. Als Oftertingen mit ihm ins Gedränge kommt, beruft er sich auf Klinsore, und geht in Ungern ihn zu hohlen. Er bringt ihn wirklich nach Wartburg, und dann kommt der Streit

Streit zwischen Klinsor, und Eschilbach, die an den Streit wegen Oesterreichs Vorzügen kaum mehr denken, und nur für den Ruhm ihrer eigenen Spitzfündigkeit streiten. Die Rolle, die der Teufel Nasian da bekömmt, könnte uns auf den Gedanken führen, daß die Rollen, die Klinsorn, und den andern Poeten aufgegeben werden, eben so wohl als diese, des Dramatischen Poeten, und nicht ihre eigene Arbeit wären." —

Da diese Sammlung unsern Landsleuten ziemlich unbekannt ist; so wird es hoffentlich vielen nicht unangenehm seyn, hier eine Dichterprobe ihres alten Landsmannes zu lesen. Eine Parabel, von einem Vater, der sich alle mögliche Mühe giebt, sein an dem Damme eines stürmischen Sees schlafendes Kind aufzuwecken, und zu retten. Allein vergebens! Auf einmal bricht die See den Damm durch, und ergießet sich mit grossem Getöse: Seite 6 „Klinsor, und Eschilbach singen widereinander. Jener fänget an" und singet disû drû Lieder diu hie nach geschrieben stant:

Ein Vater seinem Kinde rief,
Vor enes Sewes (Sees) Tamme lag es une sließ:
Nu wache Kint, ja wecke ich dich durch Trûwe.
    (Treue)
Diesen See den tribet Wint,
So kumt dû Nacht gar vinster, wache liebes Kint,
Verlûre ich dich; so wirt min Jamer nûve.
Dannoch das Kiut des Slafes pflag,
Hoerent wie der Vater tete.
Er sletch hin naher da es lac,
Mit seiner Hant gab er im einem Besmen (Ruthen)
    slac,
Er sprach: nu wache Kint, es wirt zu spete.

Klingsor.

Der Vater wart von schulden Zorn,
Us sinem Mund erschalt er da ein helles Horn,
Er sprach, nu wache noch ein tumber Tre,

Davon ſin Zorn im wohl gezam, (geziemte)
Das Kint er bi ſim reiben balwen Hare nam,
Er gab im einen Baggenſchlag ans Ore,
Er ſprach: din Herze iſt dir vermoſet, ich mus mich
    din enziehen
Kan dich min Horn niht für getragen,
Und ouch der Beſme, damit ich dich habe geſlagen,
Noch hilf ich dir, wilt du dem Wage (der Woge)
    enfliehen.

Klingſor.

Clinſor us Ungerlant mir iach, (bejahte)
Der Vater wider zuo dem lieben Kinde ſach,
Mit Jamer er du Ougen gegen im wante,
Davon wart ſin Gemuete ſcharf,
Mit einem Slegel er zu dem lieben Kinde warf.
Er ſprach: nim war den Botten ich dir ſante,
Endemon, ein Tier bin pflac, das was gar ſunder
    Galle,
Dafür nem du eines Luchſes Rat,
Der dich in diſen valſchen Slaf gedrungen hat.
Eus! brach der Tam, und kam der Se mit Schalle.

Hierauf ſinget von Eſchelbach, und löſet den Knoten
alſo auf: Gott ſey es, der dem Kinde rief. Jeg-
licher Sünder ſey dieſes Kind, und die weiſen
Meiſter, und Pfaffen das Horn Gottes. — Klingſor
giebt ihm Beyfall, und ladet ihn nach Siebenbürgen ein, woſelbſt er 3000 Mark reich wäre.

Köleſcheri von Kereſch-Eer

    Samuel. Wirklicher Geheimer Raht, und
Sekretär des Königlichen geheimen Regierungs-
rahts im Großfürſtenthume Siebenbürgen, Doktor der Gotteslehre, Weltweisheit, und Arzneykunſt, Magiſter der Fr. Künſte. Dieſer durch
gute, und böſe Gerüchte bekannte Gelehrte, war
                        ein

ein Sohn Samuels Kölescheri, der zuletzt die Pfarre zu Debrezin verwaltete, gebohren den 18ten Novemb. 1663. Schon in seinem eilften Jahre vertheidigte er 1674, zu Debrezin, unter dem Prof. Georg Mártonfalwi, eine Streitschrift: de Evangelio, mit Beyfall, und in seinem siebenzehenten besuchte er die Niederländischen Akademien, sich zum Dienste der Kirche zuzubereiten. Zu Leyden erhielt er den 30sten des Brachmonds, 1681, die höchste Würde in der Weltweisheit, und zu Franeker, 1684, in der Gotteslehre. Reich an gelehrten Schätzen kehrte er, 1685, nach Debrezin zurück, aber bey seiner ersten Kanzelrede hatte er den Unfall, im Gebete des Vater unsers, irre zu werden. Dieses fiel ihm so empfindlich, daß er sich sogleich zur Arzneykunst entschloß, und nach Leyden zurückeilte. Nach erlangtem Dokterhute, suchte er sein Glück in Siebenbürgen, und fand dort ein weit größeres, als er in seinem Vaterlande hätte erwarten können. Wie oft wird es doch wahr:

Si forte domi facie fors spectet acerba,
   Mutato veniet prospera, crede! solo.
Vividior floret peregrino amaranthus in horto,
   Pomaque sede migrans, dat meliora pirus.

Kölescheri ward Generalats- und Gubernials Doktor, Oberaufseher über die Siebenbürgischen Bergwerke, Gubernialsekretär, und 1729, zugleich wirklicher geheimer Gubernialrath. In die Kaiserliche Akademie der Naturforscher, ward er er schon den 18ten Oktob. 1719, unter dem Namen Chrysippus, aufgenommen.

Im Ehestande war Kölescheri nicht sonderlich glücklich. Seine erste Gemahlinn ist mir unbekannt; von seiner zweyten, Asnat Mederus aber, ließ er sich ihrer stolzen Verschwendung, und Unfruchtbarkeit wegen, den 2ten Jäner, 1715, trennen. Ein kleines muntres Weibchen, das man gemeiniglich nur die hoffärtige Martha nannte. Sie that sehr groß; wodurch Kölescheri sein Vermögen bis zum Aergernisse geschwächt sah. Uibrigens aber gehörte sie unter die Zahl gelehrter Frauenzimmer. Ehe sie noch mit ihrer Ehescheidung zufrieden war, heurahtete Kölescheri die Mutter des gelehrten Grafen Lazars. Dadurch sah er sich jedoch in Streitigkeiten verwickelt, die ihm zuletzt den Verhaft zuzogen, und noch weit mehr vom allerhöchsten Kaiserlichen Hofe befürchten ließen. Allein der Tod entriß ihn allen weitern Verdrüßlichkeiten, indem er nach einem bösartigen Katharralfieber an einem Schlagflusse den 24sten des Christmonds 1732. plötzlich starb. Sein gäher Tod, und die starke Aufschwellung seines Leibes, verbreitete grossen Argwohn einer vorhergegangenen Vergiftung. Allein der Gubernialsbericht an Seine Kaiserliche Majestät, vom 19ten Hornung, 1733, meldet nichts davon. †) Sein Leichnam ward in die Evangelische Kathedralkirche zu Hermanstadt beygesetzt,

---

†) Er lautet: Gravibus primum catharri, & acutæ febris infirmitatibus correptus, expost vero apoplexia

gesetzt, und die Leichenrede vom Mag. Georg Soterius, Konrektor der Schule, gehalten, doch nicht, wie sonst gewöhnlich, von der Kanzel; denn Köleschéri bekannte sich zur Reformirten Kirche. Der dabey abgehandelte Leichentext scheinet mir nicht von ungefähr gewählt zu seyn. Psalm. XXXIX. 6. Sieh! meine Tage sind einer Handbreit bey dir, und mein Leben ist wie nichts vor dir. Wie gar nichts sind alle Menschen, die doch so sicher leben!

Die Urtheile der Welt von diesem gelehrten Manne sind sehr widersprechend. Beyde aber, Lobredner, und Feinde, verfallen in Ausschweifungen. Unter jenen besonders Doktor Gorgias, von Heilsberg, der zu Köléscherens Ehre Epigrammen drucken ließ, und der gelehrte Abentheurer, Schendo, Ritter Vanderbech, welcher ihm bey jeder Gelegenheit Weihrauch streute, ja gar bey seiner Abreise von Amsterdam nach Petersburg, nebst dem Oberberg, Postsekretär zu Augsburg, zu seinem Erben auf den Fall seines Todes erklärte. — Wesentliche Freundschaft! da Vanderbech bey seinem Aufenthalte in Hermanstadt, nach sichern Augenzeugen, 60,000 Dukaten reich war. Unter Köléscherens Feinden, ist wohl sein Stiefsohn, Graf Johann Lázár, einer der beißendsten. Er beehrte ihn mit folgenden Epigrammen:

En

---

xia superveniente, generosus *Samuel* Köleseri de Keresér, Mattis Vræ Sacrmæ dum communi frueretur aura, in hocce hæreditario sibi Transylvaniæ Principatu Consiliarius, simul & Secretarius Gubernialis, die 24ta Mensis Decembr. 1732, jam præterita, finem vivendi invenit.

En ego divinarum, humanarumque peritus
Rerum, inconfultus nunc mihimet morior.

* * *

Theologus, Medicus, Sophus, atque Sta-
tifta, τό παντα,
Improbus, elatus, fallax, malus; eſt modo
nullus.

1776, ward endlich auf Allerhöchſte Erlaubniß ſeine koſtbare Bücherſammlung, aber Schade! ſehr durch Näße, und Schimmel verdorben,
öffentlich zu Hermanſtadt verkauft. Die fremden
Anforderungen an ſelbige habe ich geſehen; doch
nur als Dichter kann Graf Lázár, den Köleſcheri
davon ſagen laſſen:

Pars promiſſa fui, pars credita, pars vio-
lenta,
Tollite quisque ſuum, theca manet vacua.

Das dabey befindliche Münzkabinet enthielt
nicht viel über tauſend Griechiſche, und Römiſche Münzen, und darunter gar keine ſeltenen.
Allein, wie manche Verehrer hatten vorher
ſchon dieſe Reliquien beſucht! — Köleſcherens
Grabſchrift, die Herr Weſprémi, in ſeiner Biogr.
Medic. Cent. I. bekannt machet, leget ihm ein
Alter von 72 Jahren bey; muß aber nicht dieſe, oder ſein Geburtsjahr, 1663, unrichtig ſeyn?
So viel iſt gewiß, ſein Grabſtein weis von dieſer Aufſchrift nichts. Er ruhet in einem fremden Grabe, auf deſſen Deckſteine man einen En-
gel mit einem ausgebreiteten Felle in den Händen,

ben, ſiehet; und darunter ſtehet: Ich weis, daß mein Erlöſer lebt, und er wird mich am jüngſten Tage wieder aufferwecken. Die Randſchrift heißt: HIR. LEIT. HANNES. STEINHEISER. DER. ERBAR. VND. BLINDER. MAN. DER. DA. 63. IAHR. GELEBET. HAT. KIRSHNER. HANDVERKER. IST. SEIN. HANDTIERUNG. GEVEST. DADURCH. IN. GOTT. ERHALTEN. UND. ERNEHRET. HAT. 1593.

Von Köleſcherens Schriften ſind mir bekannt, aber ſicher nicht alle!

1) Diſp. Philoſophica, de exiſtentia Divinitatis, Præſide Mart. Szilágyi, Prof. Philoſ. LL. OO. die 15. Mart. 1679. Debrecini. 4.

2) Diſp. Mathematico-Phyſica, de lumine, Præſide Voldero, Pars I. & II. Lugd. Batav. 1681. in 4.

3) Diſp. Philoſoph. contra Atheos, præſ. Voldero. ibid. eod. in 4.

4) Diſp. Inauguralis Philoſophica, de ſyſtemate mundi, pro gradu Doctoris in Philoſoph. & LL. AA. Magiſterio. ibid. eod. 4.

5) Diſſertationis Philoſophico-Theologicæ, de Sacrificiis, Pars I. ſub præſidio Joh. van der Wægen. Franequeræ, 1682. Pars II. & III. 1683. 4. H. Weſprémi gedenket ihrer unter der Aufſchrift: Diſſ. Academica, de Sacrificiis.

6) Diſp. Theolog. de Benedictione gentium Abrahamo promiſſa, ex *Geneſ.* XXII. 18. pro gradu Doctoris in Theologia, Franequeræ, 1684. 4.

7) Conſiliarius Principe dignus, in funeralibus exequiis Illuſtr. — Domini *Samuelis Kerefztefi*, de Nagy-

Nagy-Megyer, S. C. Regiæque Majeſt. in inclyto Tranſylv. Gubernio Regio Conſiliarii intimi, Comitatus Albæ — Juliacenſis Comitis Supremi — familiæ ultimi, præſentatus a S. K. de K. Cibinii 1707. in 4.

8) Diſſ. de Scorbuto Mediterraneo, ad normam Philoſophiæ Mechanicæ. Cibinii, typis Mich. Helzdörfer, 1707. in 12.

9) Peſtis Dacicæ, anni M. DCC. IX. ſcrutinium & cura. Ebendaſ. 1709. in 12.

10) Theologia pacifica, ſeu comparativa. Ebendaſ. 1769. in 12. mit des Kölescheri Vorrede an den Friedenliebenden Christen. Der Verfasser ist Jakob Gardenius.

11) Auraria Romano-Dacica. Cibinii, typis publicis, M. DCC. XVII. in klein 8. mit einer Zueignungsschrift an den Kaiser Karl den VI. glorwürdigsten Andenkens, die eine Denkmünze mit der Umschrift: OPTIMI PRINCIPI RESTITUTORI DACIÆ. M. DCCXVII. an der Stirne führt. — Gar nicht nach antickem Geschmacke, und vielleicht nie ausgeprägt. *)

*) Beym H. Weszprémi, mag das Jahr der Ausgabe 1719, wohl ein Druckfehler seyn. Der Verfasser handelt in 6. Hauptstücken: I. de Historia Aurariarum Romano-Dacicarum. II. De labore auri metallico. III. De labore auri monetario. IV. De Constitutionibus provincialibus, de re metallica, & monetaria. V. De Origine, generatione, & proprietate auri. VI. De labore auri medico: Sein vorgesetztes Bildniß von Elias Schaffhauser, zu Wien gestochen, schmücket der berühmte Dokter Parispapai, mit folgender Unterschrift:

Hunnia plantavit, Brito, Belga, & Teuto rigavit,
  Dacia poſt civem, ceu proprium coluit.
Atque auxit Magnus, quem Cæſar honoribus, hujus
  Effigiem, tanta cerne ſub effigie.

Prächtig ist die Unterschrift seines Bildnisses, das Vaterberbech, sein Bewunderer, zu Augsburg von Johann Seinr. Störklin, stechen ließ:

Asclepias, Phœbus, Musæ, Pallasque, Themisque,
Pingi ore unius, dum voluere viri:
Quæque suum novit, clara hac sub imagine, vultum
Agnoscit patrium, Dacia grata, decus.

Auch findet man sein Bildniß bem 59ſten Theile der Deutſchen Acct. Erudit. 1718 vorgeſetzt; zugleich S. 845 — ſeine Auraria rezenſirt. Die Lateiniſchen dieſes Jahres, reben im Hornungsmonde davon. — Köleſcheri ließ dieſes Werkchen auf eigene Unkoſten drucken, und wann ſind ſolche Schriften gemein? Noch mehr, bey der Unterſuchung ſeiner Bücherſammlung fand ich eine beträchtliche Menge von eingebundenen Exemplaren ganz vermödert. Selbſt unter uns hatte es alſo wichtige Anſprüche auf eine Stelle unter ſeltenen Büchern. Eine Urſache mit, warum ich eine neue Auflage veranſtaltete, mit einigen Anmerkungen, und Numismatiſchen Zuſätzen, deren Schickſal ich aber bedauren muß. Das gleich ſeltne Werkchen ſeines Freundes Vanderbech, wenigſtens in unſern Gegenden, habe ich beygefügt. Die Aufſchrift:

12) Sam. Köleſeri, de Keres-Eer, Auraria Romano-Dacica, una cum Valachiæ Cis-Alutanæ ſubterraneæ Deſcriptione, *Mich. Schendo*, R. C. Eq. *Vanderbech*, curis — Poſonii, & Caſſoviæ, ſumptibus, J. Mich. Landerer. — 1780. 8. Der verdienſtvolle K. K. Hiſtoriograph, Herr Abbé Pray, verehrungswürdiger Name! hatte die Güte, ſie mit einer Vorrede in die gelehrte Welt zu begleiten. In meinen Zuſätzen wird man einige Unordnungen finden. Ihre Quelle: Meine Handſchrift war ſchon längſt nicht mehr in meinen Händen; bey der Uberſchickung beträchtlicher Zuſätze, war ich alſo außer Stande, ſo wohl etwas darinnen zu ändern; als den letztern ihre Rangordnung zu geben. Sollte meine Sammlung von Siebenbürgiſchen Münzen jemals das Glück haben, auf öffentlichem Schauplatze zu erſcheinen: ſo würden die unglücklichen Druckfehler in den Umſchriften der angeführten Münzen gewiß nicht unverbeſſert bleiben. †)

13) Epi-

---

†) Man ſehe hievon den 3ten Band des Ungriſchen Magazins, auf der 208ten, bis 214ten Seite.

13) Epiſtola Apologetica contra objectiones Belgarum in Republ. der Geleerden, 1718. M. Martii, in den Novis Actis Lipſienſibus. A. 1719. S. 131. — Darinn vertheibigt ſich Köleſcheri gegen den gemachten Einwurf: Es wäre unglaublich, daß die Römer aus den Daziſchen Goldbergwerken, ſo reiche Schätze als er behauptet, hätten erhalten können. — Welche angemeſſene Zugabe zu einer neuen Auflage der Auraria! Allein, warum lebe ich in einer ſolchen unfruchtbaren Gegend für die Litteratur?

14) Monita Anti-Loimica, occaſione Peſtis A. M. DCC. XIX. Claudiopoli recrudeſcentis, & paſſim per Principatum Tranſylvaniæ graſſantis, ex amore boni publici communicata. Claudiopoli, excud. Samuel Pap. Telegdi. 1719. in 12. Nach dem Herrn Weſprémi, ſind ſie 17,8, eben daſelbſt in einem Ungriſchen Kleide in 12. erſchienen. Damals herrſchte die Peſtſeuche wieder im Lande; allein, ſollte es nicht ein neuer Abdruck des folgenden ſeyn?

15) Tanats adáſa. Mellyet az 1719 Eſztendöben Kolosváratt meg-újúltt, és az Erdélyi Fejedelemségben ſzéllyel uralkodó Peſtisnek alkalmatoſságával, a' közünséges jóhoz kéſz indúlattal viſeltetvén, Deákúl közönségesétött. Azutan pedig Magyarúl-is ki-nyomtatott Kolosvárat, Telegdi Pap. Samuel, ugyanazon Eſztendöben. 12.

16) Proteus febrilis noviſſima Virmondiana affligens. Cibinii, 1722. typis Barthianis. 4. handelt von der letzten Krankheit des kommandirenden Generals in Siebenbürgen, Damian Hugo, des h. R. R. Grafen von Viermont, der gegen den 21ſten April, 1622, ſtarb.

17) Enchiridion Mathematicum Scheuchzerianum, Protographiam univerſæ Matheſeos complectens, uſui Tranſylvanorum accomodatum, cum præfatione Sam. Küleſeri. Claudiopoli, 1723, in 8.

18) Axio-

18) Axiomata Juris Naturæ, de officiis justi, honesti, & decori, cum introductione parænetica. Cibinii, 1723. in 8. mit einer Zueignungsschrift an den kommandirenden Generalen in Siebenbürgen, und der Oesterreichischen Walachey, Lothar Joseph, Grafen von Königsegg.

19) Summarium Philosophiæ, Excellentiss. Nomini Königseggiano dicatum. Recusum Claudiopoli, 1723. in 8. Sätze, die Kölescheri 1719, den 24sten Heumond, zu Löwen in Brabant, unter dem Jos. Franz Foppe, vertheidiget, und herausgegeben hat.

20) Primum pietatis erga Deum officium. Recusum 1724. in 12. Ihm ist beygefügt: Via ad vitam beatam.

21) De litteratura Tangutana, in Act. Erudit. Lips. 1726. S. 327.

22) Tibullus Corvinianus. Seu Albii Tibulli, Triumviri, Poetices, quæ supersunt. E codice M/IJ Matthiæ Regis Hungariæ, recensuit — Claudiopoli, Impress. Samuel Pap Telegdi, 1727, in 8. Mit einer Zueignungsschrift an den Fürsten, Joseph Wenzeslaus von Lichtenstein, Obersten eines k. k. Dragonerregiments. In der Vorrede verheißet Kölescheri auch den Katull und Properz, aus seiner Handschrift gemeinnützig zu machen. Es ist aber nie geschehen, und ich glaube es auch nicht, daß er es jemals Willens gewesen sey. Denn kaum existirt eine schlechtere Handschrift von diesen Dichtern, als diese so genannte Korvinische. Wollte man sie aus gedruckten Ausgaben verbessern, so würde man reichlichen Stoff darzu finden, nicht aber umgekehrt. Im Katull ist keine einzige Lücke ergänzt, manche Gedichte zerrissen, und andern angeflickt. Nur wundert es mich, wie Tibull allein die Vorzüge gehabt hat, welche wir in dieser Ausgabe finden. Ganze Verse, ganze Distichen, die wir in andern Ausgaben vermissen.

Sonst glaubt man, der Corvinische Codex Mscr. dieser Dichter, befände sich in der berühmten Wolfenbüttelischen Bibliothek; so wie der Catalogus Bibliothecæ Matthiæ R. H. Allein Kölescheri will ihn auch besessen haben. Denn in seiner hinterlassenen Abschrift schreibet er: Codex hicce Manuscriptus Catulli, Tibulli, & Propertii, Romanorum Poëtarum Carmina, quæ exstant, continens, jussu Matthiæ Regis Hungariæ descriptus, e bibliotheca ejusdem Budensi, tempore Exregis *Joannis de Zapolya*, in Transylvaniam delatus, e supellectili subhastata Principis *Michaelis Apafi*, Bibliothecæ Sereniss. Ducis, *Eugenii* de *Sabaudia*, demisse adscriptus, a Sam. Köleseri de Keresker, Consil. Gubern. Transyl.

Beim Verkaufe der Kölerischen Büchersammlung, erstund Alexander Kovatsnai, Prof. zu Neumark an der Marosch diese Abschrift, und verehrte sie den 15ten Jäner 1776, dem gelehrten Reichsgrafen, und Siebenbürgischen Gubernialsrath, Samuel Teleki, mit folgender Inschrift:

Vade, liber! jam te Samuel Telekinus habebit,
 I, veteri domino rursus adepte parem.
Non audent nostri socium te ferre libelli,
 Nec mea parva nimis bibliotheca capit.
Tu Reges sectare, aulasque habitato potentum,
 Illustres semper quem tenuere viri.
Quem rex Matthias, princeps & Apafius olim
 Condiderint gazis, Bethleniusque suis.
Nec te pœniteat, Budæ quod ab arce remotus
 Ad vada Marisii jam velut exul, agas.
Scrinia te quamvis ibi nobiliora tenebant,
 Et locuti plures turbaque major erat;
Nec tamen hanc ideo subiturus temne tabernam,
 Cui similem nunquam Dacia nostra tulit.
Matthia certe Dominus tibi doctior hic est,
 Librorumque illi cedit amore nihil.
Ne dubita justum sit quin habiturus honorem,
 Ille ubi, ut celebri conspiciare loco.

Ergo liber! cum te Scharomberkinus Apollo
Accipiet, noſtri ſis memor usque, vale!

23) Epiſtola de vetuſtis Romanorum ruderibus Albæ Juliæ, occaſione valli erecti detectis, ad amicum. *Nova Litterar. Lipſ.* 1727. S. 97 —

24) Animi grati & ingrati character, e majori opere Paſchaliano. Cibin. 1729. in 8.

25) Rationabilium hujus ſeculi dubitationum Elenchus. S. *Acta Phyſ. Med. Nat. Curioſor.* Vol. I. append. S. 131.

26) Folgende Bemerkungen der X. Centurie, in Ephemer. Academiæ Imper. Naturæ Curioſorum:

Obſervat. 88. de Apoſtemate hepatis curato. S. 416 — 421.

——— 89. de vomica pectoris. S. 421 — die letzte Krankheit des in Siebenbürgen kommandirenden Generals, Stephan, Grafens von Stainwille, eines berühmten Chymiſten. Er ſtarb zu Deda, 1720, den 21ſten des Weinmondes.

——— 90. Inteſtini pars extra abdomen pendulum, S. 224.

——— 91. De Transmutatione ferri in cuprum, S. 225.

——— 92. Achates &c. Tranſylvaniæ, S. 426.

——— 93. Mures agreſtes. S. 427. von Klauſenburg, den 1ſten März, 1721, überſchickt.

27) De ratione recte emendateque ſcribendi. Dieſes Orthographiſchen Werkchens gedenken Bod und D. Weſpremi. Mir iſt es unbekannt.

28) A' rendes orvoslásnak közönséges Reguláii. Stückweiſe in den Klauſenburgiſchen Kalendern von 1723 — 1730.

Q 2 Hand-

Handschriftliche und versprochene Werke:

1) Compedium Juris Transylvanici, juxta approbatas compilatasque constitutiones, in capita redactum. 1729. Der 1. Theil handelt: de statu Religionum in Transylvania, annexisque rebus ecclesiasticis. Der II. de negotiis Principis, Statuum & Fisci. Der III. de rebus & negotiis regnicolas concernentibus, und der IV. Theil, de modalitate & forma juridici Processus.

2) Cogitationes de emendandis studiorum defectibus, & studiorum emolumentis. 4 Bogen.

3) Gorgonea venena, eorumque antidota, seu labyrinthus scholasticus, perversusque studiorum acquirendorum, ac ritu filorum Theseo-Ariacneorum compendiosior scholarum emergendi, ac eluctandi in Transylvania Modus, propinatus auctore S. K. d. K. Pastor Weidenfelder zu Michaelsberg, hat diese Abhandlung, 1746, mit verschiedenen Anmerkungen vermehrt.

4) Analecta antiquitatum Dacicarum. Eine blosse Sammlung von Abrissen Römischer Denkmäler mit ihren Inschriften. Sie verdienten durch den Druck bekannter gemacht zu werden.

5) Hecathene, seu descriptio & explicatio critica omnium lapidum Dacicorum. Der Verfasser und Doktor Vanderbech reden sehr viel von diesem Werke. Des letztern Thrasonische Muse sang auch schon auf den Verfasser:

Debueras Hunnis, qui te genuere, Camœnas
   Has, quarum ad Dacos transvehis omne decus.
Tot tantisque tuis titulis dum Dacia fulget,
   Quod de te semper grata loquatur habet.
Si tamen auctoris calamo decorata taceret,
   Marmora, quæ nomen grande loquantur erunt.

Nach Köleschers Tode aber, fand man gar nichts davon. Den 13ten März, 1725. schreibt er seinem Freunde, Weidenfelder: utinam vero reculæ luculenter alias coacervatæ, Generalis Steinvillii essent in salvo; non esset tanti laboris *Hecathena* mea. — Wobey der letztere anmerket: de qua vero in revisione bibliothecæ suæ ne vola, ne vestigium quidem. Vielleicht hat es Kölescheri selbst aus guten Gründen vernichtet, denn aus seinen Handschriften erhellet, daß ihn seine Arbeiten erstaunliche Mühe gekostet haben.

6) Thermo-Acrena Dacica. Kölescheri schreibet dem Vanderbech, 1720, den 25sten Heumond: daß er dessen Valachia subterranea, mit diesem Werke heraus zu geben gedenke, welches aber meines Wissens nie geschehen ist. Da ich nur das erste Stück von der Galleria di Minerva, *Venetiæ*, 1724. besitze: so kann ich nicht sagen, ob nicht Vanderbech den folgenden Stücken einige Kölescherische Schriften eingerückt habe, wie hier dessen Aufschrift auf den Karolinischen Weg in die Walachey, bey dem Passe des rohten Thurms, und dessen Brief an ihn wegen seiner Beschreibung der Oesterreichischen Walachey. Wenigstens schreibet er ihm den 5ten Sept. 1723, unter dem Namen Conradi: ego modo occupor in exornandis Albrizzianis novalibus — experiaris me tuum nomen, æque ac meum, in hoc Diario tueri, & licet per Anonymum animadvertet Italia, quanti sint Kölescheriana pendenda.

7) Dacia Romana, Hunno Dacia, & hodierna Dacia Augusta. Auch dieses Werk habe ich nirgends entdecken können.

8) Elementa Jurisprudentiæ Civilis. Hievon schreibet er einem Freunde: Et ego Elementa Jurisprudentiæ Civilis, ignaræ juventuti nostræ, & inter rabulas legulejorum, ne quidem terminorum technicorum auditui assuetæ, in minori, eaque quartali forma in lucem dare cogitaram, si tempus & nitor caracterum Leutschovianorum animum volenti adderet. Ob sie aber gedruckt worden,

oder sich irgend wo in der Handschrift befinden, ist mir unbekannt.

9) In Absicht der Naturgeschichte Siebenbürgens, berichtet er einem Freunde in der Schweitz: Curiosa Helvetiæ, nec non Musei Damiani fragmenta, e Dacia nostra mediterranea insigniter locupletari posse, si vel unicus oculus Scheuchzerianus hic esset, vel genius huc transmearet, non dubito. Mihi quidem nec otium, nec studium succolandis Scheuchzerianis laboribus suppetere, spero tamen in *opere meo*, quod post *Romano-Daciam* sequitur, *nonnulla Historiam naturalem Transylvaniæ, seu Hunno - Daciæ illustrantia* suggesturum, nec trita, neque injucunda. Memorabuntur r. c. Gallina ovis incubans petrefacta, in montanis Györgyiensibus Siculiæ inventa. — Lepus agrestis totus salso-petræus in fodina salis inventus. — Conchilia, cochleæ striatæ turbinatæ, Chamæ pyramides &c. Numini lapidei diversæ formæ, & figuræ, per longos tractus sparsi; Trabes in puteis salinariis, 80 orgyarum, ex partibus vivi salis excisæ. — Nuper in lapicidina amici non procul Cibinio, ramus virgulti Corylini instar in carbonem conversus, lapidem vivum perforans, inventus. — Arborum rami & folia, circa thermas Gyogyienses petrificata. — Imbribus & eluvionibus detecta cornua Ammonis, — grandes animalium maxillæ, dentes & ossa pariter in speluncis insolitæ magnitudinis. Et quæ non alia subinde obvia naturæ portenta, ab ignaris nihili æstimata? Aquas soterias minerales *Thermo-Acrene* mea *Dacia* proxime dabit. — In einem andern Briefe an ebendenselben berichtet er folgende Seltenheit:

Dum hæc scribo, adferuntur mihi e fluvio Transylvanico extracta cornua cum cranio, pendentia XVIII. libras Viennenses, animalis certe peregrini, in lapidem mutata. Cranium cervino majus, jugulum longius, cornua lata, alaria referentia. Sed quod me plus ambiguum reddit, dens

dens est incurvus elephanti similis, cum lato alveo, & longitudine unius spithamae viri adulti, dentis longitudo IV est spithamarum, diameter maximae crassitiei, $3\frac{1}{2}$ pollicis. Quomodo haec, & in quonam genere animalis combinabilia sint, fateor me ignorare. Dens & cornua in uno fluvii alveo inventa simul. —

Diesen Auszügen will ich noch drey Kölescherische Briefe an ausländische Gelehrte von vorzüglichem Range, wegen ihres litterarischen Inhalts beyfügen:

I. Brief. An Prof. Peter Burmann, zu Leiden.

Amplissimo Viro, D. Petro Burmanno,
Litteratori summo,

S. P. D.

Samuel Köleserius, a Keres-Eer.

Die VIII. praeteriti anni ad me exaratas litteras, XX^{mo} hujus mensis & anni, singulari voluptate accepi, legi, & relegi. Optarem ingenio Tuo Auraria mea Romano-Dacica vel tantillum satisfactum esse. Opusculum quidem tumultuaria opera in lucem protusum est: index tamen antiquitatis Romanae in Dacia nostra, & majoris operis, si Deus vitam & vires largiatur, prodromus. Pretium quidem his litteris hic nullum: me tamen delectant, & tam Inscriptionum, quam Numismatum, his in terris erutorum, congestio, pascit in dies oculos

& animum. Dum hæc fcribo, obvenit infcriptio græca hujus fere moduli:

ΓΕΓΟΝΕ ΕCΑΘΗΝΑC ΟΜΟΙΩC
ΒΑΕΙΙΙC ΤΑΥΤΑ.

Sub hac infcriptione alabaftro incifa, decumbit ad latus finiftrum, vir pede dextro nudus, cubitui innixus. In finu jacet ftolata mulier, pomum manu finiflra tenens; ad latera lecti utrinque Delphini, erectis caudis. Jovem & Venerem elle opinatus fum ex fymbolis. Sed Venerem cur Hecathenam dicas? Curiofitatem, vel dubium nova infcriptio Romana non longe ab hac eruta, fed lucunofa:

D. D. O.
HECATENI. PATRES.
EX DE. ARAM POSIERVNT
C. CAST - - PVLC —
DVETRINAREI —
TITANE - RVF —
PRO. SALVT. SV —
MILT. Q. LEG. XII —

In Gruteriano - Grævianis præter *Hecaten*, mulieris nomen, & *Hecatœum* nihil deprehendo, nec in aliis antiquariis, quos curta fupellex litteraria fuggerit. Labor in fimilibus vetuftatis veftigiis legendis, hic tædiofior ex defectu fubfidiorum. Infignia Genii Tui litterarii documenta, quorum pauciffima, quæ vidi, amorem Tui accenderunt, quantocyus afferri percupio, cumprimis Quintilianum tuum ac Petronium. Si quid delectamenti pro litteris tuis hic adeſſe, tibique impertiri poſſe, cognoſcerem, haberes me ad obſequia. In auraria mea Romano-Dacica plura videris, quæ hactenus nec lucem viderunt; vel multa vitioſa credita ſunt. Vale, Vir Eruditiſſime! & iis qui te e longinquo amant, fave! Cibinii Tranſyl. XXI. Jan. 1720.

Köleſcheri wollte nur unter Hekathena, eine Gottheit entdecken, und Vanderbech trompetete ſchon:

Heeathena piis Dacorum exercita votis,
    Obſcuro latuit nomine ſpreta Divæ.
Qui vetus illuſtrant ævum, patrumque tenebras,
    In ſcriptis nomen vix tetigere ſuis.
At modo, qui Dacos decorat, Koleſcherius illam
    Vindicat, antiquum reſtituitque decus.
Ille dedit vitam Hecathenæ, ſed dabit iſta,
    Excidat ut nullo tempore fama viri.

Um mehreres Licht hierinn zu erhalten, ſchrieb er auch an den berühmten Burchard Menken:

II. Brief. An Johann Burchard Menken zu Leipzig.

Pro luculentiſſimis officiis, quibus non merentem, tibi plurimum devinxiſti, vereor, or, ne dignas rependere queam gra es: interea totum me in aere tuo esse, lubens gratusque profiteor. Accepi nova litteraria, tum germanica, tum latina. Nunc supplementa Mensium, nec non volumina III. Indicis generalis Actorum Lipsiensium, una cum nonnullis aliis per hujates mercatores adferenda, avide exspecto, studia vestra & assidui labores merito admirationi sunt. Nuper admodum, ubi vallum fortalitii Carolini-Albensis, quod antea Alba Julia (Weissenburg) dictum est, erigeretur, & fossis circumductis terra verteretur, detecta non pauca antiquatis Romanae rudera, sub binis trinisque terrae incumbentis orgiis. — Hic evoluti sunt non tantum quadrati paralogiani; sed & quadrati elegantissimis inscriptionibus & figuris hactenus ignotis lapides: grandiores lateres Legionum & officialium praefectorum nominibus insigniti, gemmae affabre caelatae, annuli, icunculae Deorum Dearumque; nummi e triplici metallo diversi moduli; statuae, inter quas una Nympharum, altera procera habitu imperatorio, nisi quod capite carens, quisnam esset, dignosci non potuit; aquae ductus subterranei; urnae sepulcrales; balnea, aedium sacrarum bases, columnae, & nonnulla religionis simulacra. — Haec subinde lustranti, memorabile mihi occurrit simulacrum *Hecatenes* e marmore alabastrino bipedali sculptum. Jacent hic juxta se mutuo supra lectum romano more stratum, binae effigies, una viri barbati sagati, pede dextro genu tenus erecto, nudi, cubito

bito dextro pulvinari nixus, in hujus gremio altera mulieris stolatæ, pariter pulvinari nixæ, & manu sinistra pomum tenentis. Delphini erectis caudis superne & inferne lectum ornant; latus vero parietinum inscriptio græca in hunc modum:

ΓΕΓΟΝΕ ΕΚΑΘΗΝΑΣ ΟΜΟΙΩΣ ΒΛΕΠΙΕ ΤΑΥΤΑ.

Paullo post obvenit alius lapis quadratus, in quo litteris uncialibus expressum fuit: HECATENI PATRES EX DE. ARAM POSIERVNT — Cum hæc utrinque contemplarer, occurrit mihi illud Lipsianum in fragmento *Senecæ*: quidam vero mixto sensu, diversis corporibus induunt; numina vocant, mixto sensu, inquit Lipsius, quasi ex mari & fœmina compositi quidam Divi, ut *Hermathenæ*, *Hermeracles* &c. sacrum Hecathenorum patrum ministerium hic fuisse, templumque erectum, in quo ara posita, & supra aram statuam hanc locatam, combinatæ, quæ hic adsunt, circumstantiæ clarissime evincunt, uti olim ædem, in qua statua Mercurii & Minervæ locata erat, *Hermathenam*; ita hanc *Hecathenam* eandem ob rationem conjunctionis dictam esse. Hecathis nomine triplices virtutes exprimere voluisse gentilium superstitionem, & illarum intuitu, *tres Deas* appellasse, & vulgo notum. Symbola tamen Delphini & pomi in posteriores non quadrant.

Jo-

Jovem sub variis titulis in Daciis cultum esse, diversæ ostendunt inscriptiones proxime ad hunc lapidem effossæ. Sunt bases columnarum cum inscriptionibus: IOVI OPTIMO MAX. SOLI INVICTO. IOVI ÆTERNO, INVICTO MITRAE. — Item combinatæ aliæ: IOVI IVNONI REGINÆ DEO DEÆ. — Quo & lapides procul abhinc inventi, inscriptio in auraria Romano-Dacica allegata: IOVI INVENTORI. DITI PATRI. TERRÆ MATRI — alludit. Forte non fallar, cum Romanorum prima cura fuerit labor metallicus, ejusdemque sedula continuatione proventuum, a divite terræ Daciæ penu eruendorum avida confectio, metallis fœcundam hujus terræ imprægnationem Solis & Lunæ efficaci in hæc interiora cooperationi adscribentes, virtutem hanc indigitari, & simulacro Hecathenes ritu patrio *Jovem* & *Junonem*, Deum Deamque omnium potentiarum & virtutum fontes, Romanos coluisse. Quod autem in memorata lapidis inscriptione patres Hecateni, *Duetrinarei*, dicantur, nondum mihi satisfactum esse fateor. Sed de his, & his similibus in *Dacia Romana*, quam molior, uberius. — Perplacuit Celsiss. Principi *Maurocordato*, recensio libri græco idiomate, de *officiis* scripti, promittitque eundem latino idiomate luci publicæ, ut eruditorum limam subeat, brevi daturum. Interea, vir illustris! plurimum vale, ut par meritis felicitas Tibi obtingat. Iterum vale, tui nominis assiduo cultori fave,

ve, vestrorumque laborum notitia sitim e longinquo releva. —

Die Antworten dieser berühmten Gelehrten sind mir zwar unbekannt; mich aber deucht, Köleschi fänd wenigen Trost in den zusammengesetzten Bildsäulen Merkurs mit andern Gottheiten: Herm-Athena, Herm-Eras, Herm-Harpokrates, Herm-Herakles, — zur Erläuterung seiner Hekathena, in dem Griechischen Monumente, wann er auch gleich recht gelesen hätte; denn diese Bildsäulen stellen verschiedene Gottheiten unter einer Figur vor. Allein in diesem Apulischen Denkmaale sieht man eine bärtige Mannsperson, und in deren Schooße ein gleichfalls liegendes Frauenzimmer in langen Kleidern, mit einem Apfel in der linken Hand. — Und wie könnten diese den Jupiter und die Juno vorstellen, da Hekathena, nohtwendig das Bild der Hekate, und der Minerva vorstellen müße? — In Absicht der Hecatenorum Patrum, finde ich noch keine Ursache, meine Meynung, in Inscriptt. Mon. Rom. in Dac. S. 131. zu ändern. Duetrinarei, bezieht sich auch gar nicht auf die Patres Hecateni; sondern auf den vorgehenden Namen, und möchte vielleicht: Duetrinarei Filius, zu ergänzen seyn. —

III. Brief. An den berühmten Engländischen Arzt, Johann Woodward.

Vir Illustris!

Miraberis forte, hominem Tibi ignotum quidnam moverit, ut e remotissimis oris Angliæ

gliæ tamen Tuæ, cujus aliquando sesquiannii accola fui, non fine voluptate grateque memorem Tuas interpellarem curas. Claritas eruditionis Tuæ, & diffufa rerum naturalium fcientiæ exiftimatio, mare, quo continetur patria, quam ornas, diu transgreffa, penetravit ad ultimam litterati orbis Thulen, meque inter ceteros in Tui venerationem non invitum excivit. Si aufus hic culpam meretur, eam in fe fumet, fuamque effe agnofcet Vir ingenuus, Helvetorum non folum fuorum, verum litterati orbis focietatumque fcientiarum præclarum decus, *Joannes Jacobus Scheuchzerus*, cujus præconio non folum allectus; fed & humanitatis Tuæ, Tibi a gente & litteris nativæ, fecurus reddicus, ad has, quibus & cultus Tui & cupiditatis, quæ me licet a publicis negotiis diftrictiffimum, erga litteras meliores tenet, cum confolatione redundans darem teftimonium, movebar. Exaruit quidem apud me ufus linguæ veftræ & diftantia loci, quæ nos diftinguit, ut & commoditatum difficultas, quid litterata Anglia agat, me notitia deftituat, ut ne quidem acta focietatis Regiæ, quousque profecta fint, & an in latinum idioma translata; multo minus (ni pauciffimos excipiam) privatorum fagacitate in fcientia rerum naturalium, ac antiquariæ, quousque promota, fcire datum fit. Salivam quidem fubinde movent, quæ ex Ephemeridibus novis litterariis ad me perveniunt; fed famem fitimque per ea implere, fpes nulla. Cetera praetereo: *Historiam* tamen *naturalem Insulae Iamaicae*, te auctore contextam, & *Pembrochiani Numophilacii descriptionem*, ita in oculis habeo, ut vel solis, dum adhuc vivo, perfrui posse, avide anhelem, simulque scire, in quonam nunc labore te Musae tuae detineant. Si importunitati meae veniam deleris, a Tua, Vir illustris! humanitate, precibus contendo, ut quod maxime Tu potes, idam mihi dederis explanationem, *quaenam gentis Valliam vestram incolentis origo? qui progressus? quae lingua antiqua, & in quantum illa ab antiquo idiomate descivit?* — Appetitum haec plenius scisse civit liber, Londini, An. 1700 impressus, sub titulo: *Oratio dominica.* Quem dum volverem, incidi in orationem dominicam duarum gentium a se mutuo distantissimarum, lingua iisdem communi, immo eadem familiari descriptam. Miratus Wallicorum & Moldavorum linguas adeo cognatas esse; ut dum Wallicam legerem, ab illis suam esse adserentibus, intelligerem. Quis mihi scrupulum hujus rei eximet, an vera sit illa Walliae vestrae dialectus, quam auctor praefati libri testimonio allegatorum, unde orationem istam exscripserit, sub titulo: *Linguae Wallicae* recensuit. Ingenti beneficio cumulatum me sentiam; si Tua fida ac genuina informatione nixus, Valachorum origines pro complemento *Daciae* nostrae *antiquae*, quam sub manibus teneo, ex collatione desiderata illustrare valuero. Reciprocis officiis pro viribus

bus facultatum mearum, ad juſſa Tua promtum paratumve me Tibi offero, ac quantocyus ut reſponſo Tuo me digneris, enixe contendo, qui omnem Tibi incolumitatem, ac boni publici, litterarumque cauſſa indevexas ætatis vires apprecor. Vale, Vir illuſtris! viveque Deo, Regi, Regno, bonisque litteris, & me honori tuo aſſurgentem redama. —

Gewiß, bin ich nicht der einzige von den Freunden unſerer vaterländiſchen Geſchichte, der nicht die Woodwardiſche Antwort von der alten Walliſchen Sprache, zu wiſſen wünſchte. Warum ſind nicht ehe dergleichen Briefe an unſere Gelehrte, der Nachwelt aufbewahrt worden, als die Thraſoniſchen des Vanderbechs?

Kölſch

Martin. Ein Schäßburger, der zu Wittenberg die Arzneykunſt ſtudirte, und 1668, darinn die höchſte Würde erhielt. Er vertheidigte unter dem Vorſitze des Johann Fridels, von Preßburg, der Weltweisheit und Arzneykunſt Doktorn, folgende Mediziniſche Streitſchriften als Verfaſſer: 1) De Hydrope. 1668. Witebergæ, 4. 2) De Pleuritide. ebendaſelbſt in 4. ohne Meldung des Jahres; doch iſt dieſe jünger, als die erſtere, welche Kölſch in ſeiner Zueignungsſchrift an den Fürſten Michael Apafi, die Erſtlinge ſeines gelehrten Fleißes nennet.

Kraus

Kraus

Georg, Superintendent der Sächsischen Kirchen, und Pfarrer zu Birthalmen. Ein unermüdeter Mann für die vaterländische Geschichte! dessen schöne Handschriften aber höchst selten sind, und ein grosser Theil davon, selbst von einem seiner Enkel, aus Gleichgiltigkeit für die Geschichtskunde, als Makulatur verbraucht worden. Trauriges, aber sehr gemeines Schicksal unter uns! — Schäßburg war sein Geburtsort, woselbst sein Vater gleiches Namens, als Notarius starb. Seine akademischen Jahre vollendete er zu Preßburg, wo er um das Jahr 1668, lebte. Als Diakon in seiner Vaterstadt, erhielt er 1678, die Pfarre Schas; allein nach dem Tode des Stadtpfarrers, Georg Schobel, erwählten ihn die Schäßburger, 1684, zu dessen Nachfolger. Nachgehends ward er Superintendent. Bey der Wahl der versammelten geistlichen Universität zu Medwisch, 1711, den 19ten Jäner, hatte er und Lukas Grafius, Stadtpfarrer zu Medwisch, gleiche Stimmen, ein seltner Fall! Das Loos sollte entscheiden, und dieses bestimmte Krausen. Allein schon alt und abgelebt, gieng er den 5ten Aug. 1712, in die Ewigkeit über. Von seinen Schriften sind mir bekannt worden:

Hagar Saræ, hoc est: Philosophia prima Theologiæ ancilla se se submittens, quæ partem Mataphificæ generalem, sectione exegetica brevi præmiſſa, poriſmaticam exhibet, principiorum omnium & singulorum theologicum usum uberrimum aperiendo, & nefan-

nefandissimum abusum detegendo, cujus disputationem præsentem, præside — Joanne Faustio — solenniter sistit — Argentorati. typ. Joh. Pastorii. an. 1668. in 8. In der Vorrede fordert der Verfasser die Verächter der Metaphysik auf, namentlich den bekannten Schilling, und Amesius, und will den Nutzen derselben in der Gotteslehre zeigen. Die Abhandlung enthält drey Hauptstücke, deren jedes zween Abschnitte hat; einen Exegetischen und Porismatischen. — Der Grund des Widerspruchs: Impossibile est, idem simul esse & non esse, ist sein höchstes Prinzipium, das zweyte: quodlibet est, vel non est. Die Exegetischen Abschnitte handeln: de Constitutione Metaphysicæ, ejusque subjecto; seu Ente in genere; de Actu & Potentia, und de Principio & Principiato, Caussa & Caussato in genere, & in specie. In der Kanon wird 1) erklärt, 2) bewiesen, 3) angewendet. In den Anwendungen wird der Mißbrauch gezeigt, den die verschiedenen Religionsparteyen zur Behauptung ihrer Lehrsätze davon machen, und dabey die Ehre der Metaphysik gerettet. — Dieses Werkchen ist vergessen; und wie viele Metaphysiken würden fruchtbarer seyn, wann sie so abgehandelt wären!

Von Krausens handschriftlichen Werken, zur Erläuterung der vaterländischen Geschichte, finde ich in der hinterlassenen Büchersammlung des Superintendenten Haners:

1) Ausführliche Verzeichnung des Elendes und der Noht, welche von anno 1599, bis 1605, Schäsburg und andere umliegende Oerter erlitten.

2) Co-

2) Codex Krausio-Kelpianus, oder merkwürdige Geschichten in Siebenbürgen, und dessen umliegenden benachbarten Ländern, von 1608, bis 1665, mit vielen Urkunden. *)

*) Von dem verdienten Professor Martin Kolp seit 1672. fortgesetzt.

3) Annales sui temporis. Deutsch.

Kraus

Johann. Ein Großschenker, mir sonst unbekannt. Sollte es vielleicht derjenige seyn, der in seinen Universitätsjahren zu Jena, ein fürchterlicher Renomist war, auch daselbst heurahtete, und eine Zeitlang als Fechtmeister bey der Universität diente, hernach aber in seinem Vaterlande eine Pfarre erhielt, so gratulirte ich ihm zu folgenden Werkchen:

Das himlisch gesinnte Herz vom zukünftigen Leben: oder, glaubensvolle, heilige, nohtwendige Gedanken, ewig selig zu werden, in Frag und Antwort kürzlich abgefaßt, und mit Approbation Sr. Hochwürden, H. Jesaiä Friedr. Weißenborns — der gottsfürchtigen Jugend zur seligen Aufmunterung vorgestellet, von Johann Krausen — Jena und Leipzig. 1733. in 8.

Krempes

Johann. Von Hermannstadt, der Fr. Künste Magister, Doktor der Weltweisheit, und Pfarrer zu Agnethlen im Großschenkerstuhle. Ein guter Sohn, aber unglücklicher Vater! Sein Vater gleiches Namens, Pfarrer zu Talmesch, ließ ihn zu Hermannstadt auf höhere Schulen zubereiten.

Von hier reiste er nach Wittenberg, erhielt den 27sten Apr. 1682, die Magisterwürde, und blieb fünf Jahre daselbst. Nicht wie itzt — o, Zeiten! o, Sitten! Doch auch damit begnügte sich seine warme Lehrbegierde nicht. Er besuchte darauf die Niederländischen Akademien zu Franecker, Gröningen, Utrecht und Leiden, nützte die berühmtesten Büchersäle, und dachte nun auf eine gelehrte Reise nach England, allein ein rührender Brief seines immer kränklichen Vaters bewegte ihn, seinen Vorsatz zu ändern; und so kam er 1684, im Frühlinge glücklich durch Pohlen in sein Vaterland zurück. Hier fand Krempes an dem Valentin Franken, Königsrichter zu Hermannstadt, alles, was er sich wünschen konnte. Durch dessen Gnade erhielt er 1686, das Schulkonrektorat, mit einer erhöhten Besoldung von 100 Gulden. Für die damaligen Zeiten eine sehr gute! Den 17ten Apr. des folgenden Jahres folgte er dem Isaak Zabaneus im Rektorate.

Die erste Pflicht, die er sich in diesem Dienste vorschrieb, war, die lernende Jugend zu einer wahren Gottseligkeit anzuführen. „Weil ich nun wußte, schrieb er, daß die Gottseligkeit in zwey Stücken bestehet: in der rechten Erkenntniß Gottes, und in der rechten Verehrung Gottes; so erklärte ich meiner anvertrauten Jugend solche Schriftsteller, die zu diesem erhabenen Zwecke stimmten. Dabey versäumte ich auch nichts, wodurch sie zu andern höhern Wissenschaften zubereitet werden konnten; besonders suchte ich die lateinische Sprache in ihrem goldnen Zeitalter unter sie auszubreiten." — Zu dieser Absicht ließ er
durch

durch Frankensteins milde Unterstützung, seine Schüler die Komödien des Christlichen Terenz, öffentlich aufführen. Es geschah mit grossem Beyfalle; allein mit Krempes Schuldiensten, hatten auch diese theatralischen Schulübungen ein Ende. Er ward Archidiakonus, und nach einem halben Jahre, 1691, im Maymonde, Pfarrer zu Neudorf. Seine Schuldienste müßen doch auch nicht die angenehmsten für ihn gewesen seyn. Denn seinen Lebenslauf in der Schulmatrikel, begleitet er mit Craufers Versen:

Pro tam difficili plenaque labore palæstra,
  Hi sunt thesauri divitiæque meæ:
Pulveris absorpti drachmarum pondere centum,
  Pedorum & bilis mixta selibra duum:
Læsa valetudo, macies cum tusse, catarrhus
  Cum peripnevmonia, pallor in ore gravis;
Ira, odium, invidia & livor, contentio, pugnæ,
  Nilque nisi in vacua, bibliotheca domo;
Aere crumena carens, perpauca, aut gratia nulla,
  Grandia magnifici lucra magisterii!
Ergo sceptra scholæ sterilesque valete cathedræ,
  Functio me gravior cumque quiete manet.

Von Neudorf erhielt er 1693, den Beruf nach dem volkreichen Marktflecken Aguethlen, und hier starb er 1708, ganz plötzlich an einem Schlagflusse. Seine Söhne lebten seinem Namen nur zur Schande, der nun aber mit ihnen vergessen ist.

ist. — Ehe Krempes zu Wittenberg magistrirte, vertheidigte er unter dem Johann Deutschmann, dessen 11te Streitschrift über die Augsburg. Konfess. de bonis operibus; unter Balthasar Stollbergen aber 1681: Exercitat. Philolog. de soloecismis Græcæ N. Fœderis dictioni, falso tributis. Von eigenen Arbeiten sind mir nur bekannt:

1) Quæstio pnevmatica: an detur Præcursus Dei, omnia agentia creata ad agendum irresistibiliter prædeterminans? *Resp.* Andr. Malberthi, Agatho-Transylv. d. 11. Oct. 1682. Witeb. 4.

2) Theses Philosophicæ. *Resp.* Andrea Brenner, Cibin. d. 25 Jul. 1690. Cibinii. 4.

3) Simplicitas columbina, 1690. nebst andern kleinen Gedichten auf den Königsrichter Frankenstein, befinden sich im Roseto Frankiano. Viennæ. 1692. in 12.

Kyr

Paulus, war ein gelehrter Arzt zu Kronstadt seinem Geburtsorte, im 16ten Jahrhunderte. Längst würde sein Andenken vergessen seyn; hätte er nicht hinterlassen:

Sanitatis studium, ad imitationem Aphorismorum compositum; item: Alimentorum vires breviter & ordine alphabetico positæ. Coronæ. 1551. in 8.

Ladiwer

Elias. Ein geschickter Schulmann von Si=
in (Solna) in der Trentschiner Gespanschaft,
woselbst sein Vater gleiches Namens, etliche
reyßig Jahre, die Pfarre verwaltete. Um das
Jahr 1655, bekleidete er das Schulrektorat in
seinem Geburtsorte, und hierauf 1662, zu Bart=
feld. Von hier ward er nach Teplitz zum Pfar=
rer beruffen, erwählte aber nachgehends abermal
die Schuldienste, und kam als öffentlicher Leh=
rer der Logik nach Eperies. Als das dasige be=
rühmte Collegium aufgehoben wurde, lebte er
etliche Jahre zu Danzig, Königsberg, und in Poh=
len. Endlich nahm er, wie viele andere, seine
Zuflucht nach Siebenbürgen, und Hermannstadt.
Hier veranstaltete der Raht, 1673, den 8ten
März, eine öffentliche Disputation, unter dem
Vorsitze des Georg Fempers, zweyten Lektors
des Gymnasiums, wozu Ladiwer und Fabrizius
eingeladen wurden, um diese unglücklichen Fremd=
linge kennen zu lernen. Beyde zeigten sich von
einer vortheilhaften Seite, darauf Ladiwer zum
außerordentlichen Lektor bey der Schule erklärt
ward. Nachgehends, wurde er zum Schulrekto=
rate nach Schäßburg, nicht Regen, *) beruffen
Hier erneuerte er und Zabanius, ihre alten
Streitigkeiten über die Aromen, und dieses mit
so vieler Bitterkeit, daß ihnen die Synode, 1679,
den Geist des Friedens, und beyderseitiges Still=
schwei=

---

*) Wie Johann Burius meynt; in seinem handschriftli=
chen Werke: Mikæ Historico-Chronologicæ Evan-
gelico-Pannonicæ. 1685.

schweigen anbefehlen mußte. Im Jahre 1682, verließ Ladiver Siebenbürgen wieder, und begab sich als Rektor abermals nach Eperies. Hier beschloß er sein mühsames Leben, 1686, und ward am Gründonnerstage begraben.

Nach dem Czwittinger, hat er viele Streitschriften, und andere Werke herausgegeben, er führet aber nur das erste von den folgenden an:

1) Verſus memorabiles & differentiales diverſorum auctorum, ad Etymologiam & Proſodiam maxime ſpectantes; de generibus Nominum, de Præteritis & Supinis Verborum, de quantitate Syllabarum, & de diſcrimine vocum cognitarum. Leutſchoviæ. 1672. in 8.

2) Symperaſmata Philoſophiæ rationalis, ex prima mentis operatione deducta & elicita, Præſide Elia Ladivero, Coll. Eper. P. P. Scholæ Schæsburgenſis Rectore, *Reſpond.* Petro Cramero, Bonodorfienſi. 1679. in 4.

3) Controverſiarum Metaphyſicarum Diſp. I. de Natura Ontologiæ, & Ente ut ſic, indeque manente uſu Theologico, Ethico, Phyſico, & Logico. Defendente Dan. Schobelio, Lapidenſi. Menſe Martii, 1679. Cibinii, per Steph. Jüngling. in 4.

4) Diſputatio II. de Analogia entis & affectionibus ut ſic, Entis quatenus Entis, indeque manente uſu Theologico, Ethico, Phyſico, & Logico. *Reſpond:* Martino Kelp, Holdvilagienſi. d. 11. Oct. 1679. Ebendaſ. in 4.

5) Diſputatio III. de Affectionibus Entis in ſpecie, nempe uno & vero. *Reſpond.* Martino Textoris, Gymnaſ. Stud. d. — Junii. 1680. Cibinii. in 4.

Ob Ladiwer diese nützlichen Schulübungen weiter fortgesetzt, ist mir unbekannt. Die Hermanstädtische Schulbibliothek zeiget von ihm noch in der Handschrift:

6) Prælectiones Theologicæ in Pericopas Evangeliorum & Epistolarum Dominicalium & Festivalium.

Lebel

Johann. Nach den wenigen Nachrichten, die ich von diesem fleißigen Manne habe auffinden können, war er von Rösen, oder Bistriz, Bakkalaur der Fr. Künste, und um das Jahr 1527, Presbyter und Prediger zu Hermannstadt. Er wandte sich nachgehends zur Evangelischen Kirche, und verwaltete 1542, die Pfarre zu Talmatsch. Dieses bezeugt er selbst; die dasige Kirchenmatrikel aber gedenket seiner gar nicht; sondern nur des Richards, der 1527, und des Petrus von Medwisch, der 1560, Pfarrer war. Daher kann ich weder den Anfang, noch das Ende dieser seiner Amtsführung bestimmen, doch soll er nachgehends eine Pfarre im Bistrizischen Gebiete erhalten haben; woran ich aber wegen seines hohen Alters sehr zweifle. Auch finde ich ihn im Verzeichnisse der Pfarrer des Bistrizischen Kapitels gar nicht. — Meiner Kenntniß nach, ist Lebel unser ältester Sächsischer Geschichtschreiber, seine Nachrichten aber enthalten so viel Neues und Sonderbares, daß er mir ein gleich grosser Dichter und Geschichtskundiger zu seyn scheinet. Meine Leser mögen es aus den Proben, die ich geben werde, entscheiden. Sein erstes historisches Werk führet die Aufschrift:

1) Jo-

1) Joannes Lebelius in nomine Domini, Amen! de oppido Thalmud, alio nomine *Thalmus*, & illarum partium Cis-Oltham districtu, versus alpes Mysiæ Inferioris infra Cibinium, (alias Hermannopolitanam urbem Regalem, Transylvaniæque regni Metropolim) unde sibi nomenclaturam hanc contraxerit, quidque inde ab initio constructionis fuerit, sequentibus qualibusque versiculis, veteranus Presbyter, *Joannes Lebelius*, illius urbis in spiritualibus Pastor immeritus. Anno ab incarnatione Domini nostri Jesu Christi, 1542.

Ne candidis lectoribus tædium faceret, quanto Dei beneficio ejusque adjutorio, potuit, breviori compendio instar Rhapsodiarum, e variis longinquisque historiis, manu propria hæc consequenter conscripsit, ut illius loci coloni, finitimarumque partium accolæ, (præsertim prudentes circumspectique Domini Cibinienses, Domini patroni mei, multis nominibus mihi semper observandi) Historiam veluti notatu dignam memorabilemque præ omnibus manibus, dum eam & aliis recensere velint, habent; ne oblivione ab humana memoria perire contingat. — Quæ Scripta Joh. Lebelii denuo revisa, & plerisque in locis aucta sunt, Mense Martio, anno 1559.

Dieſes handſchriftliche Werkchen, habe ich, wegen ſeiner Seltenheit, unter dem Titel: Joh. Lebelii, de oppido Thalmus, carmen hiſtoricum, 1779. mit Bartiſchen Schriften zu Hermannſtadt in 8. drucken laſſen, und einige Anmerkungen beygefügt. Zur Probe der Lebeliſchen Dichtkunſt mag ſeine Vorrede an den Leſer dienen:

Ne cures, his versibus Musarum si plectra non
       servo,
Tu phrasin nota, rerumque seriem omnem,
         Ut

docet historia. Sicuti veritas habet,
sic tibi rusticitas, lectori, simplex hic narrat.
Nam scriptor haud poterat, grandævus ætate, ægerque,
Servare vatum modos, ac numeros pedum,
Ipse impotens gressibus, calamo sed impiger
albo
Conscribere Dacica atro colore gesta.
Sat tibi sit labiis promptis balbutiisse vera,
Et pedibus claudis rectum attigisse scopum.

Talmatſch, iſt ein Sächſiſches Dorf nicht weit von dem Paſſe des Rohtenthurms, hat ſeinen eigenen Stuhl, Burggrafen und Gerichtsbarkeit. Dieſen Ort läßt Lebel von Jüdiſchen Flüchtlingen erbauen, und leitet ſeinen Namen vom Jüdiſchen **Talmud** her. — Nach der Titiſchen Zerſtörung Jeruſalems, kam ein reicher Jude nebſt andern Flüchtigen nach Dacien. König **Decebalus**, nahm ſie wegen ihrer Reichthümer willig auf, und erlaubte ihnen an dieſem Orte eine Pflanzſtätte zu errichten, welche ſie nach ihrem Geſetzbuche, **Talmud** nannten. Da ſich viele Armenier, Griechen, Thracier und Möſier hinzogen, ward ſie bald eine der volkreichſten und befeſtigſten Handelsſtädte. Nach Decebals Untergang, bepflanzte Kaiſer **Trajan** Dacien mit Walachen und Römern, deren Uiberbleibſel noch im Lande wohnen, ſich von der Viehzucht nähren, und nichts Römiſches mehr, als den Namen haben. Die Regierung aber Siebenbürgens vertraute er Tetrarchen an.

In Absicht der Hunnen und Scythen, verweiset er seine Leser auf die Ungrischen Geschichtschreiber, und kehrt zu seinem Talmud zurück, dessen alten Glanz er aus dem grossen Umfange, und der Festigkeit der hin und her befindlichen Bruchstücke von Mauern zeiget. — Vom Ursprunge der Deutschen in Siebenbürgen stimmen die Schriftsteller nicht überein. Nach einigen sind sie unter Kaiser Karl dem Grossen, in das Land gekommen; nach andern unter den Ottonen, nach andern unter Geisa, dem Vater des h. Königs Stephan. Es sey aber, wie es wolle, schreibet unser Verfasser; genug, diese Völkerschaft erweiset, daß seit den Eroberungen des Attila, Völker von dreyerley Sprachen Siebenbürgen bewohnt haben. Im Kriege wider den heidnischen Herzog Opula, bediente sich König Stephan vieler deutschen Hilfsvölker, die nachgehends im Lande verblieben, und Pflanzstätte errichteten. Ihre Mundarten bezeugen, daß sie theils Schweitzer, Windelicier, Schwaben, Stepermärker, Bayern ꝛc. gewesen. Unter diesen Deutschen befanden sich drey vorzügliche Kriegsobersten: Hermann, Gerhard, und Heltanus, welchen Hermannstadt am Zibinsflusse, Gierels, oder Gerhardsau am Altflusse, und der Obstreiche Flecken Heltau, ihren Ursprung und Namen zu danken haben. — Dieses ist recht poetisch! denn dieser Gerhard und Heltanus hat wohl nie außer Lebels Gehirn existirt; ob es gleich auch zu unsern Zeiten noch einige behaupten wollen, ja, noch einen Christian und Schelker hinzufügen, um den Lateinischen und Walachischen Namen von dem Dorfe, Großau, und den Marktflecken:

flecken: **Mark** und **Klein Schelken**, zu erörtern. **Gerhardsau** heißet in alten Urkunden allezeit: Insula S. Gerhardi; also führet es seinen Namen von diesem Heiligen, so wie Neppendorf bey Hermannstadt, vom heil. Eppo. **Heltau**, nennen unsere Sachsen Hiélt. Dieses alte Wort bedeutet eine Schweinsheerde, die in Wäldern, oder auf Feldern weidet. Da nun die waldigten Gegenden von Heltau dazu gebraucht wurden; so hat der Ort davon den Namen erhalten, wie ihn dann auch die Ungern Diſznód, und in Absicht des benachbarten Dorfs, Michaelsberg, Nagy-Diſznód nennen. Ob auch Hermannstadt, von dem Nürnbergischen **Hermann**, oder vom heiligen Hermann, den Namen führet, ist noch die Frage. Denn welcher alte Geschichtschreiber saget uns, daß der Erstere nach Siebenbürgen gekommen? Doch ich kehre zu Lebeln zurück.

Um diese Zeiten war **Talmatsch** eine mächtige Handelsstadt; allein unter dem unglücklichen König **Bela dem IV.** wurde sie von den alles verwüstenden Tatarn zerstöret. Hier hätte dieser König einen Eidam gehabt, der vormals ein Müller und Wagnermeister gewesen, wie noch alte Denkmäler sein Wappen, ein halbes goldnes Rad, zeigten. Die hievon Mehreres wissen wollen, weiset **Lebel** zu andern Schriftstellern, nennet aber keinen einzigen. — Nun vom Tatarischen Kriege. Drey tapfere Helden: **Templarius**, den er auch **Latinus** nennet, **Kolmann**, Bruder des Königs, und **Hugrinus**, Erzbischof von Kolocza, suchten zwar das Vaterland gegen die Barbaren zu vertheidigen, erlitten aber eine gänzliche Niederlage. Kaum konnte sich Bela und Kolomann retten. Der flüchtige König suchte sowohl bey dem Despoten, als Oesterreich, Beyern und Sachsen vergebens Hilfe. Sein Reich blieb sieben Jahre ein trauriger Raub der wilden Tatarn. Gar bald überschwemmten sie auch Siebenbürgen, das sie mit Feuer und Schwerdt zur Einöde machten.

Die Sachsen bey Hermanstadt versammelt, suchten zwar ihre Sicherheit im festen Thurme des Nepo †), und im Kloster zum heil. Kreuze; ††) allein auch diese konnten sie nicht wider die überwiegende Macht der Feinde beschützen. Das übrige Volk verschanzte sich auf den Bergen jenseits des Zibin, mit Wällen und hölzernen Brustwehren, entschlossen entweder zu siegen, oder zu ster-

---

†) In ältesten Urkunden: Turris S. Epponis, daraus nachgehends Neponis: und Neppendorf, entstanden ist. Die Überbleibsel dieses Thurms sind itzt das Schif der dasigen Kirche, der überaus dicke und von grossen Steinen verfertigte Mauern hat. Vor etlichen Jahren hat man den ganzen Grund der ehemaligen Kirche, nebst einem Brunne in demselben, gefunden, bis itzt aber ist sie nicht wieder aufgebauet. Die Walachen nennen dieses Dorf: Turneschor, (der kleine Thurm) vielleicht ist noch ein anderer und grösserer in diesen Gegenden gewesen, von dem man itzt nichts weis.

††) Dieses Kloster vor dem Elisabeththore, gehörte ehemals den Dominikanermönchen. Diese aber überliessen es 1474, dem Hermannstädtischen Rahte, dafür sie die Freyheit erhielten, sich in der Stadt anzubauen. Die Klosterkirche ward erst 1659, den 28ten Decemb. von den Bürgern, wegen der Rakozischen Belagerung, vom Grund aus, zerstöret.

sterben. Bey dem Dorfe Kastenholz befanden sich noch Uiberbleibsel.

Endlich erschien die sehnlich erwartete Hilfe, **Kolmann** kam unterstützt von den Tempelherren, die viele Schlößer und Güter in Siebenbürgen besassen, als: zu Schellenberg, Kerz, Talmasch, Münzdorf, Kronstadt und Koloschmonoschtor. Die zerstreuten Tatarn wurden muhtig angegriffen, und da sie im Zurückziehen auf die verschanzten Sachsen bey Kastenholz, stießen, erlitten sie eine völlige Niederlage. — Vielleicht erhält dieses noch einige Wahrscheinlichkeit, da ein Berg jenseits des Zibins, bis ißt noch, aber nur aus unbekannten Ursachen, der **Siegbüchel** (Sieghügel) heißet, und nicht weit davon auf dem Hamersdorfer Gebiehte, führet eine Gegend den Namen Altkastenholz. Vor etlichen Jahren suchte man daselbst Schätze, fand aber nichts als steinerne Grundmauern. Vieleicht haben auch hier blos die Namen des Berges und Dorfes, Lebeln Stoff zu seiner Erzählung gegeben. Zur Lage des ißigen Dorfs, Kastenholz, stimmet seine Nachricht gar nicht, und was er vom Prinz **Kolomann** behauptet, ist nichts als ein Mährchen.

Hildebrand, Abt zu **Kerz** †), hatte grossen Antheil an diesem Siege, wodurch die Feinde den Muht so sehr verloren, daß sie überall geschla-

---

†) Die Abtey Kerz, gehörte dem Cisterzienserorden, und heißet in Urkunden: Abbatia B. Mariæ Virginis a Candelis. Daher hat das Dorf und die benachbarten hohen Gebirge den Namen.

schlagen würden, und Siebenbürgen mit Hinterlassung unermeßlicher Beute verlassen mußten. Hierauf wurden die Tempelherren mächtiger im Lande, und von dem zurückgekommenen Könige reichlich beschenket. Sie besassen auch die verwüstete Burg bey Talmatsch, †) um die feindlichen Einfälle durch die dasigen Gebirge zu verhüten. Als aber dieser Orden unter Pabst Klemens dem Fünften, ausgetilgt wurde, kamen ihre Klöster und Schlößer endl..; in gänzlichen Verfall. — Talmatsch, von der Tatarn zerstört, und den Einfällen der Türken immer ausgesetzt, sah sich zuletzt in ein geringes Dorf verwandelt. Die dasigen Einwohner zogen sich nach Hermannsdorf, (Villa Hermanni) dadurch solches ein vorzüglicher Flecken, und endlich eine Stadt ward. —

Wie viel wäre nicht wider diese Romantischen Nachrichten zu errinnern! Daß Lebel diese traurige Geschichte in Absicht Ungerns nicht gekannt, ist durch die Nachrichten des gleichzeitigen Rogerius, entschieden. In Ansehung Siebenbürgens sind sie theils sicher falsch, theils sehr zweifelhaft. Sollten die Sachsen dem Beyspiele der

Rodna-

---

†) Diese Burg heißet: Landskron. Wie hätten sie die Tempelherren besitzen können, da sie unter König Ludwig dem Grossen, erbauet worden, und 1370, noch nicht ganz ausgebauet war? Die Sachsen verwüsteten sie nach einem Befehle des Königs Ladislaus des V. vom Jahre, 1453; zugleich wurde von ihm der Talmatscher Stuhl der Sächsischen Universität, mit allen oberherrschaftlichen Vorrechten überlassen; doch sollte sie zugleich den rohten Turm und Latorwár, in besten Verteidigungsstand setzen. Beydes erweisen die Urkunden dieser Könige von gemeldeten Jahren.

Robnaer bey Bistritz gefolgt haben; so haben sie
gewiß so vieles nicht erlitten. Nach der unglück=
lichen Schlacht beym Flusse Schäio, 1241,
schickte König Bela, den Woywoden, Lauren=
tius, nach Siebenbürgen, um die zerstreuten
Völker wieder zu sammeln, und zum Besten des
Königs nöthige Verordnungen im Lande zu ma=
chen. Wobey der Woywode die treuen Dienste
des Komes Lentenek, und eines Bruders Her=
mann, welche Sachsen waren, mit drey Dör=
fern in der Dobakaer Gespanschaft, belohnte.
König Bela, bestätigte diese Schenkung, den
27sten Jäner, 1243.

2) Memorabilia Transylvaniæ. Gleichfalls nur Hand=
schrift.

Lebel handelt darinnen 1) von den verschiedenen Be=
nennungen Siebenbürgens, seiner Fruchtbarkeit,
und den Römischen Kolonien. 2) Vom Ursprunge
der Deutschen, oder Sachsen in Siebenbürgen,
und ihren ersten errichteten Flecken. Hier sagt er
uns wieder Neuigkeiten. Die Deutschen, welche
König Stephan, der I. im eroberten Siebenbürgen
zurück ließ, erbauten zuerst: Neumark, Novum
Forum; Engeten, Enyedinum; Donnerstags=
mark, Monora; Reußmark, und Markschelken.
— Schade! daß er keinen Ort mehr mit Mark
gefunden hat; sonst hätte uns Lebel die sieben er=
sten Pflanzstädte der Deutschen, davon das Land
den Namen führet, mit der größten Unwahrschein=
lichkeit richtig entdeckt. — Der Sächsische Markt=
flecken Ren, (Regen) scheinet ihm Römischen
Ursprungs zu seyn, dem ein Tetrarch, tanquam
regulus, den Namen gegeben. Der zweyte Rö=
mische Tetrarch hatte seinen Sitz im Burzellande,
in der Gegend von Turzburg; der dritte, wo itzt
Klausenburg ist, und der vierte in der Gegend des
Bergschlosses Hunyab. Den Flecken Talmatsch
bau=

bauten jüdische Flüchtlinge. 3) Von Robna, einem Flecken bey Bistritz. 4) Von Bistritz, oder Nösen. 5) Von der Grausamkeit der dasigen Burggrafen im Schlosse Flestenthurm, gegen die Bistritzer. Diese fangen 1459 an, ihre Stadt mit Mauern zu umgeben. Vorher hatte sie nur einen hohen Zaun, mit Thonerde beschmissen. 6) Vom itzigen Zustande Nösens, und dann 7) von Hermannstadt.

3) Volumen scriptorum in emolumentum Capituli Bistriciensis. Dieß Mscr. befindet sich in der Hanerischen Bibliothek.

L i e b

Emerikus. Pfarrer zu Minarken (Malomar) im Bistritzischen Distrikte, Aeltester des dasigen Kapitels, und Notarius der geistlichen Universität. Im Jahre 1522, wurde Bistritz sein Geburtsort, woselbst sein Vater, Leonhard Lieb, Bürger und Lederermeister war. Ob, und wo er sich auf ausländischen Schulen zum Dienste der Kirche zubereitet, ist mir unbekannt. Anfangs verwaltete er das Kantorat zu Nösen, darauf ward er Diakonus zu Mettersdorf, und nachgehens Pfarrer zu Minarken. Mit Ruhm und Segen diente er acht und dreyßig Jahre bey dieser Kirche; in seinem hohen Alter aber, sah er sich durch kriegerische Unruhen genöthigt, seine Sicherheit in Bistritz zu suchen. Wie mancher lebet nur zu einem unvermutheten Tode lange! Da ward er 1602, während Belagerung des Kaiserlichen Feldherrn, Basta, im achtzigsten Jahre seines Alters, ein Opfer der Ungrischen Seuche, oder Hagymas, die damals das unglückliche

iche Bistritz gleich einer Pest, verwüstete. Gleiches Schicksal hatten seine zween Söhne, und eine Tochter lebte ihm nur zur Schande. Nach seinem Tode blieb seine Pfarre wegen Mangel der Einwohner, bis 1612 unbesetzt. Von seinen nicht wenigen Schriften, sind die meisten bey diesen traurigen Scenen verloren gegangen. In der Handschrift haben wir noch übrig:

1) Tractatus de Conjugio, & de gradibus ac variis casibus matrimonialibus. A. 1577.

2) Orationes in Capitulo Bistriciensi habitæ.

List (Listius)

Johann, Bischof zu Raab, und Königlicher Kanzler. In Absicht seines Vaterlandes und seiner Völkerschaft, sind die Biographen Ungrischer und Siebenbürgischer Gelehrten, ganz unübereinstimmend. Glauben wir dem gelehrten Piaristen, Herrn Horányi: so stammte List aus einem guten Ungrischen Geschlechte von Adel her, verließ die Welt frühzeitig, und erwählte den geistlichen Stand. Seine vorzüglichen Talente erwarben ihm, das Bischthum Raab, wie auch die Würde eines Königlichen Rahts und Vice-Hofkanzlers bey dem K. Maximilian, dem Zweyten. — Hören wir aber den ehmaligen Superintendenten der Sächsischen Nation, Hanern, in seinen Adversar. S. 166. so war List ein Siebenbürger, der aber sein Glück so gut machte, daß er geheimer Sekretär bey der Ungrischen Kanzley, und 1554, von K. Ferdinand in den Adelstand erhoben ward.

ward. Im Jahre 1568, erhielt er das Wesprimer Bisthum, und die Kanzlerwürde; nach zwey Jahren, 1570 aber, das Bisthum Raab. In dieser Würde vollendete er seine Laufbahn zu Prag, 1577, oder zu Anfange des folgenden Jahres. —

Dieses ist Haners Nachricht. Welcher von beyden sollte uns nun Listen in seiner wahren Gestalt zeigen? Ich muß Hanern beystimmen, und noch hinzusetzen: Er war ein Sachs von Hermannstadt, woselbst sein Vater **Christoph List**, die Rahtsherrnwürde bekleidete. Die in der Kathedralkirche zu Hermannstadt befindliche Grabschrift seines Bruders, Andreas, der 1561, den 9ten Okt. starb, gedenket seines Bruders an dem Kaiserlich Ferdinandischen Hofe ausdrücklich. Hier ist sie:

Sepultura Andreæ Listii, filii Christophori Listii, Senatoris Cibinien. & ex hac vita vocati, Anno Domini, 1561. d. 9. Octobris, inter horam 7. postmerid.

Mole sub hac tegitur properato funere, campos
   Listius Andreas raptus in Elysios.
Frater in Augusti Ferdinandi Cæsaris aula,
   Mæstus ab hoc, mæsto cum genitore, dolet.
Posuit hæc genitor dilecto epitaphia, nato,
   Frater at hæc fratri tristia dona suo.
Si probitas morum, generis si splendor, honestas,
   Candor & integritas, fata movere queant:

Tali-

talibus instructus poterat virtutibus annos,
Listius Andreas vivere perpetuos.

Aus dieser Grabstätte erhellet, daß sich Andreas List zur Evangelischen Kirche, so wie der Vater, bekannt habe. Also muß Johann entweder nie das Augsburgische Glaubensbekenntniß angenommen; oder sich wieder zur Römischen Kirche gewendet haben. Nach seinen eigenen Nachrichten, war er geheimer Sekretär bey der Königinn Isabella, als diese 1551, Siebenbürgen an K. Ferdinanden abtrat. Da sie das Fürstenthum verließ, und nach Pohlen abreiste, trat List mit gleichem Charakter in Königliche Ferdinandische Dienste. Den 22sten Nov. 1554, verlobte er sich mit Lukrezien, einer Nichte des berühmten Erzbischofs von Gran, *Nikolaus Olahus*; allein die hochzeitlichen Feyerlichkeiten geschahen erst den 14ten des Heumonds, 1555 zu Preßburg, dazu er das ganze Hermannstädtische Kapitel einlud. †) Im folgenden Jahre den 18ten Brachm. erfreute ihn ein junger Sohn, dem gleichfalls der Name Johann, beygelegt wurde. Der Tod seiner Gemahlinn ist mir unbekannt,

---

†) Das Schreiben befindet sich noch in der Urschrift, im Kapitularischen Archive, und ist folgenden Inhalts:

Reverendis Dominis, Decano ceterisque Pastoribus Capituli Ecclesiæ Cibiniensis &c. Dominis & amicis suis honorandis.

Reverendi Domini & Amici observandissimi! salutem & servitiorum meorum commendationem. Quoniam unicuique mortalium consultum esse videtur, ut quo quisque vitæ instituto, ævum traductu-

kannt; so viel aber ist sicher, daß List darauf, zufrieden mit seinem Sohne, in den geistlichen Stand trat. Im Jahre 1568, ehielt er als Vicehofkanzler das Bischthum Wesprim, und zugleich 1569, die Probstey Thuri. In der Folgezeit ward er nicht nur Oberster Kanzler, sondern auch 1573. den 21sten Jäner Bischof zu Raab. Denn die Reichsstände wollten dieses Bischthum nur mit einer inländischen verdienten Person besetzt haben.

Den 2ten April. 1577. war List schon nicht mehr unter den Lebendigen. Dieses erweiset ein Schreiben des Erzherzogs Ernst, an die Königliche Kammer zu Preßburg, von demselben Tage, darinn er Befehl ertheilt, das Testament des verstor-

ducturus sit, de eo mature sibi prospiciat, eique soli se addicat. Nullum vitæ genus matrimonio convenientius mihi inveni. Ordinatione itaque divina, generosam virginem, Dominam Lucretiam, Reverendissimi Domini mei, Domini Archiepiscopi Strigoniensis neptim, mihi more & ritu sacrosanctæ Ecclesiæ, in uxorem legitimam copulavi, ac nuptias ipsas die dominico post Festum S. Margarethæ Virginis proximo, Posonii, Deo adjuvante, celebrare decrevi. Idcirco Dominationes Vestras oro, velint inter alios dominos & amicos meos, intuitu servitiorum meorum paratissimorum, solennitati dictarum nuptiarum mearum, ad diem & locum prædictum interesse, suaque præsentia illas condecorare. Quod ego Dominationibus Vestris officium, omni serviendi promptitudine, quoad vivam, rependere contendam. Quas felicissime valere cupio. Viennæ. 24 Maji. 1555. Dominationum Vestrarum deditissimus

Joannes Listius,
Secretarius Regius,

erſtorbenen zum Vortheil ſeines Sohnes, genau
zu prüfen, in wie weit es zu beſtätigen ſey, oder
nicht. Die menſchenfreundliche Gütigkeit des ver=
dienſtvollen Bibliothekars Herrn Pray, hat mir
dieſes Schreiben mitgetheilt, es iſt mir aber Un=
willigkeit, es hier einzurücken; da er vielleicht ſelbſt
davon Gebrauch machen will. So würde es ein
Raub ſeyn, und leider! wie gemein iſt dieſes
nicht in der gelehrten Welt! Von Liſten haben
wir:

1) Commentariolus de coronatione Maximiliani II.
den der berühmte Bel, in ſeinem Adparat. ad
Hiſtor. Hung. *Dec*. I. *Monument*. VI. S. 303. öf=
fentlich bekannt gemacht hat. Vorgedachter Abbé
Pray, deſſen Namen ich nie ohne Hochachtung
gedenken werde, berichtet mich: der Verfaſſer
habe Vieles bey dieſen Feyerlichkeiten zu Preß=
burg, 1563, den 8ten Sept. übergangen, welches
Wirre, Pritſchmeiſter von Linz, und Hofnarr
bey dieſer Gelegenheit, in Deutſchen Knittelver=
ſen erzählet.

2) Kurze Anmerkungen zu Bonfins Ungriſcher
Geſchichte, die gelobt werden. M. ſehe auch
Prays Annal. Regg. *Tom*. V. S. 440, wie auch
ſein Spec. Hierarch. Hung.

Sein Bruder, Sebaſtian, war gleichfalls ein Ge=
lehrter. Folgende Nachricht habe ich der Gütigkeit
des berühmten Geſchichtforſchers, Herrn Magiſters
Daniel Cornides, ſo, wie viele andere litteraiſche
Beyträge zu verdanken:

Evangelia Dominicalia, ex tempore verſa, per
Sebaſtianum Liſsbium, Tranſylvanum Cibiniens.
Viennæ Auſtr. excudebat Michael Zimmerman=
nius, Anno M. D. LIII. in 4.

Die Zueignungsschrift ist an seinen Bruder, Joh. Listho, Transylvano Cibiniens. Secretario & Conservatori Hungaricæ Cancellariæ. — Unter seinen Lehrern lobt er den Fleis D. Ludovici Pannonii Szegedini. — Die versificirten Evangelien gehen von Triuqtatis bis Pfingsten. Den Schluß macht ein Carmen ad Zoilum, und, Impensis D. Joannis Listhii Transylvani Cibiniens. & Conservatoris Hungaricæ Cancellariæ.

Lupinus, oder Wolf

Christian Stadtpfarrer zu Hermannstadt, und zu verschiedenenmalen Dechant des Kapitels. Die Geschichte seines jüngern Alters hat das gewöhnliche Schicksal unsrer Gelehrten, unbekannt und vergessen zu seyn. Kaum habe ich entdecken können, daß Großschenk sein Geburtsort gewesen. Im Jahre 1592, wurde er Pfarrer zu Großscheuren, und von hier ward er nach dem Tode des Stadtpfarrers, Petrus Lupinus, den 20 Nov. 1597, nach Hermannstadt beruffen. Eben damals war er Dechant des Hermannstädtischen Kapitels. So bald er nach Hermannstadt kam, sorgte er für eine bessere Einrichtung der Schule, entwarf neue Gesetze für Lehrer und Lernende, welche von dem Kapitel und Senate bestätigt, auch 1598, unter dem Rektor, Mag. Leonhard Hermann, feyerlich bekannt gemacht wurden. Zugleich veranstaltete er eine Schulmatrikel, darinn diese Schulgesetze eingetragen, jedem angehenden Schüler vorgelesen, und von demselben beschworen werden sollten; auch sollten die Namen der Rektoren, Kollegen, und Schüler darinn bezeichnet werden. Diese Gesetze sind aber nunmehr ein abgelebter Greis, der seine jugendliche Hitze und Stärke verloren hat.

Lupin vermählte sich 1605, den 20 des Heumonds, zum zweytenmale. Eine Hochzeit, die bald eine Parisische geworden wäre. Johann Rener, Kaiserlicher Raht und Provinzial Bürgermeister, war dabey Brautführer. Ein Mann von unbändigem Ehrgeitze, der so gar auf die Fürstliche Hoheit Absichten hatte, und nur deswegen seiner Treue gegen das allerdurchleuchtigste Erzhaus Oesterreich so hellen Glanz gab. Unter ihrer Larve glaubte er die schändlichsten Streiche ungestraft ausüben zu können, und die Feinde seiner stolzen Entwürfe aus dem Wege zu räumen. Zu einem so tragischen Tage, hatte er das Freudenfest der Lupinischen Vermählung bestimmt. Den 21 Heumond, sollte Georg Rätz, der berüchtigte Anführer der Haiduken, die der Walachische Hospodar, Radul Scherban, als Bundesgenosse des Kaisers Rudolf, in Siebenbürgen unterhielt, heimlich in die Stadt gelassen werden, und die Stadtwache, nebst allen verdächtigen Gästen ohne Unterschied des Standes, auf der Hochzeit niederhauen. Zum Glücke aber wurde dieses Geheimniß der Bosheit, vor seiner Entwickelung entdeckt, und vereitelt. Lupin starb den 17 Sept. 1612, im neun und vierzigsten Jahre. Wir haben von ihm:

1) Evangelia & Epistolæ Dominicorum ac Festorum dierum, græce & latine. Cum gratia & Privilegio Sereniss. Principis Transylv. 1598. Cibinii, imprim. Joh. Fabricius. in 8. In der Handschrift aber:

2) Protocollum Ven. Capituli Cibiniensis. *)

> *) Ob einige Abschriften hievon irgendswo vorhanden seyen, weis ich nicht; zu wünschen wäre es. Denn es enthält sehr schöne Nachrichten, und viele alte Urkunden, die ich im Originale noch nie entdeckt habe. Lupins eigene Handschrift entdeckte ich im hundertjährigen Staube, aber Schade! sehr übel von den Mäusen behandelt.

3) Chronicon, sive Annales rérum Hungaricarum & Transsylvanicarum, a Marco Fuchsio Coronensi, Christiano Lupino, & Joanne Oltardo, Cibiniensibus. *)

*) S. Massa.

Massa

Simon. Von Kronstadt, und Stadtpfarrer daselbst. Im Jahre 1563. den 9 Oktob. erhielt er das dasige Schulrektorat, darinn ihm der bekannte Dichter, Johann Sommer, von Pirna, 1565, folgte. Als sein Vater, Christian Massa, Pfarrer zu Rosenau starb, ward er dessen Nachfolger im Amte. Von hier beriefen ihn die Kronstädter nach dem Tode des Petrus Bogner, 1591, woselbst er den 7 Nov. 1605, seine Laufbahn vollendete. Weis, in seinen Annalen, nennet ihn einen Phönix seiner Zeiten. Er hinterließ in der Handschrift:

Chronicon Transsylvaniæ. *)

> *) Diese chronologische Tafeln sind von verschiedenen vermehrt und fortgesetzt worden, so, daß Massa ihr erster Verfasser, dabey fast gänzlich vergessen worden. Zuerst vermehrte sie Markus Fuchs, von 1586, und setzte sie bis zu seinem Tode fort; ein gleiches that Christian Lupinus, Stadtpfarrer zu Hermannstadt,

habt, und nach ihm Johann Oltard, der sie zugleich bis 1630 fortsetzte. Meine Handschrift hat folgenden Titel: Chronicon Fuchſio, Lupino-Oltardinum, ſive Annales Hungarici & Tranſylvanici, opera & ſtudio Clariſſ. Doctiſſimorumque virorum Marci Fuchſii, Paſtoris Coronenſis, Chriſtiani Lupini, Paſtoris Cibinienſis, & Joannis Oltardi, Paſtoris itidem Cibinienſis, concinnati, quibus ex lucubrationibus Guneſchianis, aliisque Mſtis fide dignis quaedam adjecit Joh. Ziegler, Scherkenſis, Paſtor Neovillenſis, in Diſtrictu Biſtricienſi. Sie fangen von dem Jahre 997 an, wie weit ſie aber Ziegler fortgeſetzt, kann ich nicht ſagen, weil mein Exemplar mangelhaft iſt. In der ältern Geſchichte haben dieſe Tafeln keinen vorzüglichen Wehrt, indem ſie nur ein Auszug aus bekannten Geſchichtſchreibern ſind; in der neuern Geſchichte aber ertheilen ſie uns manche Merkwürdigkeiten, die man ſonſt vergebens ſuchet. In Abſicht des Urſprungs der Siebenbürgiſchen Sachſen vermehret Maſſa die Zahl derer, die ſie für Deutſche Pflanzvölker halten, welche K. Geiſa der Zweyte, in das Land berufen; doch meynet er, daß ſie ſich mit den ältern Einwohnern, den Gothen vereinigt hätten. Wer aber kannte damals Gothen in Siebenbürgen? Das Andreaniſche Nationalprivilegium gedenket ihrer gar nicht, und hätte doch nohtwendig ihrer zu gedenken. So fand auch Luhutum, als er im Jahre 893 Siebenbürgen eroberte, keine andern Einwohner als Walachen und Slaven im Lande; davon die erſtern herrſchten. — Den berühmten Johann Korvin erkläret er gleichfalls für einen natürlichen Sohn des K. Siegmund. A. 1392, ſchreibet er: Sigismundus ſuſcepit Janculam ex Marina Boieri ex Corbain, Valachiae vico, filia, quae tandem nubit Vlaik Buto. Der unglückliche Bürgermeiſter zu Reps, Urz, der zu Wien ſeinen Tod fand, berichtet den Hofraht Schmeizel in Halle: als der Hauptmann Friedrich Schwanz, nebſt den Sächſiſchen Feldmeſſern, Zoltner und Lutſch, Siebenbürgen durchreiſet hatte, eine Landkarte davon zu verfertigen, haben ſie einen von Adel gefunden, der ihnen die Freyheitsbriefe gezeiget, die König Mathias Korvin, ſeinem Geſchlechte, wegen der Anverwandtſchaft mit dem Walachiſchen Mägdchen, das K. Siegmund zur Mutter gemacht, ertheilet hatte; auch ihnen den Ort gezeiget, wo bey dieſer Scene der Venus, das Siegmundiſche Zelt geſtanden.

Matthiä

Georg. Von Helsdorf im Burzellande, ein grosser Liebhaber der Vaterländischen Geschichte. Im Jahre 1756, erhielt er die Pfarre zu Brenndorf, woselbst er den 1 Nov. 1768 starb. Er hinterließ in der Handschrift:

1) Barcia erudita.

2) Notæ in Marc. Fuchſii Chronicon. Beydes habe ich noch nicht gesehen.

Mederus

Asarela, Sekretär zu Kronstadt. Ein würdiger Sohn des berühmten Kronstädtischen Stadtpfarrers Petrus Mederus. Er wurde den 28 Jul. 1660 gebohren, ſtudirte in seiner Vaterstadt, und nachgehens auf verschiedenen Deutschen und Italiänischen Universitäten, besonders aber zu Padua. Nach seiner Zurückkunft heuratete er 1687, den 13 Apr. Annen, eine Tochter des bekannten Lorenz Töpeltin, lebte aber nicht lange, indem er den 18 des Christmonds 1689, im dreyßigsten Jahre, ein Opfer der Sterblichkeit ward. Er hinterließ folgende Handschriften:

1) Oratio, ſeu Narratio Hiſtorica eorum, quæ in Hungaria ac Tranſylvania annis 1658 & 59, geſta publice ſunt.

2) Continuatio Hiſtoriæ, de Tranſylvaniæ ac Hungariæ vaſtatione per Turcam, 1660 & 61, facta.

3) Tra-

3) Traktat von den Kriegshändeln in Hungarn und Siebenbürgen.*)

*) Man hat auch Fragmente von ihm, welche die Kronstädtischen Begebenheiten, vom 8 März, 1688, bis den 21 Apr. 1689, erzählen.

Mederus

Petrus. Der Weltweisheit Doktor, Kaiserlicher gekrönter Dichter, und Stadtpfarrer zu Kronstadt. 1602 wurde er von armen Eltern zu Zeiden im Burzellande gebohren; doch sorgte die Göttliche Vorsehung so wohl für ihn, daß er seinen Neigungen zu den Wissenschaften folgen, und auch ausländische Akademien besuchen konnte. Er verließ sein Vaterland zu Fusse, und fünf Kreutzer waren alles, was ihm seine Mutter mitgeben konnte. Zuerst begab er sich nach Thorn, dann nach Danzig, und zuletzt nach Rostock. Hievon schreibet er in seinen Anagrammen:

— — — — Ego pauper & exors
A patre, Musarum studiis admotus honestis,
Extera regna peto. Primum vicina requiro
Oppida discendi studio, paullumque moratus
Audio multoties Germanæ nomina gentis
Laudari, doctosque viros. Ego laudibus istis
Acriter incensus, paucos convaso libellos,
Incedoque pedes. Postquam per jugera mille,
Nempe Polonorum fines, ad amata Thorunæ
Moenia perveni, paullum subsido. Priores
Hic video doctos: — — —
Inde peto Gedanum perlustrem civibus urbem,

Hic

Hic aliquot menses degi. Si forte requiris,
Dicere non possum, quam multis clareat
astris. —

Als er nach Rostock gekommen, mußte er eine, Lieblingen der Musen sehr nachtheilige Krankheit erdulden:

Humor utrumque meum lumen vitiaverat
acer,
Reddideratque hebetem visum. Quasi pisa vi-
debar
Nexa filo spectare mihi, muscasque volantes.

Endlich wurden seine Augen besser, darauf er mit so glücklichem Erfolge studirte, daß er nicht nur die höchste Würde in der Weltweisheit, sondern auch den 25 Apr. 1638, von dem Pfalzgrafen, Hadrian von Mynsicht, den Dichterkranz mit vielem Lobe erhielt. Hierauf kehrte er nach siebenjähriger Abwesenheit in sein Vaterland zurück.

— — — Nunc septima transiit aetas,
Ex quo sum studio Musarum castra sequendi,
A mihi dilectis gelidum delatus ad axem.
Hic ego (quod semper tacito sub corde poposci)
Laudatam reperi gentem, placuitque morari
Urbibus in claris, ut, cum jam tempus adesset,
Artibus excultus variis, dilecta Coronae
Moenia, cum paucis aliis, quos misit iisdem
Terra mihi tectis comites, post sacra redirem
Tempora — —

Nach

Nach seiner Zurückkunft erhielt er 1638, das Lektorat bey der Kronstädtischen Schule, und 1640 das Rektorat, welches er mit allgemeinem Beyfalle vier Jahre verwaltete. Im Jahre 1649, ward er nach Honigsberg zum Pfarrer beruffen, und 1653, nach Zeiden, seinem Geburtsorte. Doch auch hier blieb er nicht lange. Denn, das folgende Jahr starb der Stadtpfarrer, Simon Albelius, und bald darauf Johann Plecker, der an seine Stelle beruffen worden; also erhielt Mederus den Beruf nach Kronstadt, den 19 Novemb. Nachdem er auch das Dekanat des Burzländischen Kapitels, bis 17 Jahre bekleidet hatte, beschloß er sein ruhmvolles Leben, den 11 Januar, 1678, in einem Alter von sechs und siebenzig Jahren. Von seiner Gemahlinn, Margaretha Forgátsch, hinterließ er einen Sohn, den vorhingedachten Asarela Mederus, und eine gelehrte Tochter Asrath, welche nach dem Tode ihres ersten Gemahls, Johann Chrestels, in einer sehr unglücklichen Ehe mit dem berühmten Samuel Kölescheri lebte, und 1638, im Schooße der Römischkatholischen Kirche starb.

Von Mebers Schriften sind mir folgende bekannt worden:

1) Carmen ad Mart. Nesselium Moravum, Mindenfis Scholæ Rectorem, welches in Nessels Gedichten S. 459, zu lesen ist.

2) Anagrammatum Libri tres, in quibus partim vitia hujus Sæculi ut belli caussæ breviter perstringuntur; partim Encomia & laudes, generosi, magnifici ac nobilissimi viri, Dn. Gulielmi a Calchheim, cognomento Lohausen, delineantur. Rostochii,

ſtochii, e bibliopolio Hallervordiano, M. DC. XXXVIII. in 12. *)

*) In eben dieſem Formate hat man: Gratulationes in lauream Poeticam, M. Petri Mederi, Saxonis Tranſylvani, quæ ei Roſtochii in ædibus Petr. Laurembergii, Anno 1638, d. 25 Aprilis, St. Vet. eſt collata, a Mæcenate, Patronis, Fautoribus, & amicis deproperatæ. Quibus omnibus præfixum eſt *Poeticum Privilegium*. Roſtochii, literis Nicolai Kilii, Acad. Typog. A. M. DC. XXXVIII. Hier ſchreibet Mynſicht vom Meberus: Cum igitur præſtantiſſ. & doctiſſ. — cujus excellens ingenium, & exquiſita in arte poetica ſcientia, quaſi Jaſpis, aut Pyropus in auro elucescit; a me inſignia illa honoris peteret; honeſtiſſimæ ejus petitioni denegare nolui: varia enim carminum genera, paſſim divulgata, ſatis evincunt, illum in poetica facultate, multis aliis antecellere. —

3) Ecloga in triſtem quidem, at beatum obitum Pauli Spökelii, Paſtoris Eccleſiæ Ceidenſis. Coronæ, 1641. in 4.

4) Leſſus in luctuoſum — diſceſſum Dn. Martini Clauſenburgeri, Medienſis Conſulis — Coronæ, typis Mich. Hermanni, 1644. in 4. *)

*) Klauſenburger ſtarb, den 24. Sept. 1643.

5) Lacrymæ ſuper triſtem at beatum obitum Ill. ac Celſiſſimi Tranſylvaniæ Principis ac Domini, Dn. *Georgii Rákocii*, P. R. H. Domini & Sic. Comitis — die V. Iduum Octobr. 1648. Coronæ. in 4. *)

*) Unter dieſen Trähnen befindet ſich vom Meberus eine lange Elegie, nebſt andern kleinen Gedichten. Sein erſtes Eprigramm iſt:

Principis heic recubant exſanguia membra Rákoci,
   Spiritus ætherei fugit ad aſtra poli.
Regnavit placide, placide deceſſit, ut ergo
   Dormiat & placide, poſt ſua fata, precor.

Bisterfeld in ſeiner Leichenrede, merket von dieſem Fürſten an, er habe ſieben und zwanzigmal ſeine Bibel durchgeleſen. Wie ganz anders war die Denkungsart ſeines Enkels, Franz Rákozi! dieſer ließ die Groß-
vater-

väterliche Bibel an einen Spieß gesteckt, braten, und verbrennen.

6) Responsum ad Epistolam Facultatis Theologicæ Academiæ Witebergensis, ad Ministerium Ecclesiæ Cibiniensis. A. 1663. Mscr. *)

*) Die Hermannstädtische Geistlichkeit erhielt den 12 März 1662, eine Zuschrift von der Wittenbergischen Universität, darinnen ihnen von dem Religionsgespräche der Rintelischen und Marburgischen Theologen zu Kassel, Nachricht gegeben, und sie um ihr Gutachten darüber ersucht wurden. Die Sache wurde dem Superintendenten, Lukas Hermann, mitgetheilt, und darauf beschlossen, daß Mederus im Namen der ganzen geistlichen Universität antworten sollte. Dieses that er in angezeigter Schrift, die ziemlich weitläuftig ist.

7) Ein gemeines Gebeht um den allgemeinen Frieden, Erhaltung des lieben Vaterlandes, Beschirmung der Kirchen und Schulen, und Wiederbringung Ihr. Fürst. Gnaden †) mit Gesundheit und wohlausgerichter Sachen, nach dem dieselbige Anno 1657, aus Siebenb. nach Pohlen gezogen, und seithero nicht wieder kompt, und man auch keine gewisse Bottschafft, wie es mit Ihr Fürstl. Ge. ergehe, haben kann. Welches in der Burzenländischen Kirche, so wohl nach gehaltener Predigt, als zur Vesperzeit, bevoraus in Cronstadt, mit herzlicher Andacht gebehtet worden. An. 1657. in 8.

Miles (Milles)

Mathias. Ein gelehrter Rahtsherr zu Hermannstadt, aus einem alten Konsularischen Geschlechte, und ein Mann von vielen Verdiensten. Schon im fünfzehnten Jahrhunderte blühten seine

---

†) Georg Rákoßi, der Zweyte.

ꝛc Ahnen. Sein Urgroßvater, Simon Miles, starb als Bürgermeister zu Hermannstadt, den 18 Nov. 1576, und hatte Johann, den Zweyten, 1566, auf seiner Reise zum Kaiser Soleyman nach Belgrad, begleitet. Sein Großvater, Simon Miles, starb als ältester Rahtsherr zu Medwisch. Dessen Sohn, Mathias Miles, †) Stadtpfarrer zu Medwisch, und Sophja, eine Tochter des dasigen Bürgermeisters, Franz Rentsch, dreyjährigen Gesandten an der Pforte, waren die Eltern unsres Miles, der 1639, den 21 Febr. gebohren ward. Der wühtenden Pestseuche in seiner Vaterstadt, wich er zwar 1649, nach Eibesdorf zum Pfarrer Johann Zekeli, glücklich aus; allein sein Vater wurde den 30 Nov. ein trauriges Opfer derselben. Hierauf begab er sich nach Probstdorf, die Tonkunst zu erlernen, kehrte aber nach einem halben Jahre nach Medwisch zurück; woselbst er auch bis 1651 verblieb, und darnach unter dem Michael Kököschi, einem berühmten Schulmanne zu Schárosch, sich in der Ungrischen Sprache übte. Den 15 Febr. 1654, wurde er Student zu Medwisch, begleitete aber 1655, den 5ten Febr. den berühmten Mag. Martin Albrich, außerordentlichen Professor bey der Schule, nach Kronstadt. Hier ver-

---

†) Dieser hat seinen Akademischen Lebenslauf zu Königsberg, in Elegischen Versen, doch unvollkommen, unter folgender Aufschrift hinterlassen:

Vita academica, seu opera & dies in alma Borussorum, quæ est Regiomonti, Universitate consumptæ, ab ipso authore A. 1633, a d. 25 Jun. usque ad diem consum. M. M. M. T. S. (Matthias Miles Medienfis, Theologiæ Studiolus.)

verblieb er bis 1658, da er dann den 20 May, seine Akademische Reise nach Wittenberg antrat. Kaum aber war ein Jahr verflossen; so erhielt er den Beruf zum Rektorate der Medwischer Schule, welches ihm den 10 des Christmonds, 1659, feyerlich übergeben wurde. Doch, die Vorsehung hatte ihn nicht zum Dienste der Kirche bestimmt. 1661, ließ er sich auf dem Landtage zu Medwisch, vom Fürsten Johann Kemény, bewegen, als geheimer Sekretär in seine Dienste zu gehen. Hierauf ward er im Brachmonde nebst dem Dionysius Bánfi, und Michael Teleki, an den Kaiserlichen Hof nach Wien abgeordnet, unter welcher Abwesenheit er sowohl seine Mutter als Schwester, an der Pestseuche verlor.

Im Jahre 1662, kam er mit den Kaiserlichen Hilfsvölkern, die der berühmte Montecuçoli nach Siebenbürgen führte, glücklich zurück. Indessen hatte Kemény, in der Schlacht mit den Türken bey Groß-Alesch, den 22, Feld und Leben verloren. Dieses setzte ihn in keine geringe Verlegenheit; allein der gütige Fürst Apafi begnadigte ihn, und sandte ihn im November an den Walachischen Hospodoren, Glikkorasch Gjike, wie auch das folgende Jahr mit dem Kanzler, Ladislaus Szellepschi, und Bogislaus Kopp, Generalen der vereinigten Ungern, nach Ungern, den Grafen Thomas Thekei, und Franz Botschkai, das Reichsdiplom zu überbringen, worauf sich viele Schlößer und Dörfer dem Fürsten unterwarfen. Nach seiner Zurückkunft vermählte sich Miles, den 30 Januar, 1664, mit Susannen

Hutter, Wittwe des Agnethler Pfarrers, Andreas Malberts, und ließ sich zu Hermannstadt häuslich nieder, †) woselbst er bald ein Mitglied der Hundermannschaft, und endlich Rahtsherr ward. Als solcher befehligte er nebst dem Johann Pankratius, Rahtsherrn zu Mühlenbach, die Sächsischen Truppen, da Apafi, 1682, einen Feldzug nach Ungern thun mußte, um sich mit dem Bascha von Ofen, und dem Grafen Tököli zu vereinigen. Allein nach fünfzehn Wochen kamen sie glücklich in ihr Vaterland zurück. 1685, sah er sich zu einer neuen Reise verbunden. Da ein Kaiserlicher Gesandter sehr auf den Fürsten und die Landesstände drang, dem glorreichen Kaiser Leopold zu huldigen, ward im Weinmonde ein Landtag zu Weißenburg gehalten. Man sagte es dem Abgesandten unter der Bedingung zu, wann die siegreichen Kaiserlichen Waffen, auch Ofen, Waradein, und Griechischweißenburg würden erobert haben. Als der Gesandte hiezu bald Hoffnung machte: so wurde die Sache sehr geheim behandelt, alle gegenwärtige Stände mußten den Eid der Verschwiegenheit ablegen, und die Abwesenden wurden von allem Antheile an den Rahtsversammlungen ausgeschlossen. Hierauf beschlossen sie eine Gesandtschaft an den Kaiserlichen Hof. Unter dieser befand sich auch Miles, ††) der den 4 Sept. 1686, von Wien wieder zu Hermannstadt anlangte, aber sogleich in eine

tödt=

---

†) Bis auf diesen Zeitpunkt, hat Miles selbst seinen Lebenslauf entworfen.

††) Gunesch in supplem. ad Libr. IV. Rerum Trasylv. Jo. Bethlenii.

tödtliche Krankheit verfiel, daran er den 1 des Weinmonds, sein Leben im acht und vierzigsten Jahre beschloß. Weil er ohne Erben starb, hinterließ er eine schöne Büchersammlung, nebst seinem in Lebensgröße gemalten Bildnisse, der dasigen Schulbibliothek. Auf der letztern befindet sich unter seinem Geschlechtswappen, folgende Aufschrift:

AD CÆSAR. ROMAN. IMPERAT.
MATEM. LEOPOLDUM.
CELSISSI. TRANSNIAE.
PRINCIPIS DNI. MICHA.
APAFI AC TRIVM EIVSDEM
REGNI STATVVM
LEGATVS. MATTHIAS
MILES. SENATOR
CONSVLARIS METROP.
CIBINIENS. VIENNAE:
1686. MENS. MARTII.

Der Name Miles, klinget ganz Römisch, allein unsere Väter sprachen ihn Milles aus.

1) Siebenbürgischer Würg-Engel, oder Chronikalischer Anhang des 15ten Seculi nach Christi Geburt, aller theils in Siebenbürgen, theils Ungern und sonst Siebenbürgen angränzenden Ländern fürgelauffene Geschichten. Worauß nicht nur allein die greuligst-bluttige Anschläge, Kriege und Zeittungen, dessen vielfältiger Feinde, sondern auch die geheimbsten Raht-Schlüße beyder Kaiser, Köni-

ge, Fürsten und Waywoden zu erkündigen, durch welche dieß bedrängte Vaterland theils wohl regieret, theils vollends in Abgrund des Verderbens gestürzet worden: auch welcher Gestalt nebenst der Augspurgischen Confession, die übrige im Lande angenommene Religionen drinnen erwachsen seyn. Nebenst der Ober-Regenten Sächsischer Nation, bevorauß der Haupt-Hermanstadt, löbligen Magistrats, ordentlicher Erzehlung, wie Selbige nehmlich ihre Amtsgeschäften versehen haben. Welches kurz doch wahrhaft und ordentlich abgebildet und herausgegeben, Matthias Miles, Mediens. Jurisprudentiæ Cultor. Hermanstadt, in Verlegung H. Andreä Fleischers: gedruckt bey Stephano Jüngling. 1670. in 4. *)

*) Miles hat dieses Werk seinem Mäcen, dem Hermannstädtischen Königsrichter, Andreas Fleischer zu geschrieben, auf dessen Unkosten es auch gedruckt worden. Es enthält die Geschichte des sechszehnten Jahrhunderts, von 1501, bis 1600, da der Walachische Fürst, Michael, aus dem Lande geschlagen ward, und ist nur eine Probe, und ein Theil seines grossen Chronologischen Werks. Schmeizel in seiner Biblioth. Hungar. Sect. II. Cap. V. §. 2. fället davon das Urtheil: Bonus ille Senator, tenui revera eruditione tinctus, patet id ipsum inter alia, & ex titulo, in quo sæculi XV. res se conscripsisse dicit — stylum adhibuit dialecto Saxonum suorum attemperato, utiturque formulis loquendi, quas exteri Germani vix intelligent. In chronologicis hallucinatur plus vice simplici, & contrarius subinde est exterorum Scriptorum relationibus. Interim ex debito laudanda est authoris opera, quam pro modulo virium suarum patriæ suæ, hac in parte præstare voluit, congerendo videlicet res & facta sæculi oppido momentosi. — Welches Urtheil ich in Absicht unseres Miles gern unterschreibe, überhaupt aber es einem Vaterländischen Geschichtschreiber nie zu einem Fehler rechnen würde, wann seine Nachrichten von ausländischen Schriftstellern, abweichen. Denn welcher verdient in diesem Falle mehrern Beyfall? Ich merke noch an, daß Miles gleichfalls unsre Sachsen für Nachkommen der alten Gethen und Gothen hält.

2) Sacra Deo & Principi — Vni Ter Opt. Max. Pacis Largitori. — Heroi pacifico, Domino Augusto. Ill. ac Celsiss. Dno, Michaeli Apafi, D. G. Princ. Trans. &c. Euchariltica, dum inter arduas administrationum Reipublicæ Regni Transylvaniæ curas, Illustriss. Celsit. Principalis, tertium ejusdem Provinciæ statum, inclytam Saxonicæ Nationis Universitatem, clementissime dignata gratia, Numine supremo sanctos conatus feliciffimo successu coronante, vacantiam loci suppletura, eandem gentem denuo *Comite* suo confirmato bearet, antesignano ad vota exornaret, nempe Generoso, Ampl. Prud. ac Circumspecto Domino, *Matthia Semrigero*, sextum hactenus annum curuleis Consulatus Cibiniensis fascibus, laudabili virtutis trophæo defuncto: Jam vero Metropolitanæ ejusdem electo Judice Regio, ac investito jam dictæ Nationis Saxonicæ Comite pio, religioso — A. 1676, die 22 Febr. locabat Matthias Miles, C. Cibin. Cibinii per Stephan. Jüngling. in 4. *)

*) Zwey Lobgedichte, ein Lateinisches auf den Fürsten, und ein Deutsches auf den Königsrichter Semringer, in Alexandrinischen Versen, deren Abschnitt allezeit weiblich ist.

3) Utriusque Universitatis Saxonicæ Nationis Transactio perpetua. 1660. *)

*) Miles gedenket derselben im Würg-Engel, S. 75, mit dem Beysatze, daß er sie anderswo herausgegeben. Vielleicht ist dieses im gemeldeten Jahre geschehen; denn dieser Vergleich zwischen der weltlichen und geistlichen Universität, geschah nach seinem eigenen Berichte, 1560. Nach dem David Hermann aber, der diese zwölf Artikel in seinem Protokoll auch anführet, ungewiß 1559, oder 1561. Allein Siegler in seiner Chronol. R. V. setzet auch das Jahr 1560.

Es sind folgende:

I. Die Blutfreundschaft in ehelichen, Sachen und die Ehescheidung, soll dem Decano eines jeden Ortes nach dem Wort Gottes und Ehre zu urtheilen, gebühren.

II. Der Freyheit halben, Asylum genannt, soll an allen Oertern gehalten werden, nach Königlicher Majestät Freitum und Inhalt der Reformation.

III. Was am Pfarrhof und Kirchendiener Häuser zu bauen ist, soll die Gemeine bauen, und darnach durch die Pfarre erhalten werden. Was sonst zu anderer Bau nöthig seyn wird, soll die Gemeine eines jeden Orts schuldig seyn Holz zu geben.

IV. Die Gemeinen sollen die nächsten bleiben im Kauff des Zehndes, doch also, daß er dem Pfarrer soll nach seinen Werth bezahlt werden.

V. Die Verächter der Ceremonien sollen erstlich durch das Wort Gottes ermahnet werden: wo sie aber nicht folgen, noch von ihrer Bosheit abstehen, sollen sie durch den Pfarrer und Obrigkeit gestraft werden, und die Strafe soll zu gemeinem Nutz gewendet werden.

VI. Jederman soll vor seinem ordentlichen Richter gesucht werden; ausgenommen was Zehnden, Feyertag, Kirchenfreitum und des Pfarrern Gesinde betrift, das soll in das geistliche Urtheil gehören; so fern sie das Leben nicht verwirket haben.

VII. Nach dem der Schulmeister untereins † soll angenommen werden, soll man sie auch untereins ihres Unfleißes halben strafen. Wo aber der Pfarrer und die Gemeine sich des Schulmeisters halben nicht könnten vertragen; so soll der Decanus desselben Orts, mit dem Richter darzu sehen.

VIII. Die Visitation soll nach Inhalt der Reformation gehalten werden, und die Strafe der Ungehorsamen soll von der Obrigkeit nicht unterlassen werden.

IX. Ein jeder soll mit des Richters Zeichen citirt werden, bey welchem er zu thun hat.

X. Was

---

† Mit Einwilligung des Pfarrers und der Gemeine.

X. Was zu den Witthöfen, oder Kirchen gehört, soll jedes an dem gelassen werden, dahin es gehört.

XI. Was von der Gemeine verboten ist, und im Verbot ist, soll den Pfarrern auch verboten seyn. Mit dem Weinschenken soll es nach dem Exempel der ehrbarn Herrn in Burzelland gehalten werden.

XII. Wo es die Proventus ertragen, soll man einen Ministrum, † oder wie viele die Noht erfodert, halten.

4) Opus Chronologicum. Eine Geschichte Siebenbürgens, von der Geburt Christi an, bis auf seine Zeiten. Miles gedenket desselben in der Vorrede seines Würgengels, davon dieser ein Auszug war. Ich aber habe es bisher vergebens gesucht. *Msc.* *)

*) Von den Epigrammen, die Miles mit Valentin Franken, 1677. herausgegeben hat, siehe den Frank von Frankenstein.

5) Arcanum Reipublicæ. Er soll darinn auch der alten Besoldungen gedenken. Gesehen habe ich es nie. Mscr.

6) Collectio historica, concernens rationes Transylvaniæ varias, ac minus contemnendas. Von diesem handschriftlichen Werke, wofern es nicht eines mit dem Vorhergehenden ist, hat uns Lorenz Weidenfelder, excerpta hinterlassen, welche nicht wenige Briefe, Privilegien, und andere Urkunden enthalten. Unter andern ein Schreiben des Fürsten Apafi, an den König von Frankreich, Kurfürsten von Brandenburg, und den Brandenburgischen Raht, Jakob Nagy, von Harschány, 1672. welche sich auf den damaligen Religionszustand in Ungern beziehen.

---

† Diakonus, die man gemeiniglich: Prediger, nennet, und deren im Hermannstädtischen Kapitel, nur zu Stolzenburg, Grosque und Heltaur, zwern sind.

Müller

Georg, ein Kronstädter, den ich aber nur aus folgendem Werkchen kenne:

Compendium Arithmeticæ vulgaris. Coronæ, 1681. in 8.

Nera

Daniel. Ein Mährer, und Königlicher gekrönter Dichter; aber wie die belorberten Dichter gemeiniglich zu seyn pflegen, ein sehr mittelmäßiger. Er lebte in der letzten Hälfte des verflossenen Jahrhunderts zu Hermannstadt, wo seine Muse sehr geschwätzig war. Daß er verelicht gewesen, seine Gattin aber verlassen habe, sagt uns ein Frankensteinisches Epigram:

De Daniele Nera, Poet. Laur. Regio, deserente conjugem.

Omnia quod liceant Pictoribus atque Poetis,
Hoc in conjugio Nera Poeta probat.

1) **Tessera Amoris & obsequii**, Viro ter Reverendo, Clarissimo, Excellentissimo, D. D. *Michaeli Pancratio*, olim celeberrima in Rostochiensi Universitate J. V. Doctori, ibidemque Eloquentiæ & Historiarum; uti & paulo post Eperiensis Evangelici Status Regni Hungariæ, ac denique Cibiniensis Lycæi Professori meritissimo, post Neocomiensi modo vero Inclytæ Regiæque Septiurbis in Regno Transylvaniæ Mediessanæ Pastori primario, Patrono colendissimo, Patri reverendissimo, amantissimo, reverentialiter filialiterque felicissimæ ipso die inaugurationis Mediessini persoluta. Cibinii, 1670. per Steph. Jungling. in 4.

2) Ver=

2) Verschiedene Gedichte, die im Favor Aonius erga Val. Frank, Hermannstadt 1679, und im Roseto Frankiano, vorkommen.

Ohrendi

Johann. Stadtpfarrer zu Mühlenbach und Dechant des Kapitels. Er war ein Sohn des folgenden Simon Ohrendi, erhielt das Schulrektorat zu Hermannstadt, den 15 Aug. 1748, welches er drey Jahre verwaltete, und darauf Diatonus ward. 1652, beriefen ihn die Reußmärker zum Pfarrer; 1653, den 11 Hornung, die Gemeine zu Urwegen, und 1680, die Mühlenbächer, woselbst er gestorben ist.

Als Rektor zu Hermannstadt gab er zum Gebrauche seiner uhörer Zheraus:

1) Conradi Dicterici Epitomes Præceptorum Rhetoricæ, in usum Classicorum inferiorum, ex institutionibus Rhetoricis collecta. Cibinii, excud. Marcus Pistorius. 1648. in 8.

2) Casparis Bartholini, Præcepta Logicæ Peripateticæ — nunc vero demum in usum juventutis edita. — Cibinii, 1648, in 8.

3) M. Joannis Stierii Epitome Metaphisicæ, ex variis probatisque authoribus in usum scholasticæ juventutis collecta, recusa vero Cibinii per Marcum Pistorium, 1649. in 8. Mit einer Zueignungsschrift an die Pfarrer des Kapitels, und den Hermannstädtischen Raht.

Ohrendi

Simon, Pfarrer zu Stolzenburg. Sein Geburtsort war Mergeln (Marienthal) im Großschenker Stule. Er suchte aber sein Glück in Hermannstadt, woselbst er zuletzt Archidiakonus ward 1624, erhielt er den Beruf nach Kleinscheuren und 1633, nach Stolzenburg, welcher Gemein er den 1ten des Christmonds vorgestellt wurde Hier beschloß er sein Leben 1641, den 3 Jul in einem Alter von 58 Jahren. Als Klosterprediger zu Hermannstadt, machte er bekannt:

ὙΠΑΛΛΑΙ͂ΜΑ Censuræ Protestantium Concinatorum Ecclesiarum Saxo-Transylvanicarum, d Articulis Fidei, in Synodo Medienſi, anno ſ lutis partæ, 1615, Menſe Majo celebrata, co ditis ac adprobatis, ſub præſidio Ven. & Clari Viri, Dni, Zachar. Weyrauch, Superintende tis Eccl. Saxonicæ breviter Proteſtantium erro enormes oſtendens. An. 1617, ſcriptum a Si Ohrendio, Mariævallenſi, t. t. Miniſtro Mon ſticæ Eccleſiæ Cibin. *Mſcr.* *)

*) Die Zueignungsſchrift an den Thom. Borban, Pf rer zu Stolzenburg und Seniorn des Kapitels, den 21 des Brachmonds 1619, unterſchrieben. lein 1624, eignete es der Verfaſſer, mit etwas b änderter Aufſchrift: ὑπαλλαγμα Cenſuræ Conci natorum quorundam Proteſtantium — dem Herma ſtädtiſchen Königsrichter, Kollman Gogmeiſter

Oltardus

Andreas. Stadtpfarrer zu Hermanſtadt u zu verſchiedenen malen Dechant des Kapitels. Jahre 1611, den 13 des Chriſtmonds, ward zu Heltau, woſelbſt ſein Vater Johann Olta damals den Hirtenſtab führte, gebohren. Anfangsgründe der Wiſſenſchaften lernte er der Hermannſtädtiſchen Schule, und nachdem ſich unter den Rektorn: Michael Mallendorf, tus Rihelius, und Christian Volbert, deren er mit Ruhm gedenket, zu höhern Schulen zubereitet hatte, trat er den 17ten Nov. 1632, seine akademische Reise an. Traurige Zeiten! da Deutschland ein blutiger Schauplatz des dreyßigjährigen Krieges war. Dieserwegen reiste Oltard durch Pohlen. Den 3ten Christmond, kam er zu Krakau an, zu Danzig den 9 Febr. 1633, und den 21; desselben Mondes, zu Königsberg. Allein ununterstützt mit nöthigen Geldern, sah er sich bald genöthigt, diesen Ort zu verlassen. Er reiste also 1634, traurig und bekümmert, abermals nach Danzig. Hier fand er das Glück, in das Woltringische Haus, als Hauslehrer aufgenommen zu werden, dabey er denn seine freyen Stunden den Wissenschaften weihete. Nach zwey Jahren verließ er 1636 dieses wohlthätige Haus, und kehrte in sein Vaterland zurück, wo er den 14 des Heumonds zu Hermannstadt anlangte.

Hier fehlte es ihm an unterstützenden Freunden gar nicht. Den 14 Jäner, 1637, erhielt er das Schulrektorat, welchen Dienst er mit einer öffentlichen Rede: de oculo vidente, aure audiente a Domino, Prov. xx. 12. antrat. Insonderheit wurden seine rednerischen Talente bewundert. Er hatte auch ein so lebhaftes Gefühl davon, daß er uns selber sagt: † Wegen großen Mangels an geschickten Predigern, sey

er

---

† Überhaupt muß ich anmerken, daß ich diese Nachrichten von Oltarden bis zu seiner Stadtpfarrerswürde, aus seinen eigenhändigen habe, die er noch umständlicher in der Matric. Rector. Cibin. 1649, erzählet.

er von einem Löbl. Magistrate und dem Herr[n]
Stadtpfarrer, 1638, zum Donnerstagspredig[er]
beruffen worden. In diesen Diensten, die e[r]
den 5 August, antrat, blieb er bis in das fo[l]
gende Jahr, da er den 26 May, das Arch[i]
diakonat erhielt. Nachgehens berief ihn die G[e]
meine zu Olmasch, er nahm aber den Beruf ni[cht]
an, und so ward er 1641, den 7 März, Pfa[r]
rer zu Großau. Endlich, als Petrus Riheli[us]
zu Hermannstadt gestorben war, sah er sich d[en]
22 Novemb. 1648, zum Stadtpfarrer erwäh[lt]
„Hier, schreibt er: erstaunte ich ganz, w[as]
„sollte ich thun? wohin mich wenden? d[ie]
„Herrlichkeiten eines Hermannstädtischen Sta[dt]
„pfarrers hatte ich noch bey meines seligen V[ä]
„ters Zeiten, gar zu wohl kennen gelernt. No[ch]
„waren die tragischen Begebenheiten des Reh[=]
„lius bey dem bürgerlichen Tumulte, eine Han[d]
„lung ohne Beyspiel! nicht ohne Seufzer i[m]
„mer vor meinen Augen. Hierzu kam noch
Vielleicht war es doch nicht so ernstlich gemeyn[t.]
Er nahm den Beruf an, hielt den 20 des Chri[st]
monds seine Eingrüßungsrede, und als er [die]
Pfarrerswohnung beziehen wollte, schrieb er
die Thüre:

Christus adest præsens, mecum q[u]i migr[at]
      in ædes,
Spectra, sagæ, lemures, dæmon[n]es hi[nc]
      fugite.

Denn man glaubte, dieses Haus wäre
ein rechter Tummelplatz von Hexen, Ge[s]pen[stern]
und Poltergeistern. Welche Zeiten! Fast tä[g]

hten Scheiterhaufen, und dennoch hörte man nichts mehr, als von Hexen und Bezaube=
en. Der Königsrichter **Andreas Teutsch** *), Weiser, und Menschenfreund! schaffte die
nprocesse ab, und seit dem sind diese Unhol= verschwunden, wie ein Gespenst, dem der Phi=
h in die Augen siehet. Weil Oltard ge= geehret, ja bewundert ward; so war auch
Amtsführung nicht so voller Verdrüslich= n, als seines Vorfahrers, das Ende aber kläg=

Die grausame Pest, welche auf die Ráko= e Belagerung, in Hermannstadt 1660 er=
e, die Hoffnung so vieler Geschlechter ver= ete, und Kirchen und Schulen ihrer Lehrer
ubte, ergoß sich auch auf das Oltardische s. Nicht nur seine beyden Söhne wurden
Schlachtopfer derselben; sondern auch er selbst 6 des Weinmonds im fünfzigsten Jahre sei=
Alters. Sein Wahlspruch war: Crede, , fac, fer.

rede animo, dic ore, tuum fac officium re,
Quod jubet & dominus, fer patienter onus.

nd zu seinem Gedächtnisse hinterließ er seine hersammlung der Schulbibliothek. Wir ha=
von ihm:

Concio solennis & extraordinaria, com- tens initia & progressum reformationis
næ Ecclesiarum Saxonicarum in sede Ci- niensi in Transylvania constitutarum, ela-
ata, & habita Cibinii, an. 1650, ipsa Do-
mi-

---

*) s. Teutsch.

minica Jubilate, quæ erat dies 8 Maji, dum ibidem visitationem Ecclesiarum Saxonicarum ordiretur & auspicaretur, B. C. Deo, Rever. & Clariss. Vir, Dn. *Christianus Barthius*, Pastor Birthalbensis, Episcopus & Superintendens earundem, ab Andrea Oltardo, Pastore Cibin. nec non ejusdem Capituli Decano. Cibinii Transylvaniæ, Imprim. Marcus Pistorius. A. 1650. in 4. *)

*) Die Hauptabsicht des Verfassers hiebey ist, zu erweisen: Die Protestantische Glaubenslehre sey nicht nur zu erst in Hermannstadt bekannt: sondern auch schon 1529, vollkommen eingeführet worden. Also vier Jahre eher, als Johann Honterus von Basel nach Kronstadt zurück gekommen, welcher 1533, um das Fest der H. Margarthe geschehen ist. Daß die Reformation zu Hermannstadt unter der Amtsführung des Plebans Mathias Ramaschi, vollendet worden, hat wohl seine Richtigkeit; allein Oltard verkauft seinen Lesern Rauch, wann er ihn zum Nachfolger des Mathias Kollomans machet. Denn dieser starb, 1521, am Tage des H. Augustins; a) auf ihn folgte im Plebanate: Petrus Huet, (Pileus) Doktor der freyen Künste, und des geistlichen Rechts, Protonotarius Apostolikus, Probst zum H. Sigismund von Ofen, Kanonikus zu Waradein, Königlicher Sekretair und Raht, wie auch 1523, Dechant des Hermannstädtischen Kapitels. Dieser war ein strenger Eiferer für die väterliche Religion, und that alles Mögliche, die Ausbreitung der Evangelischen Lehre zu verhindern. Wie denn alle Urkunden, die Oltard in seiner Predigt bekannt machet, unter dieses seine Amtsführung gehören. Auf Hueten folgte 1530, Petrus Woll, bisheriger Gene-

a) Oltard schreibet den 8ten August, und Martin Felmer, den 5 Aug. vielleicht beyde, weil sie das alte Verzeichniß der Plebanen im Missale, von 1594, nur mit flüchtigen Augen angesehen, und den Namen des Heiligen, für den Namen des Monats gehalten haben. Daselbst stehet: Magister Mathias Collomanni obiit die 5. Augustini: 1521. folglich den 28 August, alten Styls.

Generaldechant und Pleban zu Reichensdorf, der bis 1536, den Hirtenstab führte, und gleichen Planen folgte. Nun erst, den 17, May, 1536, ward Ramaschi, von Bros gebürtig, und daselbst Pleban, zur Stadtpfarrerswürde nach Hermannstadt berufen, welche er zehen Jahre bekleidete, und 1546 starb. Das Kapitularische Archiv giebt uns von allem diesen hinlängliche Beweise. Wie unbekannt muß also Oltard darinn gewesen seyn, oder seyn wollen! Doch theilet er uns verschiedene schätzbare Urkunden mit, insonderheit die merkwürdige Klagschrift, welche der Dechant Petrus Thonhanser, und Hurt, 1526, an den Erzbischof zu Gran, Ladislaus Saltani, überschickten. Schade nur, daß sie Oltard durch Randglossen hat erläutern wollen! denn diese sind manchmal unrichtig, und Chronologische Irrthümer. Parispapai, hat diese gar dem Texte einverleibet, und dadurch auch Hanern in seiner Hist. Eccles. Transylv. wie auch Schmeizein, de statu Eccles. Luth. in Transylv. verführet, uns diese seltene Urkunde ganz verdorben bekannt zu machen.

Weil Oltards Predigt wenig bekannt ist, und der damalige Zustand der Kirche zu Hermannstadt durch bemeldte Klagschrift sehr viel Licht erhält; will ich sie hier nach der Oltardischen Ausgabe, Liebhabern der Kirchengeschichte mittheilen:

In Civitate Cibiniensi, ubi fundamentum est Lutheranæ Hæresis, in domo Magistri Joannis Csukas 1), facta est quædam schola per quendam scholasticum, ubi canitur symbolum Nicænum germanica lingua, & aliæ cantilenæ, Missam & divina officia concernentia, uxor & vernulæ, pueri & tota familia canunt, & nituntur Missam facere germanicam.

In

---

1) Johann Hecht war ein Rahtsherr, aus einem alten verdienten Geschlechte.

In domo ejusdem fovetur unus apostata, qui fuit Ordinis Prædicatorum, nomine Georgius, qui dicit se absolutum ab habitu & Religione, tamen hactenus non exhibuit absolutionem prædictam, quam præ se ferebat. Iste irrequisito Pastore Plebano, in Ecclesiis filialibus prædicat, seducens populum ab obedientia, a jejuniis & præceptis ecclesiasticis, dicendo illa, quæ placent populo, volens se ingerere ad officium prædicaturæ, & pecunias non accipere, ita ut possit plebem seducere. Is missus est per Ambrosium Silesitam, quondam Prædicatorem Cibiniensem, ex partibus illis, ubi degit Lutherus, ut populum retrahat ab obedientia Romanæ Ecclesiæ, & suorum Prælatorum Ecclesiasticorum.

Idem Apostata manifeste gloriatur, se accepisse mandatum a Domino Magnifico, Judice Regio, 1) ut Cibinii maneat, donec ipse de Buda redeat, cum tamen Magistratus totius civitatis decreto suo, ad petitionem Dominorum Capitularium, jusserit, ut civitate exeat, ipse vero nil curavit, & dixit animo improperante: & si crepent Plebanus & Decanus, 2) ac etiam Domini Senato-

---

1) Dieses war Markus Pemflinger, der aus Ungern nach Siebenbürgen kam, und 1521, Graf der Sächsischen Nation, und Königsrichter zu Hermannstadt ward, damals aber auf dem Reichstage zu Ofen sich befand.

2) Dechant war selbiger Zeit, Petrus Thonhauser, Pleban zu Großscheuren; und Pleban zu Harmannstadt,
Pileus,

natores, ad defpectum eorum, ego Cibinii manebo, timenda eft feditio in brevi.

Adveniunt plerique iftius peffimæ fectæ Lutheranæ homines, Profeffores, Clerici & Laici, in Civitatem Cibinienfem. Nam ibidem foventur & diliguntur; extra civitatem vero nullibi per totam Tranfylvaniam admittuntur, illi propter defpectum Prælatorum Ecclefiafticorum, ibidem honefte a Cibinienfibus tractantur.

Senatus Cibinienfis follicitat apud Plebanum, ut hujusmodi Prædicatores, aut Pfeudopraedicatores ad prædicandum admittantur, & cum non poffit eis refiftere Dominus Plebanus, neceffe habet eos admittere. Ita ifti Prophetæ & mali Prædicatores populum in errorem ducunt.

Idem apoftata in conviviis mercatorum & civium informat, & manifefte Evangelium fuiffe abfconditum plusquam 400 annos. Sacerdotes dicit, nullam veritatem prædicaffe; chriftianos effe liberos libertate evangelica, non effe obnoxios inventionibus humanis, & ftatutis Patrum; etiam propter hujusmodi facrilegas doctrinas, ipfi Lutherani in prædicto Cibinio venerantur a mer-

---

Pileus, oder Huet. Georgius verließ zwar auf denselben Befehl das Hechtifche Haus, hielt fich aber im Pemflingerifchen für fo ficher, daß er die Stadt nicht räumen wollte.

mercatoribus fere omnibus, velut idolum, & tamen trahuntur cum intimo affectu ad convivia etiam ad altercationem usque, cum quo isto, vel isto cive debeant cibum capere; ex qua officiositate ipsi cornua cœperunt erigere.

Item, destructa est fere Jurisdictio Ecclesiastica. Nam paucissimi illam experiuntur. Quandoquidem omnes propemodum rigore jussionum & minis ultimi supplicii inferendi forum declinant, dicentes: se habere judices seculares; se nolle coram sacerdotibus litigare, & in causis mere spiritualibus, ut sunt matrimoniales, & inter Clericum & Laicum. Fundamentum istius disturbii, quis sit, orator dicet. 1)

Item, oratorem præsentem, Magistratus constituit privare beneficio suæ plebaniæ, sua duntaxat authoritate fruiturus. Apostatas tolerant, artificia mechanica eos addiscere permittunt, etiam apostatis in sacris ordinibus, vel sub Diaconatu existentibus, & in eis magnam habent complacentiam. Resonant, cantilenam solitum in die Nativitatis Domini, & totius ejusdem solennitatis laudem in maximam jucunditatem decantari, Lutherani mali homines, Cibinienses transmutarunt in linguam germanicam, in non
modi-

---

1) Petrus Sutter (Pileator) der seine verlorne Pfarre, Bungart (Baumgarten) nun bey dem Erzbischofe sucht. Davon im folgenden Mehreres.

modicum scandalum Sacerdotum, immiscentes scurrilia verba, cum tamen illud canticum, sit a principio juste & devote in præconium recentis Pueri, nati Filii Omnipotentis Dei contextum.

In Ecclesia beatæ Elisabeth in Civitate Cibiniensi, est quidam Monachus Griseus, 1) indoctus & fere idiota, similiter Silesita, qui in omnibus suis sermonibus debachatur in statum ecclesiastici ordinis, lutheranizans. Hic fovetur ab ipsis negotiatoribus velut lucem propinans, cum tamen fere omnes suæ prædicationes tenebræ sint & erroneæ, nil nisi venenum luthericum præ se ferentes.

Vocamur ad prælium in Turcas, & mandatur nobis sub pœnis in congregationibus Regni Transylvaniensis descriptis, 2) hoc est: sub pœna capitis & omnium bonorum, videlicet belligerare debeamus, contra libertatem ecclesiasticam, non curantes facere

hujus-

---

1) Johann Surdaster, der zu erst vor dem Elisabethenthore bey dem heiligen Kreutz predigte. Von diesem Kreutze s. das Ungr. Magaz. 2ten Band, S. 285.

2) Den dritten Feyertag des Osterfestes, 1526, erhielt nämlich der Dechant von dem Siebenbürgischen Woywoden, Johann von Zapolya, folgende tröstliche Zuschrift aus Mühlenbach:

Honorabilis Domine, Amice nobis honorande! Qualia pericula huic Regno immineant, ubi Cæsar ipse Turcorum aperte Regnum hoc aggredi proposuit, vobis constare non dubitamus. Hæc enim fama

per

hujusmodi conftitutiones contra Clericos, cum tamen ipfo facto fententiam excommunicationis incurrant, ficque multæ anima ibunt in perditionem ex paftorum negligentia, petunt humiles Capitulares Reverendiffimæ Dominationis veftræ, falutare & acceleratum remedium.

The-

per homines noftros dietim nobis veraciter affertur. Ut igitur tantæ moli refifti poffit, ftatuimus in Diæta Enyedienfi, Dominis Nobilibus Regni, & Saxonibus ipfis indicta, ut univerfi & finguli, tam feculares, quam etiam Viri ecclefiaftici arma ferre valentes, per fingula capita in bello intereffe debeant, demtis illis, qui juxta contenta Articulorum pro cura animarum domi manere debebunt, puta ad duas Poffeffiones in toto Regno Presbyter unus manebit. Cæteri vero omnes una vobiscum in ipfo bello intereffe debebunt. Non dubitamus etiam Dominum Reverendiffimum, Prælatum veftrum, vos fuperinde ammonuiffe. Dato tamen cafu, fi etiam per Dominum Prælatum veftrum nondum deinde fuiffetis ammoniti, nihilominus tamen ubi periculum omnibus commune fit, fcimus & Dominationibus veftris hanc patriam charam effe; propterea hortamur vos & rogamus, & nihilominus in perfona Domini noftri Gratiofiffimi Regis, vobis committimus, quatenus fub pœna in Articulis Enyedii fuperinde confectis, cum univerfis & fingulis Plebanis & Clericis fub Decanatu veftro ubique exiftentibus, ita vosmet ipfos ad bellum apræparatos tenere debeatis; ut cum per litteras noftras requifiti fueritis, in continenti momento, & ad diem & locum per nos præfixum, cum præfcriptis Plebanis & Clericis Viris convenire poffitis. Nam qui diem & locum præfixum neglexerint, pœna in præmiffis Articulis & Conftitutionibus fuperinde confectis, exemptione perfonarum absque ulla, feveriter puniri faciemus, fecus itaque pœna fub præmiffa ne feceritis. Ex Zazsebes, tertio die Fefti Refurrectionis Domini. Anno ejusdem 1526.

Joannes Comes Scepufienfis,
Wayvoda Tranfylvanienfis.

Balb

Thesaurarius 1) & alii Regni Aulici, in Curiis Plebanorum descendunt, victum ibidem tam pro se, quam pro jumentis, distrahunt, consumunt, vi etiam rapiunt, Clericis dicas imponunt, eosque miserabiliter vexant, minantur etiam bonorum spoliationem. Excommunicatio vero, omnino apud nos exstincta est, & pro nihilo reputatur.

Plebanus Cibiniensis 2) non auderet sub vitæ suæ privatione aliquem renunciare excommunicatum. Decanum Capituli Cibiniensis, 3) hoc est, Vicarium Reverendissimæ Domi-

---

Bald erfolgten mehrere Befehle, welche die Sächsische Geistlichkeit in die äußerste Verlegenheit setzten. Da es in einem derselben hieß: quod Dominus Reverendissimus Joannes Gozthoni, Dominus vester, vos belligerationi commiserit, und die Hermannstädtischen und Burzelländischen Decanate nicht unter der Gerichtsbarkeit der Weißenburger Bischöfe stehen, so war dieses eine Sache für sie. Das ganze Kapitel widersprach, und protestirte feyerlich darwider, weil sie nur unter der Gerichtsbarkeit des Erzbischofs von Gran stünden. (Quia Reverendissimus Strigoniensis, noster Tutor & Patronus existit. *Protoc. Cap.*) Doch die unglückliche Schlacht bey Mohátsch entriß sie aller dieser Schrecken und Verlegenheit.

1) Nicolaus de Gerend, hic Thesaurarius fuit. Oltards Randglosse.

2) Hier füget Paris Papai bey: Reverendus Matthias Ramaschi. Dieses aber ist nur Oltards Randglosse, die jedoch falsch ist.

3) Papai setzet hinzu: Petrum Thonhauser, Pastorem Horrei Majoris. Auch dieses ist nur Oltards Randglosse. Thonhauser wagte es einen Hermanstädtischen Kaufmann, als einen besondern Freund der Reformation, mit dem Banne zu bestrafen. Allein, die-

Dominationis vestræ, quidam negotiator Cibiniensis, uno aut altero equite in campo fecit circumveniri, angustari, terreri, & molestis verbis non tantum verberatum equites ipsum reliquerunt.

Ecclesiam quandam Parochialem in parvo Horreo, Dominus Magnificus 1) fecit violari, fores ejusdem violenter demoliendo, nulla Reverendissimæ Dominationis vestræ Vicarii Decani habita authoritate. Nam adeo invaluit ista pestis Lutherana, ut etiam in civitate, ubi Lutherus degit (testibus de his partibus venientibus, & nobis referentibus,) magis sævire non possint.

Cibinienses seducunt populum in villis circumcirca, & in sedibus Saxonicalibus, inficiendo eosdem dicta hæresi perfida, ita, ut & rustici insultent Pastoribus eorum. Ceremonias illas sacro sanctas in Festo Palmarum, & magnæ sextæ Feriæ omnino despiciunt, & benedictiones comesfibilium die Paschatis nihili facientes.

Vil-

ſer beſtellte bey dem Altenberge einige Stadtreiter, auf den Dechanten zu lauren, und wie dieſer ganz ſicher von Hermannſtadt, nach Großſcheuren, ſeiner Plebanie, zurückkehrte, empfiengen ſie ihn ſo, daß er herzlich froh ward, ihrer los zu werden, und hütete ſich wohl, bald wieder nach Hermannſtadt zu kommen:

1) Paris Zuſaß: D. Regius Judex Marcus Penflinger, iſt wieder die bloſſe Randgloſſe. Wann, und warum dieſer merkwürdige Vorfall geſchehen, habe ich bisher noch nicht entdecken können.

Villam unam Christianam, nomine Bongarth, cives Cibinienses devastarunt, & Saxonibus mandarunt, ut dictam Villam exirent, & ita indirecte Plebanum Plebania sua spoliaverunt, qui propediem cogetur stipem mendicare. 1)

Oblegia consueta in quatuor festivitatibus auni Sacerdotibus non dant; sed nec pullos gallinaceos decimales; imo quando Domini Capellani Cibinienses de more antiquo, alias laudabiliter observato, vadunt pro dictis pullis colligendis, probris eos afficiunt, et verba stulta evomunt.

---

2) Paris setzet wieder die Randglosse hinzu; Matthias Armbruster Consul Cibiniensis cum suis subditis, Petrum Pileatorem, Pastorem Bongarthensem, vi ejecerat, & clientem suum Georgium de Olzona, in locum ejus suffecerat. Um das Jahr 1520, mußten auf Veranstaltung des Königsrichters, Johann von Lula, die bisherigen Einwohner, Bungart räumen, und ein Sächsisches Pflanzvolk aus dem benachbarten Hamersdorf, kam an deren Stelle. Lulai starb den 12. Apr. 1521, darauf der Vicekönigsrichter, Andreas, ein Arzt und Stadtphysikus zu Hermannstadt, sich der neuen Einwohner besonders annahm, die ganz zerstörte Kirche wieder aufbauen ließ, und auf Verlangen des Stadtplebans, Mathias Kolomann, den Presbyter, Petrus Hutter, zum Pleban einführte. Als aber Mathias Armbruster, nach Paul Renzers Tode 1522, das Konsulat erhielt, sah er diese Einsetzung des Hutters, als einen Eingriff in das Patronatsrecht des Hermannstädtischen Rahts an, und weil derselbe auch vieler Nachläßigkeit in seiner Amtsführung überwiesen wurde, und mit seiner Köchinn in zu genauer Vertraulichkeit lebte, so entsetzte man ihn seines Plebandienstes, den darauf Georg, von Olzen gebürtig, erhielt. Dieses geschah

Die sanctissima Corporis Christi, & per totam octavam prout ordinavit S. Mater Ecclesia, Plebanus Cibiniensis facit solennes processiones cum Corpore Christi, mane in summa Missa, & sero in vesperis. Tunc pridem nonnulli Cibinienses blasphemiam magnam perpetraverunt, & cives aliqui dixerunt: Sacerdotes nostri credunt Deum factum esse cœcum, ex quo tot luminaria incendunt. Alii dixerunt: Sacerdotes nostri arbitrantur Deum esse puerum, qui velit instar puerorum duci & portari in brachiis vetularum, circumcirca per Civitatem. Concludentes esse stultitiam, & Sacerdotum fraudulentorum deceptionem.

Detrahunt sanctissimæ beatæ Mariæ virgini, exequias mortuorum explodentes, horas canonicas esse stultam temporis contritionem, volentes sanctimoniales & alias personas religiosas a servitio divino retrahere, dicentes: Christum docuisse nos tantum orare: Pater noster, qui es &c.

Et

---

schah, 1523. — Daß die Religion hieran keinen Theil gehabt, wie Kinder in seinen Comitibus Saxon. Sect. V. §. 3, und andere meynen, erhellet aus den Protokollen des Kapitels genugsam. Ich merke noch an, daß die vorigen Einwohner dieses Dorfs vielleicht gar keine Christen waren, denn in einer Processakte vom 16 Febr. 1524 heißet es: Quæ (Possessio) alias Paganorum Sectæ subjecta erat & obruta, ac tandem per Dominos Cibinienses christicolis incolis confirmata.

Et nunc in domo Magnifici 1). manet Apoftata, quia de domo Domini Magiftri Joannis Csukás ejectus eft.

Reverendiffime Archipræful, his moleftiis fatigati, oramus per vifcera mifericordiæ Dei noftri, fuccurrat nobis patrocinio Dominatio veftra, qui etiam nimiis attriti injuriis hifcere vix valemus, feu hiare. Quandoquidem, fi modo Reverenda Dominatio veftra authoritatem fuam filentio prætergreffa fuerit, poftea fuper Reverendiffimam Dominationem veftram, & fuper nos indignos Capellanos fulminabitur illud verbum: Facti fumus opprobrium hominum, & abjectio plebis. 2)

Oltarbus

Johann, der Vater des vorhergehenden, und gleichfalls Stadtfarrer zu Hermannstadt. Er stammte aus einem Geschlechte, dessen Name sonst Scherer war, (Raforis) unfehlbar, weil einer desselben ein Barbier gewesen ist. Deßwegen halte ich auch den Namen Oltard, für den rechten Geschlechtsnamen. Paulus Raforis, ein Patrizier von Hermannstadt, starb als Vorsteher der Münzkammer, 1576 den 2 August, und hinterließ

---

1) Nimirum Regii Judicis Cibinienfis, Oltards Randgloffe.
2) Mit dieser Oltardischen Ausgabe stimmet die Abschrift des Stadtpfarrers Chriftian Lupinus, der 1612 gestorben ist, vollkommen überein.

ließ vier Söhne: **Markus**, **Martin**, **Antonius**, und **Lukas**; †) davon insonderheit der älteste, 1534 gebohren, wegen seiner besondern Schicksale merkwürdig ist. Sein Vater sandte ihn nach Wien, er ward aber auf dieser Reise von den Türken gefangen genommen, und da er Deutsch, Lateinisch, und Ungrisch redete, kaufte ihn Rustanes, Kaiser Solymans Eidam. Mit diesem durchreisete er fast den ganzen Orient, lernte die Türkische, Persische und Arabische Sprache, und bekannte sich, doch gezwungen, zu Mahomets Glaubenslehre, dabey er den Namen, Hidazet, (von Gott gegeben) erhielt. Nachdem Rustanes, Bascha zu Ofen geworden, diente er demselben als Schreiber, hernach als Sekretär, und endlich als Kanzler. Hierauf nahm ihn Kaiser Soleyman, als Sekretär in seine Dienste, und gebrauchte ihn zu verschiedenen Staatsangelegenheiten. Als er ihn zu dem Bascha in Fillek schickte, gab ihn dieser dem Michael Scharkoschi zur Geisel; ward aber wider gegebene Treue, an den Georg Bebek, ausgeliefert: doch, als dieser gefangen worden, erhielt Hidazet seine Freyheit wieder. Nachgehens befand er sich bey der Soleymanischen Gesandtschaft nach Wien. Hier hatte er abermal das Unglück in Verhaft zu kommen, ward aber endlich wieder zurück

---

†) Diese drey letztern weihten sich dem geistlichen Stande. **Antonius**, ließ sich zu Witenberg von dem Kurfürstlich-Sächsischen Superintendenten, Polykarp Lyser, ordiniren, als er 1577, den Beruf zum Predigeramte nach Hermannstadt erhalten hatte; und starb den 19 Januar 1580. **Lukas**, wurde Pfarrer zu Helzdorf, woselbst er 1581 den 12 Okt. die Welt verließ.

zurück geschickt. Im Jahre 1566, begleitete er den Soleyman nach Ungern, und war bey der Unterredung mit dem Prinzen Johann Siegmund von Zápolya, der Dolmetsch. Unter diesem Feldzuge fiel er in Verdacht des Hochverrahts, ward deswegen gefangen gesetzt, und soll nach des Ischtwánsi Bericht, nachgehens in einem Sacke im Meere ersäuft worden seyn. Mit seinem Vater unterhielt Hidazet so viel als möglich, einen Briefwechsel, ließ auch denselben einmal nach Ofen kommen, empfieng ihn mit einem Strome von Trähnen, zeigte ihm eine kleine Bibel, die er beständig bey sich führte, und betheurte, daß er noch in seinem Herzen ein aufrichtiger Christ wäre. Hierauf beschenkte er ihn reichlich, und ließ ihn mit Wehmuht und Trähnen von sich.

Martin Oltard, Paul Scherers zweyter Sohn, starb als Stadtpfarrer zu Medwisch 1591, den 27 Apr. Dieser ist der Vater unsres Johann Oltards, der den 17 Heumond, 1576, zu Großprobstdorf, woselbst sein Vater damals Pfarrer war, gebohren wurde. Seine Gelehrsamkeit, insonderheit aber seine erobernde Beredsamkeit erwarb ihm eine Beförderung nach der andern. Im Jahre 1602 den 24 Septemb. erhielt er das Diakonat zu Hermannstadt; 1606, die Pfarre Rohtberg, und bald darauf den 27 August die zu Heltau. Von hier ward er nach dem Tode des Johann Funks 1617, den 6 Januar, nach Hermannstadt berufen. Verwaltete er nun gleich sein Amt mit pflichtmäßiger Treue: so fehlte es ihm doch nicht an lästernden Feinden. Ein gewisser Dipsa, Lektor bey der Schule, hatte Frechheit genug, ihn durch öffentliche Schriften und Pasquille aufzufordern, und des Crypto-Kalvinismus zu beschuldigen. Allein, diese Beschuldigungen schadeten niemanden mehr als ihrem Urheber, indem Dipsa von dem Scharfrichter zur Stadt hinausgeführet, und auf ewig verwiesen wurde. Oltard starb als Dechant des Kapitels, den 9 May 1630, im 55sten seiner Lebensjahre, vielgeliebt, und von allen Rechtschaffenen beklagt. Uiber dem Eingange der Sakristey in der Parochialkirche, liest man noch seine Grabschrift, die er sich selber verfertiget hat. Hier ist sie:

Ille ego materna quondam polutus ab alvo,
   Qui prodii Oltardo de genitore satus.
Heu mihi! quid præter foedæ contagia culpæ
   Adduxi, in quibus est vita peracta mihi?
Infans sollicitæ genitricis ab ubere pendens,
   Noxia tunc etiam nil nisi *Culpa* fui.
Sic puer ingenuis cum traderer artibus, unam
   Tum quoque, quam subii, præstita *Culpa* mihi est.
Accedens tandem juveni maturior ætas,
   Hæc etiam in *Culpa* tota peracta mihi est.
Traditus hinc puerum mores formare venustis
   Artibus; hic etiam nil nisi *Culpa* fui.
Tum fidei jussus mysteria pandere sacræ,
   Culpam unam potui commeruisse miser!
Innocuæ exemplar reliquis me tradere vitæ
   Par fuerat, sed & hic, nil nisi *Culpa* subest.
Heu mihi! quid dicam? aut quorsum mea crimina celem?
   Tota mihi in *Culpa* est vita peracta semel.

Hinc domino tenear meritas si pendere pœnas;
 Jam fuerit prorsus perdita vita mihi.
Christe! luis hostram, purus qui crimine *Cul-
pam*,
 Da veniam noxæ, te precor usque meæ.
Ne subeam justas scelerum de vindice pœnas;
 Culpa sed ut mea sit sanguine lota tuo.
Sic mihi lætitiæ, suaves sub pectore motus
 Profilient, tumuli cum subeunda specus,
Spiritus hinc superas lætus conscendet ad arces,
 Hunc dederit summum cum mea lingua so-
num:
In *Culpam* natus *veni*, vana omnia *vidi*,
 Per Christum *vici*, transeo, muude, vale!
Improbe munde, vale! nodosa valeto podagra!
 Amplius est tecum nil mihi, quære alios.

Oltard hat viele kleine Gedichte auf die merkwürdigen Begebenheiten und Personen seiner Zeiten, hinterlassen; besonders war er in Chronostichen glücklich. Als er sich 1603, zum Ehestande entschlossen hatte, schrieb er:

Quam mihi cunque parat thalamo sociare ju-
gali,
 Flectat ad hanc sensus, & mea corda Deus.
Quam mihi cunque negat thalamo sociare ju-
gali,
 Vertat ab hac sensus & mea corda Deus!

Außer denselben hat er auch Fuchsens Chronicon, oder Annales Rerum Hungaro-Transylvanicarum, vermehrt, und bis auf das Jahr seines Todes fortgesetzt. *)

*) Sein

*) Sein zweyter Sohn, Johann Oltard, der 1647, zu Wittenberg eine Streitschrift: Exercitatio ontologica, de qualitate, unter dem Adjunkte: Nikol. Bened. Pascha, vertheidigte, starb als Pfarrer zu Großau, und Syndikus des Kapitels 1660. Er hinterließ einen Sohn, gleiches Namens, der Pfarrer zu Großscheuren ward, und 1704, den 24 May, als der letzte des Oltardischen Namens gestorben ist.

Pankratius

Michael, beyder Rechte Doktor, und Superintendent der Sächsischen Kirchen. Sein Großvater ein Oesterreichischer von Adel, Georg Pankratius, diente unter dem berühmten Kaiserlichen Feldherrn, Georg Basta, im Siebenbürgischen Kriege. Allein, von den Unnehmlichkeiten des Landes gereitzt, legte er die Waffen nieder, und wählte Mühlenbach zu seiner Ruhestätte. Hier wurde er der Vater des Martin Pankratius, der 1637, die Pfarre Kelnek erhielt. Dabey aber Schmeizel †) irret, wann er behauptet, er habe dieselbe durch besondere Gnade des Fürsten Gabriel erhalten, obgleich die Rechtsgelehrheit sein Feld gewesen wäre. Bethlen starb ja 1629, und damals war Karl Henneking, Kelneker Pfarrer, welcher 1636 den 8 Oktob. starb. Sein Nachfolger, Christian Stark, starb den 28 des Christmonds desselben Jahres, und Johann Bausner, der auf ihn folgte, 1637. Martin Pankratius

---

†) De statu Eccl. Luth. in Transylv. S. 87. Qui (Martinus) oratoriis studiis favorem Principis, Gabrielis Bethlenii sibi concilians, præter spem Kelnicensium antistes factus est, quum Reipublicæ addicturus esset operam. Meine Nachrichten gründen sich auf die Kelneker Kirchenmatrikel.

ius zeugte mit seiner Gemahlinn Eva Wagner von Bros, unsern Pankratius, der 1631, den 28 Sept. alten Styls, geboren ward. Weil ich dieser schon 1644, seiner Eltern durch den Tod beraubt sah, begab er sich auf die Schule zu Heltau, woselbst er von dem Pfarrer Jakob Schnitzler, viele Wohlthaten genoß, und von dem Rektor, Petrus Fabricius, unterrichtet ward. Von hier gieng er 1648 nach Klausenburg, und das folgende Jahr nach Preßburg; bey welchem Gymnasium er besonders den Rektor, Mag. Johann Jakob Helgenmeyer, rühmet. Doch auch hier lebte er nicht lange; denn 1650, besuchte er die Akademie zu Tyrnau, und beschäftigte sich daselbst mit der Weltweisheit, und den schönen Wissenschaften. Nach zwey Jahren begab er sich nach Wien, dann nach Nürnberg, und 1653, nach Wittenberg, woselbst er sich auf die Rechtsgelehrtheit legte, und besonders an Alexander Post, beyder Rechte Doktor, nachmals Herzoglichen Wolfenbüttelischen Raht, einen grossen Gönner fand. Hierauf that er eine gelehrte Reise nach den hohen Schulen zu Leipzig, Jena, Würzburg, Altdorf, Maynz, Ingolstadt, und Kölln. Nachdem er sich am letztern Orte anderthalb Jahre aufgehalten hatte, berief ihn der Landgräflich Hessische Erbmarschal, Johann von Riedesel, 1656, zum Lehrmeister seiner Söhne. Die dasige Luft aber war ihm so unerträglich, daß er bald seinen Dienst niederlegen mußte, worauf er noch die Universitäten Gießen, Marburg und Helmstädt besuchte, und 1657, nach Hamburg reisete. Hier übernahm er die Unterweisung der Söhne des Ritters Joachim

achim von **Brockdorf**, führte sie auch nach zwey Jahren auf die hohe Schule zu Rostok, woselbst er denn 1661, die Doktorwürde in beyden Rechten erhielt, und darauf öffentliche Vorlesungen über die Geschichtskunde, Beredsamkeit, und andere Theile der Wissenschaften hielt. 1663, den 7 Jul. vermählte er sich mit Annen Dorotheen Boekel. a)

Nach drey Jahren kam Pankratius als öffentlicher Lehrer der Geschichtskunde und Bürgerlichen Rechte an das neue Kollegium zu Eperies. Von hier ward er 1668, nachdem Jakob Schnitzler Stadtpfarrer geworden, zum Rektorate des Hermannstädtischen Gymnasiums beruffen. Und so sah er nach einer zwanzigjährigen Entfernung, sein geliebtes Vaterland wieder. Den 9 Jäner, 1669, ward er feyerlich eingeführet, allein der Neid, dem er sich bald ausgesetzt sah, bewegte ihn, im Christmonde des folgenden Jahres die Pfarre zu Neudorf anzunehmen. Doch blieb er nicht lange daselbst, denn 1671, erwählte man ihn zum Stadtpfarrer in Medwisch; 1679, ward er Generaldechant, und 1686, den 4 Novemb. Superintendent. **Valentin Frank**, Graf der Nation, und Königsrichter zu Hermannstadt, befand sich sehr beleidigt, daß ihm weder der Tod des Superintendenten, **Christian Haas**, noch die Wahl

---

a) Votivi Applausus jugalibus tædis & honori Nobiliss. Ampliss. atque Consultissimi Viri, Dni Michaelis Pancratii, SabesoTransylv. J. V. D. uti & — Virginis Annæ Dorotheæ Bœkeliæ, cum hi felicibus auspiciis in celeberrimo Henetorum Roseto A. S. 1663, d. 7 Jul. — ab amicis, fautoribus atque patronis. Rostochii. in 4.

Wahl des Pankratius gemeldet worden. Allein die geistliche Universität ertheilte ihm die Antwort: sie habe hierinn seit Einführung der Superintendur, ein freyes Recht gehabt; dabey niemals den Grafen der Nation befragt, ja selbst den Fürsten nicht, obgleich derselbe die höchste Bischöfliche Gewalt im Lande hätte. a)

Würdig des spätesten Alters, starb Pankratius den 11 des Heumonds 1690, im neun und fünfzigsten Jahre. b) Seine hinterlassenen Schriften sind von grosser Seltenheit.

1) Disputatio inauguralis de Juramento perhorescentiæ, præside Henr. Rudolph. Redeker, J. V. Doct. & Prof. Publ. die 28 Nov. habita, Rostochii. 1661. in 4. *)

*) Redekers vorgesetztes Programm enthält die bisherigen Lebensumstände des Pankratius.

2) Tractatus Politico-Historico-Juridicus, in Paragraphum: *Jus itaque duplex est*, Prol. de Jure & divisione Juris: Juris Publici Regni Hungariæ, Magistratuum & Statuum, tam Ecclesiasticorum, quam sæcularium, originem in genere & specie exhibens. Cassoviæ, typis Davidis Türsch. A. MDC. LXVIII. in 4. *)

*) Mit einer Zuschrift an den Fürsten Michael Apafi. Uibrigens enthält dieses Werkchen von achthalb Bogen, sieben Abschnitte, der

I. De Jure Publico Regni Hungariæ in genere, uti & de origine ejusdem & objecto.

II. De Origine, Constitutione, Formis & Caussis tam florentis, quam senescentis Regni.

III.

---

a) Dav. Hermanni, Annales Eccles.
b) Sein Sohn, Hartwig Pankratius, ward 1709, Bürgermeister in Schäßburg.

III. De Membrorum Regni divisionibus, & quidditatibus.

IV. De Membrorum, five Statuum Regni Hungariæ Origine in genere, eorumque caussa efficiente.

V. De Origine Statuum & Membrorum Regni Hungariæ Ecclesiasticorum in specie, eorumque caussa efficiente.

VI. De Origine Statuum & Membrorum Regni Hungariæ Sæcularium in specie, eorumque caussa efficiente.

VII. De Caussa materiali & Regni & Statuum, nec non horum tam formali, quam finali.

3) Exercitatio Politico-Juridica, de Imperio & Juribus Potestatis Imperantium in capita subditorum, Respondente Christiano Lazitio, Liptoviensi, diebus April. 1668. Cassoviæ, Typis Dav. Türsch. in 4.

4) Politia Exemplaris. Dieser gedenket Pankratius im vorhergehenden Werkchen: §. 24.

5) Tractatus de Jure Militari. *)

*) Schmeizel gedenket desselben, de Statu Eccles. Luth. in Transylv. S. 88. berichtet auch, Pankratius habe zugleich Grammatikalische Schriften, und 15 Bände von Siebenbürgischen Sachen hinterlassen. Ob diese noch irgend wo vollständig vorhanden seyn, weis ich nicht. In der Büchersammlung des Superintendenten Georg. Jerem. Haner, befinden sich die drey letzten Bände, davon der XIII. 201, der XIV. 69, und der XV. 36 Urkunden und andere zur Siebenbürgischen Geschichte dienende Stücke, enthält. Von dessen eigenen Arbeiten befinden sich darunter:

6) De Decimarum Juribus in Regno Transylvaniæ receptis.

7) De Religionis Evangelicæ Documentis.

8) Rescripta Decanalia in Casum sequentem directa: An studiosus homicida, inter rixas adversarium suum interficiens, ad Ministerium sacrum promoveri potest?

Pauschner

Sebastian. Der Freyen Künste und Arzeney Doktor, lebte als ein Mitglied der Katholischen Kirche zu Kronstadt, und gab 1550, ein deutsches Werk von der Pest, zu Hermannstadt in 8. heraus, welches er dem Kronstädter Richter, Johann Schirmer, zueignete. Bod hat auch andere verleitet, wenn er ihn in seinem Ungrischen Athen, S. 32. Bauzner (Bausner) nennet. S. Soterius, Transyl. Celebr. Ob sein Geschlecht noch blühet, weis ich nicht; allein mit dem Bausnerischen ist es gar nicht zu verwechseln.

Pinxner

Andreas. Eines Uhrmachers Sohn zu Hermannstadt, studirte in seiner Vaterstadt, und zu Enyet. Von hier begab er sich auf die Universität Wittenberg, sich zu dem Dienste der Kirche mehr zu bereiten. Allein er verschwendete sein väterliches Erbe, und dieses stürzte ihn zuletzt in eine Schwermühtigkeit, deren Wirkung eine sehr gewöhnliche war. Er gieng in Holländische Dienste, und segelte nach Batavia. Nach fünf Jahren kam er in sein Vaterland zurück. Seine weite Reise aber, hatte zwar seinen Körper, nicht aber seinen Verstand geheilet. Als er bey dem Königsrichter Frankenstein, seine Aufwartung machte, genoß er wenig Ehre. Derselbe befragte ihn wegen einiger Oerter, deren er in seiner Reisebeschreibung gedachte. Als Pinxner keine Antwort geben konnte, riß Frankenstein die Zueignungsschrift heraus, und warf ihm das Buch vor die Füße. Vielleicht bewog eben dieses Pinrnern, sein Vaterland wieder zu verlassen; denn welche schmeichelnde Hoffnung konnte er auf die Zukunft haben? Er gieng, wie man sagt, nach der Türkey, und starb als ein Jünger des Mahomets. Der berühmte Herr Mag. Cornides, besitzet ein Exemplar seiner Apodemie, darinn eine unbekannte Hand folgende Nachricht von Pinrnern ertheilet: Andreas Pinxner, Cibinii Tranſylvanorum, patre Automatario, ſive horarum fabro, pio viro, natus, ſtudiis Cibinii & Enyedini dedit operam, inde Wittebergam conceſſit; ſed quum parentis bona abliguriret, in animi deliquium mox incidit, adeoque relictis ſtudiis tandem usque ad Orientis partes, & in Bataviam Javæ inſulæ miles excurrit. Hinc poſt quinquennium ſanus quidem corpore, ſed parum mentis compos, rediit in patriam, in quo vario fato uſus, tandem quo conceſſerit, nulli ſatis conſtat; niſi, quod quidam ad Turcas eum abiviſſe, & ubi Mahumedanis ſacris initiatus fuiſſet, periiſſe retulerint. Scripſit: die hitzige Indianerinn, quæ Lipſiæ typis vulgata eſt, & de *Navigatione ſua*, qui Liber non prodiit.

r) Apodemia ex Tranſylvania per Pannoniam, Auſtriam, Moraviam, Bohœmiam, Miſniam atque Saxoniam ſuſcepta, in qua Urbium ſtatus, ſitus, Eccleſiæ facies depinguntur, Inquilinorum juxta mores & ſtudia, aliaque notabilia, quæ ad Prudentiam Civilem & Hiſtoriam ſacram pertinent, breviter inſeruntur, & exhibentur. Wittembergæ. 1694. in 12. *)

*) Präch-

*) Prächtige Titel! der Inhalt ist kurz und trocken, und selbst in Vaterländischen Nachrichten nicht selten unrichtig. Frankenstein starb 1697. Hat ihn nun Pinxner gesprochen; so muß er diese seine Apodemie nach seiner Zurückkunft aus Ostindien herausgegeben haben. Schmeizel meynet, Wernsdorf habe dieses Werkchen, als ein junger Magister verfertigt, und weil das Meiste aus Kinders Hodoeporicum entlehnet, auch in der Titulatur der Zuschrift gefehlet worden, habe Frankenstein, Pinxnern so verächtlich begegnet. Allein, wie viel hätte ihm Kinder nützen können, der durch Schlesien und Pohlen nach Wittenberg reisete. Auch glaube ich, Pinxner habe allemal eher ein solches Werkchen schreiben können, als Wernsdorf, der nie eine Reise nach Siebenbürgen gethan hat.

2) Die hitzige Indianerinn. Leipzig. *)

*) Christian Ziegler, Stadtpfarrer zu Hermannstadt, versicherte mich, Pinxner ein Uhrmacher, habe nach seiner Ostindischen Reise, ein Werkchen unter der Aufschrift: die schöne Indianerinn, herausgegeben. Welcher Titel der richtige sey, mögen diejenigen bestimmen, die dasselbe gesehen haben. Hitzig und schön widerspricht sich gar nicht, doch scheinet mir das erstere mehr, als das letztere, den Indianerinnen eigen zu seyn. Vielleicht hat auch Pinxner, als ein verdorbener Gelehrter, mit der Kunst seines Vaters sein Brod gesucht.

Piso

Jakob. Ein berühmter Dichter, Redner und Staatsmann in der ersten Hälfte des sechszehnten Jahrhunderts. Er nennet sich selber einen Siebenbürger; also ist sein Vaterland entschieden, und wir dörfen nicht aus der Aehnlichkeit seines Namens, etwas für Preßburg, (Posonium) muhtmassen. Ob Piso aber ein Siebenbürgischer Unger, oder Sachse gewesen, ist noch die Frage. Mein Freund, †) dessen Gütigkeit ich

†) Der verdienstvolle Herr Mag. Daniel Cornides, dessen

ich auch folgende Bruchstücke von Pisos Geschichte zu danken habe, ist für das letztere: weil sein Name nichtsweniger als Ungrisch klinget, und weil zu dessen Zeiten Griechische und Lateinische Namen bey den Siebenbürgischen Ungern noch nicht gebräuchlich waren. — Wie unsere Sachsen ihre Fabini haben: so können wohl ehemals auch Pisone unter ihnen gewesen seyn. Ob aber zu unsern Zeiten diesen Namen noch jemand führte, kann ich nicht entscheiden. Wie dann, wann Piso aus einem ursprünglich Niederländischen Geschlechte, das sich aber in Siebenbürgen niedergelassen hat, abstammte? Ich finde verschiedene gelehrte Niederländer, die diesen Namen führen; und dergleichen Beyspiele von nationalisirten Fremden, sind in unsrer Geschichte gar nicht selten.

Ob Piso als Königlicher Gesandter an den Pabst Julius den Zweyten, zu erst nach Rom gekommen, oder vorher schon einige Jahre daselbst gelebt, ist mir unbekannt. So viel ist gewiß, daß ihm sein Verstand und Witz, eine allgemeine Achtung erwarb. Franz Ursilli, der alle Dichter, die sich damals zu Rom befanden, schildert, singet von unserm Landsmanne:

Pannonia a forti celebris jam milite tantum
    Exstitit; at binis vatibus aucta modo est.
Nam Latium Piso sitibundo ita gutture rorem
    Hausit, ut Ausoniis carmine certet avis;
                                      Nec

---

dessen Menschenfreundlichem Herzen ich so manche Beyträge zu danken habe.

Nec minor est *Jano*, patrium qui primus ad Istrum
  Duxit Laurigeras ex Helicone Deas. †)

Mit dem berühmten Erasmus lebte er in der vertrautesten Freundschaft, die auch nach ihrer Trennung gleich warm fortdauerte. Einmal fand er in einem Buchladen zu Rom, eine starke Sammlung Erasmischer Briefe in der Handschrift. Er kaufte, und überschickte sie einem seiner Freunde nach Siena. Erasmus aber, über diesen unvermutheten Vorfall erhizt, opferte sie sogleich, sehr unverdient! dem Vulkane auf. ††)

Pabst Julius, bemühte sich die Kriegführenden Christlichen Mächte zum Frieden unter sich, und zu einem allgemeinen Heereszuge wider den Türken zu bewegen. In dieser Absicht sandte er den Piso auch an den König Siegmund I. nach Pohlen. Den 6ten Jäner, 1510. kam er glücklich zu Krakau an, woselbst er dem Könige die Absichten des Pabstes eröffnete, und ihn in dessen Namen ersuchte, die Waffen nebst seinem Bruder Wladislaw, König von Ungern, wider den Kaiser Bajazit zu ergreifen, und in

Thra=

---

†) *Franc. Arsilli*, Senogalliensis, de Poetis urbanis ad Paulum Jovium Libellus, in dem vortreflichen Werke: Storia della Letteratura Italiana, di *Girolamo Tirabofchi*. — Tomo VII. dall' anno MD. all' anno MDC. Part. III. S. 425.

††) Dieses berichtet Erasmus in einem Schreiben von Löwen, 1520, den 27sten May, an den Beatus Rhenanus. Tom. III. P. I. Epist. DVII. der prächtigen Ausgabe der sämmtlichen Werke des Erasmus, zu Leyden, 1703. in Fol.

Thrazien einzufallen. Der König verschob die Antwort bis auf den bevorstehenden allgemeinen Reichstag zu Petrikow, woselbst sich die Reichsrähte darüber berahtschlagten. Allein Piso erhielt keine gewünschte Antwort. Der König lobte die Bemühungen des Pabstes; allein das verschiedene Interesse der Christlichen Höfe, ließ in Absicht eines glücklichen Erfolgs, wenig Gutes hoffen. Es würde hieß es, gar zu gefährlich seyn, wann Pohlen und Ungern allein die ganze Last eines Türkenkrieges tragen sollte. Gewönne aber gedachter allgemeine Kriegszug einigen Fortgang: so würde der König auch Sorge tragen, daß er unter den Christlichen Mächten, die den Pabst hierinn unterstützten, nicht der letzte seyn möchte. — Piso hatte noch einen andern unangenehmen Zufall. In der Kathedralkirche zu Krakau, verdrängte ihn der Kaiserliche Abgesandte, Vitus von Fürst, von seinem Sitze, und erklärte sich nachgehens: dem Römischkaiserlichen Gesandten gebühre der erste Rang, auch wäre Piso kein bevollmächtigter Legat des Pabstes, sondern ein blosser Gesandter.

Hierauf reiste Piso nach Ungern, um den König Wladislaw II. noch mehr zum Kriege wider die Türken aufzumuntern, und kehrte gegen den Herbst nach Rom zurück. Im Jahre 1514, sandte ihn Leo der Zehnte, abermals an den Königlichen Pohlnischen Hof. Im Heumonde kam er zu Wilna in Lithauen an, woselbst sich der König mit Zurüstungen wider den Großfürsten von Moskau, Basilius, beschäftigte. Vergebens bemühte sich Piso den König mit dem
Groß=

Großfürsten auszusöhnen, und einen Frieden zwischen beyden Prinzen zu stiften. Noch bey seiner Anwesenheit griff König.Siegmund die Moskowiten an, und erfocht einen vollkommenen Sieg. Piso beschrieb diese Schlacht in einem Schreiben an seinen Freund, Johann Korizius in Rom. Bey diesem Aufenthalte in Pohlen erwarb er sich die Liebe der Nation, und die Gnade des Königs vollkommen, und erhielt von dem letztern bey seiner Abreise recht Königliche Geschenke. †) Im folgenden 1515ten Jahre, befand er sich mit bey der berühmten Zusammenkunft des Königs von Pohlen mit dem Kaiser Maximilian dem Ersten, und dem Könige von Ungern und Böhmen, Wladislaw II. zu Wien und Preßburg. Johann von Danzig, der die ganze Feyerlichkeit dieser Zusammenkunft in Versen beschrieben hat, ††) gedenket dabey auch des Piso sehr rühmlich:

Piso etiam nostro vir in ævo doctus & acer,
Magnorum nuper qui multa negotia Regum
Tractabat, quod si stricto pede, sive soluto
Aggreditur quicquam, nil est exactius. —

Er

---

†) s. Janociana, *Vol.* II. S. 218 — 223.

††) *Joannis Dantisci*, Silva, de Profectione Sereniss. Sigismundi Regis Poloniæ — in Hungariam, in dem sehr seltnen Werke: Odeporicon, id est: Itinerarium Reverendiss. Patris & Dni, D. *Mathæi*, S. Angeli Cardinalis, Gurcensis Saltzburg. Generalisque Imperii Locumtenentis, quæque in Conventu Maximiliani Cæsaris August. Sereniss.que Regum Wladislai, Sigismundi, ac Ludovici, memoratu digna

Er wurde Lehrmeister des jungen Königs Ludwig des Zweyten, der ihn nicht nur mit der reichen Probstey des H. Siegmunds belohnte; sondern auch zu den wichtigsten Staatsgeschäften brauchte, wie er denn 1523, eine geheime Gesandtschaft an den König von Pohlen, Siegmund, in Böhmischen Angelegenheiten von grosser Wichtigkeit, verrichtete. Erasmus, der sich seines Piso nie ohne Vergnügen errinnerte, wünschte dem jungen Könige mehr Glück zu diesem Lehrmeister, als selbst zum Königreiche. †) Piso verlor seinen geliebten König in der traurigen Schlacht bey Mohátsch 1526, und darauf durch die feindliche Wuht alle seine Güter. Dieser Verlust beschleunigte seinen Tod, der 1527, zu Preßburg erfolgte. ††) Von seinen gelehrten Beschäftigungen sind mir bekannt:

1) Epi-

---

digna gesta sunt, per *Riccardum Bartholinum*, Perusinum edita. Viennæ, 1515, in 4. Auch befindet sich dieses Gedicht in Frehers Scriptt. Rer. German. T. II. S. 634.

†) In einem Briefe an Johann Thurso, Bischof von Breßlau. Lovanio, 20. Apr. 1519. Porro novum non est, apud Hungaros esse præclara ingenia, quando *Janus* ille *Pannonius* tantum laudis meruit, ut Italia ultro herbam illi porrigat. Jacobi Pisonis, cujus memoriam mihi refricas, tam jucunda est recordatio, quam olim Romæ jucunda fuit consuetudo: quid enim illo doctius? aut quid festivius? Ego hunc præceptorem magis gratulor Sereniffimo Regi vestro, quam regnum ipsum. — S. *Opera ejus omnia*. T. III. P. I. Epist. CCCCVII. p. 430.

††) Ursinus Velius, schreibet von Gran, den 10ten Dec. 1527. an den Erasmus: Piso, mense Martio spoliatus bonis omnibus, credo, animi dolore, Posonii diem suum obiit. *Erasmi Opp. Tom.* III. P. II. Epist. 344.

1) Epiſtola ad Eraſmum Roterodamum. Romæ, 30. Jun. 1509. In deſſen ſämtlichen Werken, T. III. P. I. Epiſt. CVIII. S. 101. 102.

2) Epiſtola ad Joannem Coritium, de conflictu Polonorum & Lithuanorum, cum Moſcovitis, ſcripta Vilnæ, 1514. Romæ, in 4. Johann Froben, zu Baſel, gab ſie 1515, nebſt des *Jani Damiani* Elegia ad Leonem X. Pontificem, de Expeditione in Turcas ſuſcipienda, wieder gleichfalls in 4. heraus. Sie iſt auch ſo wohl vom Alexander Guagnin, dem dritten Tome der Rerum Polonicarum; als auch vom Joh. Piſtorius dem Corpus Hiſtoriæ Polonicæ, *Tom.* III. einverleibt worden.

3) Epigramma, auf eben denſelben Sieg, befindet ſich in folgender Sammlung: Carmina de memorabili cede ſciſmaticorum Moſcoviorum, per Sereniſſ. ac Invictiſſ. D. Sigiſmundum, Regem Poloniæ, magnum Ducem Litvaniæ, Ruſſiæ, Pruſſiæ, Sarmatiæque Europeæ Dominum & Hæredem, apud aras Alexandri Magni peract. in 4. ohne Meldung des Ortes und des Jahres. Sie enthält: *Epiſtola* R. D. Joa. de Lasko, Gneznen. & Primatis Regni Poloniæ: *Silva* Joan. Dantiſci: *Hymnus* Valentini Ekii: *Silva* Chriſtoph. Suchtenii: *Panegyris* Bernardi Vapousky: *Epiſtola* Andreæ Criczki: *Epigramma* Jacobi Piſonis. Unfehlbar meynet Herr Janotzki eben dieſes Gedicht, und dieſe Sammlung, wann er berichtet: Piſo habe dieſen Sieg auch in einer Elegie beſungen, die Johann Laſki, Primas von Pohlen, und Königlicher Abgeſandter bey dem Päbſtlichen Hofe 1515. zu Rom, mit den Gedichten des Johann von Danzig, Anbr. Ericius, Bernhard Wapowius, und anderer Gelehrten, auf dieſe Niederlage der Moſkoviten, habe drucken laſſen.

4) Jacobi Piſonis, Tranſylvani, Schedia. Eine kleine Sammlung von Sinngedichten, die ſich in der Univerſitätsbibliothek zu Ofen befindet, und
der

der Vergessenheit entrissen zu werden verdienet. Da ich sie nun von der edlen Menschenliebe des berühmten K. K. Historiographs und Bibliothekars Herrn Abbé Pray, erhalten habe: so will ich sie hier öffentlich auftreten lassen.

De suo Libello

Si quis habet nostrum cerdo caupove libellum,
    Sic vendat, patiar, ut neget esse meum.
Irritare tamen si vult emptoris alutam,
    Nequitias satis est dicere, vendo meas.

Ad Graccum Pierium.

Ut liceat nostras tibi, Gracce! revolvere nugas,
    Scin, qua permittam conditione tibi?
Ut tetricum sumas vultum censoris, & acri
    Judicio, quidquid displicet, expolias.
Quod tibi lima, veru, tornusve stylusque negabunt,
    Spongia praestabit, assibus empta tribus.

Ad Ladislaum Zalcanum. †)

Plus lustris, Zalcane! tribus gliscente quotannis
    Sollicitat pro te, carmine Piso Deos.
Sed te praecipue, cui magnis Juno Calendis
    Cessit, & authore, quo novus annus init.
Jane pater, qui actum spectas feliciter annum
    Hunc quoque propitio, qui venit, ore vide.
Fundimus ecce merum geminis altaribus horum,
    Quale nec Opinio Consule, Roma bibit.
Quae pro patrono fert vota clientulus, audi!
    Si grato libat corde, litare sine.
Da Pylios felix vivat Zalcanus in annos,
    Da, bene Pisoni quod facit, efficiat!

---

†) Erzbischof von Gran, der seinen Tod 1526, by Mohátsch fand.

Ad Eundem.

Par erat, ut noftris biberes hac luce culullis,
  Et facerem genio debita facra meo.
Sed celeri fractus mifere decumbo veredo,
  Atque imam lævo faucius imbre cutem.
Sub medio, mirum! cane, res mihi grata caminus,
  Ardentemque juvat ante federe focum.
Nulla mihi requies, & fomni nulla cupido,
  Nulla cibi, gravior fed coquit ora fitis.
Vina, precor, mittas, trifteis arcentia curas;
  Simplicius dicam, Sirmica mitte mihi.

In Linum.

Perfeus infanum fi te, Line, fecit eburnus,
  In viva fieret quid, precor! Andromade?

Ad Philippum More.

Strena, Philippe, levis, nec habent grave difticha
  pondus,
Frons dare læta tamen pondus utrique poteft.

Ad Zalcanum.

Sive catenatos inter Zalcane, labores
  Diftraheris, genii non fine fraude tui.
Seu fucceffivi fubducta temporis hora
  Menfe femel toto niteris effe tuus.
Nemo magis Pifone pudens, Pifone modeftus,
  Nemo magis teftis fis, licet, ipfe mihi.
Nunc quoque me fecit defecta crumena moleftum,
  Et fua, non unus creditor æra petens.
Sorte etiam majus nifi fœnus Apella repofcat,
  Jam videar locuples plus fatis, effe mihi.
Emendare tamen nutu, Zalcane! vel uno
  Tot curas, inter hæc quoque damna, potes.
Ut nihil antiqui fint jura, patrone! clientis,
  Ut moveat meritum, cura laborque nihil:

Certe aliquid poterat patientia tanta mereri,
Poſſe & iratum propitiare Jovem. †)

In Lappum.

Dum Lappus, Bromio meraciore,
Saturnalibus utitur calendis;
Cum ſervi dominis pares habentur,
Non votis vacat, aut Deos fatigat,
Ut qui Strymoniæ gruis petebat
Grajus colla Philoxenus; ſed inter
Singultus lacrimarumque concitatus,
Siccato oenophoro rogare cœpit,
De vino ire Tybrim, ſuumque guttur
Verti mox in alveum, juberent.

Ad Leptam.

Heſterno domicænio relicto,
Digno vel ſalaribus culinis,
Dum frugaliter, & levi paratu
Grandes ſub cane Syrio peroſus
Baſcandas, cupio comeſſe tecum.
Fallor, nam nimium diu durato
Sub noctem mihi puſio negavit
Te cœnare domi, hoc puto, ſit inter
Sellas, Lepte! duas humi ſedere.

Ad eundem Leptam.

Magna licet jactes agreſtis commoda vitæ,
   Vivere Lepta! tamen plus mihi in urbe placet.
Securus ſedeas muris munitus & arce;
   Serviat excubitor nocte dieque tibi.

Sint

---

†) Nach dieſen Sinngedichten des Piſo an den Salkani, iſt dieſer ihm ein Mæcen geweſen, mit dem er ſehr vertraut reden konnte; aber zugleich muß er ſich damals nicht in den glücklichſten Umſtänden befunden haben. Er mogte ſie alſo an ihn geſchrieben haben, als Salkani Erzbiſchof wurde, welches 1524. geſchah.

Sint congerrones, nec obefæ naris amici,
 Seria cum quibus & quæque loquere joca;
Adfit lætitiæ Bacchus dator, adfit & ille.
 Ante fedet cujus turba novenna pedes;
Cum capreis lepores, damas venere, vel urfos,
 Et cadat ante tuum cervus aperque focum;
Certior Herculea tua currat arundine penna,
 Sic, ut, Caucafeam fub Jove figat avem;
Pifcofa loteris aqua, fint Theffala Tempe,
 Fontibus & par fit non Arethufa tuis;
In denfis Philomela canat tibi plurima filvis,
 Et quidquid volucrum terra, vel æthra fovet;
Denique fint quævis, & plenius omnia voto,
 Eft tamen urbani gratior umbra laris.
Quod fi forte rogas, unde hæc fententia? refert,
 Quo fit cujusvis tefta parata luto.

Vorbelobter Freund ſchreibet mir: Piſo veranſtaltete einen ſchönen Abdruck eines Gedichts des Auſonius, und Beroalds. Der vollſtändige Titel deſſelben iſt: *Aufonii Peonii*, Poetæ præclariſſimi, *Oratio matutina ad Omnipotentem Deum*, heroico carmine deducta, feliciter incipit. Jacobus Piſo, Tranfylvanus, Poeta laureatus, Lectori falutem. Fünf Diſticha über die Anbetung Gottes, zu Ende: Wiennæ tertia Martii, 1502. Dieſem iſt angehängt: *Philippi Beroaldi*, viri undecunque doctiſſimi, *Carmen* elaboratiſſimum, in memoriam fanctiſſime Paſſionis Domini noſtri Jeſu Chriſti, quam pientiſſime conſcriptum. Ad Lectorem, ein Diſtichon. 4to.

Seine eigenen Gedichte hat Georg Wernher gerettet, und unter folgendem Titel herausgegeben:

Jacobi Pifonis Tranfylvani, Oratoris & Poetæ excellentis, *Schedia*, Viennæ Auftriæ. Excudebat Mich. Zimmermann, anno M. D. LIIII. in 4.

In ſeiner Zueignungsſchrift an Franz von Ujlak, Biſchof zu Erlau, ſagt er von unſerem Piſo: Tranfylvanus fuit origine, honefto loco natus, in Italia sic excultus — ut duo summi Pontifices, *Julius* II, & *Leo* X, eo in legationibus amplissimis uti, non dubitarint, quin ornatus etiam laurea est a divo *Maximiliano* Imp. — Reversus deinde in patriam, pro Præceptore attributus fuit *Ludovico* Regi, cum prius Alexium Thursonem, præclara gente natum, qui deinde summos in Hungaria Magistratus gessit, feliciter docuisset. — Die Gedichte selbst bestehen meistentheils aus Epigrammen an den Erzbischof Ladislaus Salkani, Philipp More, Bischof von Fünfkirchen, Ursinus Welius, Siegmund König von Pohlen, und a. m. das letzte ist seine eigene Grabschrift:

Christe tuas cecini vivo qui pectore laudes,
   Mortuus hic Piso nunc jaceo, & taceo.

Piso

Stephan. Des vorhergehenden Bruder, oder doch naher Anverwandter, machte sich gleichfalls durch seine Muse berühmt. Er war ein gekrönter Dichter, und Mitglied der Siebenbürgischen gelehrten Gesellschaft. (Sodalitatis Septemcastrensis) Der berühmte Dichter seiner Zeiten Konrad Celtes, singet von ihm, Libr. II. Amorum, Eleg. IX:

Hic † Piso est, docto qui scribit carmine versus,
   Editus, & lauro tempora cincta gerens.

Sein vertrauter Freund, Bohuslaus Hessenstein, hat gleichfalls einige Gedichte zu seinem Lobe geschrieben. Von Stephans Schriften aber habe ich bisher noch keine entdecken können.

Poma-

---

† Nämlich, in Siebenbürgen.

Pomarius

Christian. Ein Biſtritzer, der 1546, als Provinzialnotarius zu Hermannſtadt lebte, und auf Anordnung des Bürgermeiſters, Petrus Haller von Hallerſtein, das Stadtarchiv aus dem Staube und der Vergeſſenheit, in Ordnung brachte. 1552, begleitete er den Bürgermeiſter, Simon Miles, auf den Reichstag nach Preßburg, erwählte aber, nachgehens den geiſtlichen Stand, ward Pfarrer zu Lechnitz im Biſtritziſchen, und Dechant des Kapitels. Als ſolcher, unterſchrieb er, 1561, in ſeinem und ſeiner Amtsbrüder Namen, das Bekenntniß der Sächſiſchen Kirchen vom H. Abendmahle. Er ſtarb im Jahre 1565. Wir haben von ihm in der Handſchrift:

Repertorium Privilegiorum Inclytæ Univerſitatis Saxonum in Tranſylvania. *)

*) In der Zueignugsſchrift an den Hermannſtädtiſchen Raht, den 25 Sept. 1546 unterſchrieben, redet Pomarius von dem Urſprunge der Sächſiſchen Völkerſchaft in Siebenbürgen, und beklagt ſich über die Finſterniſſe, welche die alte Geſchichte, aus Mangel nöhtiger Urkunden, bedeckten. Sie müßen ihm gewiß groß geweſen ſeyn, da er den Urſprung unſerer Sachſen in das dreyzehnte Jahrhundert ſetzet. Nämlich, König Bela, der IV. ſey nach den Tatariſchen Verwüſtungen Ungerns und Siebenbürgens, mit mächtigen Hilfsvölkern, in ſein ödes Reich zurück gekehret, und habe den dabey befindlichen Sachſen erlaubet, ſich nach ihrem Wohlgefallen in ſeinen Staaten niederzulaſſen. Tnuc, ſchreibet er, patres noſtri totam circumluſtrantes terram, partes montibus & ſilvis, nemoribus, rivulis & aquarum ſcaturiginibus natura dotata terminis, pars altera Poloniæ, quæ nunc Scepuſium dicitur, altera denique hæcce, quam modo Tranſylvaniam appellamus, elegerunt. Ubi ſeptem anteſignani, ſeptem caſtra conſtituerunt, unde usque in hodiernum di-

em Septem Castrenses, Saxones dicimus. Daß damals die Deutschen Kolonien in Siebenbürgen neue Verstärkungen nöhtig gehabt, und auch erhalten haben, glaube ich gern; allein ihren Ursprung hier zu suchen, widerspricht den Zeugnissen eines Augenzeugens dieser Tatarischen Verwüstungen, des Rogerius; wie auch den Königlichen Andreanischen Urkunden von 1206, 11, 12, 22, 24, und ferner, welche ausdrücklich Deutscher Pflanzvölker in Siebenbürgen gedenken.

Radetz, Radecius

Valentin. Von Danzig gebürtig, woselbst sein Vater, Mathäus Radetz, Sekretär war. Wie er nach Siebenbürgen gekommen, ist mir unbekannt, vielleicht aber war seine Glaubenslehre die Ursache. Zu Klausenburg ward er Rektor der Unitarischen Schule, und nach dem Tode des Mathäus Torotzkai, 1622, Pfarrer und Superintendent. Da er mit der Ungrischen Sprache ganz unbekannt war: so wurde seine Amtsführung seiner Kirche sehr nachtheilig, indem durch Vermittelung des Reformirten Superintendenten, und Fürstlichen Bethlenischen Hofpredigers, Johann Keschérü, auf die siebenzig Kirchspiele in den Zeklerischen Stühlen, Schepschi, Kesdi, und Orbai, sich zu den Reformirten wandten. Radetz starb den 10 August 1632, und hatte den Paul Eschanadi zu seinem Nachfolger.

1) Gesangbüchlein. Klausenburg. 1620. in 12. *)

*) Die geistlichen Gesänge sind hier gänzlich nach dem Unitarischen Lehrbegriffe verändert, welches Radetz selbst in der Zuschrift an den Klausenburger Raht bekennet. Alle Zeugnisse von der Gottheit Jesu, und der hochheiligen Dreyeinigkeit sind entweder geändert, oder gar weggelassen worden. Z. B. In dem alten Weihnachtsliede:

liebe: Puer natus in Bethlehem, fehlet die Strophe: cognovit bos & asinus, quod puer erat dominus; so die sechste: Sine serpentis vulnere, de nostro venit sanguine; und die letzte: Laudetur sancta Trinitas, ist also verändert: Laudetur Dei bonitas.

2) Der kleine Katechismus zur Uibung der Kinder in dem Christlichen Gottesdienste. Klausenburg, 1620. in 12. *)

*) Der Verfasser ist der berüchtigte Schmalz, Rabetz aber gab es zum Gebrauche seiner Schule heraus.

3) Funebris Laudatio Ill. Feminæ, *Judithæ Kornis-fianæ*, Sp. Magnif. Dni, *Simonis Pechi de Szent-Erfebet*, Sereniss. Regis Hung. Principisque Transylvaniæ Intimi Consiliarii, & Cancellarii &c. Conjugis — 1. Kal. Apr. 1621. Cui adjunctum est Epicedium a *Joanne M. Vasolcio*, Lectore Scholæ Claudiopol. Claudiopoli, typis Heltanis, excudit Joh. R. Makai, an. 1621. in 4.

4) Formula administrandi Cœnam Dominicam, cum annexa quarundam Quæstionum ad eandem delucidandam spectantium solutione. Item: Precationes matutinæ & vespertinæ. Impressæ Claudiopoli, typis Georgii Abrugii, an. 1638. in 8. *)

*) In des Sandius Biblioth Anti-Trin. wird dieses Werk dem Rabetz zugeschrieben. Es muß aber entweder nach seinem Tode seyn gedruckt worden, oder dessen Sohn gleiches Namens, und Rahtsverwandter zu Klausenburg, der Verfasser seyn, welcher auch ein Handschriftliches Werk: de Trinitate, duabusque in Christo Naturis, Lateinisch und Ungrisch, hinterlassen hat.

Rau, Ravius

Michael. Von Olmasch unter dem Walde gebürtig, ein geschickter Schulmann und Weltweiser. Studirte zu Königsberg, und kam den 1 Oktob. 1638, in sein Vaterland zurück. Den 13 Brachmond 1644, erhielt er das Schulrektorat zu Hermannstadt, dabey er seine Schüler fleißig in der Dialektik übte. Allein das folgende Jahr ward er im September nach Gierelsaue (Insula d. Gerhardi) zum Pfarrer beruffen, woselbst er auch gestorben ist. Soterius in Tranſ. Celebr. machet von ihm bekannt:

Disputationes Philosophicæ. N. IX. Mſcr.

Rauß

Johann, von Kronstadt. Als Kantor daselbst gab er mit einer Vorrede des Stadtpfarrers Paulus Reidel, heraus:

Evangelia Melodica, d. i. Geistliche Lieder und Lobgesänge, nach dem Sinne der ordentlichen Sonn- und Feyertags Evangelien. Kronstadt, 1717. im länglichten 12.

Regis

Simon. Vertrieben aus seinem Vaterlande, das mir unbekannt ist, lebte er zu Kronstadt, und suchte seinen Unterhalt durch Unterrichtung junger Frauenzimmer. Zu ihrem Gebrauche, gab er heraus:

1) Geistreiches Handbüchlein. Kronstadt, 1685. in 12.

2) Geistreiches Liederbüchlein. Ebendaselbst. 1685. in 12.

Reilich

Gabriel. Von Georgenberg in der Zips, ein gelehrter Tonkünstler, und Stadtorganist zu Hermannstadt, starb an der Wassersucht, den 12 Novemb. 1677. Wir haben von seinem Fleiße:

Geistlich-Musikalischer Blum-und Rosenwald, bestehend in etlichen herrlichen Liedern, über welche neue Melodeyen (Canto solo cum Basso continuo) sind gemacht worden, von Gabriel Reilich, Componisten in Hermannstadt. Erster Theil, daselbst gedruckt durch Stephan Jüngling, 1673. Anderer Theil, 1677. in 4.

Von Reichersdorf

Georg. Eine merkwürdige Person des sechszehnten Jahrhunderts, von dessen Leben ich aber gleichfalls nur Fragmente habe sammeln können. Nach dem Schmeitzel war er von Bistritz, nach Herrn Benkö, l. c. von Regen, einem Sächsischen Marktflecken. Allein, keines von beyden. Reichersdorfer war ein gebohrner Hermannstädter. a) Da aber die Ungrische Gewohnheit einem nach seinem Stammorte zu benennen, auch bey unsern Vätern sehr gebräuchlich war: so möchte das Reichersdorfische Geschlecht wohl von Reichesdorf im Medwischer Stuhle, abstammen. Wo er sich der Rechtsgelehrheit befleißigt habe, ist mir unbe-

---

a) In dem letzten Willen der Klara Tabiaschi, Gemahlinn des Hermannstädtischen Königsrichters, Markus Pemflinger, vom Jahre 1523, unterschreibet er sich: Ego Georgius Reichersdorffer, Cibinianus, Sacris Apo-

unbekannt, er nennet sich aber einen Päbstlichen und Kaiserlichen öffentlichen Notarius, und war in den Jahren 1522, bis 24, Stadtschreiber zu Hermannstadt. Hierauf ward er 1525, Sekretär bey der Königinn Maria von Ungern, trat nach dem kläglichen Tode des Königs Ludewig bey Mohátsch, in Königlich Ferdinandische Dienste, und machte sein Glück so gut, daß er Königlicher Sekretär, und Raht, endlich aber Thesaurarius in Siebenbürgen ward. Wäre er eine Person mit dem Georg Reichersdorfer, dessen der berühmte Bel a) gedenket; so hätte er 1537, die Würde eines Rahts bey der Königlichen Ungrischen Kammer bekleidet.

König Ferdinand bediente sich unsres Reichersdorfers in wichtigen Gesandtschaften nach Siebenbürgen, und der Moldau. 1528, kam er nach Siebenbürgen, nud reisete mit seinen Landsleuten, Siegmund Groß, und Martin Maurer herum, die Partey des Gegenkönigs, Johann von Zapolya, zu schwächen, und die Sachsen in der Treue gegen den König Ferdinand zu befestigen. Sie thaten es mit solchem Eifer, daß sie grosse Unruhen zu Kronstadt verursachten, ja so gar einige Unbeugsame aus dem Wege räumten, b) unter andern den Königsrichter zu Großschenk,

---

Apostolica & Imperiali auctoritatibus Notarius Publicus, & Tabellio Juratus. Andreas Reichersdorfer, (Richisdorffer) dessen eine Urkunde von 1521 gedenket, ist vielleicht sein Vater gewesen.
a) In seiner Notit. Hung. N. Tom. I. S. 455.
b) Man s. David Hermanns, Annales Politic. bey diesem Jahre. Der Großschenker Richter, Johann von
Mee-

schenk, Johann Margondai, und Petrus Gräf, Richter zu Tobiasdorf. Allein noch in diesem Jahre mußten Groß und Maurer für ihre erregte Unruhen büßen, indem sie gefänglich eingezogen, und auf Befehl des Königs Johann, zu Ofen enthauptet wurden.

Daß Reichersdorf zweymal als Königlicher Gesandter nach der Moldau gereiset, bezeugen uns seine Verse:

Regia, Legati perfunctus munere, jussa
  Bis per Moldaviæ barbara regna tuli:
Perque Getas vexi patriæ mandata Dacosque,
  Qui modo de silvæ nomine nomen habent.

Diese seine Reisen gaben ihm nicht nur Gelegenheit beyde Länder genauer kennen zu lernen; sondern auch sie durch eine Beschreibung bekannter zu machen.

Dieses ist alles, was ich von Reichersdorfers Geschichte habe entdecken können. Eines muß ich doch beyfügen, welches mir, der für die Vaterländische Geschichte zu früh gestorbene Martin Felmer, mündlich mitheilte. Das ehemalige Lutschische, itzt Reißenfelsische Haus auf dem grossen Marktplatze zu Hermannstadt, hat einen mäßigen Thurm, und im Hofe eine Kapelle. Unsere Schriftsteller sind in Absicht der ersten Bestimmung

---

Mergeln, (Marienthal, Margondai) ward den 1 März, 1528, auf seiner Reise nach Hermannstadt angefallen, und ihm auf seinem Wagen der Kopf abgeschlagen.

stimmung dieses Hauses zweifelhaft, und uneins. Der Vater Fasching a) hält es für die alte Wohnung der Hermannstädtischen Dechanten, deren einer dasselbe im Kegelspiele aufgesetzt und verloren haben soll. Das Andenken erhalte noch ein steinernes Denkmaal an demselben, darauf zwo Hände zu sehen sind, davon eine einen Kegel, die andere aber eine Kugel hält. — Allein, vermuhtlich hat eben dieses rähtselhafte Denkmaal eine solche Erzählung veranlasset. Denn mit welcher Freyheit und Giltigkeit hätte der Dechant ein Haus im Spiele aufsetzen können, das gar nicht sein Eigenthum war. Der ungenannte Verfasser der Thaten des H. Nicetas, Bischofs und Apostels des alten Daciens, hält es gleichfalls für das ehemahlige Probsthaus, welches nach der Reformation (Petrus) Haller erhalten, im Kegelspiele aber mit Lutschen (nicht Leusch) verloren hat. Dieses ließ sich schon eher hören. — Georg Soterius b) siehet es für ein öffentliches Gebäude an, das ehemals für die Könige, bey ihrem Aufenthalte zu Hermannstadt, und zu ihrem Hausgottesdienste bestimmt gewesen. Sehr wahrscheinlich! doch Felmer sagte mir: Reichersdorfer habe es als Thesaurarius bauen lassen, und aus Geldmangel, die Königlichen Gefälle dazu angewendet. Den traurigen Folgen dieser Treulosigkeit auszuweichen, hätte er K. Ferdinanden berichtet: weil für die Glaubensgenossen der Katholischen Kirche kein Gottesdienstlicher Ort zu Hermannstadt gewesen, habe er eine Kapelle in sei-

---

a) In Dacia Nova. S. 69.
b) In seinem Handschriftlichen Werke: Cibinium.

seinem Hauſe erbauet, aber aus Noht mit Königlichen Geldern. Dieſe Entſchuldigung machte alles gut. — Woher aber Felmer dieſe geheime Nachricht geſchöpfet, habe ich nicht entdecken können. Ich komme auf Reichersdorfs Schriften:

1) Moldaviæ, quæ olim Daciæ pars, Chorographia, Georgio a Reicherstorf, Transylvano — Autore. Excuſum Viennæ Pannoniæ, per Joannem Singrenium, M. D. XLI. in 4. *)

*) Dieſe höchſt ſeltene Ausgabe beſitzet Herr Mag. Cornides in ſeiner reichen Bücherſammlung von gelehrten Seltenheiten. Dieſes Werkchen hat eine doppelte Zueignungsſchrift; eine an K. Ferdinand I. und eine mit folgender Aufſchrift: Reverendiſſimo D. D. Nicolao de Gerend, Tranſylvanienſi Epiſcopo, ſacræ Romanorum, Hungariæ, Bohemiæ &c. Regiæ Majeſtatis Intimo Conſiliario, Domino ac Patrono primario & obſervantiſſimo &c. Georgius Reicherſtorffer, Majeſtatis Regiæ Secretarius, & Conſiliarius, felicitatem omnem precatur, und iſt zu Preßburg den 1 Febr. 1541, unterſchrieben. In der Wieneriſchen Ausgabe nebſt der Siebenbürgiſchen Chorographie, 1550, iſt dieſe Zueignungsſchrift, an den Biſchof Gerend, vor die Siebenbürgiſche geſetzt, und an den berühmten Erlauer Biſchof, Nikolaus Olahus, gerichtet worden, mit der Unterſchrift: Viennæ Pannoniæ, die ultima Apr. A. M. DL. In der letztern Ausgabe iſt auch das Lobgedicht eines Schleſiers, Georgius Logus, weggeblieben; das übrige aber iſt wie in der erſten. Hier findet man auch auf den letzten Blatte das adeliche Wappen des Reichersdorf, nähmlich, ein quadrirtes Schild, in deſſen 1 und 4ten Felde, ein Feuerſpeyender Drache, mit ausgebreiteten Flügeln, und dem Schwanze um den Leib gewickelt, ſtehet auf dem linken Fuſſe, und führet in der rechten Pfote einen zum Wurfe gerichteten Pfeil. Im 2 und 3ten Felde iſt ein Kaſtell, und darüber ein ſechsſtralichter Stern. Auf dem Helme iſt ein gleicher Drache zwiſchen zween Adlersflügeln. Uiber dem Wappen ſind die Anfangsbuchſtaben ſeines Namens; G. R.

2) Transylvaniæ & Moldaviæ, aliarumque vicinarum Regionum ſuccincta deſcriptio, cum duabus

bus Tabulis Geographicis. M. D. L. Viennæ in 4. *)

*) Die Kölnische Ausgabe von 1595, ist in klein Folio, und führet die Aufschrift: Georgii a Reichersdorff, Descriptio Transylvaniæ & Moldaviæ. Coloniæ, sumpt. Arnoldi Mylii. Unter dem Titel: Chorographia Transylvaniæ und Moldaviæ, lesen wir sie so wohl in der Bongarsischen Sammlung Scriptorum rerum Hngaricarum, Francof. A. M. DC. in Fol. als in der vermehrten Schwandtnerischen, größtentheils auch in Republica Hungariæ Elzeviriana.

Reipchius

Daniel. Pfarrer zu Weidenbach im Burzellande, woselbst er den 29 Jan. 1612, im 66sten Jahre seines Alters starb. Als Diakonus zu Kronstadt, verwickelte er sich durch seine Lehre von der Allgegenwart des Messias nach seiner menschlichen Natur, in eine weitläuftige Streitigkeit mit den dasigen Theologen, insonderheit aber mit dem gelehrten Arzte Paulus Kerzius. Die Sache machte endlich so grosses Aufsehen, daß der Superintendent Ungler, 1585, eine Versammlung der Geistlichkeit zu Birthalmen hielt. Reipchius, der nur glaubte, in so weit er überzeugt zu seyn vermeynte, ließ sich eines bessern belehren, und unterschrieb vier Lehrsätze, die seiner Hypothese entgegen gesetzt waren. Wie klug! In Absicht der tiefen Geheimnisse der Christlichen Religion, ist wohl der, der größte Thor, der der größte Weise seyn will. Knoten, die ein Alexander wohl zerschneiden, aber nicht auflösen kann! Nichts destoweniger wurde Reipchius bey seiner Zurückkunft seiner Würde entsetzt, doch nach genauer Untersuchung, erhielt er sie bald, und

und zu seiner größern Ehre wieder. Nachgehens warde er der Ruhm seines Vaterlandes. Ich beklage mein Schicksal, daß ich keine seiner hinterlassenen Schriften, deren Titel die Liebhaber der Vaterländischen Geschichte so sehr reitzen, gesehen habe. Es sind folgende Handschriften:

1) Ehrenkranz der Stadt Kronen.

2) Ehrenkranz und Kleinod der Städte in Siebenbürgen.

3) Anti-Kerzius. Eine Widerlegung seines ehemaligen Lehrers, Paul Kerzius, der die Allgegenwart Christi nach seiner menschlichen Natur, gar läugnete. Diese Handschrift bewahret das Archiv des Burzelländischen Kapitels.

Rempler

Andreas, der freyen Künste Magister, und Pfarrer zu Mettersdorf (Villa S. Demetrii) im Bistritzischen Distrikte. Er erwarb sich zu Frankfurt an der Oder, solche gelehrte Schätze; daß er nicht nur daselbst die Magisterwürde erhielt; sondern auch Dechant der philosophischen Fakultät ward. So glücklich er hier hätte leben können; so bewegte ihn doch die Liebe zum Vaterlande, nach acht Jahren wieder nach Bistritz, oder Nösen zurückzukehren, wo er dann die Pfarre Mettersdorf erhielt. In dem unglücklichen Jahre 1602, da Krieg, Pest, Frost, und Hunger, den volkreichen Bistritzischen Distrikt in eine Einöde verwandelte, mußte er vieles erdulden, hatte aber dennoch von sieben und zwanzig Pfarrern des dasigen Kapitels, allein das Glück, bey

Leben zu bleiben, welches er dann im Jahr 1606, zu Mettersdorf beschloß. Von seinen Schriften habe ich nichts mehr entdecken können, als folgende:

> Oratio, de judiciorum temeritate, quam in Francofurtensi Academia, xiv Kal. Maji, A. 1588, ubi honores magistrales aliquot Candidatis ex officio & concessa potestate conferret, M. Andr. Remplerus, Transylvanus, tum temporis Collegii Philosophici Decanus, publice consueto loco habuit. *Matth.* 7: Nolite judicare, & non judicabimini. Witeb. per hæredes Joh. Cratonis, 1588. in 4*

Reußner von Reißenfels

Georgius, ein Patrizier von Hermannstadt. Sein Vater Georg Reußner, bekleidete daselbst die Rahtsherrnwürde, sein Großvater aber, Johann Reußner, starb als Provinzialkonsul, den 13 Apr. 1654, in gleicher Würde auch sein Urgrosvater, Johann Reußner, 1637, den 8 Dec. Solcher Ahnen machte sich Georgius vollkommen würdig. Er legte sich mit grossem Fleiße auf die Wissenschaften eines Rechtsgelehrten, und machte sich insonderheit durch die Erläuterungen der Siebenbürgischsächsischen Rechte, die er 1695 zu Wittenberg öffentlich vertheidigte, und herausgab, um seine Nation wohlverdient. In der Folgezeit ward er nicht nur 1702, ein Mitglied des Innern Rahts zu Hermannstadt; sondern erhielt auch den Adel mit dem Beynamen, von Reißenfels. Sein Ende war frühzeitig und traurig. Im Jahre 1703, ward er bey der damaligen Landesbeschreibung mitgebrauchet. Da hatte er bey Klausenburg das Unglück, den 11 May, vom Pferde zu stürzen. Man brachte ihn tod nach Hermannstadt, woselbst er den 17 Jul. feyerlich begraben wurde. An ihn ist der Brief des berühmten **Schurzfleisch**, vom 1 Januar. 1697, geschrieben, welches der CXIV. in dessen Epist. Arcan. ist.

1) Positionum Juris Feudalis Exercitatio quarta: de Feudis impropriis, præside Casp. Heinr. Hornio, d. xix Aug. 1693. Witeb. in 4.

2) Disputationes, sv. Exercitationes ad Jus statutarium Saxonum in Transylvania. Præside, Joh. Henr. Bergero. 1695. Witeb. *)

*) Weil Reußner bald in sein Vaterland zurückkehren mußte, kam er in diesen Erläuterungen, die er dem Königsrichter und Grafen der Nation, Valentin Frank von Frankenstein, zueignete, nicht weiter, als bis auf den zweyten Titel, des dritten Buchs: de Pignoribus & Hypothecis, §. 5. Hieraus erwuchs: Commentatio succincta ad Jus Statuarium Saxonum in Transylvania, una cum textu locis debitis inserto. Vitembergæ, impensis G. Marci Knochii. 1722. in 4.

Reußner von Reißenfels

Johann Georg. Des vorhergehenden Sohn, der als Rahtsher zu Hermannstadt 1748 den 16 Apr. nach einer langen und sehr schmerzlichen Krankheit, in einem Alter von 48 Jahren und 11 Monden, in die Ewigkeit übergieng. Auf seiner Reise nach Universitäten, hatte er das Vergnügen, bey dem Reichshofrahte, Johann Heinrich von Berger, in Wien, das von seinem Vater angefangene Werk, ganz ausgearbeitet zu finden,

den, welches er denn nachgehends zum Dienste seiner Nation unter folgendem Titel zu Leipzig herausgab:

Commentatio succincta ad Jus Statuarium, seu Municipale Saxonum in Transylvania. Opus posthumum. Una cum textu originali, latino locis debitis inserto, ut & versione ejusdem germanica, in fine commentationis annexa; Indiceque textus tam latini, quam germanici provisa. Auctore *Georgio* quondam *Reißner* de *Reißenfels*, Nobile Cibinio-Transylvano Saxone, & dum viveret Regiæ Liberæque Civitatis Transylvaniæ Metropolitanæ Senatore, cura filii sui *Johannis Georgii Reißner* de *Reißenfels*, dictæ civitatis Senatore, in lucem tradita, suæque nationi consecrata. Lipsiæ. 1744. in 4. *)

*) Schmeizel behauptet, Berger sey der Verfasser der Erläuterungen. Man s. Bibl. Hung. Sect. II. C. VII. Allein Reißenfels berichtet in seiner Zueignungsschrift, daß sein Vater bey seiner Abreise von Wittenberg, Bergern nur die Fortsetzung seines angefangenen Werks überlassen habe.

Rhegenius, oder Rhener

Paulus Michael. a) Ein Sachs von Klausenburg, der im Schooße der Unitarischen Religion auferzogen worden, sich aber 1688, zu Dresden zur Evangelischen Kirche bekannte. Ob er nachgehens in sein Vaterland zurück gekehrt, oder nicht, ist mir unbekannt.

1) Sum-

a) Zween Taufnamen waren damals nicht gebräuchlich. Daher glaube ich eher, daß der Buchstabe: M. in Paul. M. seinen Geschlechtsnamen anzeige; der Name Rhegenius aber, dessen Stammort, nämlich Rehn (Regen, ein Sächsischer Marktflecken.) bedeute. Eine Gewohnheit, die noch bey den Ungern gebräuchlich ist.

1) Summaria Differtatio, de Oeconomia Redemtionis noſtræ per Chriſtum partæ, ubi præcipuæ controverſiæ inter Trinitarios & Unitarios (vulgo Socinianos) circa peccatum Originale, Perſonam & Officia Chriſti, cauſſam mortis ejus & ſatisfactionem, ſtrictim & dilucide pertractantur, ſententia orthodoxa ſolidis argumentis ſtabilitur, Unitariorum vero opinio candide refutatur. per P. M. *Rhegenium*, N. A. Claudiopoli Tranſylv. olim quidem Unitariorum Religioni, nunc vero Evangelico Lutheranæ addictum. Lipſiæ, ſumpt. Joh. Groſſii A. 1688. in 12.

2) Joannis Claubergii Phyſica contracta, cum Præfatione P. M. Rhegenii, de Infantiæ præjudiciis, tanquam cauſis imperfectionis humanæ mentis, in rebus cognoſcendis. Lipſiæ, 1689. in 12.

Rheter

Franz, ein geſchickter Dichter von Kronſtadt. Er lebte einige Zeit zu Oels in Niederſchleſien, diente nach ſeiner Zurückkunft bey der Schule ſeiner Vaterſtadt, und erhielt den 8 Aug. 1678, das Rektorat, welches er aber nicht einmal ein volles Jahr verwaltete, indem er den 9 März 1679, ein Opfer der Sterblichkeit ward. Von ſeinen Schriften habe ich bemerkt:

1) Himmliſche Seelen-Luſt, oder andächtige Lieder. Oels, 1664. in 12. *)

*) Dieſe Lieder ſind über die Sonntäglichen Evangelien verfertigt, vom 1 Advent Sonntage an, bis dem 27, nach dem Feſte der H. Dreyeinigkeit. Die Schreibart iſt leicht und fließend. Eine Probe aus dem Liede auf den 25 nach Trinitatis:

Liebſten! ſeid doch nicht mehr Thoren,
Und verſtopft nicht eure Ohren,
Wenn Gott ſeyn Gericht ausruft.

Laßt es euch zu Herzen gehen,
Denn der Gräuel wird bald stehen
In des heilgen Tempels Kluft.

* * *

In dem Anfang dieser Nöthen,
Wird es in den vesten Städten
Ubler, als auf Bergen seyn.
Von den Dächern, von den Heiden,
Kehre niemand sich zu kleiden,
In die nahe Herberg ein. —

2) Das von den Engeln und Hirten besungene Kind Jesus. Oels, 1665, in 4. drey B.

3) Joh. Buchleri, Elegantiarum Regulæ, lectissimis scriptorum, maxime Ciceronis exemplis illustratæ. Coronæ, 1671. in 8.

4) Joh. Bucellini, Officina Epithetorum, Apellativorum, & Nominum propriorum, de novo revisa, & in gratiam Tyronum Poeseos manuductionibus quibusdam locupletata, sedulitate Franc. Rhetheri, Scholæ Coronensis Lectoris. Typis Mich. Hermanni, A. 1674. in 8.

Römer

Lukas, von Weidenbach im Burzellande, vertheidigte nicht nur in seinen akademischen Jahren zu Wittenberg, unter dem Vorsitze des bekannten Johann Deutschmann, eine Streitschrift: de æterna redemtionis Oeconomia, ex I Petri. C. 1. v. 18 — 20. Witeb. 1689. in 4; sondern er gab auch bey seinen Schuldiensten zu Kronstadt heraus:

Eridos pomum, in Panegyrin Præstantiss. Virorum Studiosorum Academicorum projectum. Coronæ, 1704. in 8. *)

Scharsius.

*) Es sind 138 Paradoxa aus verschiedenen Theilen der Wissenschaften.

Scharsius

Andreas. Superintendent der Sächsischen Kirchen, und Pfarrer zu Birthalmen. Er stammte aus einem Geschlechte zu Medwisch her, das der Kirche verdienstvolle Männer geschenkt hat; nur über unsere Zeiten falle der Vorhang! Wittenberg war die hohe Schule, auf welcher er sich um das Jahr 1683, zum Dienste seines Vaterlandes zubereitete. Hier vertheidigte er auch unter dem Vorsitze des Johann Deutschmann, eine öffentliche Streitschrift: Mysterium SS. Trinitatis a primis N. Test. Fidelibus, ante Christi præconium, cognitum & creditum, ex Cantici Mariæ consideratione, Lucæ Cap. I. 1) In seinem Vaterlande verwaltete er das Rektorat der Medwischer Schule bis in das siebente Jahr, und gab ihr einen Glanz, den sie hernach nicht mehr erlangt hat. Den 26 des Heum. 1694, wählte ihn die Gemeine zu Muschen zu ihrem Seelenhirten. Hier lebte er bis 1708, und war zugleich Syndikus der geistlichen Universität. Den andern Febr. aber desselben Jahres, ward er nach dem Tode des Lukas Hermann, zum Pfarrer zu Birthalmen, und zum Superintendenten der Sächsischen Kirchen erwählet.

So ist der Gebrauch. Weil die Superintendenten allezeit zugleich Pfarrer zu Birthalmen sind, und alle Sächsischen Gemeinen nach dem

---

1) v. Deutschmanns Theosophia. S. 49 — 64.

Privilegium Königs Andreas des Zweyten, eine freye Wahl in Absicht ihrer Pfarrer haben: so erwählen auch die Birthalmer sich zuerst einen Pfarrer, und dieser wird dann von den Dechanten der Sächsischen Kapitel zum Superintendenten erwählt. Da aber dieses leicht eine Quelle schädlicher Folgen werden könnte: so werden der Birthalmischen Gemeine solche Kandidaten gegeben, in deren Wahl sich die geistliche Universität beruhigen kann. Doch in einer Synode vom 8 Nov. 1666, wurde beschlossen: Nach Absterben des Superintendenten sollte in den ersten, oder folgenden fünfzehn Tagen, sein Nachfolger erwählt werden, ohne die Wahl des Pfarrers zu Birthalmen zu erwarten. Sollte aber diese eher geschehen; so sollte der neuerwählte Pfarrer, nach altem Gebrauche, den Beruf nicht annehmen, noch nach Birthalmen ziehen, bis nicht ein Superintendent erwählt wäre. Erhielt er alsdenn die Wahl der Universität: so könnte er beydes thun; wo aber nicht; sollte er die empfangenen Kirchenschlüßel mit Dank auf eine anständige Art, der Gemeine zurücke schicken, und freywillig dem Berufe entsagen, damit nicht daraus der geistlichen Universität Verdrüßlichkeiten, Zänkereyen, Gefahr, und Schaden entstünden.

Die Amtsverwaltung des Scharsius war von kurzer Dauer. 1710 befiel ihn auf der Kanzel ein tödtlicher Schlagfluß, und er starb den 2 Febr. Von seinen hinterlassenen Schriften kann ich folgende anmerken:

1) Neu

Scharsius.

1) Neu und alter Almanach auf das Jahr 1689, auf Siebenbürgen — gestellet, von Andr. Scharsius, Mediens. Philo-Mathemat. & p. t. Scholæ patriæ Rector.

2) Disp. Theologico - Logicæ solennioris, Musis Medienfibus in exordio anni paulo poft nobis inituri, qui Epochæ Bedianæ, M. DC. XC. numerabitur — Refpondente Thoma Scharfio, ejusdem Gymnafii ftudiofo, ftrenæ nomine dicandæ, Thefes: de Myfterio SS. Trinitatis, termino item homonymico & per fe apto in complexo confentaneo, tam fynonymico, quam paronymico. Stephanopoli, (Kronstadt) typis Mich. Hermanni. in 4.

3) Pofitiones Theologico-dialecticæ, de effentia Dei abfolute confiderata, & hanc confequentibus attributis abfolutis; claffibus item prædicamentalibus, difputatione folemniori in Gymnafio Medienfi, præfide — refpondente Valent. Filkenio, ejusdem Gymn'fii ftudiofo, ad diem —Julii, 1690. Coronæ, in 4.

4) Difputationes Theologico-Dialecticæ, a Gymnafio Medienfi Honori novi fui Infpectoris primum fe invifuri, Dn. *Stephani Gundhardi*, Ecclefiæ hactenus Sabefienfis Antiftitis vigilantiffimi, Capitulique Ante - Silvani Decani — jam nunc Mediam, urbem patriam translocati, ibidemque coetui fanctiori folenniter præfecti Paftoris primarii — di atæ *Thefes* de attributis Dei operativis, Termino, item incomplexo diffentaneo, atque complexo. Refpondente Daniele Schullero, Medienfi, AA. LL. Studiofo, ad diem 13 Dec. 1691. Coronæ, typis Mich. Hermanni. in 4.

5) Difputatio Theologico - Dialectica, circa opera divina in genere, & creationem ac providentiam in fpecie; itemque enunciationem ut Sic, ejus partes & harum proprietates, in Gymnafio-Med. habita, refpondente Simone Drauth, Patricio Coronenfi. A. 1693. Coronæ, in 4.

6) Privilegium & Acta Publica Ecclefiaftica. II Volumina. *Mfcr.*

7) Ordinata digeftio Status Saxo - Ecclefiaftici in Tranfylvania, inde a tempore reformationis usque ad hodiernum diem continuata, cum appendice Cenfuum cathedraticorum, teftamentorum, inventariorum, aliorumque ejusmodi Capitulorum Fratribus incumbentium, vel percipiendorum — adornata ab Andr.Scharfio, Paft. Mufchnenfi, & A. V. E. (Almæ Univerfitatis Ecclefiafticæ) t. t. Syndico. A. 1706. *Mfcr.* *)

*) Dieſes Werk iſt nachgehens von Mag. Georg Haner, Generalſyndikus und Stadtfarrern zu Medwiſch erneuert worden.

8) Compendium Actorum fynodalium inde a reformationis tempore a Paftoribus Saxonicis Auguftanæ Confeffionis invariatæ in Tranfylvania addictis, confignatorum, adornatum a — *Mfcr.* *)

*) Auch dieſes hat M. Georg Haner fortgeſetzt, und nach deſſen Tode, Nathanael Schüller, itziger Stadtpfarrer zu Medwiſch. Ein wohlverdienter Greis!

9) Relatio de quorundam Paftorum Saxon. Crypto-Calvinifmo. *Mfcr.*

Scharſius

Thomas. Seine Vaterſtadt war ebenfalls Medwiſch. Um das Jahr 1692, lebte er zu Wittenberg, und vertheidigte daſelbſt unter dem Vorſitze des M. Hermann Peträus, den 23 Apr. eine Streitſchrift: Ex Philofophia divina, de Adeffentia Dei extraordinaria. Witeb. in 4. Den 27 Apr. aber des folgenden Jahres, unter Joh. Deutſchmann, de Proprietatibus Fefti, Victoriæque Pafchalis Paradifiacis. Witeb. in 4. Nach ſeiner Zurückkunft von hohen Schulen, erhielt

hielt er bald das Rektorat bey der Medwischer Schule, in welchem Dienste er bey Gelegenheit einer öffentlichen Schulübung herausgab:

Quod diligentibus Deum & sapientiæ studiosis faustum ac salutare esse cupit! ΣΚΙΑΓΡΑΦΙΑΝ totius Philosophiæ præliminarem, in gratiam & usum discentium suorum breviter conscriptam, occasione examinis publici, in celebri Gymnasio Regiæ Civitatis Mediensium, disputandum sistit, Thom. Scharsius, Gymn. Rector, respondente Sam. Conradi, Metaph. & Theol. Cultore. A. 1696, dieb. Dec. Coronæ, typis Lucæ Seulers. in 12.

Schesäus

Christian. Kaiserlicher gekrönter Dichter, Stadtpfarrer zu Medwisch, und Generaldechant. Dieser verdiente Gottesgelehrte war zu Medwisch gebohren, woselbst sein Vater Stephan Schesäus, die Stuhlrichterwürde bekleidete. Die ersten Gründe der Wissenschaften lernte er zu Kronstadt, begab sich hernach auf die hohe Schule zu Wittenberg, wo seine Muse ihm den Dichterkranz erwarb. Hier lebte er um das Jahr 1556. Nach seiner Zurückkunft ward er Diakonus zu Klausenburg; als solcher wünschte er 1558, dem Franz Davidis, wegen seiner bisherigen Verdienste um die Religion, und erhaltnen Ehren, in einem lateinischen Gedichte Glück. In der Folgezeit erhielt er die Pfarre zu Tobiasdorf in dem Medwischer Stuhle, und weihete seine Muse der Dichtkunst, und andern gelehrten Beschäftigungen. Dieses erwarb ihm einen Ruhm, der nicht unbelohnt blieb. Als sich seine Vaterstadt ihres Seelenforgers, durch den Tod des Georg Salburger, beraubt sah, erwählte sie ihn 1569, zum Stadtpfarrer; welche Würde er nebst dem Generaldekanat, bey den verwirrtesten Zeitläuften mit grosser Klugheit und Treue bis 1585 verwaltete. In diesem Jahre aber ward er nach dem Zeugnisse seines Grabmaals, den 30 des Brachmonds, ein Opfer der Sterblichkeit. Nach Hermanns und Haners Urtheil, ist Schesäus einer der glücklichsten und scharfsinnigsten Dichter. Sollte ich aber seine Gedichte beurtheilen därfen, so würde ich sagen: seine Schreibart ist fließend, aber der poetische Geist fehlet ihr. Von dem Schesäischen Geschlechte schreibet Franz Valentinian in seinem historischen Gedichte:

Sceptra dedit *Stephanus* binis, hoc consule, Judex
Sedibus, antiqua genitus de stirpe Schesæa,
Si quis in antiquos torquet sua lumina fasces,
Cum casa pugnacem Curium contempta tegebat
Et crassa in calida torrentem rapa favilla:
Æacide vel Fabritius cum sperneret aurum;
Vel quando ad fasces, media defixa relinquens
Agro, Serranus venit Dictator, aratra:
Mirari cesset, volvatque in mente Schesæum,
Unus hic Ausonios proponet imagine patres.
Ille breves cernens, quibus hic modo vivitur, annos,
Et varios hominum errores vanosque labores,
Quod stolidi incauto faciunt sibi munere vitæ:
Innocuum studii genus est spectatus, & agros

Dentato, patrios incepit vertere raftro.
Sæpe fuis Phœbum prævertit mane quadrigis,
Cerneret ut partem ipfius vaga luna laboris:
Sæpe donum fera rediit fub nocte, jugales
Purpureos poftquam Phœbus multo ante re-
condit.
Hinc ufu expertus puro quid Pleiades ortu
Sponderent, pelago aut furgens nimbofus Orion.
Adde quod ex Zephyris, qui certis forte diebus
Æolio miffi perflabant carcere terras:
Aut etiam ex Phœben circumradiante corona,
Certius Aftrologo, cœlum fine nube futurum,
Dixerat; aut contra, ruiturum nubibus imbrem.
Sic quibus intentus curis, quæ linquere facta
Deberet, certo femper velut indice norat.
Nec minus inferior, quibus hæc natura, fciebat,
Dotibus aucta fuit, primus cum conditor undas
Atque globum terræ medio libravit in axe.
Scilicet in hæc, inquit: nafcendis gleba favebit
Frugibus: aprico hoc pubefcet vinea colle:
Nigra fed aerios montes, vallesque profundas,
Silva decet, planum veluti quoque gramina
campum.
Infuper & quis fit pecori delectus equino,
Noverat, infuetam morbis artemque medendi.
Ifte frequens ufus, fimul experimenta laborum
Agricolæ innocuam facilemque tulere fene-
ctam;
Cui femper facilem victum, juftiffima tellus
Fudit humo, unde fibi & natis profpexit abunde;
Nec bona cujusquam multo fudore parata
Invafit, proprio fed enim contentus aratro:
Nec cultor faltem affiduis hærebat in arvis.
Impofitas etiam rerum fed flexit habenas.

Jura dabat populis, & servantissimus æqui
Nullius inverso quærebat jure favorem.
Vtque fidem sanctam populis in pace probabat,
Illius intrepidum patuit sic robur in armis :
Pro patria nullum pertæsus adire laborem ;
Non hastas timuit, gladios vel triste micantes,
Fulgur & horrisono displosa tonitrua bombo
Ænea sulfureo, quæ machina pulvere torquet.
Dux erat armatæ, cum conjux Regia, 1) turmæ
Sauromatum patrias revocata a finibus, oras
Attigit, & regni cum gnato invasit habenas.
Pro patria Regis Legatus ad alta Quirini
Atria, per varios populos tractusque locorum
Iverat, utiliter commissaque jussa peregit.
At superant reliquas tamen hæc præconia laudes
Quod patria cedens, superasque evectus ad oras,
Pignora clara, duos proprio de sanguine natos
Liquit, & æternum patriæ testatus amorem est.
 Certatim in primum 2) Charites sua dona tu-
          lerunt;
Castalidum est sanctus cultor, Summique Sa-
          cerdos,
Dum studet alterno verum contexere nodo,
Pannonias quærula describit voce ruinas:
Alter, 3) jam patriis se se virtutibus auget,
Rectaque subjectis Judex dat jura colonis. —

 Seine hinterlassenen Schriften sind:

1) De Resurrectione mortuorum, & Judicio extre-
 mo, deque vita æterna, Elegiæ quatuor, quibus
            cor-

---

1) Die Königinn Isabella mit ihrem Prinzen Johann Siegmund. 2) Christian Scheseus. 3) Joachim Scheseus, Stuhlrichter zu Medwisch, 1576.

corruptiſſimi hujus Sæculi mores ad pœnitentiam invitantur. Addita eſt: *Oratio*, continens Hiſtoriam vitæ Clariſſ. Viri, *Leonardi Stöckelii*. Witebergæ, excudebat Jac. Lucius Tranſylv. A. M. D. LXIII. in 4.

2) Epithalamium, in honorem nuptialem Dni *Caſparis Bækes* de Korniat, S. R. M. ſupremi Cubicularii, ejusque ſponſæ Generoſiſſ. *Annæ*, egregii Dni Wolfgangii de Harianna, filiæ, ſcriptum a — M. D. LXVII. Albæ Juliæ, ex Regii typographi officina typographica, Raphaelis Hoffhalteri. in 4.

3) Ruinæ Pannonicæ, Libri quatuor, continentes Statum Reipublicæ & Religionis in Ungaria, Tranſylvania, vicinisque regionibus, imperanto *Joanne Secundo*, Electo Rege Ungariæ &c. — Addita eſt, *Hiſtoria* de bello Pannonico Solymanni Imp. Turcorum, ultimo: *Julæ* & *Zygethi* expugnationem continens. Autore *Chriſtiano Scheſio*, Medienſi Tranſylv. — *Jerem*. V. Cap. *Ecce ego adducam ſuper vos gentem de longinquo* — *& conteret urbes munitas tuas, in quibus tu habes fiduciam, gladio* — Witeb. excud. Clemens Schleich, & Anton Schöne. A. M. D. LXXI. in 4. *)

*) Mit einer Zueignungsſchrift an die Siebenbürgiſchen Woywoden: Franz Forgátſch, und Stephan Bátori. Die vier Bücher haben folgende Uiberſchriften:

Lib. I. Teſtamentum Joannis Regis; Ferdinandi & Reg. Iſabellæ diſſidium de Regno Hungariæ; nec non Budæ per Solymannum Imp. Turc. Occupationem; inſuper *Valentini Török* & *Steph. Majláth* captivitatem, variasque inſidias Fratris *Georgii*, Theſaurarii, contra Reginam & filium Regis infantem, continens.

Lib. II. Germanorum in Ungariam adventum; Reginæ cum filio dimiſſionem; Lippæ expugnationem & tragicam mortem Fratris *Georgii*, Theſaurarii, continens.

Lib. III.

Lib. III. Continens Hiftoriam de capto *Tbmefuaro*, & interitu præftantiff. herois, *Stephani Lofonczi.*

Lib. IV. De Rebus ad Agriam geftis, A. 1552. — Hierauf folget: De Bello Pannonico Solymanni Imp. Turc. ultimo, *Libri tres.* Continentes Julæ & Zigethi expugnationem, nec non Seren. atque Inclyti Regis Ung. *Joannis* II. ad Imp. Turcorum profectionem; ejusdem de Tartaris gloriofam victoriam. Das Iste Buch hat keine Uiberschrift; das II. handelt von der Eroberung der Festungen Jula und Sigeth, und das IIIte, von dem Siege Johann, des 2ten, über die Tatarn. Nun beschließen: 1) Epitaphium Nicolai Serinii. 2) Ad Lectorem, *Laurent. Parvus,* (Klein) Biftricienfis. 3) Aliud, *Francif. Valentini,* Medienf. 4) Aliud, *Simon. Hermanni,* Medienf. 5) Εγκωμιαςικον Hiftoriæ gentis Pannonicæ & Tranfylvaniæ, *Laurent. Kerzius*, Coron. und 6) Carmen heroicum in commendationem Poëtices & IV. Librorum, de Ruina Pannoniæ Dn. Chrift. Schefæi, &c. fcriptum a *Martin. Hentio*, Cibin. Witebergæ. M. April. 1569. — Hermann in seinen Annalen behauptet: Schesäus habe zwölf Bücher geschrieben, davon 6 zu Wittenberg gedruckt worden, die übrigen 6 aber habe er durch den Grafen Kendi, 1584 dem Könige von Pohlen, Stephan Bátori, bey Gelegenheit einer Gesandtschaft überschickt. Wie viel aber von dieser Nachricht gegründet sey, weis ich nicht. So viel ist gewiß, daß von den Ruinis Pannon. nur 4. Bücher zu Wittenberg herausgekommen sind, und dieses nicht 1573, wie Czwittinger in Bibl. Script. R. H. S. 20 berichtet. Uibrigens ist dieses Werk in Heroischen Versen geschrieben, und sehr selten zu finden.

4) Elegiæ in obitum trium illuftrium Virorum, eruditione, virtute, & pietate præftantium; M. *Joannis Honteri,* M. *Valentini Wagneri,* & D. *Jacobi Mellembergeri*, Gubernato um Ecclefiæ, & Scholæ Coronenfis in Tranfylvania. Claudiopoli, in officinâ Cafpar. Helti. A. 1573. in 4.

5) Ima-

5) Imago, seu Typus de Lapsu & Restitutione humani generis per Christum siue operibus Legis & cultibus Leviticis: ex Parabola Evangelica, de homine saucio & Samaritano. Additum est: *Carmen* de Sanctorum Angelorum officio, & custodia erga pios. Impress. Cibinii Transylv. in officina Martini Heusler, & Mart. Wintzler, 1575. in 4. Diese Gedichte sind dem Leibarzte, Nikolaus Bucella von Padua, bey dem Fürsten Stephan Bátori, zugeeignet.

6) Enarratio Psalmi XC. vitæ humanæ miseriam & fragilitatem depingens: sævissima pestilenti lue grassante per Transylvaniam, aliquot piis & salutaribus concionibus explicata. Vitebergæ. 1580. in 8. mit einer Zueignungsschrift an den Christoph Bátori, Woywoden von Siebenbürgen.

7) Imago boni Pastoris ad Christum Mundi Salvatorem accommodata. *Joann.* 10. Carmine descripta — 1584. in 4. Dieses Gedicht ist der Leipziger Ausgabe von der Confessio Ecclesiarum Saxonicarum in Transylv. de Cœna Domini, beygedruckt. s. Sebler.

8) Chronologia Historica Pannoniæ, ad Rudolphum II. Francof. ex officina Bryancia, 1596. in 4. mit Kupfertafeln, gleichfalls in Versen.

In der Handschrift hat Scheseüs hinterlassen:

1) Oratio de Origine repurgatæ cœlestis doctrinæ in Transylvania & vicina Hungaria, Birthalbini in Synodo habita, A. 1580, d. 8. Maji. Eine lesenswürdige Schrift für Freunde unsrer Vaterländischen Geschichte.

2) Epigrammata varia. Die ich aber nie gesehen habe.

Schimer

Franz. Ich finde zween dieses Namens, beyde von Medwisch. Der eine bekleidete das Schulrektorat zu Kronstadt in den Jahren 1592, und 93. Der andre, Magister der Fr. Künste, war 1606, Diener des Worts zu Kemberg in Sachsen. Ob diese einerley Personen gewesen, oder nicht, kann ich eben so wenig entscheiden, als welchem folgende Schrift zuzueignen sey:

Paci munerum divinorum optimæ sacrum Votum, Carmen gratulatorium, pro admiranda Urbis Cibiniensis, Metropoleos Saxo-Transylvaniæ, post triennem captivitatem, Liberatione, ad Circumsp. & Ampliss. Viros: *Gallum Lutsch*, Cos. *Colomannvm Gottsmeister*, Regium, & *Petrum Schelker*, Sedis Judices — Cibinii, imprim. Jacob. Thilo, 1619, in 4. Auf die Zurückgabe der Hermannstadt, deren sich Fürst Gabriel Bátori 1610, gegen Weyhnachten bemächtigte, und die Bürger aller Güter und alten Privilegien beraubte. Der neue Fürst **Gabriel Bethlen**, setzte 1614, alles wieder in den vorigen Stand. Kaum freuten sich die Juden bey ihrer Zurückkunft aus der Babylonischen Gefangenschaft so sehr, als die Hermannstädter, über den neuen Besitz ihrer Stadt, und alten Freyheiten. Sie fiengen so gar ihre Jahrrechnung von dieser Epoche an.

Schlotz

Samuel. Der Arzneykunst Doktor, und Stadtphysikus zu Hermannstadt, 1709. Uibrigens ist er mir unbekannt. In den Ephemerid. Naturæ Curios. *Centur.* I. A. 1712. S. 266. befinden sich

sich von ihm zwo Anmerkungen: von dem Siebenbürgischen Salzkraute, und von dem Walachischen Theer, oder unserm Duhut. Das erstre Kraut wächst bey Salzburg, Thornburg, und vielleicht auch in andern salzigten Gegenden; doch nicht in solcher Menge, daß man von dem daraus bereiteten Alkali, grosse Vortheile erwarten könnte. — Sie führen die Aufschrift:

1) Observatio de ubere herbæ Kaldi proventu in Transylvania.

2) Observat. de Succino fluido in Walachia reperiundo. Der Verfasser überschickte sie 1709, dem Dokt. Samuel Craß, in Breslau.

Schmeitzel

Martin. Königlicher Preußischer Hofraht, und ordentlicher Professor des Staatsrechts und der Geschichtskunde auf der hohen Schule zu Halle. Die Geschichte dieses Mannes, dessen sich unsere Völkerschaft nicht zu schämen hat, ist der gelehrten Welt bekannter, als selbst seinem Vaterlande; und sein Wehrt gewiß nirgends unerkannter, als unter seinen Landsleuten. Man findet wenige Sammlungen von Gelehrten, die nicht auch unsres Schmeitzels gedenken sollten. †) — Er ward den 28sten May 1679, zu Kronstadt gebohren, woselbst sein Vater, Michael Schmeitzel, Diakon, oder nach unserm Sprachgebrauche, Prediger bey der Johannis Kirche war, den

---

†) Im III. Th. der Unparth. Kirchenhistorie. S. 1177 — befindet sich eine ziemlich ausführliche Geschichte desselben.

den er aber frühzeitig verlohr. In seinem sechzehnten Jahre ward er Togat auf dem dasige(n) Gymnasium, und bestimmte sich dem Dienste d(er) Kirche. In dieser Absicht besuchte er 1700, d(ie) Universität Jena, woselbst er im Januar anfan(g)te. Von hier reisete er 1702, nach Wittenberg und darauf nach Greifswald. Er erwarb sic(h) solche Achtung, daß er die Hofmeisterstelle be(i) einem jungen von Adel erhielt, den er 1706 nach Halle, und dann nach Jena begleitete. In Jahre 1709, ward er zu gleicher Bedienung nac(h) Schweden beruffen, um zween junge Freyherre(n) nach Deutschland zu führen. Diese schöne Gelegenheit fremde Länder kennen zu leren, versäumte er gar nicht, er reisete hin, besah den Sommer durch Schweden und Dänemark, und besuchte die Universitäten Kopenhagen und Lunden. Um die Michaelsmesse führte er seine Barone nach Deutschland, brachte zugleich eine viereckigte Kupfermünze, Karls des XII. mehr als vier Pfund am Gewichte, mit sich, und dieses mit grosser Lebensgefahr, wegen des Königlichen Verbots. †) Mit seinen jungen Herrschaften begab er sich auf Befehl, nach Halle, und darauf nach Jena, wo er 1712, die Magisterwürde annahm, und seine Anvertrauten das folgende Jahr wieder nach

Schwe-

---

†) Agnethler beschreibet dieselbe, im Index Bibl. Schmeizel. Res Ungariæ — illustrantes. S. 50. nebst der Inschrift, die er 1751, darauf stechen lassen. Sie wiegt 4¼ Pfund, 2 und ¼ Loht, führet in den vier Winkeln eine Krone, nebst der Jahrzahl, 1711, und der Umschrift: CAROLVS XII. D. G. SVE. GOT. WAN. REX. In der Mitte stehet in 3 Zeilen: 2. DALER. fölf Myt. — Die Jahrzahl 1711, muß

aber

Schweden zurückführte. Sie hatten aber das Unglück von einem Dänischen Kaper aufgebracht zu werden, der sie nach Koppenhagen führte. Doch erhielten sie endlich Freyheit und Paß, nach Schweden abzureisen. Jn Herbstmonde verließ unser Schmeitzel dieses Königreich, fiel aber wieder einem feindlichen Kaper in die Hände, und ward nach Koppenhagen geführt. Nach erhaltner Freyheit, die er als ein Siebenbürger leicht erhielt, begab er sich über Seeland, Jütland, Schleßwig und Hollstein, nach Hamburg, um sein geliebtes Jena wieder zu besuchen. Er fand aber wegen der Pestseuche in der Stadt, alle Gemeinschaft mit den nachbärlichen Provinzen geschlossen, mußte also durch Holland, Westphalen und die Lüneburgischen Lande reisen. Zu Jena hielt er Vorlesungen über die Weltweisheit und Rechte, ward 1720, Adjunkt der Philosophischen Fakultät, und im folgenden Jahre außerordentlicher Lehrer der Weltweisheit, wie auch Aufseher der Universitätsbibliothek. Jm Jahre 1731, berief ihn der König von Preußen zum Hofrath und ordentlichen Lehrer des Staatsrechts

und

---

aber ein Druckfehler seyn, wo Schmeltzel auf dieser Münzplatte 1709, herausgebracht hat. Doch kann ich nichts verbessern, weil sie die Hermannstädtische Schulbibliothek, dazu sie bestimmt war, eben so wenig erhalten; als Agnethler jemals sein Vaterland wieder gesehen hat. Die Agnethlerische Jnschrift ist folgende: ME CUM. CAPITIS PERICULO A. P. P. V. CIƆ. IƆCC VIIII. EX SVECIAE REGNO SECUM DUXIT ILL. MART. SCHMEIZELIUS CORONA TRANSYLVANUS. ANNO AUTEM
CIƆ

und der Geschichtskunde nach Halle, woselbst er 1743, das Prorektorat verwaltete. — Weil er einen sehr aufgeweckten Vortrag hatte, war die Anzahl seiner Zuhörer immer groß. Zu Halle bearbeitete er insonderheit das Feld seiner Vaterländischen Geschichte, wie er denn noch in seinen letzten Stunden sich mit der Vollendung seiner Ungrischen Bibliothek beschäftigte. Er starb plötzlich, den 30sten Heumond 1747, in einem Alter von 68 Jahren, 2 Monden und 2 Tagen, ohne männliche Erben zu hinterlassen. Seine Töchter gehörten unter das gelehrte Frauenzimmer. Seine Schriften sind:

1) Epistola B. Lutheri ad Joan. Honterum, reformatorem Coronensem, primum ex autographo publicata. 1712. in 4.

2) Commentatio de Coronis tam antiquis, quam modernis. Ienæ, 1713. in 4. mit Kupfern, und einer Zueignungsschrift an den Raht zu Kronstadt. Dieser aber erwies sich gegen ihn nicht so dankbar, als gegen den berühmten Schurzfleisch, dem er hundert Dukaten verehrte. Deswegen war auch Schmeitzel Schurzfleischen niemals gut.

3) Schediasma de Clenodiis Regni Hungariæ, & ritu augurandi Reges Hungariæ. Ienæ, 1713. in 4. Verbessert und vermehret befindet sich diese Abhand-

---

CIƆ IƆCC XXXXVIII. UNA CUM SELECTIORI BIBLIOTHECAE SCHMEIZELIANAE PARTE HALAE SALICAE SIBI COMPARATA SORTITUS EST MICHAEL GOTTLIEB AGNETHLER EQV. TRANSYLV. PATRIC. CIBIN. QUI ME TANDEM CIBINIENSIUM BIBLIOTHECÆ PUBLICÆ CONSECRATAM ANNO CIƆ IƆCC LI. EX GERMANIA REDUX IN PATRIAM DACOS SALUTARE JUSSIT.

handlung auch in Schwandtners Script. Rerum Hung. T. II. in fol.

4) Dissertatio: an Joannes Constans, Elector Saxoniæ ante mortem ad castra Pontificiorum transierit. Jenæ, 1714. in 4. Hievon erfolgte 1741, zu Halle, eine neue Ausgabe in gleichem Formate, mit der Aufschrift: Quæstio, utrum Elector Saxoniæ, *Joannes*, cognomento *Constans*, ante obitum in castra Pontificiorum transiverit?

5) Historischer Beweis wider den Jesuiten, P. Johann Kraus. Köln, 1717. in 8.

6) Præcognita Historiæ Civilis. Jenæ, 1720. in 4. Vermehrter ebendaselbst, 1730, in 4.

7) Præcognita Historiæ Ecclesiasticæ, ebendaselbst, 1720, in 4.

8) Dissertatio de Natura & indole Artis Heraldicæ, pro loco. Respondente Hermanno Nicol. Koch, Verdensi, d. xv, Jun. 1721. ebend. in 4. Wiederum 1740, zu Halle in 4.

9) Anweisung für einen Lehrer und Hofmeister, 1721, in 8.

10) Dissertatio Epistolica, de statu Ecclesiæ Lutheranorum in Transylvania, ad Ernest. Salom. Cyprianum. Jenæ 1722, in 4. Diese Schrift hat der Verfasser viel verändert und verbessert zu einer neuen Ausgabe hinterlassen. *)

*) Verbesserungen waren wohl nöthig, da Paris Papai Rudus Redivivum, Haners Histor. Eccles. Transylv. und handschriftliche Nachrichten, Schmeitzels Quellen gewesen waren. Die letztern sind oft unrichtig, und die erstern haben ihre offenbaren Fehler. P. pai schrieb als ein Frembling, und Haner, als ein Jüngling auf Universitäten.

11) Programma, de uno eruditionis impedimento, quod ab ignorantia Oeconomiæ totius eruditionis suam ducit originem. Jenæ, 1722. in 4.

12) Oratio inauguralis, de titulo Imperatoris, quem *Czaarus* Ruſſorum ſibi dari prætendit. Ebendaſ. 1723. in 8.

13) Einleitung zur Wappenlehre. 1723. wieder 1734. in 8. mit Kupfertafeln. M. Hermann hat davon einen Auszug mit Anmerkungen, bekannt gemacht.

14) Einleitung zur neuesten Historie der Welt. Jena, 1723 — 25. Drey Bände in 8. Eine Wochenschrift.

15) Historische Nachricht von dem Thornischen Tumulte. Jena, 1725. in 4. Gleichfalls eine periodische Schrift.

16) Abriß eines Collegii über die Historie der Stadt und Universität Jena, 1727.

17) Versuch zu einer Historie der Gelehrheit. Jena 1728. in 8.

18) Abriß zu einer vollständigen Reichshistorie. ibid. eod. in 4.

19) Erste bis neunte Anrede an die Studenten zu Halle. 1731 — 45. in 8.

20) Einleitung zur Staatswissenschaft überhaupt, und zur Kenntniß der vornehmsten Staaten von Europa insonderheit. Halle, 1732. in 8.

21) Commentatio, de Jure ſuccedendi Domus Auſtriacæ in Regno Hungariæ. Hallæ, 1732. in 4. Schmeitzel schrieb sie für den jungen Freyherrn Johann von Remeny, der sie auch unter seinem Namen drucken ließ.

22) Klugheit zu leben, und conversiren zu Hause, auf Universitäten, und auf Reisen. Ebend. 1737. in 8.

23) Rechtschaffener Academicus, oder gründliche Anleitung, wie ein Student seine Studien und Leben

Schmeitzel.

ben gehörig einzurichten habe. Ebendaselbst. 1738. in 8.

24) Vom Gebrauch und Mißbrauch der Wappen.

25) Erläuterung gold- und silberner Münzen von Siebenbürgen. — s. Agnethler. Hiebey ist angehenden Liebhabern Vaterländischer Münzen, des berühmten Herrn Schwarz Recensio critica Schmeizeliani de Numis Transylvanicis Commentarii, Supplementa, emendationes & illustrationes continens. Rintelii, 1764. in 4. unentbehrlich.

26) Catalogus Scriptorum, qui res Hungariæ, Transylvaniæ &c. illustrant, & in Bibliotheca Mart. Schmeizelii asservantur. — Vermehrter unter dem Titel: Index Bibliothecæ — von Agnethlern zu Halle 1752, herausgegeben.

In der Handschrift hat Schmeitzel viele, besonders die Vaterländische Geschichte erläuternde Werke, hinterlassen. Ich glaube sie destoweniger alle zu kennen, da ich sicher weis, daß ihm manche heimlich entwendet worden. Vielleicht aber befinden sich noch bey seinen ehemaligen Zuhörern Abschriften, welche den Betrug aufdecken würden, wann eine oder die andere seiner Handschriften unter fremden Namen öffentlich erscheinen sollte. Mir bekannte sind:

1) Bibliotheca Hungarica, s. de Scriptoribus Rerum Hungaricarum, Transylvanicarum vicinarumque Provinciarum, Commentatio Literario-Critica. S. Felmer.

2) Anecdote ad Hungariæ & Transylvaniæ Statum interiorem spectantia, ipsamque Historiam Sæculi XIII — XVIII. egregie illustrantia. Ihren Inhalt bezeichnet Agnethler im Index Bibl. Hung. S. 33 — 36.

3) Notitia Principatus Transylvaniæ, geographice, historice, & politice adornata.

4) Antiquitates Transylvanicæ ex lapidum inscriptionibus, numisque antiquis Romanorum erutæ, & variis observationibus Historico-Criticis explanatæ, 1712. Die Anzahl der Römischen Steinschriften, aus dem Lazius, Samosius, Opitz, Gruter, Reinesius und andern gesammelt, belauft sich auf CCL. Von Römischen Münzen sind diejenigen angeführet, darauf Daciens gedacht wird.

5) Collegium privatissimum, de rebus ad Transylvaniam pertinentibus, 1737. Es begreift 8. Hauptstücke: I. de Tabulis geographicis Transylvaniæ. II. de Scriptoribus geographicis. III. de Scriptoribus antiquariis. IV. de Scriptoribus rerum naturalium. V. de Scriptoribus historicis & politicis. VI. de Scriptoribus ecclesiasticis. VII. de Scriptoribus Status publici, und VIII. de Libris ineditis. Der Anhang handelt: de Scriptoribus Hungaricarum, Moldavicarum & Valachicarum — Dieses finde ich auch in einer Handschrift, darüber Schmeitzel 1745, gelesen, mit dem oben No. 3. vereinigt. Der Konspect ist folgender:

Lib. I. Literarius de auctoribus.

Lib. II. Geographicus, tradit *Cap.* 1) Appellationes. 2) Fines antiquas & modernas. 3) Naturam & opportunitatem soli. 4) Divisionem geographicam: a) de Fundo Saxonico. b) de Comitatibus Hungaricis. c) de Sedibus Siculorum. 5) Incolarum origines. —

Lib. III. Historicus, tradit: 1) *Historiam antiquam* a) a Diluvio ad Roman. Imperium. b) sub Romano imperio. c) sub restituto Gothorum imperio. 2) *Historiam medii ævi.* a) ab irruptione Hunnorum, ad restitutionem Gothorum imperii. b) ab hac ad irruptionem secundam. c) a secunda ad ad tertiam. d) a tertia ad initium regni Hungariæ. e) de statu sub Regibus Hung. 3) *Historiam recentiorem.* a) sub Principibus. b) sub Domo Austriaca.

Lib IV. Politicus, exhibens Statum 1) sub Gothis cæterisque Imperatoribus. 2) Status trium Nationum. 3) Rem militarem. 4) Monetalem. 5) Legum, &c.

Lib. V. Ecclesiasticus, & VI. Scholasticus, ad ductum Epistolæ ad Cyprianum 1722 editæ.

6) Entwurf der vornehmsten Begebenheiten, die sich in Siebenbürgen von 1700, bis 1746, zugetragen haben.

7) Mausoleum Principum Transylvaniæ. In lapidarischem Styl, wie das Mausoleum Regum Hungariæ.

8) Collegium in Historiam ac Statum Regni Hung. 1729.

9) Introductio pro futuro præceptore privato. Für seine Zuhörer. 1717. —

10) Annotationes in Jo. Hübneri Quæstiones geographicas. Jenæ 1713.

11) Notitia Bibliothecæ Budensis, ex inedito *Naldi Naldii* Carmine.

12) Collegium Geographicum. Ob dieses eins mit seiner Einleitung zur Geographie ist, weis ich nicht.

13) Eine Fürstenhistorie.

14) Jenaische Stadt=und Universitäts Chronik. *)

*) In angeführter Unparth. Kirchen Historie Tom. III. S. 1178. heißet es: Dieß Werk dürfte nächstens in Jena herauskommen. — Ob solches geschehen, ist mir unbekannt. Außer diesen Schriften, hat Schmeitzel auch an den Jenaischen Monatlichen Nachrichten von gelehrten Leuten und Schriften mit gearbeitet; in

Fritſchens allgemeinem hiſtoriſchen Lexicon, die Artikel von Siebenbürgen, verfertigt; und die neueſte Einrichtung der Homanniſchen Landkarte von Siebenbürgen verfaſſet. Die letztere gab der jüngere Homann unter dem Titel: Principatus Transylvaniæ in suas quascunque Nationes, earumque sedes & regiones divisa, heraus, ohne des Schmeitzels dabey zu gedenken, welches dieſer bey Gelegenheit der Landkarten von Siebenbürgen, als etwas wider den Vertrag, mit dem alten Homann, nicht hat verſchweigen können.

Von Schmeitziſchen Handſchriften kann auch nachgeſehen werden, der Index Biblioth. res Hungar. — illuſtrantis.

Schnitzler

Jakob. Der Fr. Künſte und Weltweisheit Magiſter und Stadtpfarrer zu Hermannſtadt. Ein Mann, deſſen Gedächtniß noch bey Greiſen und Jünglingen unvergeßlich iſt! Er wurde den 1 Janer 1636 zu Hermannſtadt gebohren, woſelbſt ſein Vater, Jakob Schnitzler 1) damals Diakonus war. Nachdem er ſich auf der Väterliche Schule zu höhern Wiſſenſchaften zubereitet hatte, begab er ſich 1655, nach Wittenberg. Hier erwarb er ſich eine ſolche Achtung, daß er von den daſigen berühmteſten Lehrern, gar genöthigt ward, den 14 Okt. 1658, die höchſte Wür=

---

1) Gleichfalls ein verdienter Gottesgelehrter, der von ſeinem Vater Erasmus, einem Bildſchnitzer von Kronſtadt, den Namen Schnitzler geerbt hat. Er war 1598 gebohren, ſtudirte zu Hermannſtadt bis 1620, darauf gieng er nach Debrezin, 1622 nach Leutſchau; 1624 reiſete er durch Pohlen und Preußen, nach Dänemark, Norwegen, Holland, und England, und kehrte endlich nach Deutſchland zurück. Hier begab er ſich

Würde in der Weltweisheit anzunehmen. Bey dieser Feyerlichkeit, schreiben unter andern in ihren Glückwünschen, **Christian Trentschius** Prof. der Logik und Metaph. wie auch Dechant:

> Dum flagrat tristi bona Transylvania bello,
> Hic Transylvanus dat quoque bella Sophis.
> Plurima Schnizlerus, si vivet, bella parabit,
> Non clypeo Martis, Palladis at calamo.

August Buchner Pr. P. und Senior der Akademie:
> Sume incunctanter sophicam Schnizlere coronam,
> Et merito capiti nam venit illa tuo.
> Multos serta ornant, sed non satis illa decore;
> Te tua serta ornant, te tua serta decent.

und **Michael Wendeler** Doktor und Pr. P.
> Hactenus haud paucos Dacos Witeberga polivit,
> Sed Schnizlere! tibi non habet ista parem.
> Non gladius, non clamores, non pocula Bacchi,
> Verum doctorum scripta diserta placent.
> Perge tuam vitam, Musarum perge labores,
> Egregium munus patria chara dabit.

Hierauf hielt Schnitzler fleißig Vorlesungen, wodurch er das ersetzte, wo die Väterliche Unterstützung zu seiner Unterhaltung nicht zureichte,

---

sich auf die Akademie zu Wittenberg, von welcher er nach zwey Jahren 1627, nach Hause kam. Den 12 May, ward er Lektor bey der Hermannstädtischen Schule, das folgende Jahr ein Mitglied des Ministeriums, 1637, Archidiakonus und 1638, Pfarrer zu Heltau. An diesem Orte starb er als Dechant des Kapitels, den 22 May, 1661.

Im Jahre 1661, ward er Beysitzer der Philosophischen Fakultät, zugleich aber erhielt er von dem Bürgermeister zu Hermannstadt, Andreas Melzer, den Beruf zum Rektorate der dasigen Schule. Schnitzler gehorchte, und eilte nach seinem Vaterlande. Allein trauriges Geschick! In den Wäldern von Lignitz hörte er den Tod seines Vaters, und zweener Brüder. Diese betäubende Nachricht für sein zärtliches Herz, begleitete bald eine andere unangenehme. Er hörte nämlich bey seiner Ankunft zu Breßlau, daß Johann Reméný mit Kaiserlichen Hilfsvölkern auf Siebenbürgen losgieng, um dem Michael Apafi des Fürstenthums zu berauben. Dieses machte ihn unentschlüßig, ob er sich in ein Land, darinnen er schon so viel verloren hatte, und noch mehr verlieren konnte, begeben sollte? Alle widerriethen es. Er blieb also neun Wochen in Breßlau, und weil er dieser müßigen Zeit müde ward, kehrte er wieder nach Wittenberg zu seinen Philosophischen Arbeiten zurück.

1662, den 6 Aug. empfieng Schnitzler auf das Neue Briefe vom Hermannstädtischen Rahte, dem Superintendenten Hermann, dem Stadtpfarrer Joh. Gräfius, und von dem Konsul, Joh. Simonius, welche ihm nochmals das Schulrektorat antrugen. Um diese Zeit war er zum öffentlichen Lehrer der Mathematik, seiner Lieblingswissenschaft, erklärt worden; Wahl und Entschließung ward ihm also schwer. Doch siegte die Liebe zum Vaterlande. Er trat seine Heimreise den 1 Okt. an, vollendete sie zwar den 18 Nov. glücklich,

lich, aber gar bald hernach fiel er in eine Krankheit von vieler Gefahr. Nach erlangter Gesundheit, erhielt er einen abermaligen Beruf, da er den 14 Hornung 1663, als Rektor des Gymnasiums eingeführet wurde. In diesem Dienste erfüllte er die allgemeine Erwartung vollkommen, lehrte mit grossem Beyfalle, und übte seine Schüler insonderheit mit öftern Streitschriften. Eine Uibung, die wohl nie ohne Nachtheil auf Schulen kann unterlassen werden. Dadurch wird der Jüngling zur Prüfung und Nachforschung mancher Dinge angereizt, um die er sich sonst wenig bekümmert hätte. Er erhält dadurch eine gewisse Gegenwart des Geistes, und eine schnelle Fertigkeit, Irthum und Wahrheit zu unterscheiden.

So viel die Jünglinge der Schule, Schnitzlern danken mußten, ward er doch ein Schlachtopfer seiner Feinde. Andr. Fleischer, Graf der Nation, und Königsrichter zu Hermannstadt, suchte Georg Huttern, Lektorn der Schule, zu befördern, und dieses auf Unkosten der Schnitzlerischen Ehre. Unter dem scheinbaren Vorwande der Beschwerlichkeiten des Schuldienstes, und seiner schwächlichen Leibesbeschaffenheit, wurde also Schnitzlern der ruhigere Dienst des Archidiakonats 1665, den 1 Okt. angetragen. Da er aber die Triebfedern dieser Beförderung wohl kannte, und eben nicht nöthig hatte, sich der Willkühr seiner Feinde aufzuopfern, schlug er diesen Beruf mit Bescheidenheit aus. Indessen war Hutter Rektor worden. Schnitzler begab sich also in sein Haus, wo er anderthalb Jahre in gelehrter Einsamkeit lebte. Doch sein Unglück

glück war nur ein Gewitter, darauf ein desto heitrer Himmel folget. Der Fürst Michael Apafi, berief ihn zum öffentlichen Lehrer an das Reformirte Kollegium zu Groß Enyed. Diese heimliche Beschämung für Hermannstadt, erweckte den Rahm, für Schnitzlers Glück auf das Neue zu sorgen, und ihm die Annahme des Fürstlichen Berufs nicht zu erlauben. In dieser Absicht wurde Schnitzler den 1 Dec. 1666, in die Versammlung des Rahts berufen, da redete der gelehrte Konsul, Johann Simonius, sehr weitlaufig von der Nohtwendigkeit seiner Dienste bey der Schule, und erklärte ihn im Namen des ganzen Rahts zum öffentlichen Lehrer der Weltweisheit, bey derselben. Ein Dienst, der bisher in Hermannstadt nicht gebräuchlich gewesen. Zugleich erhielt Schnitzler die Anwartschaft auf das Rektorat nach Hutters Beförderung. Diese erfolgte nicht lange hernach; den 7 Nov. 1667, wurde er Donnerstagsprediger, und Schnitzler abermal Rektor.

Nun triumpfirten seine Verdienste immer mehr und mehr. 1668 den 3 May, berief ihn die Gemeine zu Hetzeldorf im Medwischer Stuhle zu ihrem Selenhirten; auf Verlangen des Rahts schlug er aber den Beruf aus. Vielleicht aus Ehrgeitz eines Geistlichen, der nicht jeds Pfarre seinen Verdiensten gleich schätzet? O nein! folgende Handlung rechtfertigt das äble Herz dieses Mannes gegen alle Vorwürfe. Bald darnach, den 27 May, ward ihm die Rahtsherrnwürde angebohten; allein Schnitzler verbaht diese Ehre,

zu

zufrieden mit seinem Dienste, und entschlossen der Kirche treu zu bleiben. Noch in diesem Jahre starb der Stadtpfarrer, Johann Grasius, und Schnitzler ward den 9 Nov. dessen Nachfolger im Amte. Den 13 Dec. wurde er seiner Gemeine feyerlich vorgestellt, darauf er den 4 Advents Sonntag seine Eingrüßungsrede hielt. Seine Amtsführung war ruhig und gesegnet, aber das Podagra war sein grosser Feind, und wurde endlich sein Tod. Er starb den 16 Jun. 1684, in seinem 49sten Jahre, geehrt und geliebt von seinen Zuhörern. Auf seinen Tod schrieb einer seiner Verehrer:

Astra diu es contemplatus, clarissime fautor!
Contemplaris ovans nunc sine fine Deum.

Man erzählt von ihm, daß er oft bey heitern Winterabenden auf dem grossen Marktplatze sich mit der Sternkunde beschäftigt, und Unterricht darinnen gegeben habe. Von seinen Weißagungen redet man sehr viel, daran er gewiß nicht einmal gedacht hat. Er soll auch den Jüngsten Tag verkündigt haben. Das weis ich nicht; aber dieses weis ich, daß Schnitzler in seinem Kalender auf das Jahr 1669, die Frage abhandelt: *Ob es möglich sey, den Tag und die Stunde des Jüngsten Tages zu wissen, und ob solches Wollen Christlich sey?* Hierauf zeigt er, daß noch alle, die dieses Geheimniß haben entsiegeln wollen, Lügner gewesen wären, und schreibt: „Es sey „eine fürwitzige menschliche, unbesonnene Narr=„heit, dasselbe erforschen wollen, was Gott „weder den Engeln, noch dessen Aposteln, „noch einigen andern Menschen habe offenbaren „wollen.

„ wollen, und welches an ihm selbst ein grosses
„ Geheimniß wäre. „

Mit seinem Bruder, Samuel Schnitzler, Pfarrer zu Neudorf ist 1692, der Schnitzlerische Name verloschen. Seinen Grabstein habe ich zu Hermannstadt entdeckt. Auf der einen Seite führet er die Aufschrift:

D. O. M.
Hac sub mole gravi Samuel Schnizlerus humatus,
 Antra quietis habet filius atque parens.
Doctrina clarus, pastor fuit hic animarum
 Annos, quem coluit per Nova Villa, novem.

Auf der linken Seite:
Hæc monumenta suis Nato simul atque Marito,
 Sara sepulturæ Sosteriana parat,
Deproperans dum nonagesimus atque secundus
 Præsentis sæcli volvitur annus adhuc.

Schnitzler hat insonderheit viele Streitschriften herausgegeben. Folgendes Verzeichniß sehe ich selbst für sehr unvollständig an:

I. Streitschriften die er zu *Wittenberg* entweder selbst vertheidigt, oder die unter seinem Vorsitze vertheidigt worden sind:

1) Collegii publici secundi Disputationem XII. & penultimam de rerum publicarum mutatione, præside Mich. Wendelero D. PP. & Decano, publice proponit, Jac. Schnizlerus, Cib. Transylv. d. xxx Apr. 1658. in 4.

2) Disp.

Schnitzler.

2) Disp. Mathematica, insignes quasdam Positiones ex universa Mathesi depromptas exhibens, quam — sub Præsid. M. Joh. Bayeri, in ill. Academia Wittebergensi — sistit, Jac. Schnizler, Cib. — author respondens. 1658. in 4.

3) Disp. Physica, de terra, eodem præside, qua author respondens, d. 1. Sept. 1658. in 4.

4) Collegii publici tertii, atque ultimi, Disputationem IV. de potestate domestica, eodem præside, d. iv. Sept. 1658. in 4.

5) Decas illustrium Thesium Astronomicarum, præside Christoph. Notnagelio, Mathem. P. P. Magister Jac. Schnizler, d. 20 Jan. 1659. in 4.

6) Disputatio Astronomica, de stellis fixis, præs. M. Jac. Schnizler, Resp. Andrea Marquardi, Stralsunda-Pomerano. d. 29 Jan. 1659. in 4.

7) Disp. Astronomica, de stellis erraticis, seu Planetis — Resp. Julio Hartmanno, Curlando, d. 30 Mart. 1659. in 4.

8) Diss. Politico-Mathematica ex Architectura militari, seu Fortificatione, de Præmunitionibus fortalitiorum. Resp. Andrea Thanu, Georg — Montano Hungaro. d. 20 Apr. 1659. in 4.

9) Disp. Astronomica, de stellis erraticis extraordinariis, seu Cometis — Resp. Simon Basch, Cibin. Transylv. ad d. 15 Jun. 1659. in 4.

10. Disp. Astronomica, de stellis fixis novis, Resp. Georg. Zachariæ, Medgyeschino - Transylv. d. 25 Jun. 1659. in 4.

11) Disp. Pnevmatologica, succinctam quæstionum præliminarium Discussionem exhibens — Resp. Simone Hammerdörfer, Platta-Bohemo. Ad d. 17 Sept. 1659. in 4.

12) Dis-

12) Dissertatio Geographica, de Zonis, Resp. Petro Hetzelio, Hala — Suevo. d. 21 Dec. 1659. in 4.

13) Dissert. Geographica, exhibens descriptionem breviorem celeberrimæ illius Regiæ, juxta ac Liberæ Civitatis *Sempronii*, quæ est in Hungaria Inferiori. — Præside M. Jac. Schnizlero — Autor & Respond. Matthias Rosner, Sempronio — Hung. d. 16 Maji, an. 1660. in 4.

14) Disp. Mathematica, ex Architectura Civili, de quinque Columnis architectonicis: Toscana, Dorica, Jonica, Corinthia & Composita, Resp. Conr. Wilh. Praß, Creilshemo — Franco. d. 24 Dec. 1660. in 4.

15) Tractatio Astronomica, de globo cœlesti, pro loco in Amplis. Facultate Philosophica sibi concesso. — Præses M. Jac. Schnizlerus, Cibin. Gymnasii metropolitani in Transylv. vocatus Rector. *Resp.* M. Joanne Augusto Stempelio, Anæberga — Misnico. d. 20 Jun. 1661. in 4.

16) Theses Miscellaneæ Mathematicæ. Resp. Henr. Jac. Hattorpio, Duderstadiensi, d. 5. Oct anno:
    Periodi Julianæ: 6374.
    Epochæ Christi veræ: 1663.
            vulgaris: 1661.
    a conditu mundi: 5610. in 4.

17) Tractatio Geographica de globo terrestri. Resp. Salomone Rundstedt, Regiomont. — Prusso. die 27 Aug. 1662. in 4.

18) Disp. Mathematica, ex Architectura militari, de Praxi bellica offensiva & defensiva, Resp. Georg. Fridr. Strobel, Salzburgo — Palatino, d. 23 Sept. 1662. in 4. mit einer Zueignungsschrift an den Fürsten Mich. Apasi.

II. Schnitzlers Schriften in Hermannstadt gedruckt:

19) De-

19) Decas Quæstionum Philosophicarum illustrium, in Cel. Cibin. Gymnasio exposita. Resp. Valentino Frank, Cibin. 1663. in 4.

20) Disp. Historico-Chronologico-Theologica, Illustres quasdam Theses exhibens. Resp. Luca Hermanno, Birthalbensi. d. 8. Aug. 1663. in 4.

21) Disp. Theologica, de Angelis, Resp. Mich. Gundesch, Cibin. d. 24 Oct. 1663. apud Abraham. Kertesz, Szencinum. in 4.

22) Disp. Theologica, de Creatione universi. Resp. Joanne Jeremiæ, Cibin. d. 28 Nov. 1663. in 4.

23) Disputatio Theologica Polemica, de Purgatorio, Resp. Andr. Henning, Coronensi, die 12 Sept. 1664. in 4.

24) Disp. Philosophico-Politica, de Principe judice & Senatoribus, quam auxiliante Principum Principe, Christo Jesu, & præside, M. I2C. Schnizlero, Facult. Philosoph. in Acad. Witeberg. hactenus Assessore, nunc Gymnasii Cibin. Rectore, publice recte judicanti censuræ exponit, Resp. Paul. Feingerus, Sabesiensis, ad diem xxii Apr. Cibinii, 1665. in 4.

25) Disp. Theologica, brevem exhibens Analysin quæstionis: An & quo jure Potestas Ecclesiastica & Sæcularis, competat Pontifici Romano? Resp. Georg. Schnell, Heltensi, d. 2. Sept. 1665.

26) Disp. Theologica, de Romano Pontifice — Resp. Jo. Klein, Bistricensi, d. 16 Sept. 1665. in 4.

27) Disp. Historico Theologica, exhibens Fasciculum quæstionum selectarum, de Nativitate Christi. Resp. Samuele Bausner, Schæsburgensi. 1667. in 4.

28) Disp. Theologica, de Sponsa Christi, sive de Ecclesia. Resp. Paulo Fabricio, Sárosiensi, d. 26 Febr. 1667. in 4.

29) Disp. Theologica, de uno Deo in essentia, & Trino in Personis Elohim. Resp. Georgio Kraus, Schæsburg. d. 19 Martii, 1667. in 4.

30) Erasmi Roteroderami Enchiridion Militis christiani, de novo revisum, correctum, & in honorem Dei, atque emolumentum proximi publicatum, a Jac. Schnizlero, P. M. ejusdemque in Gymn. Cibin. Professore Ordinario. 1668. in 12. *)

*) Dieses Werk schreibet Schnitzler gewissen Jünglingen von Adel zu, zu derrn Gebrauch er es auch insonderheit herausgab: Dem Samuel Bethlen, Tobias Fleischer, Georg Simonius, Emericus Lájár, Lazarus und Nikolaus Kun.

31) Neuer und alter Kalender auf das Schaltjahr nach der heils. Geburt unsers lieben Herrn und Heylandes Jesu Christi. 1667. Auf Siebenbürgen, Ungern, Walachey und umliegende Länder mit gebührenden Fleiß aufgesetzet von M. Jac. Schnizlero, Philosopho & Astronomo. Hermannstadt, gebr. durch Stephan Jüngling. in 12. *)

*) Demselben hat er beygefügt: Chronika, oder denkwürdige Geschichte, so sich seit Christi Leyden und Sterben zugetragen haben, fürnähmlich aber in Ungerland und Siebenbürgen. — Gleiche haben wir auch von 1668 und 69, vielleicht auch von mehrern Jahren.

32) Orgel-Predigt, oder Christliche Einsegnungs Predigt, als das neue grosse Orgelwerk, Gott und der Gemeine Gottes übergeben und consecrirt ward, in der grossen Pfarrkirchen in der Hauptstadt Hermannstadt, im Jahr 1673, den 3 Sept. welcher war der 14te Sonntag Trinit. in 4. *)

*) Diese Orgel hat 40 Regester und 2700 Pfeifen. Ihr Baumeister war Johann Vest, aus Bartfeld in Ungern, der mit sechs Gehilfen dritthalb Jahre daran arbeitete. Das ganze Werk kostete 5493 Gulden, und die Malerey 700.

33) Cometstern-Predigt, von dem ungewöhnlichen und grossen Himmelszeichen, oder neuen Comet

Schoppel.

und Wunderstern, welcher im nächst verflossenen 1680 Jahr, gegen desselben Ende, im November und December erschienen, und mit seinen Strahlen erschrecklich geleuchtet. — 1681, den 26 Januar, in 4.

34) Bericht aus Gottes Wort und der Natur, von der Erdbebungen Ursprung und Bedeutung, nach vorhergegangenen grossen Erdbeben, so vor wenigen Tagen allhier geschehen in diesem 1681 Jahr, den 19 Aug. früh Morgens vor Tag um Eins und ein Viertheil darnach. Welchen an statt der ordinar Predigt den folgenden Sonntag, den 24 Aug. — in der Hermannstädter grossen Pfarrkirchen auf der Canzel einfältig gegeben. — Druckts Stephan Jüngling, 1681. in 4. *)

*) Diese Rede ist über Jesaias 29, v. 6. gehalten worden.

Schoppel

Andreas, ein Arzt zu Kronstadt, der 1719 das Unglück hatte, bey dem Burzelländischen Dorfe Weidenbach, von einem Wetterstral getödtet zu werden. Er erwarb sich den Doktorhut zu Halle 1712.

Disputatio inauguralis Medico-Practica, de varietate practica Diversionis veterum per revellentia & derivantia, eorumque operandi ratione mechanica, præside Andrea Ottom. Goelike. Halæ, 1712. in 8.

Schüller von Schulenberg

Johann Georg. Doktor der Arzneykunst, Königlicher Raht, und älteres Mitglied des Hermannstädtischen Rahts. Dieser glückliche und berühmte Arzt wurde 1700, den 27 Dec. zu Her-

mannstadt gebohren. Sein Vater Georg Schüller von Schulenberg, der sich den Adel erworben, und als Königsrichter des Reußmärker Stuhl
gestorben ist, hatte als Goldschmiedsgesell in seiner Jugend schöne Reisen gethan, auch mit seinem Landsmanne Pinxner, Ostindien besucht. E
war zugleich ein geschickter Medailleur, von dessen Stämpeln wir verschiedene Denkmünzen haben
Unser Schulenberg begab sich 1722, auf ausländische hohe Schulen, woselbst er zu Halle,
Jena und Leipzig, sich fünf Jahre mit der Weltweisheit, der natürlichen Geschichte, Arzneylehre,
und Rechtsgelehrheit beschäftigte. 1726, nahm
er zu Halle die höchste Würde in der Arzneykunst an, und kehrte darauf das folgende Jahr
in sein Vaterland zurück. Hier machten ihn seine
glücklichen und besonderen Kuren bald so berühmt, daß er 1730 Stadtphysikus und 1734,
Rahtsherr ward. Bey welcher Gelegenheit D.
Gorgias das Epigramm schrieb:

Jam duo præclarum Medici intravere Senatum,
   Quos non tam sanos arbitror esse patres.
Tu Physicam nescis, Physicum te Curia fecit,
   Physica, si qua tibi nota sit, uxor erit.

Wer dieser Physikus war, mag ich nicht
aufdecken; sondern wende mich zu Schulenbergen. Selbst der kommandirende General in Siebenbürgen, und der Kaiserlichen Walachey, Georg Christian, Fürst von Lobkowitz, hatte so
viele Achtung für ihn, daß er ihn bey der neuen
Kaiſ. Königlichen Sanitätskommission, als Medikus

dikus und Raht, zum Beysitzer erklärte. Nicht=
weniger hatte er 1742 die Gnade, von unserer
Allerdurchleuchtigsten Monarchinn, Maria The=
resia, den Titel eines Königlichen Rahts zu er=
halten. 1748 verwaltete er das Stadthanenamt.
Er starb 1767, in der Nacht gegen den 11
März im 67sten Jahre seines Alters, und hin=
terließ eine schöne Büchersammlung und Natura=
lienkabinet, aber nur eine einzige Tochter aus
seiner ersten Ehe mit Agnethen, gebohrnen von
Veft. Seine zwote Ehe mit Josepha Katha=
rina, gebohrnen von Schubert, war unfrucht=
bar.

Dissertatio inauguralis medica, de morbo Hungariæ: *Hagymaz*, ejusque cura, præcipue per speci-
ficum. Præside D. Michaele Alberti. Halæ Magdeb. 1726, d. 13 Sept. in 4. *)

*) Eine auch in Siebenbürgen sehr gewöhnliche Krank=
heit, die aber die Dorfsleute öfters leichter kuriren
können, als die beßten Aerzte, indem sie dem Kran=
ken, den Kopf mit einer Lauge von verschiedenen
Kräutern waschen.

Schulerus

Andreas, von Nösen, oder Bistritz, woselbst
sein Vater Johann Schulerus, als Stadtpfarrer
1689 starb. Er studirte zu Wittenberg die Got=
teslehre, nahm auch auf dieser Universität im
Jahre 1688 die Magisterwürde an. Was ich
übrigens von ihm erfahren habe; so verwaltete er
1691, das Rektorat bey der Bistritzischen Schu=
le. In seinen Universitätsjahren vertheidigte er
als Magister unter Johann Deutschmanns Vor=
sitze, den 8 Okt. 1688, eine Streitschrift: de
gene-

generali falutis Oeconomia, ex Tit. II. §
11 — 13. und unter dem berühmten Schurzfleiſch, vierzehn hiſtoriſche Sätze, deren Aufſchrift:

1) Præſide C. S. Schurzfleifchio, Prof. Publ. diſpu-
tabit M. Andreas Schulerus, B. Tr. ad diem X
Oct. Witeb. 1688. in 4. *)

*) Die geringe Zahl dieſer Sätze und ihr Inhalt, wird
mich vielleicht entſchuldigen, ſie hier auf das neue
bekannt zu machen. Kritiſchen Hiſtorikern können
ſie nicht gleichgiltig ſeyn.

I. Getæ & Gothi minime debent confundi.

*) Welches doch von ſo vielen geſchieht. Die Gothen wa-
ren ein Deutſches Volk; nicht aber die Geten, welche noch in den Walachen übrig ſind.

II. Gothi etiam cis mare, infignem Germaniæ magnæ tractum incoluerunt, atque hinc longe late-
que Colonias duxerunt.

III. *Suevi Semnones*, ultimis Germaniæ feculis, usque ad viciniam Albis noftri ripam, fedes porre-
ctas habuerunt.

IV. His emigrantibus *Venedi*, fpeciatim *Sorabi* fuc-
cefferunt; hos primum *Franci* fecundæ ftirpis:
tum *Witikindei*, poftremo *Afcanii Saxones* in ordinem redegerunt.

V. Francia, regnante Carolo M. longius fines fuos
protulit, & an. DCCLXII. Saxoniam verſus, li-
mitem habuit *Dimolam*, deinde promovit ad *Lu-
piam*, hinc ad *Viſurgim*, tum ultra *Albim*, usque
ad *Eidoram* amnem Saxoniæ Transalbinæ termi-
num, inter Francos Danosque conftitutum.

VI. Saxoniæ Jus, nomenque a transalbino ifthoc
limite in has oras traductum eſt, adeo, ut multis
abhinc feculis *Sorabia* Saxonibus fubjecta, defie-
rit eſſe Sorabiorum.

VII.

VII. *Anasus* olim inter Franciam, Auſtraſiam &
Hunnorum, quibus Hungari ſucceſſerunt, regio-
nem, limes fuit; ſed mutatis poſtea finibus, pars
ſuperioris Pannoniæ detracta eſt, quæ Germaniæ conjuncta, *Auſtriæ* acceſſit.

VIII. Auſtria deinceps Hungariam ex diverſa cauſſa acquiſitam, multis felicibusque incrementis
nobilitavit, & regiones antea Hungariæ con-
junctas, Dravo Savoque ſuperatis, auſpicio *Leopoldi* Aug. Magni Imperatoris, denuo in obſe-
quium redegit.

IX. Ut ævo Romanorum duæ Pannoniæ, ſic &
Daciæ duæ appellatæ ſunt; ſed duæ Venetiæ in
bonis emendatisque codicibus nusquam leguntur.

X. Dacia quondam Orientis Imperio attributa eſt,
cujus metropolis fuit *Juſtiniana prima*, urbs Ma-
cedoniæ clara, ad Lychnidum lacum.

XI. Poſteris ſæculis, cum res chriſtiana apud Hungaros invaleſceret, *Colocia*, quam Danubius alluit,
Regum Hungarorum auſpicio, honorem ſibi di-
gnitatemque Metropolitanam ſuſcepit.

XII. Noſtra memoria hæc regio opima & fertilis,
regno Hungariæ, cui antehac innexa fuit, poſt-
limino ſe conjunxit.

XIII. Abſurdi ſunt, qui *Albam Juliam* putant eſſe
Coloniam Ulpinam Trajanam, quas tabulæ veteres,
& priſca monumenta recte & evidenter diſtin-
guunt.

XIV. In finitimis Daciæ regnis, ac præſertim in
Dalmatia, celebris fuit *Megazupani* dignitas, quæ
perperam legitur ab hominibus Græco-Slavica-
rum antiquitatum ignaris.

In Schurfleiſchens Epiſt. Arcan. iſt der 32 und
49ſte, von den Jahren 1690, und 91, an unſern
Schulerus geſchrieben.

2) De Susceptoribus, ex Historia Ecclesiastica. Respondente Joanne Abrahami, Prasmar-Transylv. d. 13 Oct. 1688, Witeb. in 4.

Schunn

Andreas. Stadtpfarrer zu Hermannstadt, gebohren den 16 Okt. 1722. Er war der zweyte würdige Sohn des Sächsischen Superintendenten Jakob Schunns, dessen ich im Folgenden gedenken werde. Außer den vaterländischen Schulen, besuchte er 1744 Jena, und hernach Halle. Nachdem er seine Akademische Laufbahn vollendet hatte, that er eine Reise nach Königsberg in der neuen Mark Brandeburg, um einmal das Vergnügen zu haben, den daselbst lebenden Bruder seines Vaters, Franz Schunn, zu sprechen. Hier ward ihm wegen seiner vorzüglichen Gaben für die Kanzel, die Feldpredigerstelle bey dem Königlich Preußischen Regimente, Horn angetragen; allein die Liebe zu seinem Vaterlande bewog ihn, sie nicht anzunehmen. Im Jahre 1748 kam er glücklich zu Hermannstadt an. Seine bekannten Talente erwarben ihm eine außerordentliche Beförderung, indem er das folgende Jahr das Schulkonrektorat erhielt, und den 12 Sept. 1750, das Rektorat. Diesen Dienst verwaltete er bey sehr schwächlicher Leibesbeschaffenheit mit grossem Ruhme, und unermüdeter Treue. Insonderheit hat das Gymnasium seinen blühenden Zustand seiner Fürsorge zu danken. 1756 wurden die vielen Ferien eingeschränkt, die Lehrer erhielten höhere Besoldungen, aber auch mehrere Arbeit, indem nunmehr die meisten Theile der höhern Wissenschaften gelesen werden sollten. Zugleich wurde weislich verordnet: die Lehrer sollten nicht bey jeder Beförderung ihre Stunden umändern, noch die Klassen der Ordnung nach, von der untersten an, durchgehen; sondern in dem Fache dienen, dazu sie die nöhtigen Fähigkeiten hätten. Denn so war der alte Gebrauch. Bey jeder Beförderung verloren die Lehrlinge ihren Lehrer; und geschahen nun viele, so hatten sie oft drey bis vier verschiedene Lehrer in einem Jahre. Wie konnten die Folgen anders, als traurig seyn? Indem die Lehrer alle Klassen durchgehen mußten: so kamen sie oft in solche, darinnen sie selbst nur mittelmäßige Schüler waren. Welcher Nutzen war von ihnen für die Jugend zu erwarten?

Nach sieben Jahren 1758, den 4 Febr. wurde Schunn zum Archidiakonus, oder Stadtprediger erwählt. Eine Beförderung, dem Rang, aber nicht der Besoldung nach. Doch, er blieb es nicht lange. Denn, den 8 Nov. des folgenden Jahres erhielt er den Beruf zur Stadtpfarre nach Medwisch. Er nahm sie an, aber die Vorsehung hatte ihn für eine größere Gemeine bestimmet. 1762 starb der verehrungswürdige Stadtpfarrer zu Hermannstadt, **Christian Roht**, da denn Schunn den 12 May, zu dessen Nachfolger erwählet wurde. Bald hierauf erhielt er das Syndikat, und 1765 das Dekanat des Hermannstädtischen Kapitels. Allein wie nahe war ihm die Gränze seines würdigen Lebens! An dem Neujahrsfeste 1766, einem Tage von außerordentlicher Kälte, predigte er, und dieses wider alle Vorstellungen der Aerzte, da ihm kaum die

Schmerzen seines gewöhnlichen Podagra verlassen hatten. Dabey erkältete er sich so sehr, daß er in ein tödtliches Entzündungsfieber verfiel, welches seinem Leben den 7 Jäner, in einem Alter von 43 Jahren, 2 Monden, und 23 Tagen, ein Ende machte. So wurde Schunn selbst ein Opfer seines schweren Grundsatzes: Man müße seinem Amte auch auf Unkosten seines Lebens treu seyn. Die Menge seiner öffentlichen Geschäfte, und die Hefftigkeit seines Podagra, ließen ihm keine Zeit für die Presse zu arbeiten. Doch haben wir von ihm:

1) Das Lob Franz, des Ersten, Weyland Römischen Kaisers. Hermannstadt, 1765. in Fol. *)

*) s. Felmer.

2) Trauer-Rede bey Beerdigung des — Hn. Petrus Binder, von Sachsenfeld, K. Rahts und Provinzial Bürgermeisters zu Hermannstadt. Ebendas. 1765, in Fol. *)

*) Dieser verdienstvolle Mann starb den 24 Okt. im siebenzigsten Jahre seines Alters am Rohtlaufe. Er war den 13 Febr. 1695 gebohren.

3) Vollständig vermehrtes Hermannstädtisches Gesangbuch, darinnen 688 auserlesene alte und neuere — Lieder gesammlet, und nach den Abtheilungen des geoffenbarten Lehrbegrifs in Ordnung gebracht worden, nebst einem auf ähnliche Art eingerichteten Gebetbuch. Hermannstadt, in der Stadtbuchdruckerey, verlegts Samuel Scharbi, 1766, groß 8 mit groben Druck; in längl. 12; 1770 in 8; mit Bartischen Lettern, 1776. *)

*) Schunn starb, ehe dasselbe ganz abgedruckt war, sein Nachfolger im Amte, Martin Felmer, begleitete es also mit einer Vorrede, und fügte eine Sammlung auserlesener Gebete bey, unter der Auffschrift: Kurze Anleitung zum Gespräche des Herzens mit Gott.

Schunn

Schunn

Jakob, Superintendent der Sächsischen Kirchen, und Pfarrer zu Birthalmen, gebohren zu Hermannstadt 1691, den 27 Aug. Von der dasigen Schule begab er sich den 31 März 1710, nach Halle auf das Königliche Pädagogium, woselbst er, nebst dem Georg Fabrizius von Hermannsfeld, als die ersten Siebenbürgischen Sachsen lebten. In seinem Vaterlande verflossen einige Jahre, bis er Dienste bey der Schule erhielt. Die Zukunft aber war glücklicher für ihn. Er wurde Archidiakonus, *) und als solcher bekam er 1729, im Heumonde, den Beruf zur Neudorfer Pfarre. Diese verwechselte er mit Heltau, den 10 Horn. 1732, woselbst er mit grossem Ruhme und solcher Zufriedenheit lebte, daß er 1737, den Beruf nach Medwisch zur Stadtpfarrerswürde, ausschlug. Allein 1741, ward er zum Pfarrer in Birthalmen, und den 10 Febr. zum Superintendenten erwählt. Jetzt war er Syndikus des Hermannstädtischen Kapitels. Seine Amtsführung ist insonderheit durch eine außerordentliche Begebenheit des 1747sten Jahres, denkwürdig. Wider alle Vermuhtung sah er sich nebst dem Stadpfarrer zu Medwisch, Georg Jeremias Haner, in der Gefahr eines blutigen Todes. Ich mag die schändliche Rolle, die Bogeslaus Ignatius von Makowsky, wie er sich manchmal nannte, damals in Siebenbürgen spielte, nicht ganz aufdecken. Ich merke nur an, daß ihn dieser bey dem

---

*) Gemeiniglich wird derselbe Publicus, oder Stadtprediger genannt.

dem Königlichen Regierungsrahte beschuldigte: er habe ihn erkauft, nach Konstantinopel zu gehen, um Siebenbürgen der Pforte zu verhandeln, zu welchem Zwecke ihm Schunn verschiedene geheime Briefschaften mitgegeben. — Die Sache erregte grosses Aufsehen. Schunn und Haner sollten die Köpfe verlieren. Allein bey genauer Untersuchung ward die Unschuld dieser verdienten Männer so licht, als die Niederträchtigkeit und Bosheit des Makowsky, der weder die Handschrift noch das Pittschaft des Superintendenten glücklich nachgeahmt, und seine meisten Wohlthäter in Siebenbürgen schändlich bestohlen hatte. Also endigte sich dieser viel drohende Auftritt zu ihrer Ehre, und sie erhielten Freyheit, Genugthuung zu fordern. Allein, zufrieden mit dem Triumpfe ihrer Unschuld, verlangten sie edelmühtig gar keine.

Schunn starb den 10 Jul. 1759, im acht und fünfzigsten Jahre seines Alters, und hinterließ den folgenden Superintendenten eine anständige Wohnung, dem Vaterlande aber vier würdige Söhne. Wir haben von ihm einige Trauerreden:

1) Das unzulängliche Urtheil unsrer Vernunft, über das Verhalten Gottes mit den Menschenkindern, über Sap. IX. 13 — 19. bey dem sel. Ableben der — Fr. Maria Elisabetha Vettin, gebohrnen Teutschin, 1727, den 10 Okt. Hermannstadt, druckts Joh. Barth. in Fol.

2) Der Bitterbrunn des Kreutzes, daraus das geistliche Israel, die Kinder Gottes getränket werden, über Genes. XV. 22 — 25. bey dem Tode der Fr. Susanna Margaretha Reißner von Reißen-

Reißenfels, gebohrnen Teutschinn, 1728, den 31 Aug. Ebend. in Fol.

3) Lob-und Trauer-Gedächtniß des — Kaisers Karl VI. über 2 Chron. XXXV. 24, 25, den 5 Dec. 1740. Ebendas. in Fol. Zugleich sind mit beygedruckt:

a) Oratio Fun. *Carolus*, hoc est: Sol carus, in ortu, meridie, & occasu delineatus, a *Joanne Ziegler*, Past. Schellenbergensi.

b) Lob = und Trauerrede von M. Johann Bruckner, Gymn. Conrect.

c) Epicedium, versibus heroicis, a *Christiano Zieglero*, Gymn. Rectore.

d) Cantate von Johann Sartorius, Cantor Cibin.

e) Ode funebralis, a *Georgio Fodor*, Gymn. Cibin. Lectore. IV.

4) Das aufgerichtete Panier des Israels Gottes, über ihren Lustgräbern, bey dem Grabe des Tit. Herrn Simon Edlen von Baußnern, Ihro K. K. Maj. wirklichen geheimen Gubernialsraht, Comes Nat. Saxon. und Judex regius Cibin. über 2. *Tim.* I. 10. 1742. Ebendas. in Fol. *)

*) Diese Rede hat Schunn als Superintendent, die vorletztere aber, als Heltauer Pfarrer, zu Hermannstadt gehalten.

Schunn

Jakob, der Arzneykunst Doktor. Er war der älteste Sohn des Vorhergehenden, und weihte sich der Arzneykunst, um deren Willen er sich 1742 nach Halle begab; allein, die Pflicht eines treuen Unterthans zu erfüllen, verließ er im Jahre 1745 diese hohe Schule, und nahm seine Zuflucht nach Jena. Hier erwarb er sich im Felde seiner Wissenschaften die höchste Würde den

28 Sept. 1746. In seinem Vaterlande lebte und heurahtete er zu Hermannstadt, wurde aber frühzeitig ein Wittwer, worauf er den Beruf zum Stadtphysikus nach Medwisch annahm, allein nach wenigen Jahren gleichfalls starb.

Diss. Inaugur. Medica, de morborum per morbos curatione, præside *Georg. Erhardo Hambergero*, pro gradu Doctoris, d. 28 Sept. 1746. Jenæ, in 4. *)

*) Ihr ist beygefügt: Joh. Adolph Webels: Propempticon Inaugurale de Machina pro dirigendis Tubis, seu Telescopiis, emendata; darinnen zuletzt von Schunns Lebensgeschichte, besonders der akademischen, gehandelt wird.

Seivert

Michael. Ein geschickter Arzt und Rechtsgelehrter von Hermannstadt, woselbst sein Vater Johann Seivert Rahtsherr war. Er wurde den 27 April, 1721 gebohren, und zeigte von Jugend auf eine größere Stärke des Geistes, als des Körpers, der immer schwächlich war. In seinem neunzehnten Jahre begab er sich auf die hohe Schule zu Halle im Magdeburgischen, wo er sich mit der Arzneykunst und Rechtsgelehrheit beschäftigte, auch in der erstern 1743, im Oktob. die Doktorwürde erhielt. Nach seiner Zurückkunft ward er bald in Stadtdienste geflochten, und verwaltete bis 1773, etliche Jahre das Provinzialnotariat. Im vorhergehenden Jahre hatte die Sächsische Nation die Gnade, Abgeordnete an den Allerhöchsten Kaiserlich-Königlichen Hof zu senden. Diese waren von Seiten der Weltlichen

chen Universität, der Provinzialbürgermeister zu Hermannstadt, Herr Johann Georg von Honnaman, und Doktor Seivert. Von dieser wichtigen Reise kamen sie 1773, zurück, und Seivert war indessen zum Stuhlrichter erwählet worden, welche Würde er mit vielem Beyfalle bis in das vierte Jahr bekleidete, da er denn den 24 Septemb. 1776, in einem Alter von 55 Jahren, 3 Monden, und 9 Tagen, nach langem Hämorrhoidalischen Leiden, starb.

Diss. inauguralis Medica, de Medicamentis resolventibus, præcipue Topicis, Præside D. Joanne Henr. Schulze — ad diem Octobr. 1743. Halæ Magd. in 4.

Siegler

Michael, von Hermannstadt. Ob er aber aus dem Geschlechte des Nikolaus Sieglers ist, der 1465, Königsrichter daselbst war, kann ich nicht entscheiden. Er lebte mit dem Schesäus 1556, zu Wittenberg, woselbst er sich sowohl mit den Rechten, als Theologischen Wissenschaften beschäftigte. Nach seiner Zurückkunft erhielt er zu Kronstadt 1557 das Schulrektorat. Nachgehends kehrte er in seine Vaterstadt zurück, und ward 1563 Provinzialnotarius; welches Amt er zehn Jahre verwaltete, alsdenn aber seinen Stand veränderte, und 1573 Pfarrer zu Großscheuren wurde. Von hier erhielt er 1585, den Beruf nach Großau. Daselbst beschloß er sein Leben den 9 Apr. 1585. In den Jahren 1578 und 1579, verwaltete er das Dekanat des Kapitels. Meynet Miles im Würgengel S. 173 diesen

Siegler, wenn er bey dem Jahre 1596, berichtet „auch ein Siebenbürgischer Mathematikus, **Mich. Siegler** aus Kronstadt, habe dergestalt geweißaget, nämlich: Sollte Fürst **Siegmund Báthori** von seiner jetzigen Krankheit zu Prag, den Blattern, genesen: so würde sein bisher blühendes Glück sich ganz verändern „, so begeht Miles einen doppelten Fehler. Er giebt Sieglern eine andere Vaterstadt, und läßt ihn nach seinem Tode weißagen. Allein, vielleicht redet er von einem andern Siegler, wie denn auch zu Medwisch, 1587 ein **Johann Siegler**, Stuhlrichter war.

Von Sieglers Schriften sind mir bekannt worden:

1) Brevia præcepta de moribus puerorum recte formandis, carmine Elegiaco conscripta, a Michaele Sieglero Cibiniensi. Additus est etiam ordo studiorum a domino Philippo Melanchtone, studiosæ juventuti præscriptus. A. D. 1556. in 8. ohne Meldung des Druckorts. *)

*) Dieses Werkchen ist dem **Johann Bomel**, einem hoffnungsvollen Sohne des Hermannstädtischen Rahtsherrn, **Thomas Bomel**, zugeschrieben. Als einen Anhang, hat er beygefügt: Canticum Annæ conjugis Elcanæ, quod exstat I. libro Regum, Cap. 2. in gratiam honesti & docti viri, Dni Joannis Rhyſſi, Notarii Cibin. Elegiaco carmine translatum, a Mich. Sieglero, Cibin.

2) Chronologiæ Regum Hungaricarum, Transylvanicarum, & vicinarum Regionum, Libri duo. *)

*) Der berühmte **Bel** hat dieses Werk, in seinem Apparatus ad Histor. Hung. Dec. I. Monum. II. aus einer Handschrift bekannt gemacht, und einige Anmerkungen beygefügt. Die Zueignungsschrift ist dem

dem Stephan Báthori, Woywoden von Siebenbürgen geweihet, und den 1 März 1562 unterschrieben. Diese Chronologischen Tafeln fangen mit dem Jahre 366 an, und beschließen mit dem blutigen Tode, des Moldauischen Fürsten, Jakob Heraklides, welcher den 5 Nov. 1563 erfolgte. Cimon in seinem Imag. Nov. Hung S. 83, gedenket auch einer Sieglerischen Schrift, die er dem Fürsten Johann Siegmund zugeschrieben hat, welche mir aber gänzlich unbekannt ist.

Simonis

Christoph. Von diesem Manne habe ich nichts entdecken können; um welche Zeiten er aber gelebt, erhellet aus seinem handschriftlichen Werke:

Unpartheyischer Bericht von denjenigen Sachen, welche durch des Malkontenten Fürsten, Franciscus Rákoczi veranlaßte Unruhe in Siebenbürgen, zwischen Kronstadt, und ihren untreuen Nachbarn, denen Haromszéker, Csiker, und Györgyer Zeklern entstanden ist.

Simonius

Johann, von Hermannstadt. Ein gelehrter Mann, aber ein sehr satyrischer Geist. Stephanus Simonius, Provinzialnotarius zu Hermannstadt, und Barbara Reichhalmer, waren seine Eltern. Er verlor seinen Vater sehr frühzeitig, indem dieser den 28 Dec. 1623 starb; doch machte er von seinen Naturgaben einen so guten Gebrauch, daß er einer der gelehrtesten Männer seiner Zeit wurde. Im Jahre 1650, erhielt er das Provinzialnotariat, welches er bis 1662 verwaltete, und 1664 das Konsulat darinn ihm zwar 1666, Jakob Rapp, folgte allein das folgende Jahr wurde er wieder zum Bürgermeister erwählet. Von 1668 blieb er Prokonsul, und wegen seines Verstandes und Witzes würdigte ihn Fürst Michael Apasi, vieler Vertraulichkeit; auf dem Landtage aber zu Fogarasch 1665, erwies er ihm eine schlechte Gnade. Der 19 Nov. bat Simonius denselben im Namen der Sächsischen Nation alleruntertḧänigst, ihnen den S. Martin Zins, wie er es bey seiner Erhebung zum Fürstenthume feyerlich und schriftlich zugesagt, auch künftighin gnädigst zu erlassen. Die Nation gab nämlich jährlich um das Fest des H. Martins, ihrem Fürsten ein freywilliges Geschenk von 7500 Gulden, zur Unterhaltung seiner Pferde, davon dann die Fürsten, dem Grafen der Nation hundert Gulden verehrten. Dieses freywillige Geschenk wurde endlich eine Schuldigkeit. Wie aber Michael Apasi 1661, zur Regierung kam, und wegen Geldmangels in Verlegenheit war, so unterstützte ihn die Nation freywillig, mit der unterthänigsten Bitte, den Martins Zins auf ewig aufzuheben. Apasi that es, aber 1665 forderte er ihn wieder. Da ihn nun Simonius dieser ehemaligen Zusage errinnerte, unterbrach ihn der Fürst, und fragte hitzig: ob sie den auferlegten Tribut mitgebracht hätten? — Simonius antwortete, und wollte in seiner Rede fortfahren. Da ergriff Apasi seinen Streitkolben vom Tische, und versetzte ihm etliche Hiebe über die Schultern, davon aber einer den Vizemarschal, Stephan Nalázi, der den Fürsten be-

besänftigen wollte, traf, und ließ darauf die Sächsischen Abgeordneten, sogleich mit Androhung des Todes, gefangen setzen. Doch den fünften Tag erhielten sie ihre Freyheit wieder, weil man sich befürchtete, die Nation würde sich wegen der Mißhandlung ihrer Gesandten bey der Pforte beklagen. Simonius wurde zwar mit dem Fürsten ausgesöhnt; allein

Manet alta mente repostum;

und Apafi konnte ihn nicht mehr zur alten Vertraulichkeit bewegen.

Mit seinem Stadtpfarrer, Johann Grasius, lebte Simonius auch immer in Streitigkeiten; welches denselben so sehr rührte, daß er bey seinem Tode 1668 hinterließ, die vom Simonius erhaltenen bittern Briefe, in seinen Sarg beyzulegen, wie ehemals der Märtyrer Babyla seine Bande und Fesseln. Simonius überlebte ihn auch nicht gar lange, indem er 1669, in 40sten Jahre starb, und den 11 May begraben wurde. Sein Denkmaal in der Parochialkirche, enthält sein Wappen: einen Mann, der auf einem Löwen sitzt, und seinen Wahlspruch: Mors Christi vita nostra. Seine erste Gemahlinn Agnetha, war eine Tochter des Königsrichters Valentin Franks des Aeltern, die zwote aber, Anna Maria Sutoris, eine Pfarrerstochter von Rabeln, mit welcher er zween Söhne, und eine Tochter zeugte, davon Georg Simonius die Rahtsherrenwürde erhalten hat. Vom Simonius hat man in der Handschrift:

1) Davidis Hermanni Jurisprudentia Ecclesiastica, aucta & limitata a J. S. C. T. N. P. S. *)

*) Die Erklärung dieser Anfangsbuchstaben ist so leicht nicht, weil sie verschiedene Bedeutungen leiden. Die, welche Herr Benkö, in Transylv. Tom. II. S. 430, aus den Handschriften des Georg Matthiä anführet, ist wohl die ungegründetste.: Joannes Scharsius, Cibinio-Transylvanus, nunc Pastor Sabesiensis. Denn dieser Scharsius war kein Hermannstädter, noch jemals Pfarrer zu Mühlenbach. Er nennet sich selbst Filletelkensis, (von Füllendorf) war zuerst Pfarrer in Scharosch, von daher kam er 1650, nach Medwisch, wurde 1659 Generaldechant, und starb 1658. Wahrscheinlicher ist die Auflösung, die der gelehrte Peter Bod, in einer handschriftlichen Anmerkung in Schmeitzels Diff. Epist. de Statu Ecclef. Luther. in Transylv. S. 104 gefunden, nämlich: Joannes Simonius, Cibinio-Transylvanus, Notarius Provincialis Saxonum. Simonius und Hermann waren sehr gute Freunde. Dieser schrieb auch dem erstern seine Widerlegung des närrischen Israel Hiebners 1656 zu, darinnen er ihn Litteratorum ipsum litteratissimum nennet. So kann es leicht seyn, daß Simonius diese Handschrift seines Freundes, theils in Absicht des Politischen Standes gemildert, theils vermehret habe.

2) Oratio, de ignorantia Monachorum stupenda.

Sommer

Johann, Lehrer der Unitarischen Schule zu Klausenburg. Dieser grosse Dichter, und schlechte Christ, war von Pirna in Meißen gebürtig, studirte zu Frankfurt an der Oder, ließ sich aber aus Verdruß über die Musen, die ihre Lieblinge so wenig bereichern, von dem abentheurlichen Prinzen Jakobus Heraklides, zu Kriegsdiensten bewegen, 1) als derselbe einige Kriegsvölker sammelte,

---

1) Bod in seinem Magyar Athenás S. 242. läßt ihn

melte, um sich die Moldau zu unterwerfen. Diesen Entwurf führte Heraklides 1561 mit Pohlnischer Hilfe aus. Da ihn die Moldauer für ihren Erlöser ansahen: so wurde es ihm ganz leicht, den verhaßten Woywoden Alexander, aus dem Lande zu schlagen, und sich des Fürstenthums zu bemächtigen. Nach hergestellter Ruhe, richtete er für seine wilden Unterthanen eine Schule und Bibliothek auf, berief verschiedene Gelehrte nach der Moldau, und schenkte Sommern den Musen wieder, indem er ihn seiner neuen Schule vorsetzte. Da sich aber Heraklides, durch gewaltsame Veränderung der ländlichen Religion, und scharfe Bestrafung der viehischen Sitten, besonders des Adels, gar bald einen allgemeinen und tödtlichen Haß zuzog; so war seine Herrschaft von kurzer Dauer, und ihr Ende tragisch. Hilflos, und von allen verlassen, ward er im November 1563 ein trauriges Schlachtopfer seiner Feinde:

Despota sVb nonas hoſtILI obIt enſe noVeMbres.

Kaum konnte Sommer diesem tödtlichen Ungewitter entrinnen. Lange irrte er in Walachischen Bauernkleidern herum, bis er endlich die Siebenbürgische Gränze erreichte, und glücklich nach Kronstadt kam. Hier fand er eine willige Aufnahme, und seine schöne Kenntniß der Römischen und Griechischen Litteratur, erwarb ihm 1565, das Schulrektorat, welches er bis 1567 ver=

1542 zu Wittenberg studiren. Wie wäre dieses möglich, da Sommer 1567, noch nicht 25 Jahre hatte? Doch ist dieses nicht der einzige Fehler seiner Nachrichten von diesem Dichter.

verwaltete. Seine hiesige Muse weihete er, noch nicht fünf und zwanzig Jahre alt, der Beschreibung der Könige von Ungern.

> Hæc ego montana scripsi securus in umbra,
>   Qua jacet excelsis pressa Corona jugis.
> Eximias urbes inter numeranda Corona,
>   Qualis Jazygia rara videtur humo.
> Illa patefecit fugientibus atria musis,
>   Cum premerent pavidas Martia signa Deas.
> Illa peregrino tutas mihi præbuit ædes,
>   Legit & oppressæ fragmina quassa ratis.
> Tunc ubi Moldava fugerem de clade superstes,
>   Et mihi mille foret vita tuenda dolis.
> Natus ad Albiacæ ripas Sommerus arenæ,
>   Qua spectat rupes edita Pirna suas.
> Nondum quinque meæ numerabam lustra juventæ,
>   Cum levis hæc facili Musa labore dedit.

Diese Beschreibung vollendete er 1567. Das folgende Jahr begab er sich nach Bistritz, woselbst er gleichfalls bey der Schule diente, und das Rektorat bis 1570 bekleidete. Hier besang er 1568, die Moldauische Niederlage, machte auch seinen Garten der Liebe bekannt; 1569, aber die Grausamkeit der Kolik und des Podagra. 1570 offenbarte sich endlich seine unreine Glaubenslehre; er begab sich daher nach Klausenburg, vereinigte sich mit dem Blandrata und Davidis, und wurde Lektor bey ihrer Schule; da er denn Vieles dazu betrug, daß sich der Socinianismus gleich einem reißenden Strome, durch ganz Klausenburg ausbreitete. Er heurathete auch die Tochter des Davidis, hatte aber 1574 das Unglück, nebst seiner Gemahlinn, und Schwiegermutter, ein Opfer der Pest zu werden, die damals Klausenburg schrecklich verwüstete. Deswegen hat ihm ein Ungenannter die Grabschrift gesetzt:

Pestis eram Triados. Quid, dum mens sordida peste,
  Mirum? si corpus peste perire solet.

Mich wundert es sehr, wie die Nachrichten der Gelehrten, von diesem Manne so verschieden und unrichtig seyn können. Sandius in Bibl. Antitrinit. S. 57 decket den Fehler derer auf, die den Dichter, Johann Sommer, in einen Unger, und den Unitarier, in einen Meißner verwandeln. Doch verfällt er in einen andern, wenn er mit dem Possewin behauptet: Blandrata und Davidis hätten ihn aus Deutschland nach Klausenburg berufen. Ein Gleiches behauptet auch Pinxner in seiner Apodem. S. 54, vielleicht aber aus eben der Quelle. Nichtweniger irret Bod, wenn er Sommern aus der Moldau zuerst nach Bistritz kommen läßt. Ich glaube, Ursache zu haben, mich darüber zu verwundern, da Sommers Gedichte die wichtigsten Begebenheiten seines Lebens aufhellen. In seiner ersten Elegie besinget er, wie er in Kriegsdienste gekommen, und seine Schicksale in der Moldau; bis er endlich Ruhe und Sicherheit in Kronstadt fand. Diese Erläuterung der wichtigen Rollen seines Lebens, ist viel zu schön und rührend, als daß ich nicht das ganze Gedicht, ob es gleich ziemlich weitläuftig ist, hier einrücken sollte.

Forte recumbebam viridanti stratus in herba,
  Odera Marchiacos qua vagus ambit agros.
Nescio cur studiis iratus inanibus, auri
  Pectore inexpletam concipiente famem.

Tempore quo gravidas carpebat vinitor uvas,
  Fufaque manebant divite multa lacu:
Scilicet, ajebam, qui Mufas fpernit & artes
  Hæc bibit & magni jugera ruris amat.
Deliciæ, vates, hominum, laudata reponunt
  Carmina, præterea nil parit ifta feges.
Pauper Apollo, vale! Mufæque lyræque, valete!
  Ne mihi fit tanti, ne mihi vefter amor.
Ac fufpenfa Deo facrabam protinus arma,
  Tu cytharam, dicens: hanc tibi quercus habe.
Increpuit leviter blando miferabilis ore
  Phoebus, & o! fortis nefcius, inquit: abis.
Tempus erit quando lacrymis optaveris emtum,
  Nunc male defertas poffe videre deas.
Ille quidem monuit: me pectoris æftus agebat,
  Arma, duces, aurum, tunc meus ardor erat.
In vacuo quare Mufis Helicone relictis,
  Aptabam teneras miles in arma manus.
Terra jacet magni contermina gentibus Iftri,
  Qua vagus Euxinus flumina mifcet aquis.
Ad Boream Scythici vicina Borifthenis illam
  Munit, & herbofum proluit unda folum.
Montibus oppofitis pars altera Jazyges arcet,
  Cætera circumiens plurimus amnis habet.
Sicque paludofis Moldavia finibus agros
  Cingit, præfidio tuta futura fuo:
Otia ni mallent fegnes ignari Valachi,
  Defertetque fuos fæpe colonus agros.
Illuc protulerat victricia fervidus arma
  Defpota, poffeffam quando fubegit humum,
Defpota, qui Grajæ non inficienda parenti
  Pofteritas, atavis regibus ortus erat.
Nutrierant illum molles aliquando Camœnæ,
  Sedabat crebram Caftalis unda fitim. 1)

                               Inde

---

1) Von diefem irrenden Ritter fchreibet Fuchs in Chronol. Rerum Hung. & Tranfylv. bey dem Jahre 1561: Jacobus Defpota, ex Infula Chio oriundus, qui Mathefim in Academia Roftochienfi autem publice

Inde redundabat generoso pectus honesto,
  Multus & in magno principe candor erat.
Hunc ego, spe faciles animos ducente, secutus,
  Audebam lituos armaque dura pati.
Vidit & arridens dixit: fortissime tyro!
  Nescio quid molli corpore majus agis.
Non tibi pro tanto clypei gestamine viros,
  Talia cur minime natus ad arma venis?
Dixit, & auratam cytharam mihi tradidit heros,
  Id fuerat nostræ scilicet artis opus.
Martia sic rurium cum sævo milite castra
  Deseruit noster transfuga factus amor.
Reddidit & Musis invitum cura benigni
  Principis, ut colerem, sicut & ante deas.
Otia nam sumtu fovit mea divite, postquam
  Artibus excultum viderat esse bonis.
Me studiis voluit puerilibus esse magistrum,
  Ut teneris animis jura severa darem.
Tunc ego florebam, cum nempe simillima regni,
  In manibus ferulæ, virgea sceptra, forent.
Quin etiam Domini similes effingere mores,
  Et nostras volui pondus habere minor.
Dum mihi ridebat lætum fortuna renidens,
  Exciderant animo miles & arma meo.
Hic sua si fatuæ posuissent atria Musæ
  Verus eas, dixi sœpe, maneret honos.
Heu miser, insontes damnari, ignoscite Musæ!
  Judicii pœnas jam levis author habet.

Ee 5   Alte-

---

blice professus, Coronam veniens, & aliquamdiu ibi moratus astute omnia expiscatur. — Und Scheffaus in Vita Leonhardi Stöchelii, Rect. Scholæ Bartphensis, A. 1563: His (amicis) etiam annumerandum censeo Illustrissimum Principem, Jacobum Heraclidis, Despotam Moldaviæ, qui exilii sui tempore adhuc Stöckelium veluti portum & asylum confugit, cujus familiari consuetudine per longum tempus adeo delectatus est, ut in auditorium secutus, attentissime lectiones sacras eum interpretantem audierit, a quo plurimum adjutus
est

Altera regnantem Dominum fufpexerat æftas,
  Jam poterat nullos ille timere dolos.
Ipfius imperio res florens publica, iuftis
  Præfidium, terror ceperit effe malis.
Cædibus infames turpique libidine fœdos,
  Tollebat variis carnificina modis.
Jam nova condiderat venturis atria Mufis,
  Spesque inftaurandæ Religionis erat.
Non tulit æterni juratus numinis hoftis,
  Ut fieret regni tanta ruina fui.
Principis utque boni faceret de cæde nocentes,
  Impulit audaces ad fcelus omne Getas.
Heu mihi! cum poffes etiam fenfifie videri
  Defpota, cur adeo mens tibi læva fuit?
Ut neque crudeli fublatos morte locares,
  Nec fceleris velles admonuifie fui.
Scilicet antiftes 1) ruptus pia corda veneno,
  Index vicinæ feditionis erat.
Et tibi, qui turmas luftranti barbarus hoftis,
  Pene fuit fubita cauffa pudenda necis.
Cum velut extortis hafta metuendus habenis,
  Impeteret magni nobile corpus heri.
Tunc mihi conftiterat gelidum fine fanguine pectus,
  Tunc mihi turbato pallor in ore fuit.
Artibus adductus fœdis cum miles abiret,
  Ruftica qua Tyras fpumifer arva lavat.
Rumor erat fævis graffari cædibus hoftem,
  Tartaricaque trahi corpora viva manu.

Tu

eft apud proceres inclyti regni Poloniæ, Lafconem Tyropolitanum Comitem, & alios, qui bello nervos fuppeditantes, partes ipfius Defpotæ in Moldaviæ regno expugnando, egregie promoverunt. Bekantrer Nachrichten von feiner Kenntniß und Liebe zu den Wiſſenſchaften zu geſchweigen. Die beſten geben uns: Antonii Mariæ Gratiani, de Joanne Heraclide, Defpota Valachorum Principe, Libri tres, & de Jacobo Didafcalo, Joannis fratre, Liber I. Editi ex Mfcr. Bibliothecæ Zalufcianæ. Varfoviæ, ex typographia Mizleriana, 1759. in 8.

1) Joannes Lufcinius.

Tu velut auxilium laturus civibus, illuc
   Mittebat equitis robur inane tui.
Fraus erat: o, nimium superos ad fulmina tardos!
   Infidiis fortes disperiere viri.
Tu frustra gemis, obsessam seclusus in arcem
   Prospicis exitii diraque fata tui.
Ter sua fraternis conjungens lumina Phœbe,
   Fecerat illustri cornua plena globo:
Raptus ad infamem cum Princeps optime cædem
   (Infandum) famulo 1) percutiente cadis.
O dolor! in dominum sumit scelerata minister
   Arma, tuo factus munere, quidquid erat.
At tu sperabas socialis gaudia lecti,
   Et nuptura tibi magna puella fuit.
Sed fera consilium vertit violentia fati,
   Te tuus oppressum Despota finis habet.
Hæc tamen invisa fuerint solatia mortis,
   Si modo vindictæ jam tibi cura manet.
Quod regni nondum successor nactus habenas,
   Perfidæ pœnas, cæsus & ipse dedit. 2)
Tempore, pro superi! quid non toleravimus illo,
   Quo tibi præsidium debile murus erat?
Me tua cum primis clades afflixit, & inde
   Confixere meum flumina missa caput.
Festa dies læto concesserat ocia ruri,
   Ibat ad optatos multa puella choros.
Ipse meas longo producens agmine turmas,
   Ad templum sacrum limen iturus eram.
Protinus ereptum latuit sub pulvere cœlum,
   Et procul immanes infremuere viri.
Attonitus stabam, jam tum vicinius ibant,
   Raptorem licuit noscere pene gregem.
Tunc aliquis media clamans de plebe, monebat:
   Quin fugis, o domine! quisquis amicus ades?
Hostis adest: eja, procul hinc, procul ite sodales,
   Quos tulit externo Teutona terra solo!
Forte jacet victus scelerato vulnere Princeps,
   Res instar motæ seditionis habet.

Aspi-

---

1) Thomscha, Boyerus.
2) Motzogius, Boyerus.

Aspicis ut dextra monstret victrice rapinam,
   Argentoque graves servet ut ille manus.
Vix bene cessarat, cum protinus aspera signis
   Pocula conspicio divite rapta penu.
Scilicet agnovi: jam prædæ cesserat uxor 1)
   Eximia clari nobilitate viri.
Sarmatica satus ille domo, divina tonantis
   Maluit immites scita docere Getas.
Quem periisse dato vim maturante veneno
   Diximus: ista piæ præmia mentis erant,
Tunc ego deserta plenus terrore iuventa,
   Vicina cuperem posse latere dono.
Nec mora præstabat tutum; spes lapsa jacebat,
   Iverat inque leves vita salusque pedes,
Mars pater, ignoscas, quod eram tibi sæpe pudori,
   Pes erat utilior, quam mihi nempe manus.
Scilicet & divi fugere Typhoea, quamvis
   Nec mortale deis, ut mihi corpus, erat.
Non ita gramineos currit vaga cerva per agros,
   Allatratorum dum fugit ora canum:
Nec lepores medio sic vibrant corpore saltu,
   Cum procul auditos pertimuere canes:
Ut mihi terrificus celeres timor addidit alas,
   Dum misero latebras vitis & umbra darent.
Mox ubi jam clauso prodibat vesper olympo,
   Desertos repeto nocte favente lares.
Hostibus accipio cinctam crudelibus arcem,
   Insidias dominum multaque dura pati.
Quid facerem? penitus turbata mente jacebam,
   Ingentes animos fregerat una dies.
Speque, metuque vices sic alternante, putabam,
   Ad mortem stimulos plus satis esse graves.
At quia sic viduæ miseratio cogeret, illam
   Solatus, mœsto pectore fortis eram.
Ecce per adversam, longa spectante caverna,
   Carnifices adeunt meque meosque viam.
Protinus erumpo subitis, qua casibus apta
   Perfugium trepido lata fenestra dabat.

Et

---

1) Vidua Episcopi.

Et vites inter paſſu gradiebar anhelo
  Languentes curſu deſtituente pedes.
At deprehenſa truces mulier grandæva catenas
  Geſſit ab immani pendula facta trabe.
Non illam lacrymæ, non magnæ ſtirpis origo,
  Non cani miferæ ſurripuere neci.
Quid mihi tunc animi? quæ ſpes fupereſſe ſalutis?
  Et potuit vitæ, quæ mihi cura meæ?
Quando per obſcuras evadens amplius umbras
  Exequias vidi funeris ipſe mei.
Territus exemplo, mortis mihi mille figuras,
  Supplicii varios propoſuiſſe modos.
Nec ſolitas animo, nec fenſi in corpore vires,
  Si vis, quid fuerim, ſcire? cadaver eram.
Non ita ſubſiſtit ventorum flamina contra
  Oceani cautes, quæ procul audit aquas:
Ut mihi nullus erat durato ſanguine ſenſus,
  Cum ſine voce fui, tum ſine mente fui.
Mox ubi pertenui recaleſcere membra tepore,
  Et ſenſi venas fortius ire meas.
Me timor exanimem dejecit rurſus, & atrox
  Multa ſibi finxit deteriora metus.
Sœpe mihi totis hærens cervicibus hoſtis
  Enſe videbatur figere velle latus.
Sæpe: ſed incipio carituras fine querelas
  Nectere: diſtabat vix mea vita neci,
Si modo non mors eſt, longa formidine mortis
  Et trucis ancipiti conditione trahi.
Tunc me clamavi miſerum, tunc impia dixi
  Pectora, Phoebeas pertimuique minas.
Verus eras vates, o carminis autor, Apollo!
  Marchiacas nollem deſeruiſſe deas.
Cum prius e multis quidam monuiſſet amicis,
  Dum Moldava ſuo res ſtetit aucta loco:
Poſſe venire meæ tam fœda pericula vitæ,
  Ut mihi ſint etiam proxima vota mori:
Euxinas potius converſo flumine dixi,
  Ad fontem rediens deferet Iſter aquas,
Iſter aquas cohibe, pœnas erroris habemus,
  Sæpe mihi miſero vota fuere mori.

Integer exactus fugiendo menfis, egenum
  Difcere me juffit plurima damna pati.
Sæpius armati fceleratis funibus hoftes,
  In media pavidum detinuere via.
Et nifi fallaci mentirer vefte colonum,
  Illa foret mortis flebilis hora meæ.
Sæpius admiftus reliquis, crudelia fenfi
  Confilia, infidos elicuique dolos.
Vinitor emeritos refecabam falce racemos,
  Texit & ars vitam fæpius ifta meam.
Proximus abftrufo latebris mihi menfis abivit,
  Nullus & heu! longo tempore vifus homo eft.
Foffor habet curæ titulum nomenque fidelis,
  Ille mihi matrem, præftitit ille patrem.
Donec in infidias prolapfo principe, nobis
  Spes etiam veniæ non fuper ulla fuit.
Tunc mihi confeffo rafa cervice Valacchum
  Nocturna rediit vita redemta fuga.
Ah, quoties glacie rigidos ftringente capillos,
  Anxius in pavido pectore fudor erat!
Seu tumidas magni victurus fluminis undas,
  Feffus anhelanti ventre nataret equus.
Seu globus hoftilis fubluftri vifus in umbra
  Incuteret triftes, nocte filente: metus
Præcipue, regni quia fervat clauftra telones,
  Non nifi permiffu principis ire licet.
At fublatus erat crudeli Defpota ferro,
  Et mihi fucceffor quam ferat hoftis opem?
Profuit hic comitum præfens audacia moefto,
  Salvus & illorum calliditate fui.
Nam quia mercati fuerant de præfide figna,
  Ne qua profecturis femita claufa foret.
Et mihi non tutum, vulgo prodire, fciebant,
  Protinus ingentes compofuere dolos.
Ac impreffernnt molli fua fymbola ceræ,
  Quæ fimiles ifta combibit arte notas.
Hac ego vitavi monftrata pericula fraude,
  Decepitque rudem fubdola forma virum:
Illa, quod ingenti non grandia munera cenfu,
  Non ullæ poterant obtinuiffe preces,

Fe-

Sommer.

Fecit ut elapſus per Tranſylvana vagarer
Oppida, deſueta perſtreperemque lyra.
Donec in hanc fatis concedo volentibus urbem,
O, utinam gratæ ſit mihi cauſſa moræ!

Ich komme nunmehr auf ſeine Schriften:

1) Reges Hungarici, & Clades Moldavica: cujus etiam Hortulus amoris cum Colica, in forma Dramatis ſcripta, ad finem adjectus eſt. Omnia ſtudio & opera *Stephani Helneri*, Senatoris Biſtricienſis in Tranſylvania, collecta & in lucem edita. De Joanne Sommero, Pirnenſi inter claros poetas, in appendice adjecta libello Georgii Fabricii, V. Ct. An. M. D. LXXIII:

Pannoniæ facili deſcripſit carmine Reges
Sommerus, & cladem Deſpota clare, tuam.

Witebergæ. Clemens Schleich excud. M. D. LXXX. In 4. *)

*) Sind dieſe Gedichte gleich ſo ſpät herausgekommen; ſo ſind doch die Erſtlinge ſeiner Muſe in Siebenbürgen. Man lieſt ſie auch in des Pardus, Deliciis Poetarum Hungarorum, S. 357, u. f. Nach Sommers Vorrede folgen: *Andr. Schuleri*, Biſtricenſ. ΔΕΚΑΣΤΙΧΟΝ in Reges Sommeri; *Jonæ Nicolai*, Oſtetvicenſis, Epigramma in Reges Hungaricos ad Stephanum Helnerum; *Georg. Helneri*, Coron. ΕπΠΟΣ in hiſtorica Sommeri Carmina ad Lectorem, una cum eiusdem verſibus græcis ad afinem ſuum Steph. Helnerum; *Daniel. Krechi*, Biſtric. Carmen in commendationem poematum Sommeri. Als denn I. *Reges* a Divo Stephano ad Ferdinandum usque I. & Joannem de Zapolya, 1567 geſchrieben, und dem Anton Jungk, Rahtsherren zu Hermannſtadt zugeeignet. Es ſind Elegiſche, und nicht heroiſche Verſe, wie Schmeizel berichtet. II. *Elegiæ* de Clade Moldavica. Dieſer ſind 15, welche Sommer dem Stephan Helner, 1568 den 10 Apr. zugeſchrieben hat. III. *Hortulus ingenii amoris*, ſcriptus in honorem nuptiarum ornatiſſimi, virtute & eruditione Viri, D. Antonii Iungk, Reipublicæ Cibi-

Cibiniensis Senatoris, & pudicissimæ virginis *Barbaræ*, d. 24 Jul. 1568. IV. *Colicæ & Podagræ Tyrannis*, ad imitationem Tragoediarum veterum breviter descripta — 1569. Die Zueignungsschrift an den berüchtigten Arzt, Georg Blandrata, ist den 1 Jäner 1570 unterschrieben.

2) Vita Jacobi Despotæ Moldavorum Reguli, descripta a Joh. Sommero, Pirnensi, edita sumptibus Ill. & Gener. Dn. *Emerici Forgách*, Baronis in Gymes, Equ. Aurati, Comitis in Trinchin &c. Adjectæ sunt ejusdem autoris de *Clade Moldavica*, Elegiæ XV. quibus etiam Historia Despotica continetur. — Una cum explicatione quorundam locorum in hoc Sommeri Scripto, & Commentatiuncula brevi de Walachia & rebus Walachicis, *Petri Albini*, Nivemontii, Historiogr. Saxo. & Prof. in Acad. Witeb. Witeb. per hæredes Joh. Cratonis. 1587. in 4. *)

*) Sommer schrieb das Leben dieses berühmten Abentheurers an seinen guten Freund, Jakob Paläologus. Zugleich finden wir hier eine Stammtafel, die Heraklides von seinen Ahnen noch 1558, zu Kronstadt hatte drucken lassen: Arbor Illustrissimæ Heraclidarum familiæ, quæ & Daforina, Basilica ac Despotica vocatur, justificata, comprobata, monumentisque & insignibus adaucta, ab invictissimo Carolo V. Rom. Imp. & ab Imperiali Consistorio, An. 1555. Hierinn leitet er sein Geschlecht nicht weiter her, als von dem Heraklides Triptolemus des Homers, der König von Jelisus, Doris, und Thasus war.

3) Elegia in nuptias Cl. Viri, D. Petri Bogneri, Coron. L. L. Doctoris, & Pudic. Virg. Annæ, filiæ D. Joachimi Koch, Consulis Mediensis, A. 1569, die 20 Febr. scripta a Joanne Sommero, Rectore Scholæ Bistric. Excusa Albæ Juliæ. in 4.

4) Oratio funebris in mortem Illustriss. ac Regiis virtutibus ornatissimi, vera etiam pietate Excellentissimi Principis ac Domini, *Joannis* II. Electi Regis Hung. — scripta a Joanne Sommero

Pirnenſe, Scholæ Claudiopolit. Lectore. Claudiopoli. 1571 in 4.

5) Refutatio ſcripti Petri Carolini, editi Witebergæ, Scripta a Jo. Sommero Pirnenſi, Scholæ Claudiopol. in Tranſylvania Lectore, *Deutr.* VI. 4. Ingolſtadii, ex officina Petri Raviſii, 1582. in 8. *)

*) Dieſes Werk hat ein gewiſſer Theodoſius Simberg mit einer Vorrede begleitet, und eigentlich zu Rakat herausgegeben. Man ſehe des Sandius Bibl. Antitr. Sommer hatte es noch 1572 geſchrieben, und die Schrift, die er zu widerlegen ſuchet, führet den Titel: Brevis, erudita & perſpicua explicatio Orthodoxæ Fidei, de uno vero Deo, Patre, Filio & Spiritu Sancto, adverſus blaſphemas Georgii Blandratæ & Franciſci Davidis errores, Libris duobus compræhenſa, a *Petro Carolino*, Paſtore Varadienſis Eccleſiæ. Witebergæ, 1571. in 8. Die Sommeriſche Widerlegung enthält auch das Glaubensbekenntniß von Jeſu Chriſto, welches Franz Davidis den verſammelten Ständen zu Thorda, den 17 Apr. 1579, aus ſeinem Gefängniſſe überreichen ließ.

6) Tractatus aliquot Chriſtianæ Religionis, quos ſequens pagina indicat. *Lucæ*, I. 6. Ingolſtadii, A. CIƆ. IƆ. XXCII. in 8. *)

*) Auch dieſes hat Schimberg, unter der Larve, Ingolſtadt, durch den Alexius Rabe drucken laſſen. Darinn kommen vor:

I. Confutatio Objectionum, quarum facta eſt mentio in fine Epiſtolæ præfixæ libello Joannis Sommeri.

II. De Juſtificatione hominis coram Deo. *Item*: Theſes de Juſtificatione hominis coram Deo, exhibitæ Senioribus Thordæ, die 19 Septem. 1572. Reſponſio Seniorum exhibita Claudiopoli, 29 Sept. 1572. Confutatio Reſponſionis præcedentis, 5 Octobr. per Jo. Sommerum.

III. Scopus septimi Capitis ad Romanos, *Adami Neuseri.* a) A. 1572.

IV. Declamatiuncula contra prædestinationem Neotericorum.

V. Declamatio contra Baptismum adultorum, Joannis Sommeri.

VI. Theses de Deo Trino in Person's, uno in Essentia, ex ejus fundamentis desumptæ, Joannis Sommeri, 1571. Dieses letztere ist nach Zwittingern, S. 363. auch besonders gedruckt.

7) Ein geistliches Lied zur Zeit der Pestilenz. *)

*) Man liest es in des Rabes Gesangbüchlein, und ist von Sommern 1570, verfertigt worden, als die Pest Klausenburg verwüstete. Es giebt uns einen Beweis, daß Sommer auch als ein deutscher Dichter einer der vorzüglichsten seiner Zeiten gewesen. Dieses ist die erste Strophe:

Ach Herr! sieh uns in Gnaden an,
Verstopf nicht deine Ohren.
Wenn wir bey Dir kein Hilfe han,
So sind wir ganz verlohren.
Vertilg nicht ganz das Häuflein dein,
Die Todten, die im Grabe seyn,
Die werden dich nicht loben.

Sose=

---

a) In Jöchers Gelehrten Lexikon, wird es verneinet, daß etwas von Neusers Schren gedruckt worden. Dieser berüchtigte Gelehrte war Anfangs Pfarrer bey der H. Geistskirche zu Heidelberg, verlohr aber wegen des Arianismus seine Würde, worauf er endlich nach Siebenbürgen, und Klausenburg kam, welches damals ein rechter Zufluchtsort der Feinde der Gottheit Jesu war. Von hier begab er sich nach Temeschwar, woselbst die Unitarier gleichfalls eine Buchdruckerey hatten. Allein der kommandirende Bascha hielt ihn für einen Spion, ließ ihn gefänglich

Soterius

Andreas. Der Arzeneykunst Doktor, und der zweyte Sohn des folgenden Georg Soterius. Er erwarb sich die Doktorwürde zu Halle im Magdeburgischen 1734. Nach seiner Zurückkunft lebte er zu Hermannstadt, ward daselbst Stadtphysikus, und endlich Rahtsherr. Als solcher starb er 1775, den 9 Heumond, und hinterließ vier Söhne.

Dissertatio inauguralis Medica, de Dyssenteria, præside Friderico Hoffmann, pro gradu Doctoris habita, d. — Maji, 1734. Halæ. in 4.

Soterius

Georg. Dieser verdienstvolle Gelehre um die vaterländische Geschichte, war zu Bodendorf im Schäsburger Stuhle gebohren, woselbst sein Vater, Petrus Soterius, Pfarrer war. Nachdem er sich zu Hermannstadt auf höhere Schulen zubereitet hatte, begab er sich 1693, nach Wittenberg, woselbst er durch milde Unterstützung des gelehrten Königsrichters, von Frankenstein, und Johann Bakosch, eines Hermannstädtischen Rahtsherrn, bis 1697 verblieb. Hierauf reisete er über Hamburg nach Liefland, und hielt sich zu Dörpt und Riga einige Zeit auf. Bey seiner Zurück-

---

lich einziehen, und schickte ihn nach Konstantinopel. Hier nahm er, nebst verschiedenen andern Reformirten die Muhomedanische Glaubenslehre an. S. Litt. Steph. *Gerlachii* ad Martinum Crusium An. 1575 *scriptæ*, in *David. Chytrai*, Orat. de Statu Ecclesiæ in Græcia — Witebergæ, 1584.

rückkunft fand er in dem Frankensteinischen Hause eine willige Aufnahme, und freyen Gebrauch der Bibliothek. Hierauf diente er bey der Schule und im Ministerium bis 1708, da er als Archidiakonus, zum Pfarrer nach Kreuß beruffen wurde. Diese Pfarre wollte er nie verwechseln, und starb daselbst, als Syndikus des Reisder Kapitels, den 10 Febr. 1723, an einem Schlagflusse. Von seiner Gemahlinn, Agnetha Lupinus, die erst 1756, den 11 Nov. gestorben, hinterließ er zween würdige Söhne, Georg und Andreas, davon sich der ältere der Kirche, der jüngere aber der Arzeneykunst weihete. Schochter ist der eigentliche Name dieses noch blühenden Geschlechts. Die vielen handschriftlichen Werke, die Soterius hinterlassen, zeugen von seiner heißen Begierde, die Geschichte seines Vaterlandes aufzuhellen. Es sind folgende:

1) De Rebus Geticis & Dacicis. Hierinnen handelt der Verfasser in 6. Hauptstücken: I. De Origine & cognatione Getarum. II. De Rebus sacris Getarum. III. De Republica Getarum. IV. De Moribus Getarum. V. De Bellis Getarum. VI. De Dacorum reliquiis.

2) De Rebus Romanorum in Dacia. An. 1706. mit einer Zueignungsschrift an den damaligen Provinzialkonsul zu Hermannstadt, Andreas Teutsch. Dieses Werk enthält folgende Hauptstücke: I. De Rebus sacris. II. De Rebus Civilibus Romanorum. III. De Moribus Romanorum in Dacia. IV. De Bellis in Dacia & circa eandem. V. De Reliquiis Romanorum in Dacia, puta: Inscriptionibus lapidaribus, Numis, Gemmis, Statuis, Signis &c. Dieses, und das vorhergehende Werk hat der Verfasser nachgehends unter der Aufschrift:

schrift: *Dacia*, vereiniget, und mit einer langen Vorrede begleitet.

3) De Religione veterum Getarum, ad M. Isaacum Zabanium, Pastorem Cibin. Capitulique Decanum.

4) Commentariolus de Ducibus Valachiæ. Er fängt mit dem Fürsten Bassaraba an, der unter König Karl, dem Ersten, um das Jahr 1330 regierte; und beschließet mit dem 39sten, Johann Nikolaus Maurokordato.

5) Transylvania Celebris, seu Nomenclator Nationum, Familiarum & Personarum, ut & Locorum in Transylvania, Regionibus eidem conterminis, tam antiquitus, quam etiam hodierno tempore celebratorum, opera & studio Georgii Soterii, Pastor. Ecclesiæ Crucensis. Dieses Werk ist in deutscher Sprache geschrieben, und von Martin Felmern mit schätzbaren Anmerkungen bereichert worden.

6) Transylvania. Hierinn handelt der Verfasser *Cap.* I. de Divisione Daciæ. II. De nominibus Transylvaniæ. III. De Transylvaniæ Terminis. IV. De Transylvaniæ Situ, Amplitudine & Forma. V. De Montibus, Planitiebus, Cavernis & Hiatibus Transylvaniæ. VI. De Fluviis, lacubus, thermis, acidulis & voraginibus. VII. De Fertilitate & divitiis. VIII. De Aditu Transylvaniæ. IX. De Divisione & Provinciis ejus. X. De Transylvanis Gentibus. XI. De sacris Transylvanorum, worinn aber der Verfasser, vielleicht durch seinen Tod verhindert, nur bis auf das 11 Jahrhundert gekommen ist.

7) Cibinium. Soterius theilet diese ausführliche Beschreibung von Hermannstadt in 9 Hauptstücke ein. Im I. handelt er nach einer kurzen Vorrede: 1. de nomine: *Cibinium*, 2. Hermannstadt. 3. de Titulis honorariis. Im II. de Symbolo Urbis. Im III. de Conditore Vrbis. Wobey er zweifelhaft

felhaft ist, ob dieser Ort seinen Namen dem Hermann von Nürnberg, oder einem heiligen Hermann zu danken habe. Im IV. 1. Cibinium silva fuit olim. 2. Vicus vel in silva, vel penes eam surrexit. 3. Oppidum ex vico emersit. 4. ex Oppido urbs est facta. 5. Annon olim Colonia, vel Municipium Romanum hic fuerit? Im V. de Cibiniensium rerum Natura; Cœli, Aeris, Aquæ, Hominum, Animalium, Frugum, Arborum & Germinum. Im VI. de Situ Cibinii Geographico, Chorographico, Topographico & Relativo. Im VII. Quantum sit Cibinium ratione sui, sedis & pertinentium. Im VIII. Quale sit Cibinium ratione Fortalitiorum, Aedium, Arearum, Platearum, Angiportuum, Viarum, Portarum, Pontium, Scalarum, Villarum adjacentium, Hortorum, Territorii & Census. In dem IX. de Magistratu: Summo, Ecclesiastico, Peregrino, Urbico, Superiori, Officiales, Senatores, Centumviri, Militares, Viciniarum & Collegiorum, Villanorum, Ministri Magistratus. Dieses letztere Hauptstück ist unvollendet geblieben. Der Verfasser hat viel Merkwürdiges gesammelt, allein in der Herleitung der Namen scheinet er nicht allemal glücklich gewesen zu seyn. Z. B. Meynet er die Heydenmühle vor dem Heltauerthore, habe den Namen von den Heyden, a paganis; da sie doch wahrscheinlich also heißet, weil sie auf der Heide lieget. So leitet er den Namen des Berges, Siegbächel, (Siegbühel) von dem Sächsischen Worte siechen, mingere, her, weil die Reisenden, die diesen Berg zu Fuße steigen, gemeiniglich solches zu verrichten pflegen. Sollte er aber nicht vielmehr von einem Siege, der daselbst erfochten worden, den Namen erhalten haben? Wenn Lebels Nachrichten, daß die Tatarn unter dem Könige Bela dem IV. jenseits dem Zibin bey Kastenholz geschlagen worden, einige Achtung verdienten, so könnte eben dieser Sieg dazu Gelegenheit gegeben haben.

8) Com-

8) Commentarius in Faschingii Daciam Veterem. Hierinn wird dieser gelehrte Jesuit nicht selten eines Bessern belehrt.

9) Scriptores Hungarici & Transylvanici.

10) Bibliotheca Hungarorum & Transylvanorum, Rerumque Hungaricarum & Transylvanicarum.

11) Reges Hungariæ. Nur bis auf den Ladislaus Posthumus ausgeführt.

12) Genealogia Regum & Principum Hungariæ.

13) Res gestæ Bulgarorum.

14) Particula historica in Urbem Sabesum. s. Weidenfelder.

15) Particula historica in urbem Segesvariensem. (Schäsburg.)

16) Bellum Transylvanorum Turcicum. Enthält alle Kriegshändel mit den Türken, bis auf die Belagerung Waradeins, nach dem Tode des Fürsten Georg Rákoßi, des Zweyten.

17) Annales Consulum Cibiniensium. Enthalten beynahe nur ihre blossen Namen.

18) Catalogi plurium Episcoporum Hungaricorum.

Außer diesen hat Soterius noch verschiedene historische Stücke unvollkommen hinterlassen.

Soterius

Georg. Der freyen Künste und Weltweisheit Magister, Pfarrer zu Stolzenburg, und Dechant des Hermanstädtischen Kapitels. Er war der älteste Sohn des Vorhergehenden, gebohren zu Hermannstadt den 4 Nov. 1704. Nach vollendeten Schulstudien besuchte er 1723, die Universität Leipzig. In der Absicht sein Glück daselbst

selbst zu suchen, nahm er die Magisterwürde an, dazu ihm der ehemals berühmte Gottsched, in einem Gedichte Glück wünschte, und hielt öffentliche Vorlesungen. Allein, das sehnliche Verlangen seiner verwittweten Mutter, bewegte ihn 1728, nach Hause zu kommen. Man beförderte ihn sogleich zum Konrektorate in Hermannstadt, welches er bis 1733, bekleidete, da er den 23 des Christmonds, zum Rektor erwählt wurde. Hierauf erhielt er 1737, den 16 May, das Archidiakonat, und den 28 Apr. 1741, die Schellenbergische Pfarre. Von hier beriefen ihn die Stolzenburger, 1746, am achten Sonntage nach dem Feste der H. Dreyeinigkeit. 1752, den 21 Nov. ward er Syndikus des Kapitels, und 1762 Dechant, welche Würde er bis an seinen Tod verwaltete, der den 22 August, 1765, in seinem ein und sechszigsten Jahre erfolgte. Von seiner Gemahlinn, Anna Katharina von Bruckenthal, die vor ihm gestorben, hinterließ er einen einzigen Sohn, Johann Michael Soterius, der itzt Koncipist bey dem Geheimen Siebenbürgischen Regierungsrahte ist, und zwo Töchter.

Von seinen gelehrten Beschäftigungen habe ich wenige gesehen. Seine Jnauguraldisputation ist mir unbekannt; so auch seine Abhandlungen, de Abbatia Kerzensi, und de Decanis Cibiniensibus, eorumque prærogativis, welche er als Syndikus im Kapitel, mit vielem Beyfalle gehalten hat. Außer diesen haben wir von ihm:

Eine kurze und einfältige Unterweisung von der Beschaffenheit, Genugthuung und Nachfolge
des

des allerheiligsten Leidens und Sterbens Jesu Christi, wie diese zur Fastenzeit, den Kindern in der Schule in Frag und Antworten erbaulich beyzubringen sind. Hermannstadt, bey Johann Barth, in 12. *)

*) Ist sehr oft gedruckt, und bey der Schuljugend eingeführt.

Stegmann

Joachim, Pfarrer der Unitarischen Gemeine zu Klausenburg. Er war aus der Mark Brandenburg, ward Prediger bey der Peterskirche der Reformirten zu Danzig, verlor aber diesen Dienst wegen seiner Socinischen Lehrsätze. Hierauf gieng er nach Pohlen, wo er zu Rakau Schulrektor ward. Endlich kam er nach Siebenbürgen, und starb zu Klausenburg, da er um das Jahr 1632, die Pfarrerswürde bekleidete. Ich würde dieses Mannes hier gar nicht gedenken, wenn ich mich nicht erklärt hätte, auch die ausländischen Gelehrten in diesen Blättern anzuführen, wenn sie unter der Sächsischen Nation gelebt, und einige Denkmäler ihres Fleißes und Geistes hinterlassen haben. Damals aber war Klausenburg noch nicht gänzlich von der Nation getrennet. Dieses geschah erst 1664, im Maymonde, da diese Stadt freywillig allen Verbindungen mit ihr, und den damit verknüpften Vorrechten, und Freyheiten entsagte. Worauf auch die Evangelische Glaubenslehre unter den dasigen Sachsen so verlosch, daß ihr Lehrer Simon Schwarz, im Jahre 1666, die Stadt verlassen mußte. Ubrigens kenne ich Stegmanns

Tartler.

Schriften nur aus dem Sandius, der S. 132. folgende von ihm anführet:

1) Eine Probe der einfältigen Wahrheiten für die neue Photinianische Lehre, gegen D. Johann Botsak. Rakau, 1633. *)

*) Diese Widerlegung überschickte Stegmann selbst das folgende Jahr, dem Rektor und Professor Botsak, zu Danzig, der aber 1635, dawider herausgab: Anti-Stegmannus, d. i. Wahrhafftige Gegenprob der falschen Prob Joachimi Stegmanns, der Socinianischen, oder Arrianischen Gemeine zu Klausenburg in Siebenbürgen, gewesenen Dieners. — Danzig in 8.

2) Von der Gemeinde Christi.

3) Von den Kennzeichen der falschen Lehre.

Tartler

Thomas, Pfarrer zu Tartelau im Burzellande. Er war ein gebohrner Kronstädter, woselbst das Tartlerische Geschlecht eines der ältesten ist, ob es gleich seinen Namen von seinem Stammorte Tartelaue haben mag. Denn Vicentius Tärtler, der 1545, Richter zu Kronstadt war, führte auch den Namen: Lohmeider. Unser Tartler bereitete sich zum Dienste der Kirche auf der Universität zu Halle, wovon er 1731, in seine Vaterstadt zurück kehrte. Hier erhielt er nach andern Schuldiensten 1744, den 31 Dec. das Schulrektorat, welches er bis 1749 verwaltete, und darauf in das dasige Ministerium kam; 1751, aber den 20 May, nach Tartelaue beruffen wurde. Wegen seiner besondern Amtstreue in der Pest, welche das Jahr 1756, für Burzelland traurig machte, beehr=

beehrte ihn Ihre Kaiserlich Königlich Apostolische Majestät mit einer goldnen Denkmünze. Er starb den 8 Hornung 1770, und hat in der Handschrift hinterlassen:

1) Catalogus Judicum, Quæstorumque Coronensium, & Pastorum Capituli Barcensis. Die vornehmsten Beamten in Kronstadt sind: der Richter und Stadhan, der hier Quæstor, in andern Sächsischen Städten aber Lateinisch, Villicus, heißet.

2) Diarium Rerum memorabilium Barcensium, ab anno 1716, ad an. 1750.

3) Brevissima & verissima deductio, quod Barcenses ipsi sunt etiam Teutones, vel Saxones in Privilegio Andreæ II. d. d. An. 1224. allegati. — *)

*) Diese Schrift möchte ich wohl lesen; denn aus dem Andreanischen Privilegium zu erweisen, daß Burzelland und der Bistrizische Distrikt damals zum Sächsischen Gebiete gehört habe, ist gewiß eine Kunst. Ich weis zwar wohl, daß man unter dem Worte der Urkunde: Baralt, gemeiniglich Barcia, Burzelland, verstehet, aber wer hat es erwiesen? und sollte es nicht wahrscheinlicher seyn, daß darunter Baroth im Haromszeker Stuhle verstanden werde, welcher Ort im Alutenser Bezirke lieget? Das ganz wüste Burzland schenkte König Andreas II. 1211. den Deutschen Ordensrittern, und gab ihnen eigne Vorrechte und Freyheiten, in demselben und folgenden 1212 Jahre; 1224 aber privilegirte und vereinigte der König diejenigen deutschen Pflanzvölker in ein Volk, welche vom Könige Geisa II. unter gewissen Freyheiten nach Siebenbürgen berufen worden. Was hatten also diese mit den neuern Burzländischen Kolonien gemein? In den Urkunden von 1211, und 12 nennet er dieses Ländchen Borza; wie sollte er es dann 1224, Baralt nennen können? —

Teutsch

Andreas, der Arzneykunst Doktor, wirklicher geheimer Regierungsraht, bestätigter Graf der

der Sächsischen Nation, und Königsrichter zu Hermannstadt. Er ward 1669, zu Schäsburg gebohren, woselbst sein Vater Andreas Teutsch, ein Goldschmied war. Ob er außer Wittenberg, noch andere hohe Schulen besuchet habe, ist mir unbekannt. In seinem Vaterlande suchte er sein Glück in Hermannstadt, und fand es, indem er bald Stadtphysikus wurde. Im Jahre 1701, erhielt er das Provinzialnotariat; 1702 den 9 Christmond, ward er wirklicher Rahtsherr; 1704, den 21 Aug. Bürgermeister; und nach dem Tode des Königsrichters, Petrus Weber von Hermannsburg, 1710, den 16 Brachmond, dessen Nachfolger im Amte. Er war zugleich ein Mitglied der Königlichen Deputation, welche das Siebenbürgische Staatswesen, nachdem der geheime Regierungsraht bis auf den Prokonsul von Medwisch, Samuel Konrad des Heil. R. Reichs Ritter von Heidendorf, ausgestorben war, verwaltete. Als aber der Regierungsraht 1713, von dem kommandirenden Generale, Grafen Stephan von Steinwille, auf allerhöchsten Befehl wieder hergestellet wurde, hatte Teutsch die Ehre, ein Mitglied desselben zu werden. Er vollendete seine Laufbahn den 18 August. 1730, in einem Alter von 61 Jahren, und einem Monate, zwar ohne männliche Erben, nicht aber ohne gegründeten Ruhm einer ausgebreiteten Kenntniß in den Wissenschaften eines Arztes, Rechtsgelehrten, und Theologen; womit er ein ungeschminktes, und sehr heißes Christenthum verband. Er war der erste, der zur Ehre der Menschlichkeit, die peinlichen Hexenprozesse unter der Nation

ab=

abſchaffte. Zur Aufnahme des Gymnaſiums, und zur Beförderung des thätigen Chriſtenthums, ließ er nebſt dem Bürgermeiſter, Johann Hoßmann von Rohtenfels, die Pröfeſſores, Chriſtoph Voigt, und Mag. Johann Baptiſta Habermann, aus Deutſchland nach Hermannſtadt kommen. Gelehrte Männer! die aber bald ein Opfer des Neides, und eines unverdienten Haſſes wurden; ſo, daß ſie den 30 Okt. 1713, Hermannſtadt ſchleunig, und auf ewig verlaſſen mußten. Sie waren dabey mit einem Paſſe verſehen, der ihr Verderben vollendet hätte, wann ihnen nicht der edelmüthige Kommendant zu Klauſenburg, von Wopſer, durch ihr unverdientes Schickſal gerührt, einen andern gegeben hätte. — Teutſch würde gewiß noch mehr Gutes für die Wiſſenſchaften geſtiftet haben; allein, man ſah alle ſeine Handlungen, auch die unſchuldigſten und beßten, für Pietismus an. Er erboht ſich zu Errichtung eines Seminariums 20,000 Gulden aufzuopfern; allein, man machte ihm allerley Einwendungen. Er ſchenkte ſie alſo einem bekannten Waiſenhauſe in Deutſchland, wo ſie mit Freude und Dank angenommen wurden. Und was könnte ich zum Beweiſe der Verdienſte dieſes Mannes Höheres anführen, als die Gnade, welcher ihn die Höchſtſeligen Kaiſer, Joſeph der Erſte, und Karl der Sechſte, würdigten? Von dem Erſtern erhielt er durch den kommandierenden General, Freyherrn von Kriegbaum, in ſeinem Bürgermeiſteramte eine goldne Gnadenkette mit dem Kaiſerlichen Bruſtbilde; und vom Kaiſer Karl, glorwürdigſten Andenkens! deſſen goldnes und mit Diamanten beſetztes Bruſtbild. Sein Wahlſpruch war:

war: Pſalm. 119, V. 24, 31. Ich habe Luſt
zu deinen Zeugniſſen, die ſind meine Rahtsleute.
Ich hange an deinen Zeugniſſen Herr! laß mich
nicht zu Schanden werden! Von ſeinen gelehrten Beſchäftigungen kann ich kein vollſtändiges
Verzeichniß geber:

1) Poſitiones Miſcellaneæ e Naturali atque Medica Scientia, præſide, Paul. Godofr. Sperling,
d. 4 Oct. 1690. in 4.

2) Davidiſche Harfen, oder des heiligen Königes
und Propheten Davids mehriſte Pſalmen, auf
gewiſſe, bey denen Evangeliſch-Chriſtlichen Ge-
meinden Aug. Conf. gebräuchliche Melodeyen ge-
ſetzet, und zu Beförderung göttlicher Ehre und
Aufmunterung gläubiger Kinder Gottes in ihrem
Chriſtenthum, ans Licht geſtellet von Andreas
Teutſch, M. D. und Burgermeiſter zu Hermannſtadt. Hermannſtadt, druckts Michael Helzdörfer,
im Jahre 1707. in 12. *)

*) Der größte Theil dieſer Pſalmen iſt Teutſchens eigene
Uiberſetzung.

3) Sonn-und Feſttägliche Andachten über die gewöhnlichen Evangeliſchen Texte, beſtehend aus überein-
ſtimmenden Sprüchen heiliger Schrift, und meiſt
üblichen Evangeliſchen Kirchenliedern, zum nützlichen Gebrauch des öffentlichen Gottesdienſtes
und Aufmunterung gottſeliger Andacht, in die
Muſik überſetzet von Joanne Sartorio, Cantore
Cibin. und zur gemeinen Erbauung auf vielfälti-
ges Verlangen in Druck gegeben. Hermannſtadt,
in längl. 12. *)

*) Der Verfaſſer iſt Teutſch, welches ſeine eigene Hand-
ſchrift erweiſet, die ich geſehen habe. Sartorius
ſtarb nachgehens als Pfarrer in Holzmantel, im hohen Alter.

4) Die

4) Die Frage: was fehlet mir doch? *Matth. XIX.*
v. 20 beantwortet. Nachgedruckt zu Hermannſtadt,
durch Johann Barth, 1705. in 12. *)

> *) Teutſch hat dieſes ohne ſeinem Namen, und mit einer
> neuen Vorrede herausgegeben.

5) De vera Methodo inveniendi verum, obſervatis primis cognitis, primisque erratis Philoſophorum, & in ſpecie Carteſianorum, Tractatus, Autore Petro Poiret. Recuſus Cibinii, 1708. in 12. *)

> *) Auch dieſes hat Teutſch mit einer neuen Vorrede
> herausgegeben.

6) Anleitung zum wahren Chriſtenthum.

7) Unterricht, wie man die heilige Schrift leſen ſoll. *)

> *) 1720, ließ Teutſch auch *Deſiderii Erasmi*, Roterodami, *Precationes*, zu Hermannſtadt in 12. wieder auflegen.

Handſchriftliche Werke:

1) Hiſtoria Regni, ſive Principatus Tranſylvaniæ, auctore: D. A. T. R. J. C. (*Doctore, Andrea Teutſch, Regio Judice Cibinienſi*.) Dieſes Werkchen iſt deutſch geſchrieben, und nach der Nachricht eines Freundes, von dem berühmten Büſching in ſeinem Magazine für die neue Hiſtorie und Geographie, herausgegeben worden.

2) Hiſtorica, Geographica, & Topographica Deſcriptio hodiernæ Daciæ Tranſylvanicæ. Ob der Verfaſſer dieſes weitläufige Werk ausgeführet, iſt mir unbekannt. Ich habe nichts als einen Entwurf davon geſehen. Das erſte Buch hat drey Theile. Davon der I. Theil in 12 Hauptſtücken, von den älteſten Einwohnern Siebenbürgens bis zur Ankunft der Hunnen aus Scythien handelt: der II. Theil in 10 Hauptſtücken,

von der ersten Ankunft der Hunnen bis auf die Fürsten von Siebenbürgen; und der III. Theil, theils von den Siebenbürgischen Fürsten, theils von den kommandirenden Generalen unter dem Allerdurchleuchtigsten Hause Oesterreich. Das Zweyte Buch enthält gleichfalls III. Theile, davon der I. in 7 Hauptstücken von der Regierungsart unter den Gothen, Römern, Hunnen, der Könige von Ungern, den Siebenbürgischen Fürsten, und dem Erzhause Oesterreich, handelt. Der II. in 10 Hauptstücken von den Sitten, Tracht, Gottesdienst, Herrschaft, Naturel und Lebensart der Gothen, Juden, Zigäuner, Walachen, Ungern, Zekler, Sachsen, Syrben, Armenier und Bulgaren. Der III. Theil in 5 Hauptstücken, von den Benennungen Siebenbürgens, alten und neuen Gebräuchen des Landes, dessen Fruchtbarkeit, Flüßen und Bergen; und von der Eintheilung Siebenbürgens in die Ungrischen Komitate, oder Gespanschaften, die Zeklerischen, und die Sächsischen Stühle.

3) Specimen Numismatum in Transylvania repertorum. Dieses ist eine Beschreibung Griechischer und Römischer Münzen, welche der Graf Rabutin, Frankenstein, Hartenek, und er selbst, besessen. Sie zeiget aber, daß Teutsch in diesem Felde ein Fremdling gewesen.

Teutsch

Joseph. Von Kronstadt, und Pfarrer zu Honigsberg im Burzellande, starb 1770, den 13 März, im 68ten Jahre. Er soll vieles, besonders zur Erläuterung der Vaterländischen Geschichte geschrieben haben; was mir bekannt worden, ist:

1) Kurzer Auszug der nöthigsten Stücke in der Rechenkunst. Kronstadt, 1739, und wieder 1755. in 8. Folgende sind Handschriften:

2) Auf-

2) Aufgerichtetes Denkmaal, oder kurzes Verzeichniß derjenigen Schriften, welche entweder in Kronstadt, oder von Kronstädtern zum Druck sind befördert worden, mit einer Zueignungsschrift an den Superintendenten, Georg. Jeremias Haner. 1758.

3) Die Richter in Kronstadt in ihrer Gestalt, und vorgefallenen Begebenheiten entworfen, von - 1759.*)

*) Er saget ihre Reihe von dem Lukas Hirscher an, der 1335 Richter war, und schließet mit Georg Jekeln, der 1700 die Richterwürde verwaltete. Ihre Anzahl ist acht und vierzig.

4) Besondere Nachricht vom Burzelland, 1759.

5) Aufgerichtetes Denkmahl der verfallenen Burgen in Burzelland.

6) Kurzgefaßte Jahrgeschichte von Ungern und Siebenbürgen, von der Geburt Christi, bis 1748.

7) Der Christliche Jahrmarkt. 1730.

8) Christus der andere Adam. 1731.

9) Wohlgemeynte Vorschläge.

Theis

Michael Gottlieb. Der Arzneykunst Doktor, und Orator des äußern Rahts, oder der Hundertmannschaft zu Hermannstadt. Er war ein Sohn des Michael Theis, Stadtpfarrers zu Mühlenbach, gebohren den 18 Dec. 1718. Die höchste Würde in der Arzeneykunst nahm er zu Halle, 1740 an, und machte sich nachgehens durch glückliche Kuren in Hermannnstadt berühmt. Sich aber selbst konnte er kein langes Leben schenken, indem er den 10 Okt. 1766. im acht und vierzigsten Jahre, an der Trommelsucht starb, ohne einige Erben zu hinterlassen.

Diſſertatio inauguralis Medica, exhibens ſpecimen Pathologico-Therapevticum, in caſu quodam terrificis motibus complicato, præſide D. Joanne Junckero, An. 1740 dieb. Apr. Halæ Magd. in 4.

Tobt

Andreas, von Hermannſtadt, und Fähnrich bey den daſigen Stadtſoldaten im Jahre 1675. Zuerſt legte er ſich auf die Wiſſenſchaften, wählte aber nachgehens das Soldatenleben. Er muß einige Zeit in Deutſchland gelebt haben; denn ich finde bey dem Jahre 1677 angemerkt, daß er ſeit ſieben Jahren Weib und Kinder in Deutſchland verlaſſen habe. An dem Königsrichter Andreas Fleiſcher, hatte er einen groſſen Beſchützer, der auch ſeinen ordentlichen Gehalt, aus ſeinen eigenen Mitteln vermehrte. Sonſt aber machte ſich Tobt durch ſein unruhiges Weſen, und giftige Stachelſchriften nichts als Feinde. Wegen einer Satyriſchen Schrift: Dic illis Cechis, darinnen inſonderheit die Geiſtlichen und Schneider leiden mußten, und verſchiedener andern Ausſchweifungen, wurde er 1675, nach Pfingſten gefangen geſetzt. Nach ein und vierzig Wochen, erhielt er zwar den 20 März, 1676, ſeine Freyheit wieder, wurde aber ſeines Dienſtes entſetzt. Seine übrigen Schickſale ſind mir unbekannt. Auf dem Rahthauſe befindet ſich folgendes Handſchriftliche Werk, vielleicht, weil es auch unterdrückt worden:

Otium ſacrum, ſeu Imago Politicorum Priſtinorum Tranſylvanorum, potiſſimum Civium Cib. Luthetheranorum, nec non Clericorum Nationis Saxonicæ, pro exemplo & cautione posteritatis seriissimæ, adumbrata ab Andrea Todt. *)

*) In der Zueignungsschrift an eine ungenannte Standesperson, die aber wohl der Königsrichter, Fleischer seyn mag, zeiget er seine Absicht bey dieser Schrift: Er habe sie nicht den Gelehrten, sondern seines gleichen, einfältigen Leuten zu gut geschrieben, um ihnen vor die Augen zu stellen: wie die Gottseligkeit, ehrliche Thaten, und Tugenden, allezeit von Gott belohnt; allerley Ungerechtigkeit aber, Sünde, Schande und Laster, hefftig bestraft worden. Und ob er gleich darinnen vom Geistlichen, Weltlichen und häuslichen Stande handele, sollte sich doch niemand einbilden, als wenn er solches einiger Obrigkeit zur Verkleinerung, oder aber jemanden zur Bravade, oder Despekt geschrieben hätte. — Daniel Nera aus Mähren, K. gekrönter Dichter, hat zum Lobe des Verfassers einige Verse beygefügt. Übrigens ist dieses Werk deutsch geschrieben, und zeuget von einer nicht geringen Belesenheit des Verfassers.

Töppelt, Toppeltinus

Laurentius, beyder Rechten Doktor. Weil Medwisch seine Vaterstadt war, so nennte er sich Toppeltinus de Megyes. Ehe er ausländische hohe Schulen besuchte, lebte er einige Zeit auf dem berühmten Bethlenischen Gymnasium zu Weißenburg, jetzt Karlsburg, woselbst er insonderheit den Isaak Basirius, ehemaligen Gewissensraht des unglücklichen Königs von Engeland, Karl des Ersten, hörte. Dieses berichtet uns Zwittinger, S. 387, allein er irret. Denn ich habe sichere Nachricht, daß Basirius 1654, den 30 Dec. von Konstantinopel nach Weißenburg gekommen ist. Töppelt aber befand sich schon 1653, im Hornunge, zu Padua. Dieses erweiset sein Brief an einen Freund, darinn er be-

berichtet; er verwalte noch die ihm neulich anvertraute Aufsicht über die Juristische Bibliothek der Deutschen Nation zu Padua. Indessen ist es mir auch unbekannt, wann er auf hohe Schulen gereiset, wie auch, wann er Padua verlassen hat. Genug, 1661, lebte er zu Altdorf; 1663, befand er sich im April und May zu Rom, und 1665, kam er in sein Vaterland zurück, woselbst er seine Beförderung in Kronstadt suchte. Doch ließ er sich von dem Grafen der Sächsischen Nation und Königsrichter zu Hermannstadt, Andreas Fleischer bewegen, seinen Sohn Tobias Fleischer, auf Reisen zu begleiten. Sie besahen Deutschland und Frankreich. Hier gab Töppelt, seine Nation den Franzosen und Spaniern bekannter zu machen, seine Origines, 1667, zu Lyon heraus; vertheidigte im September zu Orleans, etliche Sätze vom Heurahten, und erhielt die Doktorwürde in beyden Rechten. Das folgende Jahr 1668, kam er mit Fleischern glücklich in sein Vaterland zurück; woselbst ihn unvermuthete Schicksale erwarteten. In seiner zuversichtlichen Hoffnung, ein Eidam des Bürgermeisters, Andreas Melzers, oder Werders, zu werden, sah er sich gänzlich betrogen. Tobias Fleischer heurahtete sie, und eben dieses war die Quelle des giftigen Hasses, den Töppelt nachgehends gegen den Königsrichter, Andreas Fleischer, bey jeder Gelegenheit, aber nur zu seinem Verderben, äußerte.

Inanis fine viribus ira!

Der Königsrichter veranstaltete eine öffentliche Rede, die **Mathias Miles**, von dem Ursprunge der

der Sächsischen Nation in Siebenbürgen, auf dem Hörsaale des Gymnasiums, in Gegenwart des ganzen Rahtes hielt. Töppelt glaubte in derselben beleidigt worden zu seyn, daß er nach ihrem Beschlusse dem Miles zurief: Mane antagonista optime! Miles antwortete: Non recuso objectiones tuas audire & diluere, quamvis legendo fatigatus sim. Hierauf wandte sich Töppelt zu dem gelehrten Bürgermeister, Joh. Simonius: darf ich ein Wort reden? Simonius besprach sich heimlich mit Fleischern, und Töppelt erhielt Erlaubniß. Da sagte er: Oratio tua mi Antagonista optime! duas habebat partes, altera agebat de origine Saxonum in Transylvania, hæc erat elegans, docta, & commendatione digna; altera vero in se continebat calumnias, ac scommata in meam personam sparsa, hæc erat indocta, & doctis auribus indigna. Neque enim meliora a te sperari poterant, qui quondam majoribus criminibus obnoxius notatus es. — Hier winkte M. Jakob Schnitzler, Rektor der Schule, dem Musikalischen Chore, und der Lärm der Musik nöthigte Töppelten zu schweigen. Doch las er nachgehens auf dem Rahthause eine Vertheidigungsschrift ab, die zwar Miles wieder beantwortete; allein der Raht unterdrückte weislich beyde.

Hierüber voller Nachbegierde, vereinigte sich Töppelt mit Fleischers heimlichen Feinden: den Georg Reußner, Rahtsherrn zu Hermannstadt, Georg Rohdius, Schulrektor zu Schäßburg, und Andreas Keyl, der als Arzt zu Schäßburg lebte. Diese erregten 1669, ein viel drohendes Ungewitter über Fleischern, davon dieser gar nichts wußte. Auf Fürstlichen Befehl kam er den 16 Okt. nach Weißenburg, da sah er sich wider alles Vermuhten von Soldaten umringt, und auf einem Bauernwagen nach Dewa auf das Schloß gefänglich abgeführt. Da sie aber ihre Beschuldigungen nicht erweisen konnten: so ergoß sich dieses Ungewitter endlich nur über sie. Fleischer bezeigte dabey eine üble Grosmuht. Unterdessen starb Töppelt den 23 Apr. 1670, zu Kronstadt so plötzlich, daß man seinen Tod einer eigenhändigen Vergiftung zuschrieb, und hinterließ von seiner Gemahlinn, die er daselbst geheurahtet, nur eine Tochter, Anna, die nicht weniger ein trauriges Ende hatte. Nach dem Tode ihres ersten Gemahls, Asarela Mederus, heurahtete sie den Markus Draut, Pfarrern zu Marienburg 1691, hatte aber den 8 Hornung 1716, das Unglück, auf einer Reise in dem Altflusse zu ertrinken. So kamen Töppelts hinterlassene Schriften an ihre zween Söhne der letztern Ehe; davon aber der ältere, Michael Draut, gleichfalls eines tragischen Todes starb. Er heurahtete zu Jena des Buchdruckers Krebs, Tochter, lebte aber nachgehends so misvergnügt mit ihr, daß er sich aus Verdruß 1731, den 29 Nov. selbst erschoß. Da sich seine Wittwe zur Katholischen Kirche wendete, und den Provisor in der Seulerischen Apotheke, Martin Schäßburger, heurahtete; so kamen alle handschriftliche Werke des Töppelts in die Hände der Jesuiten. Töppelts Schriften sind: *)

*) Von

*) Von Töppelts Leben, und Schriften, sehe man auch die 258 = 265igste Seite des ersten, und die 202 — 207igste des dritten Bandes des Ungrischen Magazins nach.

1) Differentiæ atque Convenientiæ Juris Civilis & Juris Municipalis Saxonum in Transylvania, Præside Ernesto Cregel, qua auctor & respondens. d. 20 Mart. Altdorphii, 1661. in 4.

2) Origenes & Occasus Transylvanorum, seu erutæ Nationes Transylvaniæ, earumque ultimi temporis revolutiones, historica narratione breviter comprehensæ. Autore Laurentio Toppeltino de Megyes. Lugduni, sumtibus Hor. Boissat & Georg. Remens. A. 1667. in 12. mit Kupfern. *)

*) Dieses seltene Werkchen ist durch eine neue Auflage zu Wien, 1762 in 8, bekannter gemacht worden. Des berühmten Superintendenten und Konsistorialraths, Schwarz zu Rinteln, Originum & Occasuum Transylvaniæ, auctore Laur. Toppeltino, Recensio Critica, Rintelii, 1766. in 4. verdient dabey gelesen zu werden. Doch Töppelts historische Unrichtigkeiten sind meistens entlehnte Fehler, indem er in seinem Appendix, den Bonfin von S. 139 bis 160, den Jovius von 160 — 108, und den Thuan, von S. 208 — 223, getreulich abgeschrieben, auch Taubmanns Noten über den Plautus nicht wenig genützt hat. In Absicht des Ursprungs der Siebenbürgischen Sachsen, vertheidigt er die Meynung derer, die sie für Uiberbleifsel der alten Gothen halten. Die größte Stütze seines Lehrgebäudes ist das Sächsische Nationalprivilegium, vom Könige Andreas von Jerusalem, welches er aber sehr verfälscht der gelehrten Welt bekannt gemacht hat. Doch mußte Töppelt auf hohen Befehl widerruffen, und dieses geschah in einem Schreiben von Medwisch an den Hermannstädtischen Raht, den 4ten May, 1669. Zum Dienste der Wahrheit und den Freunden der Siebenbürgischen Geschichte, will ich unten das Transsumt des Königs Karl Roberts, vom Jahr 1317, aus dem Hermannstädtischen Archive beyfügen.

3) Theses inaugurales de Nuptiis, quas Deo favente in illustri ac celeberrima Academia Aurelianensi, pro summis in utroque Jure honoribus

promerendis publice ventilandas proponit. Laur. Toppeltinus de Megyes. An. 1667. diebus Sept. Die Sätze sind folgende:

I. Nuptiæ sunt conjunctio legitima maris & feminæ, individuam vitæ consuetudinem continens, unde

II. Ante concubitum inter consentientes [nuptias esse absurdum non est.

III. Consensus Parentum de substantia matrimonii est, siquidem agitur de conjunctione filii familias.

IV. Benedictio sacerdotalis non minus est necessaria.

V. Concubinatus nostra definitione videtur impeditus.

VI. Polygamia prorsus explosa.

Prohibentur Nuptiæ.

VII. In linea ascendenti & descendenti in infinitum.

VIII. In linea transversali intra quartum gradum.

IX. Inter illos illasve, qui sunt parentum & liberorum loco.

X. Inter impuberes, non autem pubertati proximos.

4) Turcarum Artes & Arma; quibus universam Transylvaniam & omnem pene Hungariam subegere. E. & E. J. G. W. P. & M. L. T. dd. in 4. ohne Meldung des Jahres und Druckorts. *)

*) Daß Töppelt der Verfasser dieses gut geschriebenen Werkchens sey, habe ich in den Wienerischen Anzeigen von Jahr 1775, S. 277 gezeigt. Die einzelnen Buchstaben sind wohl also zu lesen: Egregio & eximio Juveni, Georgio Werdero, Patricio, & Mæcenati, Laurentius Toppeltinus dedicat.

5) Apo-

5) Apologia contra Mufarum Dacicarum Herculem. (Magiſtrum Davidem Hermannum.)

6) Revolutiones Tranſylvaniæ ad Hadriani usque tempora. *)

*) Dieſe zwey letztern Werke ſoll Töppelt in der Handſchrift hinterlaſſen haben, davon ich aber noch keines geſehen. Folgendes befindet ſich in der Saneriſchen Bibliothek.

7) Hiſtoriarum Tranſylvaniæ, anno a Chriſto nato, ad hæc usque tempora, Liber primus. Vielleicht iſt dieſes mit dem Vorhergehenden eines.

8) Articuli ad juſtam & æquam Paſtoris Electionem. *Mſcr. Benkö* Tranſylv. T. II. S. 436. Sollte ſich aber Töppelt auch in dieſes Feld gemiſcht haben?

Das National Privilegium der Siebenbürgiſchen Sachſen vom Andreas dem Zweyten, Könige von Ungern.

Karolus Dei Gratia: Hungariæ, Dalmatiæ, Croatiæ, Ramæ, Serviæ, Galliciæ, Lodomeriæ, Bulgariæ, Cumaniæque Rex, omnibus Chriſti fidelibus præſentes Literas inſpecturis, ſalutem in omnium Salvatore. Ad univerſorum notitiam harum ſerie volumus pervenire: quod accedentes ad noſtram præſentiam, Comites Blannz, & Hennyng, †) pro tota Univerſitate Saxonum de Chybinio

---

*) Blannz, wofern es nicht ein verkürzter Name iſt, war Graf der Sächſiſchen Nation und Königsrichter zu Hermannſtadt. Dieſes erhellet aus einer Urkunde, darinnen ſeine Söhne, Nikolaus und Michael, Rich=

ac ad Sedem Chybinienſem pertinentibus, exhibuerunt Nobis quandam chartam, tenorem ut dixerunt privilegii ſuper libertate ipſorum confecti continentem, petentes a Nobis cum inſtantia, ut ipſam ratificare & approbare, ac Noſtro privilegio confirmare velimus. Cujus tenor talis eſt:

In nomine Sanctæ Trinitatis & individuæ Unitatis.

Andreas, Dei Gratia, Hungariæ, Dalmatiæ, Croatiæ, Ramæ, Serviæ, Galliciæ, Lodomeriæque Rex in perpetuum. Sicut ad regalem pertinent dignitatem, ſuperborum contumaciam potenter opprimere, ſic etiam regiam decet benignitatem, oppreſſiones humilium miſericorditer ſublevare, & fidelium metiri famulatum, & unicuique ſecundum propria merita retributionis gratiam impertiri. Accedentes igitur fideles *hoſpites noſtri Theutonici Ultraſylvani* univerſi, ad pedes Majeſtatis Noſtræ humiliter Nobis conquerentes, ſua quæſtione ſuppliciter Nobis monſtraverunt, quod penitus a ſua libertate, qua *vocati* fuerant a piiſſimo Rege Geyſa, avo Noſtro excidiſſent, niſi ſuper eos Majeſtas Regia oculos ſolitæ pietatis Noſtræ aperiret.

Richter zu Burgberg, filii Comitis Blanus de Sede Cibinienſi, heißen. Henning aber war Richter zu Paters, oder Petersdorf im Biſtrizischen. Er blieb nachgehens in einer Schlacht mit den wilden Kumanern, darinn er ſeine Sachſen anführte.

riret. Unde præ nimia paupertate & inopia nullum Majeftati Regiæ fervitium poterant impertiri. Nos igitur juftis eorum querimoniis aures folitæ pietatis inclinantes, ad præfentium pofterorumque notitiam volumus devenire. Quod Nos antecefforum noftrorum piis veftigiis inhærentes, pietatis moti vifceribus, priftinam eis reddimus libertatem. Ita tamen, *quod univerfus populus incipiens a Város usque in Baralt cum terra Syculorum, terra Sebus & terra Daraus, unus fit populus, & fub uno Judice cenfeantur, omnibus comitatibus præter Chybinienfem ceffantibus radicitus.* Comes vero quicunque fuerit Chybinienfis, nullum præfumat ftatuere in prædictis comitatibus, nifi fit intra eos refidens, & ipfum populi eligant, qui melius videbitur expedire. Nec etiam in comitatu Chybinienfi aliquis audeat comparare pecunia. Ad lucrum vero Noftræ Cameræ quingentas marcas argenti dare teneantur annuatim. Nullum prædialem, vel quemlibet alium volumus infra terminos eorundem pofitum, ab hac excludi redditione, nifi qui fuper hoc gaudeat privilegio fpeciali. Hoc etiam eisdem concedimus, quod pecuniam, quam Nobis folvere tenebuntur, feu dignofcuntur, cum nullo alio pondere, nifi cum marca argentea, quam piiffimæ recordationis pater nofter, Bela, eisdem conftituit, videlicet, quintum dimidium fertonem Chybinienfis ponderis, cum Colonenfi denario ne difcrepent in ftatera, folvere teneantur. Nunciis vero, quos Regia Majeftas ad dictam pecuniam

cuniam colligendam ſtatuerit, ſingulis diebus, ibidem moram fecerint, tres lottones pro eorum expenſis, ſolvere non recuſent. Milites vero quingenti infra regnum ad regiam expeditionem ſervire putentur; extra vero regnum centum, ſi Rex in propria perſona iverit. Si vero extra regnum Jobagionem miſerit; ſive in adjutorium amici ſui, ſive in propriis negotiis, quinquaginta tantummodo milites mittere teneantur; nec Regi ultra præfatum numerum poſtulare liceat, nec ipſi mittere teneantur. Sacerdotes vero ſuos libere eligant, & electos repræſentent, & ipſis decimas perſolvant, & de omni jure eccleſiaſtico, ſecundum antiquam conſuetudinem eis reſpondeant. Volumus & etiam firmiter præcipimus, quatenus ipſos nullus judicet, niſi Nos, vel Comes Chybinienſis, quem nos eis loco & tempore conſtituemus. Si vero coram quocunque judice remanſerint, tantummodo judicium conſuetudinarium reddere teneantur. Nec eos etiam aliquis ad præſentiam Noſtram citare præſumat, niſi cauſa coram ſuo judice non poſſit terminari. Præter vero ſupra dicta, ſylvam Blacorum & Biſſenorum cum aquis, uſus communes exercendo, cum prædictis ſcilicet Blacis & Biſſenis eisdem contulimus, ut præfata gaudentes libertate nulli inſervire teneantur. Inſuper eisdem conceſſimus, quod unicum ſigillum habeant, quod apud Nos & magnates noſtros evidenter cognoſcatur. Si vero
ali-

aliquis eorum aliquem convenire voluerit in caufa peculiari coram judice, non poffit uti teftibus, nifi perfonis infra terminos eorum conftitutis. Ipfos ab omni jurisdictione penitus eximentes, falesque minutos fecundum antiquam libertatem circa feftum beati Georgii, octo diebus; circa feftum beati Regis Stephani, octo, & circa feftum beati Martini, fimiliter octo diebus, omnibus libere recipiendos concedentes. Item, præter fupra dicta eisdem concedimus, quod nullus tributariorum, nec afcendendo, nec defcendendo, præfumat impedire eos. Sylvam vero cum omnibus appendiciis fuis, & aquarum ufus, cum fuis meatibus, quæ ad folius Regis fpectant donationem, omnibus tam pauperibus, quam divitibus, libere concedimus exercendos. Volumus etiam, & regia authoritate præcipimus, ut nullus de Jobagionibus Noftris, villam vel prædium aliquod a Regia Majeftate audeat poftulare. Si vero aliquis poftulaverit, indulta eis libertate a Nobis, contradicant. Statuimus infuper dictis fidelibus, ut cum ad expeditionem, ad ipfos Nos venire contigerit, tres defcenfus tantum folvere ad Noftros ufus teneantur. Si vero Vajvoda ad regalem utilitatem ad ipfos, vel per terram ipforum transmittitur, duos defcenfus, unum in introitu & unum in exitu, folvere non recufent. Adjicimus etiam fupradictis libertatibus prædictorum inclinati, quod mercatores eorum ubicunque voluerint in Regno Noftro, libere & fine

tri-

tributo vadant, & revertantur, efficaciter jus suum Regiæ Serenitatis intuitu prosequentes. / Omnia etiam fora eorum inter ipsos sine tributis præcipimus observari. Ut autem hæc, quæ ante dicta sunt, firma & inconcussa permaneant in posterum, præsentem paginam duplicis sigilli Nostri munimine fecimus roborari. Datum anno ab incarnatione Domini: *Millesimo Ducentesimo Vigesimo Quarto, Regni autem Nostri, Vicesimo primo.*

Nos igitur petitionibus dictorum *Blannæ* & *Henning* Comitum, ac totius Universitatis Saxonum prædictorum inclinati, tenorem dicti privilegii eorundem, eatenus, quatenus valere ipsum invenimus, & cognovimus, præsentibus de verbo ad verbum insertum approbamus, & etiam confirmamus. In cujus rei memoriam præsentes concessimus litteras duplicis sigilli Nostri munimine roboratas. Datum per manus discreti Viri, Magistri *Joannis*, Albensis Ecclesiæ Præpositi, & Archidiaconi Kukullensis, dilecti & fidelis Nostri, aulæ Nostræ Vice-Cancellarii. VIII. *Kalend. Junii.* Ao. Dni. *Millesimo Trecentesimo Decimo septimo,* Regni autem Nostri Anno similiter *Decimo septimo.*

Dieſes iſt das beruffene Privilegium, das unſre Väter das goldene nannten, und von Karl Robert an, alle nachfolgende Beherrſcher Ungerns und Siebenbürgens bekräftigt haben. Der
ge-

Tröster.

gelehrte Vater, Johann Segedi, hat dasselbe mit einer Erläuterung 1751, zu Raab in 8. herausgegeben. Es führt die Aufschrift: Andreas I. Adsertor Libertatis Saxonum in Transylvania. Er machet diese Urkunde nur aus dem Töppeltin bekannt, außer daß er den Anfang aus dem Frank von Frankenstein, verbessert, also auch vocati für donati setzet.

Tröster

Johann. Ein geschickter Schulmann von Hermannstadt, woselbst sein Vater, Martin Tröster, als Gerichtssekretär starb. Im Jahre 1658, scheinet er sein Vaterland verlassen zu haben; denn er berichtet, daß er sich damals wegen der Tatarn, mit etlichen hundert Personen, fast ein Monat lang auf dem Schlosse Wetsch aufgehalten habe. Zu Altdorf legte er sich auf die Gotteslehre und Arzneykunst, nachgehends lebte er zu Nürnberg, und seit 1666, gab er verschiedene Schriften daselbst heraus. Doch irret Zwittinger, wann er Tröstern zu Nürnberg sterben läßt; nein, er kam glücklich in sein Vaterland zurück, ward Schulrektor im Marktfleken Großschenk, starb aber 1670, als er eben mit einer Widerlegung des Töppelts beschäftigt war. Vielleicht hätte er sich noch selbst widerlegt, wann er bey längern Leben die Geschichte seines Vaterlandes nicht blos aus Griechen und Römern; sondern aus Vaterländischen Urkunden hätte studiren können. Wir haben von seinem Fleiße:

1) Das Alt- und Neue-Teutsche *Dacia*, das ist: Neue Beschreibung des Landes Siebenbürgen, darinnen

innen deſſen Alter und jeziger Einwohner, wahres Herkommen, Religion, Sprachen, Schriften, Kleider, Geſez und Sitten, nach hiſtoriſcher Warheit von zwey tauſend Jahren her erörtert: die berühmteſte Stände in Kupfer eigentlich abgebildet: dabey viel Gothiſche und Römiſche Antiquitäten und Anmahnungen entdecket werden. Neben etlichen andern Kupfern, und einer geſchmeidigen emendirten Landkarten, das erſtemahl herausgegeben, von Johanne Tröſter, Cibinio Tranſylv. S. S. Theolog. & Philoſoph. Medicæ Studioſo. Nürnberg, in Verlegung Johann Kramers, gedruckt bey Chriſtoph Gerhard, 1666. in 12. *)

*) Schade! daß Tröſter von ſeiner guten Bekanntſchaft mit den Alten, in dieſem Werke einen ſo übeln Gebrauch machet. Kaum iſt ein Volk der Welt, das er nicht nach Siebenbürgen gepflanzet, wenn er einige Aehnlichkeit der Namen findet. Welche ſeichte Quelle zur wahren Kenntniß der Geſchichte! Nur einige Beyſpiele: Das Dorf Kerz, mit dem benachbarten Kerzer Gebirge; hat ihm ſeinen Namen von den alten Cheruſcis; Hamersdorf bey Hermannſtadt, von den Hermionibus; Burzelland, von den Buriis; Marpod, Sächſiſch: Marpet, vom Cibiniſchen König, Marobandus. — Woher aber behauptet er dieſes? Gewiß! blos aus der Aehnlichkeit der Namen, obgleich auch dieſe oft ſehr geringe iſt. In alten Urkunden heiſſet Kerz: Abbatia B. M. V. de Candelis; Hamersdorf, Villa D. Ruperti und Humberti; Burzenland, noch ehe es 1211. von Deutſchen bevölkert worden, Borza; Marpod, nennen die Ungern, Merpod, die Walachen, Mariapod. Daraus erläutert ſich der Name dieſes Sächſiſchen Dorfs viel beſſer, als vom Könige Marobandus. — Hätte Tröſter auf dieſes gemerkt, würde er wohl dergleichen Träume geſchrieben haben? Schmeizel in B. H. Sect. II. Cap. IV. §. 6. urtheilet von ihm: Sunt fateor, nonnulla, quæ cenſuram & limam acutiorem merentur, condonanda tamen auctori., qui extra patriam conſtitutus ſcripſit, noſtrisque glaciem in hoc argumento fregit primus. Ich weis nicht, ob er uns das Eis gebrochen, oder noch mehr verdicket hat; allein Schmeizel war in Abſicht unſrer Völkerſchaft auch ein Tröſterianer. Der berühmte Schurzfleiſch ſagte einmals zu uns

fern

fern Landsleuten: Euer Miles ist ein armer Miles, und euer Tröster ein leidiger Tröster. Ich werde ihm nie widersprechen. Trösters Landkarte taugt so wenig, als die Bildnisse unsrer Städte. Kein Hermannstädter wird in dessen Abbildung seine Vaterstadt erkennen, und wehe dem, der nach seiner Karte reisen wollte. Wir haben vortreffliche Karten von unserm Vaterlande: vom Oberstwachtmeister, Friedrich Schwarz von Springsfels, der sie als Hauptmann vom Heisterischen Regimente, verfertigte, und 1725, dem Höchstseligen Kaiser Karl VI. zu überreichen die Gnade hatte; vom Obristleutnant Lutsch, von Luxenstein; und die vor etlichen Jahren von den K. K. Mappeurs auf Allerhöchsten Befehl der grossen Theresia, verfertigte Landkarte. Diese sollte die vollkommenste werden, und die darauf verwandten Unkosten verdienten es wohl. —

2) **Das bedrängte Dacia.** Das ist: Siebenbürgische Geschichten, so sich vom Tode des Durchlauchtigsten Fürsten und Herrn, H. Bethlen Gabor, (1629) bis auf den jetzt regierenden Fürsten und Herrn, H. Michael Apafi, &c. &c. (1663) darinnen zugetragen haben. Aus selbst eigner Erfahrung beschrieben, von Joanne Bethlen, Grafen der Spanschaft Weißenburg, des Landes Siebenbürgen geheimen Rath, Kanzler und des Zekelyischen Stuhls Udvarhely Obristen. ꝛc. Verdeutscht durch Joannem Tröster, Sax. Cibinio-Transylv. SS. Th. & Philof. Medic. SS. Nürnberg, in Verlegung Johann Kramers, gedruckt bey Christoph Gerhard, 1666. in 12. *)

*) Eine Uibersetzung des Werkchens, welches der Kanzler Johann Bethlen, der 1678, im 64sten Jahre starb, auf Befehl des Fürsten Apafi, verfertigte, und welches zu Amsterdam 1664, unter dem Titel: Rerum in Transylvania ab An. 1629 — 1663, gestarum Epitome, sive Libri IV. in 12. gedruckt ward. Seine handschriftliche Fortsetzung endigt sich mit dem Jahre 1673.

3) **Pohlnisches Adler-Nest.** Das ist: kurzgefaßte, doch außführliche Geschichtbeschreibung des Kö-

nigsreichs Pohlen, darinnen dessen Städte, Schlösser, Flüsse und Landesbeschaffenheit fleissig beschrieben: der Pohlnischen Nation uhraltes Herkommen historisch erörtert; und aller Pohlnischen Fürsten und Könige von A. C. 550, her, bis auf diese unsere Lebzeit 1666. Lebensläufe und Geschichten, auß allen bewehrten Pohlnischen Scribenten kürzlich, doch treufleissig beschrieben werden. Neben einem Landkärtlein, der Pohlnischen Feldwappen Abbildungen, und entlichen andern Kupfern herausgegeben von — Nürnberg, zu finden bey Johann Hoffmann, Kunsthändlern, 1666. in 12. *)

*) Ein par nobile fratrum mit seinem Dacia, in Absicht paradoxer Meynungen. Seine Hauptabsicht ist zu erweisen: die Slaven und Sarmater, von welchen die Pohlen und alle Slavischen Völker abstammen, seyen keines andern Ursprungs, als eines alten Scytisch-Deutschen. Hiemit beschäftigt er sich im I. Buche, ziemlich weitläuftig, und glaubet darinn so glücklich gewesen zu seyn, daß er S. 73 ganz zuversichtlich schreibet: „Also sind die Pohln „aus historischer Warheit, und ihrer eigenen „Sprache überwiesen, daß sie der alten Teutschen „Scharmützer, Vandalen, Wenden, in denen „Landen überbliebene Nachkömmlinge, und also „im Grund Teutsche seyn.„ Darauf folgt eine geographische und topographische Beschreibung von Pohlen. Im II. Buche: die Geschichte der Pohlnischen Fürsten vom Lechus an, bis auf den Ziemomislaus, 913. Im III. Buche, vom ersten Christlichen Fürsten, Miecislaus, bis auf König Kasimir, den Grossen; und im IV. B. vom Könige Ludwig, bis auf seine Zeiten.

4) **Päbstlicher Suetonius**, das ist: Kurzgefaßte, doch gründliche Zeitbeschreibung aller Röm. Bischöfe und Päbste, so von dem ersten, bis auf diesen jetzigen Innocentium XI. inclusive, gewesen sind. Darinnen alle derselben denkwürdige Stiftungen, Ordnungen, Thaten, Tugenden, Untugenden und Nachruhm, auß den bewehrtesten Scribenten, Platina, Caranza, Cæsare Baronio,
und

und andern treulich und nach historischer Warheit beschrieben worden; von Johanne Tröster Hyperanhylæo. An jetzt zum drittenmahl aufgelegt. Im Jahre M. DC. LXXXIV. in 12. mit Kupfern, ohne Meldung des Orts. *)

*) Wahrscheinlich aber auch zu Nürnberg gedruckt. Die erstern Ausgaben habe ich nicht gesehen, da aber die Vorrede, 1667. den 18ten (28.) Febr. unterschrieben ist; so mag wohl auch die erste Auflage in diesem Jahre geschehen seyn. In der Vorrede verspricht Tröster: weil die Geschichte der Päbste besonders die ältere, voller Verwirrungen wäre, so wollte er ein besonders Werkchen davon herausgeben. Ob er jemals diese Zusage erfüllt habe, ist mir unbekannt. Hyperanhylæus, ist eben so viel, als Transylvanus.

Tutius

Georg, K. gekrönter Dichter und Pfarrer zu Schäs im Schäsburger Stuhle. Er war der ältere Sohn des Pfarrers zu Kleinschenk, Georg Tutius, studirte zu Wittenberg, wo er 1677. die Greißingische Streitschrift: de Atheismo, vertheidigte, auch den 31sten Decemb. des folgenden Jahres, vom Kaiserl. Pfalzgrafen, Johann Friedr. Scharf, den Dichterkranz erhielt. Tutius starb zu Schäs im Jahre 1705.

Epigrammata Catonis Christiani, Kéresdini, 1686. in 8. mit einem Anhange: Ritus & observationes de Coronatione Poetarum, cum privilegio Poetico.

Tutius

Martin. Des vorhergehenden Bruder, widmete sich der Arzneykunst, worinn er 1683, zu Wittenberg, die höchste Würde erhielt. Nach seiner Zurückkunft lebte er in Hermannstadt, wurde daselbst Stadtphysikus, und endlich Rahtsverwandter. Als solcher starb er den 7ten Decemb. 1702.

Diff. Medica, de Arthridide, præside Jeremia Loos, PP. 1683. M. Mart. Witeb. in 4.

Valentinianus, (Velten)

Franz. Lebte 1571 auf der hohen Schule zu Wittenberg, und bekleidete zuletzt die Pfarterswürde in seiner Vaterstadt, Medwisch. Vielleicht wurde er von Kelnek unter dem Walde, hieher beruffen. Denn unter den dasigen Pfarrern finde ich um diese Zeiten einen Franz Valentini. Er starb den 14ten Brachmond 1598. Sein Gedicht von den neuen Vorrechten seiner Vaterstadt, machet seiner Muse Ehre. Wir haben von ihm:

Carmen Historicum, continens commemorationem mutationis veteris formæ Senatus Reipublicæ Mediensis in illustriorem, quæ facta est auspiciis *Ferdinandi*, Imp. M. D. LIII. una cum Descriptione eorum, qui publicis officiis ibidem functi sunt, usque ad tertium Consulatum. Scriptum —

Lucilius.

Est virtus dare, quod re ipsa debetur honori,
Esse hostem & inimicum hominum morumque malorum;
Contra defensorem hominum morumque bonorum.

Claudiopoli, in officina relictæ Casparis Helti, A. 1575. in 4. *)

*) Vor-

*) Vorher hatte Medwisch keine Bürgermeister, und die Königsrichter lebten an dem Orte, wo sie zu Hause waren, also bald hier, bald zu Birthalmen, bald zu Marktschelk. K. Ferdinand I. ertheilte aber 1553, Medwisch die Vorrechte, einen Bürgermeister zu haben — ganz mit Mauern umschlossen zu werden, und der beständige Sitz des Königsrichters zu seyn, dessen Gerichtsbarkeit die beyden Stühle, (Sedes) Medwisch und Schelk, unterworfen seyn sollten. — Das Stadtwappen von Medwisch beschreibt der Verfasser:

Nobis urbs Medjesch, quam spumifer adluit undis
Coccalus, in clypeo talia signa gerit:
Nuda manus, flexo gravidam e palmite vitem,
Cui simul innexa est fulva corona, tenet.
Ergo manus gentis designat nuda, labores,
Et vitis potum, fulva corona Ducem.

Unter dem Dux, verstehet er K. Karl, den Grossen, der seiner Meynung nach die Sachsen nach Siebenbürgen soll geführt haben. Weil Medwisch eine Hand zum Wappen führet, ist es ein gemeines Sprüchwort, wann man jemanden eine Ohrfeige drohet, daß man saget: siehest du das Medwischer Wappen!

Vette

Georg. Ein grosser Botaniker von Graubenz in Pohlnischpreussen, und Mitglied der Kaiserl. Akademie der Naturforscher. Er wurde den 30sten des Weinmonds 1645 gebohren, erlernte zu Thorn die Apothekerkunst, welche er nachgehends zu Fraustadt, und endlich zu Danzig in der Königlichen Apotheke ausübte. Von hier wurde er, 1672, von dem Rahte zu Hermannstadt nach diesem Orte beruffen, und ihm die dasige Stadtapotheke anvertrauet. In diesem

einträglichen Dienſte ſtarb er den 11ten des Brach=
monds, 1704, nachdem er verſchiedene Beob=
achtungen in die Ephemeriden der Naturæ Curioſorum einrücken laſſen. Als:

1) *Obſervat.* 170. de Draconibus Tranſylvaniæ, eorumque dentibus.

2) *Obſervat.* 171. de aquis ardentibus Tranſylvaniæ, in der Decur. I. A. IV. und V. wie auch

3. *Obſervat.* 239. An. VI. und VII. de Luxurianti-
bus quibusdam Tranſylvaniæ plantis: Maſtago
puta faſciato; primula veris faſciata, & Ranun-
culo faſciato.

Bette

Johann Georg. Ein berühmter Arzt zu
Hermannſtadt, und ein Sohn des Vorhergehen=
den. Er vollendete ſeine Univerſitätsjahre zu
Harderwik in Geldern, nachdem er vorher zu
Halle und Wittenberg ſtudirt hatte. Am erſtern
Orte erhielt er 1711, den Doktorhut, dabey
ſein Landsmann, Auner, ſchreibet:

Ingenii dotes Salam ſat, propter & Albim
Spectatas, Anglis jam Batavisque probas.

Er ſtarb als Rahtsherr, nachdem er 1746
Stuhlrichter geweſen, und hinterließ ſeinem ein=
zigen Sohne Johann Andreas, ein groſſes Ver=
mögen, und eine prächtige Bücherſammlung.

1) Diſſertatio anatomica, de cerebro. Witeb. 1709.
in 4.

2) Diſp. Medica inauguralis, de Catameniis, ex
auctoritate Magnif. Rectoris, D. Erneſti Wilh.
Weſten-

Weſtenbergii, pro gradu Doctoratus, ad d. 21 Maji, Harderovici, 1711. in 4. *)

*) Sein einziger Sohn, Johann Andreas, erhielt nach öffentlicher Streitschrift: de Noxis ex cohibita suppuratione, den 4ten May, 1740, die Doktorwürde zu Leipzig. Allein in seinem Vaterlande verfiel er endlich in eine Melancholey, darinn er in der Einsamkeit sein Leben, und das Vettische Geschlecht beschloß.

Uncius

Leonhard. Ein Siebenbürgischer Sachs, aber von einem mir unbekannten Orte. Wahrscheinlich hieß er Unch, welches ein bekannter Sächsischer Name ist. König Stephan Báthori von Pohlen, der grosse Mäcen der Gelehrten, unterstützte ihn, daß er zu Padua studiren konnte. Wegen der Pest verließ er nachgehends diesen berühmten Sitz der Musen, und begab sich nach Rom. Wann er aber nach Pohlen, und endlich nach Siebenbürgen zurück gekommen, ist mir so wenig, als seine übrigen Schicksale bekannt. Sein Gedächtniß erhalten noch:

Libri VII. Poematum, de Rebus Hungaricis. Cracoviæ, 1579. in 12. *)

*) Nach der Zueignungsschrift an den König Stephan Bathori, von Anton Riccobini, ersten öffentlichen Lehrer der Beredsamkeit zu Padua, folgen zween Briefe an den Martin Bersewitz und Johann Gálfi. Hierauf: Nomenclatio Episcopatuum Comitatuumque in Hungaria & Transylvania, nec non Sedium Siculicalium. Dann handelt das I. Buch, vom Könige Attila, seinen Söhnen Chaba und Alabarius; von den 7. Siebenbürgischen Herzogen; dem Torus, Grosvater des H. Königs Stephan, wie auch von dessen Vater, Geisa. In II. und folgenden Büchern besingen seine Elegien das Leben des H. Königs Stephan, und seiner Nachfolger, bis auf den Tod des Königs Mathias Korvin. Ein apologe-

logetiſches Gedicht für den König Stephan Báthori beſchließet. — Uncius meynet, er ſey der erſte Dichter in dieſem Felde, welches ihm deſto leichter zu verzeihen iſt, da Sommers Reges Hungariæ, damals noch nicht gedruckt waren. Nach dem Beſchluſſe ſeiner Könige, hatte man eine Fortſetzung zu erwarten, die aber nie erfolgt iſt. Denn ſo ſchreibet er:

Plura ſub Euganeo mihi non cantare licebit
   Tegmine, nos alio Dacia noſtra vocat,
Hic ubi, nondum calamis abſolvimus, ultro
   In metam ducet ſedula cura ſuam :
Vos ſolum ceptum defendite carmen, alumnus
   Hic & in Italia dicite, noſter erat.

M. ſehe auch des Mich. Brutus, Opuſcula. S. 521, und Hauers Adverſaria. S. 209 — Unter den Briefen des Joh. Mich. Brutus, Lib. V. S. 521, 522. der Berliner Ausgabe, befindet ſich der Gemühtskarakter des Uncius beſchrieben. — Brutus ſchreibt an Paulum Giulanum von Krakau aus, XIIX Kal. Quint. 1579, und empfiehlt ihm den Uncius in folgenden Ausdrücken: Credo, ad Vos eſſe allata Carmina Leonardi Uncii de Ungaricis rebus ; cujus cum his meis, ut ſpero, ad Vos litteræ perferentur. Tibi illum virum bonum, & inprimis eruditum, de meliore nota commendo. Nam ubi etiam a litteris diſcedas, multa in illo ſunt, quare dignum tuo amore cenſeas, imprimis uſus multarum rerum, & his explicandis memoria par, in conſuetudine, & convictu mira ſuavitas. U. num maxime Te oratum velim per noſtram amicitiam, quæ apud me caſte & ſancte culta, cum grata Tui memoria, ut lubet
ſpe-

sperare, consenescet, ut si, qui istic sint, quemadmodum ipse suspicatur, qui illi minus sint æqui, illius caussam suscipias, atque eos ipsos illi concilies, ubi parum illius caussæ sint parati, apud Regem favere. Id si agas, & mihi gratam rem facies, et Te dignam. — (Ein Beytrag vom oftgedachten gelehrten Freunde.)

Ungenannte.

I. De Moribus, Religione, Conditionibus, & nequitia Turcorum.

Diese Schrift ist so wohl mit des **Viktor de Carben**: de vita & moribus Judæorum, und **Riccolds**, contra Sectam Mahumedicam, bey Heinrich Stephan 1511, zu Paris in 4. gedruckt; als auch in **Theodor Biblianders**, IIten Theile, seiner Scriptorum ad Historiam Mahumedanam pertinentium, S. 7 — 60. einverleibt worden. Der Verfasser ist ein Siebenbürgischer Sachs, und darf ich einer alten Randglosse meines Exemplars von Biblianders Sammlung glauben: so war er von Ramosch, (Rumes) einem Dorfe im Bröserstuhle. Im Jahre 1437, begab er sich auf die Mühlenbächer Schule, hatte aber das folgende Jahr das Unglück, bey dem schrecklichen Verderben, das Kaiser Murath der II. über Mühlenbach verbreitete, halb tod gefangen zu werden. Erst nach einer zwanzigjährigen Sklaverey unter den Türken, dabey er seine Muttersprache ganz vergessen, war er so glücklich, wieder in sein Vaterland zu kommen.

Hier verfaßte er seine Erfahrnngen von dieser wilden Völkerschaft, und seine traurigen Schicksale schriftlich. — Beyde angeführte Sammlungen gehören unter die seltnen Bücher, vielleicht erzeige ich also manchen einen angenehmen Dienst, wenn ich hier die zerstreuten Nachrichten des Verfassers sammle, und ihn selbst seine kläglichen Zufälle erzählen lasse. In der Vorrede schreibet er: Ea tempeſtate (1438.) ego juvenis XV. vel XVI. annorum ejusdem provinciæ, anno præcedente recesseram de loco nativitatis meæ, & veneram in quoddam castellum, feu civitatulam, nomine *Schebeſch*, ſecundum Hungaros, in teutonico vero: Mühlenbach, ſtudendi gratia. Quæ quidem civitas tunc erat ſatis populoſa, non multum tamen bene munita. Ad quam cum Turcus veniſſet, & caſtris poſitis expugnare cœpiſſet, Dux Valachorum, qui cum Turco venerat, propter antiquam (quam prius contraxerat cum civibus ipſius civitatis) amicitiam, venit ad murum, & ſedata pugna, vocatis civibus perſuaſit, ut ſuis conſiliis conſentirent, & cum Turco non pugnarent; eo, quod nequaquam civitatis munitio eſſet ſufficiens ad reſiſtendum, (hoc enim erat ejus conſilium, ut civitatem Turco cum pace darent) & ipſe a Turco impetrare vellet, quod majores civitatis usque ad terram ſuam ſecum ipſe duceret, & poſtea, quando placeret eis, recedere, vel etiam ſtare poſſent: reliquum vero vulgus ſine aliquo rerum, vel perſonæ detrimento Turcus in terram ſuam
duce-

duceret, illicque data ipsis terra ad possidendum, deinde ad placitum recedere, vel habitare in oportunitate temporis, in pace possent. Quæ, ut promiserat impleta vidimus. Impetratæ igitur sunt cum hoc pacto induciæ usque in crastinum, ut unus quisque posset se disponere cum rebus & familia in pace exituri.

Quidam Vir nobilis cum fatre suo, æque strenuo viro, qui prius fuerat Castellanus, & cum Turcis multum conflixerat, hujusmodi consilio & pacto nequaquam acquiescens, dixit: se prius centies velle mori, quam se & uxorem suam, & filios in manus Turcorum tradere. — Persuasit etiam quam pluribus aliis, & electa una de turribus, †) quam introivit, & per totam illam noctem, arma & victualia intulit, & fortiter munivit. Cum his igitur & ego turrim intravi, & exspectabam cum magno desiderio magis mortem, quam vitam. Facto itaque mane, Turcus Magnus in propria persona ad portam civitatis venit, & omnes exeuntes, unumquemque cum familia sua jussit scribi, & deputatis custodibus in terram suam duci, sine aliquo rerum vel personæ nocumen-

---

*) Man zeiget noch einen vierecsichten Thurm der Stadtmauern, der dieser unglücsliche gewesen seyn soll. Ich zweifle aber sehr daran. Er ist mir zu schwach und zu eng, als daß er einen hefftigen Sturm so lange aushalten könnte.

cumento. Cives quoque & majores Duci Valachorum, eodem modo ducendos in fuam terram conceffit. Cum igitur univerfus exercitus ejus de hac præda nullam partem habere potuiffet, cum maximo impetu & intolerabili furia unanimiter ad turrim, in qua eramus, fpe aliquid lucrandi, incurrerunt. Quanta autem & qualis hæc fuerit tempeftas, lingua nulla fufficeret exprimere. Tanta erat denfitas fagittarum & lapidum, quod denfitatem pluviæ, vel grandinis excedere videretur. Tantus erat clamor pugnantium & fragor armorum, & ftrepitus currentium, ut cœlum & terra concuti viderentur in momento. Et quia turris multum declivis erat, immediate tectum fagittis, & lapidibus contriverunt; propter fortitudinem tamen murorum nequaquam poterant prævalere. Cum igitur tardior effet hora, ut puta fol declinatus poft meridiem, & nihil profeciffent, inito confilio, aliis pugnantibus, alii ad deferendum ligna cucurrerunt, & ftruem lignorum quafi ipfi turri æquaverunt. Submiffo igitur igne, nos quafi, ficut decoquuntur panes in furno, decoxerunt. Et jam quafi omnibus mortuis, cum vidiffent amplius neminem in turri moveri, diftrahentes ignem, irruerunt per oftium, ut fi forte aliquos femivivos inveniffent, refocillatos extraherent. Me quoque eodem modo extrahentes mercatoribus venditum tradiderunt; qui me cum cæteris captivis pofitum in catena, tranfito Danubio, usque

usque in Adrianopolim, ubi est sedes ipsius Turci Magni, deduxerunt. De anno autem Domini prædicto, usque ad annum Domini M. CCCC. LVIII. inclusive, illius durissimæ captivitatis gravissima onera, & intollerabiles angustias, non sine corporis & animæ periculo, sustinui.

Cap. XVI. Cum a primis meis emtoribus ductus fuissem Adrianopolim, me emptum mercatores ultramarini in quadam civitate, quæ *Burgama* vocatur, cuidam villano revendiderunt: cujus mihi crudelitas ad hoc profuit, ut celerius agerem pro libertate consequenda, insuper horrorem illius sectæ mihi inducens, & fide Christi me consolidans, & licet longe me abductum conspicerem, nihilominus de Dei adjutorio non desperans, fugam inire non distuli. Cum igitur post primam fugam mihi invento, & ad domum reducto furorem conceptum reprimens, pepercisset, minando, si secundo fugerem, duplicis vindictæ me expectare rigorem: me, qui magis mori, quam vivere optabam, non solum non terruit; sed etiam ad secundam fugam citius agendam provocavit. De his autem, quæ mihi post fugam secundam fecerit, hoc solum dico: quod non solum ea, quæ minatus fuerat, perfecit, sed omnia, quæ circa mortem fieri possunt, sine aliqua misericordia crudeliter peregit. Nec a vinculis absolvisset me, nisi duæ sorores ejus carnales pro me intervenissent, fidemque jussissent, me amplius non
fugi-

fugiturum. Hæc omnia continens, nec jam dubius de crudelissima morte, si post tertiam fugam me reperissent, non longe post cuidam de mercatoribus simulatis — me sponte tradidi, qui me de ipso liberatum in spatio quatuor mensium, de loco ad locum tribus vendidit vicibus, & tandem in locis remotissimis dimisit. Interea quinque anni in isto medio transierunt.

Seite 54. Per integros viginti annos terribiles tempestatum spiritualium turbines, & immensa pericula corporis & animæ pertuli. Et ut possem evadere, præcipue periculum animæ, & conservare fidem Christi, *octo* solennes fugas peregi, quarum quælibet hominem non solum in perturbationem mittere, verum etiam in desperationis foveam dejicere sufficiens materia existere potuisset. *Quater* quoque post fugam, pretio redemptus; *septies* pro pecunia venditus, & totidem emptus fui. Præterea in tantum conversationis eorum consortio adstrictus fui, ut maternam linguam oblitus, eorum barbarici idiomatis loquela ad plenum eruditus, nec non literaturæ eorum tam extraneæ, & perversæ non mediocriter instructus, adeo ut sacerdos eorum unus e majoribus, ad beneficium ecclesiæ suæ non modicis redditibus dotatum, quod ipse mihi obtulit, me sufficientem, & idoneum æstimaret. Porro religioforum eorum moribus, & ritui sic me conformavi, & sermonum spiritualium, quibus ipsi in collationibus suis, & propositionibus

nibus populi utuntur, tantam haberem experientiam, & copiam, tam in scriptis, quam in mente, ut non solum vicini nostri, qui me frequenter audiebant in congregationibus suis; verum etiam de aliis locis me proponentem audire desiderabant, ipsorum quoque religiosorum plurimi, quos proponerent populo, a me didicere sermones.

Denique Domino meo ita charus eram, ut sæpius in collocutione plurium, plus quam filium suum, quem unicum habebat, me diligere assereret, & propter hoc post adeptam libertatem, promissionibus & precibus me omnibus modis retinere attendebat. Sed quia sciebat me valde avidum ad discendum literas, per excusationem, qua me finxi ad studium ire, & reverti, deceptus me dimisit; non tamen sine totius familiæ suæ desolatione, rogans & per nomen Dei, & Mahometi me adjurans, ut quantotius redirem. — Demum in fine, quod valde paucis ductis in eorum captivitatem contingere potest, cum Littera imperiali authoritate confecta, & authenticorum testium solenni vallata testimonio, Deo mihi adjutorium præstante & misericordiam, non solum illius durissimæ captivitatis nexibus solutus; verum etiam illius cruentissimæ Sectæ diabolica infectione solutus, liber exivi.

II. Chronica civitatis Schæsburgensis. —

Diese Zeittafeln fangen mit Erbauung der Stadt an, die 1198. geschehen seyn soll. Hierauf herrschet

schet ein tiefes Stillschweigen bis auf das Jahr 1514. von diesem aber werden die benkwürdigen Begebenheiten dieser Stadt, oft kläglich genug! bis 1663. erzählet.

III. Eigentliche Beschreibung wie und wasmassen der Báthori Gabor in die Hermannstadt kommen, selbige geplündert; item, was er in der Walachei ausgerichtet, und wie bis in seinen Tod gelebt. Mscr.

Diese Nachrichten fangen mit dem 10 Dec. 1610 an, an welchem der Fürst Gabriel Báthori mit 20,000 Mann seinen Einzug zu Hermannstadt hielt, und sich der Stadt bemächtigte; und schließen mit dem 15 Nov. 1631, auf welchen Tag Fürst Georg Rákoßi, einen Landtag nach Weißenburg ausgeschrieben. Der unbenannte Verfasser, der größtentheils als ein Augenzeuge zu schreiben scheinet, saget uns also mehr, als er uns in der Aufschrift verspricht, wofern nicht die Fortsetzung der Geschichte nach dem Tode des Fürsten Báthori, das Werk eines andern ist. Das könnte auch seyn.

IV. Jus Ecclefiasticum Gentis Saxo-Tranfylvaniæ, divorum Regum, ac Principum indultu gratioso privilegiatum.

Es scheinet 1627 verfertigt worden zu seyn. Ich will davon einen kurzen Abriß geben: I. *Jus commune*. Dieses bestehet nach dem National Privilegium von 1224 darinn: Saxones Transylvani sacerdotes suos libere eligant, & electos repræsentent, & ipsis decimas solvant; & de omni Jure Ecclesiastico secundum antiquam consuetudinem eisdem respondeant. II. *Sacerdotum gradus*. Sie haben einen Bischof, oder General Superintendenten, Dechanten, Surrogatos, Subsurrogatos, Pfarrer,

rer, und Diakonen, oder Prediger. III. *Episcopi electio & officium.* Vor der Reformation, stunden alle Nationen in Siebenbürgen unter dem Bischofe zu Weißenburg. — Hierinnen irret der Verfasser; denn die Dekanate Hermannstadt, und Burzelland, gehörten unter das Bißthum Milkov in der Moldau; die übrigen aber zu dem Weißenburgischen. Nach der Reformation wurden die Bischöfe, oder Superintendenten von den Dechanten und Senioren erwählt, und von dem Landesfürsten bestätigt. Das letztere aber ist nicht allemal geschehen. IV. *Articuli electo præscripti.* Dieser sind drey: die Bewahrung der Religion; eine volle Gerichtsbarkeit, doch ohne Nachtheil der Freyheiten, Rechte, und Ordnungen der Dechanten und eines jeden Kapitels; das Ansehen der Dechanten soll unverletzt bleiben, und keine Klage von dem Superintendenten angenommen werden, die nicht vor dem gehörigen Kapitel, und den Dechanten gewesen ist. V. De Decanatibus. Im Jahre 1499 waren folgende:

Megyes.
Kis-Koſt.
Biſtricenſis ⎫
Kyralia ⎬ integer Decanatus.
Regen. ⎭
Inter Kökülen.
Szent Láſzló.
Schelk.
Szazſchebeſch. Mühlenbach.
Szazvároſch. Bros.

Nach der Reformation und dann 1627, ist die Sächsische Universität in 7. Dekanate, und ein halbes eingetheilt, in folgender Ordnung: Medienſis, Cibinienſis, Coronenſis, Biſtricienſis, Sabeſienſis, Kiskordenſis, Schelkenſis, Dimidius Regnenſis. Die Dekanate werden wieder eingetheilt in Capitula, Surrogatias, und Adhærentias.

1) Das Dekanat Kiskosd, hat zwey Kapitel.

a) Das Reisder Kapitel, hat 18 Pfarren.
   Schegeschvár. Schäsburg.
   Schegeschd. Schás.
   Kysd. Reist.
   Trapolt.
   Wolkan, im Weißenburger Komitate. Wolken-
     dorf.
   Dalia. Dendorf.
   Hegen. Hendorf.
   Nydhus. Neidhausen (Agnethenhausen.)
   Klosdorf. Villa S. Nicolai. (im Gebiehte der ?
   Crux. Kreuz.   (Sächsischen Rich-
   Meschendorf.   (ter.
   Bodendorf.
   Schvischer (Vicus Helvetiorum.)
   Radlen.
   Mebrig. Mäburg.
   Erket. Erkeden.
   Daroz. Draas.   (im Repser
   Schombor. Sommersburg.   (Stuhle.

b) Das Kosdenser (Repser) Kapitel hat zwo Sur-
   rogatien:
   α) Reps mit 12 Pfarren.
   Kacza. Ratzendorf.
   Stritfordia.
   Hamorodia. Hamaruden.
   Galatha. Galt.
   Rupes. Reps.
   Alba Ecclesia. Weiskirch.
   Villa latina. Walldorf.
   Lapis. Stein.
   Sybrig. Seybrig.
   Kobor. Kuivern.
   Tykosch. Tekes.
   Löbnik. Lievleng.

   β) Die obere Surrogatie im Schenker Stuhle, von
     6 Pfarren.
   Barankut. Brekokten.
   Felix Locus. Seligers (Seligstabt.)
   Rheten. Retersdorf.
   Neapolis. Neuerst (Neustabt.)
   Centum calles. Hunderbücheln.

Vil-

Villa Jacobi. **Jokesdorf (Jakobsdorf.)**
Villa Præpoſiti. **Probſtdorf (Pruisdorf.)**
Vallis Roſarum. **Roſeln.**

γ) Und eine Subſurrogatie von 7 Pfarren:
Villa Abbatis. **Apesdorf.**
Magaria. **Magrei.**
Salathna. **Schlat.**
Ravaſch. **Rawaſd.**
Begonis villa. **Begendorf.**
Birgeſch. **Bürk.**
Kübiſch. **Kabeſch.**

δ) Zu dem Kosdenſer Kapitel gehören auch die Laſslenſes.

Die Hermannſtädter hätten vor Zeiten anderthalb Kapitel gehabt, nun aber gehöre auch das Großſchenker und Olzoner, oder Löſchkircher Kapitel dazu. Zum Schelker Kapitel gehörten auch die Transfrigidáni; (Kaltwaſſerer) die Rener (Regnenſes) Pfarren mit den Bogesdorfern (Bogazienſes) und Koflern, wären ein halbes Kapitel, das Mühlenbächer und Bröſer ſeyen miteinander vereinigt. — Der Verfaſſer bezeichnet die Pfarren dieſer Kapitel nicht. VI. *De Decanorum electione.* Die Dechanten werden durch ſchriftliche Stimmen der Kapitularn erwählt, legen ihre Würde nach zwey Jahren nieder, geben jedes Jahr dem Kapitel Rechenſchaft von den Einnahmen, und Ausgaben, und haben das Recht, in den Surrogatien! ihren Surrogaten zu wählen, und einzuſetzen. VII. *De Plebanis.* Die Gemeinen haben hierinnen eine freye Wahl, die Kandidation aber iſt ein Vorrecht des Kapitels, und der weltlichen Obrigkeit. Der erwählte Pfarrer hat 15 Tage zu ſeiner Entſchließung Bedenkzeit. Nach Annehmung der Kirchenſchlüßel geſchieht in 15 Tagen ſeine feyerliche Vorſtellung der Gemeine; und hierauf auch ſeine Aufnahme in das Kapitel, und die Fürſtliche Beſtätigung. VIII. *De Diaconis.* Dieſe werden auf den Dörfern von dem Pfarrer mit Einſtimmung der Gemeine, und des Dechanten berufen. IX. *De Scholis Saxonum.* Dieſe gehören unter die geistliche Gerichtsbarkeit. Um das Fest des H. Bartholomäus müßen sich die Dorfschulmeister jährlich bey dem Pfarrer, und den Aeltesten der Gemeine um die Schuldienste bewerben. X. *De Familiis Pastorum.* Die Hausgenossen der Pfarrer, ausgenommen die Taglöhner, (diurni operarii) stehen gleichfalls unter der geistlichen Gerichtsbarkeit. Die ihre Sicherheit auf den Pfarrhöfen suchen, können nicht ohne Einwilligung des Pfarrers von dem weltlichen Arm weggenommen werden. XI. *Jura cum Fori constitutione, & redditibus.* — Da dieses Werk sehr unvollkommen, auch manches seit der Zeit verändert ist: so hat sich der ißige Stadtpfarrer zu Mediwisch, Nathanael Schuller, um seine Nation, und die gelehrte Welt sehr verdient gemacht, daß er ihr ein vollständiges Geistliches Recht der Sächsischen Völkerschaft geschenket hat. Schade! daß es Handschrift bleiben soll.

V) Anonymi Transylvani, der 22 Jahre in der Türkey gefangen gewesen: Chronica der Türken, 1530. in 4.

Uibrigens ist mir dieses Werk ganz unbekannt.

VI) Freymühtige Gedanken von Gespenstern. Frankfurt und Leipzig, 1757. in 8.

Dieses Werkchen von 6½ Bogen, ist eigentlich zu Koburg von Georg Otto, dasigen Buchhändler, und Buchdrucker, verlegt, und gedruckt worden. Ohne Censur, wie gemeiniglich diejenigen, die Frankfurt, und Leipzig an der Stirne führen.

Unglerus, oder Ungleich

Lukas, der freyen Künste Magister, und Superintendent der Sächsischen Kirchen. Er war

Unglerus, oder Ungleich.

von gutem Hause aus Hermannstadt, und daselbst Rektor der Schule, als ihn die Sächsische Geistlichkeit 1561, nebst dem **Georg Christiani**, Pfarrern zu Heltau, wie auch Dechanten des Kapitels, und dem Kronstädtischen Dechanten, **Nikolaus Fuchs**, Pfarrern zu Honigsberg, nach Deutschland abordnete. Die Absicht dieser Gesandtschaft war, das Glaubensbekenntniß der Sächsischen Geistlichkeit vom H. Abendmahle, den Akademien, Leipzig, Wittenberg, Frankfurt und Rostok, zur Prüfung zu übergeben, und ihr Gutachten darüber zu erhalten. Nach glücklich verrichteten Geschäften kamen sie das folgende Jahr in ihr Vaterland zurück. Hierauf wurde Ungler Pfarrer zu Kelnek unter dem Walde, wie auch Dechant des dasigen Kapitels. Von hier berief ihn die Gemeine zu Reichesdorf im Medwischer Stuhle, zu ihrem Seelsorger, und 1571, erhielt er die Pfarre Birthalmen. In eben diesem Jahre starb der berühmte Superintendent, **Mathias Hebler**, zu Hermannstadt. Man dachte in Absicht seines Nachfolgers sehr auf einen ausländischen Gelehrten. Allein diese unnöhtige Sorge verschwand, als der würdige Fürst, **Stephan Báthori**, der Geistlichkeit auf den 2 May, 1572, eine Versammlung zu Medwisch anbefahl. Hier wurde Ungler zum Superintendenten erwählt, und weil er sich dabey weigerte, seine Pfarre zu verlassen, und nach Hermannstadt zu kommen: so ist von dieser Zeit an, Birthalmen der beständige Sitz der Sächsischen Superintendenten verblieben. Seine Amtsführung war mit vielen Unruhen durchflochten, doch erzeigte sich Ungler allezeit seines Amtes würdig. 1582 warnte te er seine Kirchspiele sehr ernstlich, daß niemand seine Kinder nach Klausenburg, oder auf andere Unitarische Schulen, schicken sollte, mit der Bedrohung, selbige sollten keine Beförderung in der Kirche, und Schule zu erwarten haben. Die Ursache war: weil sich die Unitarische Kirche so sehr ausbreitete, daß Fürst Siegmund Báthori im obengemeldeten Jahre Unglern Befehl gab: auf die Ausbreiter dieser Religion genaue Achtung zu geben, daß ihr Muhtwille gezähmet möge werden. 1593 leistete er seinen Mitbrüdern einen Dienst von grosser Wichtigkeit. Fürst Siegmund, verlangte nach dem Plane des Kanzlers Kowatschoßki und Balthasar Báthori, von der Sächsischen Geistlichkeit: 1) die Pfarrer des Hermannstädtischen, und Burzelländischen Kapitels sollten so, wie die übrigen Pfarrer, von dem Fürsten bestätigt, 2) der vierte Theil der Zehnden dem Fürsten ohne Bezahlung überlassen, und 3) die Sächsischen Pfarrer von ihm erbeten werden; weil öfters ungelehrte Leute dazu befördert, gelehrte hingegen vernachläßiget würden. Als sich aber Siegmund Báthori, einmal zu Großau nicht weit von Hermannstadt, befand; war Ungler nebst dem Königsrichter von Hermannstadt Albert Huet, und dem Konsul Johann Wajda so glücklich, durch Vorstellung der alten Sächsischen Freyheiten, und daß die Dorfleute ihre Seelsorger, auf keine andere Art, als durch ihre Zehenden, unterhalten könnten, den Fürsten zu bewegen, sie bey ihren bisherigen Freyheiten auch hierinnen zu lassen. Die Rolle des Kanzlers Kowatschoßi, war unter diesen Umständen sehr lustig.

fig. Vergebens wandte sich die Sächsische Geistlichkeit an ihn. Er wollte die Urkunden ihrer
alten Freyheiten gar nicht annehmen, weil er sie
wegen Schwäche der Augen ohne das nicht lesen
könnte. Anfangs verstunden sie diese Sprache
nicht; endlich aber thaten sie einen Versuch sein
Gesicht zu verbessern, und opferten ihm ein Geschenk, 80 Gulden am Wehrte. Dieses that eine
so schnelle, und glückliche Wirkung, daß er sagte: Clarissimi Domini, Reverendi Viri, jam
bene video, habetis optimas litteras, quas
nemo, c Illustrissimus Princeps infringet.

Da Ungler 1595, sich dem Ende seiner Tage nahe zu seyn glaubte: so überreichte er der
geistlichen Versammlung zu Medwisch, den 10
Apr. ein f erliches Bekenntniß über alle Glaubenslehren, nach welchem er auch nach seinem Tode
beurtheilt werden sollte. Indessen lebte er doch
bis 1600, da er denn nach Johann Oltards
Zeugnisse, den 27 Nov. im vier und siebenzigsten
Jahre, in die Ewigkeit übergieng. Er verdienet folgende Grabschrift in der Birthalmer Kirche
wohl:

ANNO. 1600.

Hic situs est vates, sancti qui semina verbi
  In Birthalbensi sparsit, & auxit agro.
Eloquio præstans, præclarus Episcopus aulæ
  Christi, theutonici duxque decusque gre-
              gis.
Dignus erat vita, longo dignissimus ævo,
  Nec potuit Lachesis vim superare trucis.

Ungleich war eigentlich sein Geſchlechtsname. Er hat in der Handſchrift hinterlaſſen:

1) Formula pii Conſenſus inter Paſtores Eccleſiarum Saxonicarum, inita in publica Synodo Medienſi. An. 1572, d. 22 Jun. *)

*) Dieſes höchſt ſeltene Werk enthält 10 Glaubensartikel, welche unter dem Vorſitze des Fürſtlichen Hofpredigers, Mag. Dyoniſius Aleſius, von der verſammelten Geiſtlichkeit mit einmühtigem Beyfalle angenommen, und bekräftiget wurden. Sie handeln:

1) De Doctrina in S. Scriptura, & Symbolis comprehenſa.

2) De Deo, & tribus divinitatis Perſonis.

3) De Lege, & Evangelio.

4) De Peccato.

5) De Remiſſione peccatorum, & juſtificatione.

6) De bonis operibus, & eorum neceſſitate, ſive de nova obedientia.

7) De Prædeſtinatione.

8) De libertate voluntatis humanæ, ſive libero arbitrio.

9) De Sacramentis.

10) De Coena Domini.

2) Confeſſio Doctrinæ cœleſtis Eccleſiarum Saxonicarum. An. 1573.

Wagner

Valentin, Doktor der Weltweisheit, und der freyen Künſte Magiſter. Einer der größten Geiſter, deren ſich Kronſtadt, ich könnte hinzuſetzen, die Sächſiſche Nation rühmen kann. Haben jemals

mals die Wissenschaften in Siebenbürgen geblühet: so muß man unsern Wagner, und Honterus, für die Wiederhersteller derselben erkennen. Sie waren es mit so glücklichem Erfolge, daß die letzte Hälfte des sechszehnten Jahrhunderts, als der schönste Frühlingstag, nach einer dunkeln Nacht der Trägheit, und Unwissenheit, anzusehen ist. Wie bedaure ich aber mein Schicksal, daß ich auch von Wagners Geschichte der gelehrten Welt nichts als Fragmente mittheilen kann! Wie Weniges kann ich von ihm sagen! — Zu Wittenberg erhielt er die höchste Würde in der Weltweisheit, und den freyen Künsten, aber dieses erst in seinen spätern Jahren. 1544, verwaltete er das Schulrektorat zu Kronstadt, und nachgehens ward er ein Mitglied des dasigen Rahts. Nach Honters Tode erwählten ihn die dankbaren Bürger 1549, den 29 Jäner, zum Stadtpfarrer. Es gefiel aber der Göttlichen Vorsehung, unbegreiflich in ihren Rahtschlüßen, doch allezeit heilig, und gerecht, ihn den zweyten Sept. †) 1557. in der Hälfte seiner Tage, zu seinen Vätern zu sammeln. Kurz vor seinem Tode, setzte ihm seine Muse folgende Grabschrift:

Exiguum vixi, sed fido pectore vixi,
   Cura fui patriæ quantulacunque meæ.

---

*) Felmer in seinem Verzeichnisse der Kronstädtischen Stadtpfarrer, setzet den 1 Sept; Miles im Würgengel, S. 67; und Bod im Tymbaules H. p. I. S. 16. gar den 2 Dec. Diese Letztern führen auch seine Grabschrift unrichtig an. Fuchs, Stadtpfarrer zu Kronstadt, der es seinem Zeitalter nach am beßten wissen

Schesäus in seiner Elegia trium illustrium virorum, schreibet von diesem verdienstvollen Gelehrten:

Hontero similis quisquam pietate vel arte,
   Ferventi aut zelo, si fuit, ille fuit.
Ergo recens nostris per verbum in finibus orto
   Christo, etiam addictus, munera digna tulit.
Thus equidem, sed non Panchæo rure petitum,
   In sacris cujus ritibus usus erat:
Hoc sed adumbratum sincero in pectore cultum,
   Quo non est toto sanctior orbe, preces.
Thus velut optato delectat odore cerebrum,
   Quod capitis summa possidet arce locum:
Sic sublime petens devota precatio cœlum,
   Delectat summi corda, movetque patris.
Unde fit, ut cœlo bona plurima depluat alto,
   Queis genus humanum vult sine fine frui.
Ille suis precibus, velut Atlas cœlifer axem
   Sustinuit, premerent ne mala damna reos.
Nostra nec urgerent vicini regna Valachi,
   Aut Bizantina missus ab urbe Getes.
Cum crebra incideret patrii mutatio regni,
   Nunc hoc, nunc illo sceptra gerente Duce.
Nec solum viva contentus voce docere,
   Unius populos gentis, & urbis erat.

Sed

---

wissen konnte, berichtet in seiner Kronik, daß Wagner im September gestorben sey. — 1556, schrieb ihm Martin Rákozi, ein Turozer, seine lateinische Uibersetzung, des Proklus de Sphæra, Witeberge, in 4. ju. Die vorangesetzte Elegie des Dokt. Peucer, hat folgende Aufschrift: Clariss. Viro, doctrina & virtute præstanti, D. Valentino Wagnero, Rectori Scholæ — Vielleicht hat Wagner damals zugleich das Schulrektorat verwaltet.

Sed docet ac docuit, pofthac femperque docebit
  In lucem fparfis hic & ubique libris.
Ille *Catechefin* lingua confcripfit Achiva,
  Divinæ plenum mentis, & artis opus.
Quam multi Argolica vicini e gente legentes,
  Converfi ad Chrifti mente fuere, fidem.
De hac lingua in Græca, noftro Camerarius ævo,
  Cui fimilem totus vix habet orbis, ait:
Cæcropio in ftudio totos trivi impiger annos,
  Eftque mihi hac primus laude petitus honos;
Attamen hoc fateor, me victum huic defero palmam,
  Hic mihi ceu numen fufpiciendus erit.
Laude pari Aufonio vulgavit carmine librum,
  Tradit ubi leges de *pietate* facras. †)
Cui fi pofterior non laudem inviderit ætas,
  Vatibus eximiis æquiparandus erit.
Ille tuum facinus fcelerate fatebitur *Amnon*!
  Carmine, cui tragicum nomina Syrma dedit.
Vifendi ftudio Saxonica rura Philippum
  Supremos adiit funeris ante dies.
Unde Magifterii claro redit auctus honore,
  Non fine re, titulum grandeque nomen habens.
Comis in alloquio, verbis geftuque modeftus,
  Facundo poterat promptus, & ore loqui.
Afpectu pulcer, placida gravitate verendus,
  Multa egit juvenis, quæ decuere fenes.

Vix

---

†) Was für ein Wagnerifches Werk Schefäus hierunter verftehet, kann ich nicht fagen, es fey dann, er verftehe darunter deffen præcepta vitæ Chriftianæ, welches mir fehr wahrfcheinlich ift.

Vix scio num Pario symulacrum marmore
                                    factum,
  Picta vel effigies cultior esse queat.
At veluti precox citius perit arbore pomum,
  Autumni botrus tempus, & ante rubens:
Haud secus ante annos rerum prudentia major
  Indicium subitæ mortis, & omen erat.
Tale sibi moriens breve carmen condidit ipsi,
  Incidi tumulo jusserat idque suo:
Exigui vixi, sed fido pectore vixi,
  Cura fui patriæ quantulacunque meæ.

Wagners Name lebet noch in folgenden Schriften:

1) Quæstiones de duobus Dictis, quæ in speciem pugnaro videntur, altero Syracidis: *fides in æternum stabit*; altero Pauli: *dilectio non excidit*. I Cor. XIII. Witeb. *)

  *) Ich weis mich nicht mehr zu errinnern, woher mir diese Schrift bekannt geworden, daraus unfehlbar erhellen würde, zu welcher Zeit Wagner zu Wittenberg gewesen.

2) Compendium Grammatices græcæ, Coronæ, 1535. in 12. wieder 1562. in 8, und 1630.

3) Amnon incestuosus, Trajoedia. Ebendas. 1549, in 8.

4) ΚΑΤΗΧΗΣΙΣ, ΟΥΑΛΕΝΤΙΝΟΥ τȣ ούαγυέρȣ κορωνέος. Ebendas. 1550, in 8. *)

  *) Die Schulbibliothek zu Hermannstadt bewahret ein merkwürdiges Exemplar dieses Werks, welches ehemals Johann Georg, Pfalzgraf beym Rhein, Herzog von Zweybrücken, und Ritter des H. Kreuzes, bey seiner Zurückkunft aus seiner zehenjährigen Gefangenschaft unter den Türken, dem Franz Grasius, Pfarrern zu Großkopesch, 1608, zu seinem Andenken mit folgender Inschrift verehret hat:

Possi-

Poſſideam quamvis totus quod continet orbis,
   Cunctaque deliciis lauticiisque fluant.
Nil tamen inde mihi ſapit, aut conducit anhelo,
   Si condas vultus, o Pater alme! tuos.
Si des nulla tui miſero mihi ſigna favoris
   Pectoris in tacito percipienda ſinu.
Hæc abſint; aberunt ſimul omnia, ſint ea præſto,
   En! mox lætitiæ flumina plena fluent;
Lætitiæ ſanctæ & licitæ: nam gaudia mundi
   Foribus in mediis anxietate ſcatent.
CarePater! placidos iterum quæſo, exſere vultus,
   Ut guſtus patriæ me bonitatis alat.
Vivificet, recreet, mediaque in morte beatum
   Exhilaret, voti compos ubi hujus ero.
Omnia ceu nactus, nihil optabo amplius, uni
   Quando bona huic inſunt omnia. Terra vale!

> Dono. dabat pro ſui memoria perenni, & in æternum duraturæ amicitiæ chriſtianæ ſignum, amico optimo, & integerrimo D. *Franciſco Graphio*, Capuſienſis Eccleſiæ in Tranſylv. Paſtori meritiſſ. & Almi Capituli Medienſis Decano digniſſimo, *Joan. Georg. Comes Palatinus Rheni, Dux Biponti* &c. *Eques Crucis Hieroſolymitanæ* &c. exul ex Paganorum decennali captivitate reverſus. In die Circumciſionis Dominica An. 1608. Ut felix, fauſtum, & beatum omnibus piis, & orthodoxis Chriſtianis ſit auſpicium hujus novi anni, precamur.

5) Præcepta Vitæ Chriſtianæ, Valent. Wagneri, Coron. Coronæ M. D. LIIII. in 8. *)

*) Zu Ende ſtehet: Impreſſum in Inclyta Tranſylvaniæ Corona, Anno M. D. XLIIII. Ob dieſes ein Druckfehler iſt, oder ob 1554, ein neues Titelblatt gedruckt worden, weis ich nicht. Es ſind 16 Elegiſche Gedichte, nebſt einigen Epigrammen. Der Schluß des ganzen Werkchens iſt:

Magni-

Magnificus D. Stephanus Maylad, Comes Transylvaniæ, perfide sub induciarum pactionibus captus a duobus Wayvodis, altero Moldaviæ, altero Bulgariæ, & a Turcis in perpetuam captivitatem abductus. Anno M. D. XLI.

Bisthoniis quondam, qui formidabile nomen
  Gentibus, & patriæ gloria spesque fui.
Nunc ego fœdifrago nimium male credulus hosti,
  Incurri Gethicas, præda petita manus.
Quique armis potui decus immortale mereri,
  Perfidia captus vincula dura gero
Exemplo monitus, fuge Turcica fœdera, nescit
  Barbara gens regnis præposuisse fidem.

6) Insignes, & elegantissimæ sententiæ ex L. Annæi Senecæ ad Lucillum Epistolis, cæterisque ejusdem auctoris scriptis selectæ, & in usum studiosæ juventutis editæ. Ebend. 1555. in 12.

7) Sententiæ ex Senecæ libro, de I:a. Ebend. ohne Melbung des Jahres, in 12.

78) Sententiæ ex Senecæ libello de Beneficiis. Ebend. in 12.

9) Novum Testamentum græce & latine, juxta postremam D. Erasmi Rot. Translationem. Accesserunt in hac editione præter concordantias marginales, succincta quædam scholia, & communium locorum Index. Industria, & impensis M. Valent. Wagneri, Coronen. Coronæ, An. M. D. LVII. in 4.

10) Imagines Mortis selectiores, cum decastichis Val. Wagneri Coron. Ebend. 1557. in 8. *)

  *) Hievon schreibet Teutsch im aufgerichteten Denkmaal S. 23. §. 125: das Werkchen bestehet aus 16 Bildern, welche von Holzschnitten abgedruckt sind, in welchen allen der Tod aufgeführet wird, wie er mit allerhand Leuten zu thun hat. Uiber jedem Bilde sind fünf Disticha vom s. Herrn Wagner verfertigt, welche die angeführten Sprüche der heil. Schrift

Schrift artig in sich fassen. J. E. Bey einem geizigen Reichen stand Luc. XII. 20. Pſalm. XXXIX. 7, — und darunter:

Qui tibi follicitus in longos proſpicis annos,
  Augurio falſo pectora cœca foves.
Hac te nocte vocant (dum ſpe meliore tumeſcis)
  Et repetunt animam fata ſuprema tuam.
Quas jam per fraudes, per fas nefasque reponis,
  Quis tunc magnificas hæres habebit opes?
Non tunc deſcendit tecum tua gloria, vermes
  Serpentesque inter putre cadaver eris.
Naſcitur, ut nudus tumida genitricis eb alvo,
  Sic terram nudus mox ſubit omnis homo.

11) Medicina Animæ, & Mortis imago. Ob dieſes ein Original, oder nur ein Nachdruck einer gleichen Schrift, die, wo ich nicht irre, zu Wittenberg herausgekommen, iſt mir unbekannt. Auch zu Köln, iſt 1567, eine ähnliche gedruckt worden.

12) Silva Anamalorum in lingua Græca. in 8. Davon ich die Auflage von 1564 geſehen habe.

13) Odium Calvinianorum. Ohne Meldung des Orts, und Jahres, in 8.

Fremde Werke, die Wagner zu Kronſtadt herausgegeben:

1) ΘΕΟΓΝΙΔΟΣ ΜΕΓΑΡΕΩΣ ΓΝΟΜΑΙ ΕΛΕΓΙΑΚΑΙ. M D. XLV. in 8. welchem beygefügt iſt, ΦΩΚΥΑΙΔΟΥ ΠΟΙΜΑ ΝΟΥΘΕΤΙΚΟΝ, und ΧΡΤΣΑ ΕΠΗ ΤΟΥ ΠΥΘΑΓΟΡΟΥ. Zu Ende lieſt man: ΕΤΥΠΩΘΚ ΕΝ ΚΟΡΩΝΗ ΤΗΣ ΤΡΑΝΣΥΛΟΥΑΝΙΑΣ.

2) Sententiæ Veterum de Cœna Domini: ut Cyrilli, Chryſoſtomi, Vulgarii, Hilarii, & aliorum, collectæ a Philippo Melanthone — 1556, in 4.

3) Definitiones multarum adpellationum, quarum in Ecclesia uſus est, authore Melanthone. Acceſſit

cessit D. Augustini Liber, de Essentia Divinitatis. 1555. in 8.

4) Melanthonis Epistolæ Responsoriæ.

5) Philonis Judæi, de Mercede meretricis non accipienda in sacrarium, græco-lat. 1555. in 8.

6) P. Fausti Epistolæ ad Joh. de Ganay, Franciæ Cancellarium, novem, & Angeli Politiani, XV. Coronæ, 1555. in 8.

7) Magni Turcæ Epistolæ per Landinum, Equitem Hierosolymitanum, latinitati donatæ, i. e. aliæ quædam variorum auctorum Epistolæ lectu dignissimæ, Libellus sententiarum, & verborum gravitate refertissimus. 1555. in 8.

8) Ciceronis Epistolæ elegantiores.

9) Aristotelis Libellus de virtutibus & vitiis. Sententiæ diversorum auctorum de eadem materia, 1555. in 8.

10) Brentii Catechesis.

11) Der kleine Katechismus Lutheri. in 8.

12) Αριςοτελυς Περι αρετων Βιβ. ά Δημητριυ Φαληρεως των ἑπτα Σοφων ὑποθηκαι. 1555. in 8.

13) Geystliche Lieder und Psalmen, durch D. M. L. und andere gelerte Leut gemacht. Zu Kron, mit Privilegien auf fünf Jahr. Il. 8. Dieses höchst seltene Gesangbuch enthält 95 Lieder, wovon ich 30, in keinen mir bekannten Gesangbüchern finde. Schade! daß keine Jahrzahl beygefügt worden. Zu Ende liest man: Gedruckt zu Cron, in Siebenbürgen, bey M. Valent. Wagner. Da es mir unwahrscheinlich ist, daß Wagner eine eigene Buchdruckerey errichtet hätte; so glaube ich, es habe die Honterische nach dessen Tode übernommen. Diesem Gesangbuche sind, in einem Exemplare verschiedene andere Lieder beygebunden, deren Aufschriften ich wegen ihrer Seltenheit hier anmerken will. 1) Drey Lieder, deren Titelblatt

aber fehlet, zu Ende stehet: gedruckt zu Cron in Siebenbürgen. Die Lieder sind: a) Danket dem Herrn heut, und allezeit, denn groß ist seine Güte, und Mildigkeit. b) Ich weis mir ein Blümlein hübsch und fein, es thut mir wollgefallen. c) Lobet den Herrn, denn er ist sehr freundlich — 2) Gebet eines Kranken; aus den Psalmen Davids zusammen gezogen, und in Gesangweise verfasset: Im Thon: *Wenn mein Stündlein vorhanden ist &c. Syrach. 37. Wenn du krank bist, so verachte das nicht — von aller Missethatt.* Gedruckt in der Hermannstadt, durch *Merten Heusler*, und *Greger Frautliger*, im Jahr 1576. in 8. 12 Seiten. 3) Ein schön Geistlich Lied, Allein nach dir Herr, gemehrt mit zwey Gesetzen. Gedruckt zu Wien in Oesterreich, durch Kaspar Stainhofer, 1569. 8 Seiten in 8. 4) Zehen schöne Geistliche Lieder — 1 Bogen, in 8. zu Ende: gedruckt zu Wien in Oesterreich, durch Caspar Stainhofer, 1569. Das erste Lied: Herr Jesu Christ war Mensch, und Gott, ist unterschrieben: Paulus Eberus Filiolis faciebat. Das zehnte: Danket dem Herrn, denn er ist sehr freundlich — im Thon: Vitainque faciunt beatiorem. Vielleicht findet sich jemand, der Wagners Verdienste um sein Vaterland, durch mehrere Schrfften erneuern kann. Sein Bruder *Andreas Wagner*, wurde gleichfalls durch seine Talente glücklich. *Lazius* schreibet von ihm in Republ. Rom. S. 529: In ejus (Coronæ) vicinia, quoque natus est longe optimus vir, singularis Musarum earumdemque alumnorum patronus, Dnus Andreas Wagnerus, Sereniss. Romanorum Regis Ferdinandi a Consiliis, & primis Secretis, Provinciæque Austriæ Inferioris Scriniorum Præfectus, noster & de nobis bene meritus Mecænas.

Weidenfelder

Laurentius. Pfarrer zu Michaelsberg, woselbst auch sein Vater gleiches Namens, als Pfarrer gestorb.n ist. Ein Mann, dessen Gaben, und grosser Fleis wohl ein besseres Glück verdienet hätten. Allein seine Lebensart verdarb es. Er war den 13 Jäner, 1693, gebohren, studirte in seinen jüngern Jahren auf Deutschen, und Holländischen hohen Schulen, zu Jena, Wittenberg, Utrecht und Leyden. In seinem Vaterlande suchte er sein Glück zu Mühlenbach, wurde daselbst Diakonus, erhielt dazu 1723, das Schulrektorat, da er denn der Schule eine neue Gestalt gab. Nachgehens erhielt er den Beruf nach Donnersmark, einer elenden Pfarre. Hier mußte er zehen Jahre darben, allein in dem glücklich, daß er in dasigen Ggenden verschiedene Römische Alterthümer, Urnen, Kriegeszeichen u. d. g. entdeckte. 1734, wurde er nach Großprobstdorf berufen, und von hier 1739, nach Michaelsberg, einem Orte, dessen Einwohner größtentheils nur vom Weinbaue, Kirschen, und andern Baumfrüchten leben. Weil er ein grosser Liebhaber der Vaterländischen Geschichte war, so wurde er 1753, zum Historiographen des Hermannstädtischen Kapitels erklärt. Er starb aber den 28 Aug. 1755, in einem Alter von 62 Jahren, 7 Monden und 15 Tagen. Alle seine Handschriften, die vier starke Bände in Fol. betragen, sind an die Kapitularische Bibliothek gekommen. Sie enthalten: 1) Verschiedene alte Urkunden, Staatsschriften, und Briefe. 2) Allerley Auszüge aus gedruckten und ungedruckten Büchern. 3) Ganze Werke andrer Schriftsteller, denen er nicht selten neue Titel giebt, allezeit aber eine Vorrede. Er verbrämet sie, wo er nur kann, mit seinen Anmerkungen, die selten wichtig, und oft so angebracht sind,

daß

daß man nicht weis, ob sie ihm, oder dem Verfasser zugehören. 4) Eigene Schriften, aber sehr wenige. Er redet hin und her von verschiednen Werken, die er herausgeben will; in diesen Sammlungen aber finde ich gar keine Spur davon. Freunden der Gelehrtengeschichte wird folgendes Verzeichniß vielleicht nicht unangenehm seyn:

1) Problema Historico-Criticum in Daciæ veteris, & Romanæ Inscriptionem lapidariam M. Ulp. Nerv. Trajani, olim nostræ Provinciæ domitoris fere primi. 1744. *)

*) Diese Römische Steinschrift ist die berüchtigte:

JOVI INVENTORI.
DITI PATRI. TERRÆ MATRI.
DETECTIS DACIÆ THESAURIS.
DIVUS NERVA TRAIANUS
CÆS. AUG.
VOTUM SOLVIT.

Welche die meisten von den entdeckten Decebalischen Schätzen erklären; Weidenfelder aber mit dem Kölescheri, von den Dacischen Goldbergwerken. Das 4te Hauptstück handelt ganz von Römischen in Siebenbürgen gefundenen Münzen. Ihre Beschreibung machet der numismatischen Kenntniß des Verfassers wenig Ehre, ob er sie gleich nur aus Andr. Teutschens Handschrift, ausgeschrieben hat. Zu seiner Ehre hat er auch die Kölescherischen Briefe an ihm, und an Burmann beygefügt. Diese Handschrift überschickte er 1744, dem Agnethler nach Halle, um sie drucken zu lassen. Derselbe aber that es nicht.

2) Imago Scholæ Novæ Müllenbachianæ.

3) Particula historica in urbem Sabesum. Eigentlich des Georg Soterius Arbeit, dazu er Anmerkungen gemacht hat. Unter andern merket er an, daß 1720, noch der besondre Gebrauch zu Mühlenbach gewesen, jährlich die zwo Wochen vor Pfingsten, Morgens um acht Uhr, wegen der Raupen Gottesdienst zu halten; welcher die Raupenkirche genennet wurde.

4) Noctes Michaelis Montanæ, seu specimen Soterianum Historiæ, & antiquitatis ΑΠΛΩΣ Romano-Dacicæ, ab Imperatore Trajano usque ad Aurelianum Imp. Cæs. ab interitu, instar tabularum e naufragio, vindicatum, & adnotamentis adauctum, studio Laur. Weidenfelderi, 1744. Außer seinen Anmerkungen, die er meistens dem Originale eingeflochten, hat er das VI Kap. beygefügt: de moribus & ritibus, immo & superstitione Coloniarum Romano-Dacico-Valachicarum in Transylvania.

5) Otia Canicularia, seu Epitaphia omnino bina Armamentarii Cibiniensis Præfecti, *Josephi Taubel*, armato milite mense Junio stipati, ac extra portam Heltanam laqueo bombycino gula fracta, vitam finientis. Frequentiss. populo comite, & spectatore. Julio & Augusto mensibus tumultuarie condita, 1747, auctore anonymo. Daß Weidenfelder der Verfasser dieser sehr weitläuftigen lateinischen und deutschen Grabschrift sey, erhellet aus den Veränderungen und Verbesserungen, die er darinnen machet. Nach einigen aber, soll der gelehrte Graf Lázár, der Verfasser des lateinischen seyn.

6) Litteræ Amici ad Amicum panegyrico gratulabundæ Königsbergam Borussorum tendentes, in abitum honoris, & auctoritatis plenissimum, — Domini Jacobi Schunn, Pastoris hactenus Eccl. Heltensis, nunc Superintendentis Generalis Ecclesiarum Saxon. electi, An. 1741. d. 10. Mart. 4 Bog. in Fol.

7) Copia curatior Instrumentorum variorum membranaceorum — Statum Transylvaniæ pristinum mire illustrantium. — An. 1754. Die Urkunden sind folgende: I. Diploma Regis *Ladislai*, de exædificando Castello ad confluentiam Budrug & Tysciæ, hodie Tokay, An. 1283. II. Litteræ privilegiales *Karoli* Regis, Abbati conventus de Kerz in Transylv. indultæ, An. 1329. III. Conventus Monasterii B. Mariæ Virg. de Colos-Monostor

noftor Tranfumptionales Litterarum privilegialium antiquorum Regum fuper Abbatiam de Kerz, indultarum, An. 1494 Civitati Cibinienfi datæ. IV. Matthiæ Regis Donationales, quibus Abbatiam de Kerz, propter enormitates Raymundi Epifcopi titularis commiffas, Ecclefiæ Cathedrali Cibin. An. 1477. contulit. V. Uladislai Regis confirmationales donationis, & collationis Abbatiæ de Kerz, quam Matthias Rex fecit, anno 1494 M. Sept. VI. Sigismundi Báthori Princ. Tranf. Donationales, quibus mediantibus Abbatiam de Kerz, Saxonum Nationi, ac Univerfitati eripere, & cum poffeffionibus fuis, patrueli Balthafaro Báthori conferre nitebatur An. 1589. VII. Rubricæ Privilegiorum quorundam antiquorum Nationis Saxonicæ. VIII. Privilegia quædam Civit. Coronenfis. IX. Nicolai Baffarabæ, Principis Valachiæ, Privilegium donationis Joanni Heher, Germano factæ, Mabrit ben 17 Nov. 1569. — Da fich alle diefe Urkunden in Schmeißels Anecdotis ad Hungariæ, ac Tranf. Statum interiorem fpectant. befinden; *Index Bibl. Hung.* — S. 33. fo mag fie wohl Weidenfelber ihm überfchickt haben. Denn darinn war er fehr dienftfertig, und fchickte feine gelehrten Sachen an allerhand ausländifche Gelehrte.

8) Labyrinthus Eruditorum, feu errores nullo habito felectu ætatum linguæ latinæ, omnia mirum in modum confundentes.

9) Crifis, feu Cenfura Styli latini Tranfylvanorum, inprimis Saxonum, & Hungarorum, a priftino illo, & genuino omnino abhorrentis. —

10) Horti Alcinoi, feu Imago S. Michaelis montis veteris & novi. Diefe drey letztern verfpricht der Verfaffer bald herauszugeben; unter feinen Handfchriften finde ich aber davon nichts. Es follen auch einige Briefe von ihm, in einer gewiffen Sammlung gedruckt feyn.

Weiß, Albinus, Fejér

Michael. Ein berühmter Richter zu Kronstadt, und grosser Staatsmann. Im Jahre 1569, den 13ten Jän. wurde er zu Medwisch gebohren, woselbst sein Vater Johann Weiß, von Eger in Böhmen gebürtig, die Bürgermeisterwürde bekleidete, seine Mutter Gertrud aber eine Tochter des dasigen Stadtschreibers, Lorenz Wolf, war. Er genoß einer sehr glücklichen Auferziehung, also, daß er schon in seinem fünfzehnten Jahre schöne lateinische Gedichte schrieb; verlor aber seine Eltern sehr frühzeitig, in dem sie 1586, an der Pest sturben. Das marmorne Grabmaal, welches er seinem Vater weihete, bezeichnete seine Muse mit folgender Aufschrift:

Pandite, quis pario recubet sub marmore, Manes!
   Illustrem patriam dicite, stemma, genus?
Illi fori columen decus & sublime, Joannes
   Veissius, albiacis sanguine natus avis.
Urbs hunc Egra tulit, quam terra Boemica tangit,
   Tellus Hercyneis undique cincta jugis.
Hic ubi vitales fuerat productus in auras,
   Aonidum cepit mox pia castra sequi.
Sed tenerae postquam tetigit lanuginis annos,
   Vidit longinqui plurima regna soli.
Scilicet ut mores hominum prudentis Ulyssi
   Exemplo, posset factaque nosse Ducis.
Unde procul patria charisque penatibus actus,
   In fines venit Dacica terra! tuos.
Cumque peregrinis vitam sic degit, ut illic
   Factus sit Medjes civis, & urbis honos.
Si pietas Superis, probitas mortalibus ullum
   Principibus charum fecit, & alma fides:

Hic certe virtute, pio cultuque Deorum
 Alter Ariſtides, Regulus alter erat,
Nullius ingentes æris reſpexit acervos,
 Jura miniſtravit civibus æqua ſuis.
Quæque Magiſtratus eſt maxima cura fidelis,
 Virtus, oppreſſis dulce levamen erat.
Conſulis officium Mediesque tegebat habenas,
 Cum tulit inſignem peſtis acerba virum.
QVæ ſata Læta, peCVs, ſtIrpes eVertIt & Ipſas,
 QVaM Late IaCyges beLLIgerI arVa CoLVnt.

Er ſelbſt ſah ſich bey dieſem allgemeinen Verderben, in ſeinem Väterlichen Garten ſo hoffnungsloß, daß er nichts als ſeinen Tod dachte, und ſich ſchon die Grabſchrift ſetzte:

Ut mea vitalis dum ſpiritus oſſa regebat,
 Vivebam ſoli, ſpes mea, Chriſte! tibi.
Sic mihi, quæ dederas, dum viſcera morte repoſcis,
 Emorior ſoli, ſpes mea, Chriſte! tibi.
Ac precor ut vivi, ſic tu velis eſſe Zachæi
 Defuncti requies, portus & aura tui.

Doch die Göttliche Vorſehung erhielt ihn zum Dienſte des Vaterlandes, obgleich zu einem ſehr traurigen Tode. Sein erſter Auftritt in die groſſe Welt, war ein Sekretairsdienſt bey dem berüchtigten Grafen in der Ungriſchen Geſchichte, Ferdinand von Hardek, als dieſer Befehlshaber in Sathmar war. Nachgehends begab er ſich nach Prag, erhielt einen Dienſt bey der Ungriſchen Kanzelley, und erwarb ſich dabey ſolche Verdienſte, daß ihn K. Rudolph, 1589 den 21 März, nebſt ſeinen drey Brüdern und zwo Schweſtern, auch allen ſeinen Nachkommen, in den Adelſtand erhob, und ihm die Gerechtigkeit zum Wap-

Wappen ertheilte. †) Schönes Wappen! Das folgende Jahr 1590, kehrte er in sein Vaterland zurück, und heurahtete zu Kronstadt Agnethen, eine Tochter des dasigen Stadthans, Andreas Kemeli. 1600 wurde er Rahtsherr, 1608 Stadthan, (Villicus) und in dem Tragischen Jahre für ihn, 1612, Richter, — die höchste Würde in Kronstadt. An den Staatsangelegenheiten seines Vaterlandes hatte er allezeit grossen Antheil. Die Fürsten: Siegmund Báthori, Stephan Botschkai, Siegmund Rákoßi, und Gabriel Báthori bedienten sich seiner zu verschiedenen Gesanttschaften. Keine aber war ihm empfindlicher, als die er 1609, an den Moldauischen Hospodar Konstantin Mogila, thun mußte, um demselben im Namen des Fürsten Gabriel Báthori, den geschlossenen Friedens- und Freundschafts-Vertrag aufzukündigen, und die Urkunden zurück zu fordern. Er schreibet an einen seiner Freunde:

> Aulæ sed nostræ me vexat cura superbæ,
> Dum Moldavorum tecta subire jubet;
> Mandat & ipsorum referam diplomata sancti
> Nobiscum jacti fœderis, alta sapit!
> Serio & ut repetam nostra, est indicere bellum hoc,
> Hinc perdunt animum cura dolorque meum.

Weiß

---

†) Scutum militare erectum, linea perpendiculari a summo deorsum ducta, hinc quidem in aureum, illinc vero in album colorem divisum, cujus dextram aurei coloris Scuti partem duæ cœlestinæ laminæ, singulæ aureum lilium continentes, oblique secare: in sinistra vero alba Scuti area ex fundo trijugis viridis collis assurgere, illique virgo venusta, desuper baltheo cœlestini coloris, ac cæterum corpus rubra veste dispersa, lævum pedem

Weiß gehorchte seinem Fürsten, da nur sein eigenes Wohl in Gefahr gesetzt wurde; allein da er sein Vaterland, das Glück Kronstadts in Gefahr setzen sollte, gehorchte er gar nicht. Klug durch das Verderben, darein sich Hermannstadt durch die Aufnahme des Fürsten gestürzet hatte, war er durch nichts zu bewegen, denselben mit seinem Heere in Kronstadt einzulassen. Dieses verursachte einen Krieg, für dem sich aber Weiß so wenig fürchtete, daß er dem Richter zu Marienburg schreiben ließ: — „daß der Stuhlrich„ter, oder Königsrichter von Reps saget, wie „vieles Volk in ihrem Stuhle lieget, so mit „dem Fürsten und grossem Geschos auf uns „kommen soll, irret uns nicht; wir sind in den „Sachen resolvirt vom größten bis auf den klein„sten, und werden davon nicht abweichen. Wenn „das ganze Land auf uns kommen sollte; so „haben wir sie zu speisen, die Herbergen um „die Stadt, und das Fürstliche Kochhaus ist „gemacht, der Pfeffer liegt in Mörseln und dei „Stü=

Hh 5

dem nudum ostentans, induta, caputque viridi fascia volutante cincta, insistere, dextraque manu mucronem nudum, aureo capulo conspicuum, vibrare; sinistra vero libram cum dependentibus libripennis trutinare conspiciuntur. Scuto incumbentem galeam militarem apertam, regio diademate priorem per omnia similem virginem, ceu justitiæ simulacrum, dextra manu mucronem nudum, sinistra vero aureum lilium tenentem, producente ornatam. A summitate vero, sive cono galeæ laciniis, seu lemniscis, hinc aurei, & cœlestini; illinc rubri & albi colorum in scuti extremitates sese diffundentibus, illudque decenter exornantibus. So schildert das Kaiserliche Diplom sein Wappen.

„ Stücken, komme nur wer da kommen will, „ es soll an uns nicht mangeln; denn das ist „ gewiß, daß wir entweder ehrlich in unsern „ Freythumen leben, oder ja ehrlich sterben wol= „ len.„ Erreichte nun gleich Báthori seine giftigen Absichten nicht: so wurde doch dieser Krieg Weißens Verderben. Er verlor durch die Untreue der Walachischen Soldvölker die Schlacht, die er den 16ten Okt. 1612, den Báthorischen Kriegsvölkern auf dem Altflusse lieferte. Auf seiner späten Flucht setzte er über den kleinen Fluß Burzen, so unglücklich, daß er aus dem Sattel gehoben wurde, da ihn denn die Feinde ereilten, und niederhaueten. Sein Kopf ward als das größte Siegeszeichen auf einer Lanze nach Hermannstadt gebracht, auf Fürstlichen Befehl auf den Pranger ausgesetzt, doch aber nach drey Tagen heimlich weggenommen, und endlich in die Klosterkirche begraben. So starb Weiß im vier und vierzigsten Jahre seines würdigen Lebens. Auf diesen seinen Tod für das Vaterland, ließen seine dankbaren Bürger eine goldne Münze prägen, mit dem schönen Lobspruche: Præstitit, quæ debuit, Patriæ. †) Wir haben von ihm in der Handschrift:

1) Diarium rerum sua ætate in Transylvaniá gestarum, die einer seiner Freunde bis auf 1615 fortgesetzet hat. Es ist nicht für die Presse geschrieben, eigentlich nur ein Hausbuch, darinn er allerhand auf-

---

†) Eine Abbildung dieser seltnen Gedächtnißmünze befindet sich im VI. Jahrgange der Wiener Anzeigen. S. 57. in deren Erläuterung ich die letzten Schicksale unsres Weiß etwas umständlicher erzählet habe.

aufgezeichnet hat. Doch kommen manche besondere Merkwürdigkeiten vor. Ich weis auch nicht, ob seine eigene Handschrift eine Aufschrift gehabt hat.

2) Brevia consignatio tumultuum bellicorum ab A. C. 1610, usque ad completum annum 1613, ambitione & inquietudine Gabrielis Báchori, Princ. Transylv. motorum. Diese Beschreibung verdienet einen Vorzug vor allen Sächsischen Annalen, die ich von dieser traurigen Periode gelesen habe. Sie ist zusammenhangend, und enthält manches, das man in andern vergebens suchet. Der Zusatz bis zu Ende des Jahres 1613, ist von fremder Hand.

Wellman

Michael Christian, von Medwisch, studierte zu Jena und Wittenberg. An dem letztern Orte vertheidigte er 1733, unter dem Vorsitze des M. Friedr. Christian Baumeister, drey öffentliche Streitschriften: de statu servitutis moralis praecipuo felicitatis humanæ impedimento. Baumeister leget darinnen von Wellmans Einsichten in die Theologischen und Philosophischen Wissenschaften, und von seiner Kenntniß der gelehrten Sprachen so wohl, als der Französischen, ein sehr rühmliches Zeugniß ab. Er starb vor etlichen Jahren als Pfarrer zu Frauendorf im Medwischer Stuhle. Von seinem Fleiße haben wir in der Handschrift:

Lexicon Synodale Saxo-Transylvanicum.

Wolf.

Wolf

Daniel. Von diesem Gelehrten weis ich nichts, als daß er Pfarrer zu Nádasch gewesen, und in der Handschrift hinterlassen hat: Hydra Transylvanica, d. i. die durch den Rákozischen Aufstand in Siebenbürgen entstandene, und von dem Deutschen Herkules gedämpfte, vielköpfige landverderbliche Religionsschlange.

Wolfhard

Adrian, der freyen Künste und Weltweisheit Magister. Er nennet sich selbst einen Siebenbürger, und da im sechszehnten Jahrhunderte ein Wolfhardisches Geschlecht in dem Bistritzer Distrikte blühete; sollte ich wohl irren, wann ich ihn für den Doktor Adrian Wolfhard halte, der als Pleban zu Treppen, nach der dasigen Kirchenmatrikel im Jahre 1545, in die Ewigkeit übergieng? — Auf der hohen Schule zu Wien weihete er sich den Wissenschaften, und schon in seinem ein und zwanzigsten Jahre erwarben ihm seine Muse, und andre gelehrten Beschäftigungen Ehre und Freunde. Man hat von ihm ein Lobgedicht auf den Kaiser Maximilian den I. und verschiedene Ausgaben von Schriften andrer Gelehrten:

Adriani Wolfhardi, Transylvani, *Panegyris*. Ad Invictissimum Cæsarem Maximilianum, semper Augustum, Viennæ Pannoriæ, per Hieronymum Vietorem, Philovallem, & Joannem Singrenium de Oeting, Calcographos diligentissimos. Tertio Idus Aug. An. Dni M. D. XII. in 4.

Wolfhard.

Herr C*** schreibet mir: „Daß Wolfhard auf seine Poesie sich etwas möge eingebildet haben, erhellet aus seinem auf der ersten Seite angebrachten Octostichon, welches so anfängt:

Cæsareas laudes doctæque verenda Viennæ
  Gymnasia, & cultus Austria bella tuos,
Emuncto cecinit non vilis carmine vates
  Wolfhardus: vati pulchra Vienna fave. —

Die Zueignungsschrift: Eminentissimo D. Martino Capinio, Transylvano, Utriusque Juris & Philosophiæ Professori, ac Reipubl. Viennensis Supremo Censori, Adrianus Wolfhardus S. D. Aus derselben läßt sich Wolfhards Geburtsjahr 1491, schließen. Denn er schreibet darinn: Panegyrin juvenili animo, vix enim primum & vicesimum annum, ut nosti, attigi, de Divo Cæsare Maximiliano audaculus scribere institui — cujus civitate copiosissima, & studiorum omnium patrona — Judicis partibus fungeris. — Capinius, ist der unglückliche Doktor Siebenbürger, der 1522, zu Neustadt nebst andern den Kopf verlohr. Er war von Hermannstadt gebürtig, und seit 1505, dreymal Dechant seiner Fakultät bey der Wiener Universität gewesen. Im Jahre 1512, war er Stadtrichter zu Wien. Von ihm schreibet der Anonymus in *Hieron. Pez*, Scriptor. Rerum Austriacar. T. II. *col.* 990: Ostentabat quandam litterati hominis gravitatem, & domus ejus veluti oraculum a plerisque adiri solebat.

Außer

Außer diesem hat Wolfhard neue Auflagen von verschiedenen Büchern besorgt, als:

1) Des Andr. Guarna bekanntes bellum Grammaticale, unter dem Titel: Grammaticæ opus novum, mira quadam arte, & compendio excusſum, quo Regum Nominis, & verbi ingens bellum ex contentione Principatus in oratione deſcribitur. Viennæ, 1512. in 4. Auf der erſten Seite befindet ſich ein Jambus des Herausgebers, zur Empfehlung.

2) Q. Horatii Flacci, de divina Poetarum Arte, non minus elegans, quam omni eruditione refertum Opus ad Piſones, cunctis adprime necesſarium. *Ejusdem*, Carmen ſæculare perquam jucundum. Viennæ, 1522. in 4. Adrian. Wolfardus, Tranſylv. ad Lectorem. Folgen ſieben Diſticha zur Empfehlung.

3) Dialogus Mythologicus Bartholomæi Colonienſis, dulcibus jocis & ſalibus, concinnisque ſententiis refertus, atque diligenter nuper elaboratus. Viennæ, 1512, in 4. S. 2. wiedmet Wolfhard dieſes Stück ſeinem jüngern Bruder, Hilarius, nennet ſich, Artium & Philoſophiæ Profeſſor, und ſchärfet ihm die kindliche Pflicht gegen ihren Vater, Adrian, ein.

4) Fratris Baptiſtæ Mantuani Carmelitæ, Theologi Poetæque clariſſimi, contra Poetas impudice loquentes Carmen elegantiſſimum. *Adr. Wolfhardi, Tranſylv.* Hendecaſyllabi ad Juvenes. Ohne Jahr und Druckort.

Sonſt kommen auch vom Wolfhard verſchiedene kleine Gedichte in Werken andrer Gelehrten vor. Z. B. In Joh. Camers, Ausgabe des Dionyſius Afer. Viennæ, 1512. In Pauli Crosnenſis Ausgabe des Fünfkircher Biſchofs Joh. Pannonius, Panegyricus in laudem Baptiſtæ Guarini, Veronenſis, præceptoris ſui. Viennæ, 1512. In Ar-
boga-

Zabanius, (Sabanius.)

bogaſti Stſub (*Strub.*) Glaronesii, Orationes duæ, quas, dum in humanis fuit, habuit: deinde nonnulla mortuo ab doctis viris eulogia, epitaphiaque pie poſita. Wien, 1511. ein Leichengedicht auf den Arbogaſt, und eine Elegie: de humanæ vitæ ærumnis. — Auch ſein Bruder Hilarius Wolfhard, mag den Muſen geopfert haben; denn in der Ofner-Ausgabe der Gedichte des Janus Pannonius, 1551. befindet ſich ein Hexaſtichon deſſelben auf den Verfaſſer.

Zabanius, (Sabanius)

Iſaak. Der freyen Künſte Magiſter, und Stadtpfarrer zu Hermannſtadt. Ein fruchtbarer Schriftſteller! Johann Zabanius, ein Geiſtlicher von Adel, und Paſtor zu Breſna; † und Sophia, gebohrne Nieholcz, waren die Eltern unſeres Zabanius, von welchen er 1632, den 5 Heum. gebohren wurde. Unterſtützt von der liebreichen Milde des Stephan Wittnedy, Herrn auf und von Muzag, gieng er den 19 Jun. 1657, auf die hohe Schule zu Wittenberg. Hier erwarb er ſich unter dem Dekanate des Georg Kaſp. Kirchmayers, die Magiſterwürde mit vielem Ruhme, und kehrte 1659, in Geſellſchaft des Mag. Mathias Stürner, durch Böhmen und Oeſterrech glücklich in ſein Vaterland zurück. Er kam nach Preßburg, als eben Reichstag gehalten wurde. Hier machte er ſich den Prisnobányiſchen Abgeordneten von einer ſo guten Seite bekannt, daß ſie ihn erſt mündlich, und hernach den 27 Nov. 1659, ſchriftlich zum Rektor ihrer Schule beriefen. Von hier erhielt er den 25 May

---

† Zabanius nennet ſich: Breſzna-Lyptovienſis.

May 1661, das Schulkonrektorat zu Eperies, und wegen seiner Verdienste 1667, den 16 May, das öffentliche Lehramt in der Streittheologie, und Theoretischen Weltweisheit. Diesen Dienst verwaltete Zabanius mit grossem Ruhme, allein bey den erfolgten grossen Veränderungen in der Kirche, verlor er seinen Dienst, und sah sich 1670, im Elende. Ja 1673, den 13ten März, wurde auf Befehl des Grafen von Wolkra, Vorstehers der Zipser Kammer, dieses Evangelische Gymnasium gänzlich eingezogen.

Zabanius nahm hierauf seine Zuflucht nach Danzig, ohne zu wissen, wo die Göttliche Vorsehung ihm, und seinem Hause Aufenthalt, und Ruhe zubereiten würde. Gerührt von diesem traurigen Schicksale seines alten Freundes, und Lehrers, that Georg Semger, Pfarrer zu Mühlenbach, alles für ihn, und erlangte es bey dem Grafen der Sächsischen Nation, und Königsrichter zu Hermannstadt, Andreas Fleischer, daß Zabanius den 11 Jan. 1676, zum öffentlichen Lehrer der Theologie, und Weltweißheit, bey dem dasigen Gymnasium beruffen wurde. Zabanius nahm den Ruff an, und kam auf öffentliche Unkosten den 25 Aug. glücklich nach Hermannstadt. Indessen war Fleischer gestorben, aber nicht mit ihm Zabanens Freunde. Der neue Königsrichter, Mathias Semriger, und der gelehrte Bürgermeister, Georg Armbrüster, waren nicht weniger seine Gönner, die seinen Zustand auf alle Weise erträglich zu machen suchten. Zu seiner Professur erhielt er 1681, dem

Zabanius, (Sabanius.)

29 May, auch das Rektorat. Dieses Amt verwaltete er zum grossen Vortheile der studirenden Jugend bis 1687, da er denn nach einer sieben und zwanzigjährigen Last von Schuldiensten, die Pfarre Urbegen unter dem Walde, erhielt. †) Er hatte hiebey das Vergnügen, von seinem alten Freunde, und Kollegen zu Eperies, Michael Pankratius, Superintendenten der Sächsischen Kirchen, zu Medwisch ordinirt zu werden. Im Jahre 1691, ward er Stadtpfarrer zu Mühlenbach, und das folgende Jahr, nach dem Tode Johann Leonhards, den 17 Nov. zu Hermannstadt.

Endlich in allem glücklich, war er der unglücklichste Vater. Was muß nicht sein Väterliches Herz empfunden haben, da sein Sohn, Johann Zabanius, des H. Röm. Reichs Ritter Sachs von Hartenek, geheimer Gubernialraht, Graf der Sächsischen Nation, und Königsrichter zu Hermannstadt, den 5 Dec. 1703, öffentlich auf dem Marktplatze enthauptet wurde! Da er ihn selbst zu seinem blutigen Tode zubereitete, da er zum letztenmale seine priesterlichen Hände auf sein Haupt legte; was muß sein Herz nicht empfunden haben! Außer diesem unglücklichen Sohne, hatte er von seiner Gemahlinn, einer gebohrnen Stierwitz, noch drey Söhne, und eine Tochter, davon der glücklichste Jakob, als

Stuhl-

---

†) Bis hieher aus seinen eigenhändigen Nachrichten, in Matricula Rectorum Gymnas. Cibin.

Stuhlrichter zu Hermannstadt starb. Nach so merkwürdigen Abwechselungen guter und böser Tage, beschloß Zabanius sein mühsames Leben den 19 May, 1707, in fünf und siebenzigsten Jahre seines Alters, nachdem er auch etlichemale Dechant des Kapitels gewesen. †)

Zu gelehrten Streitigkeiten hatte Zabanius eine ganz besondre Neigung. Die Streittheologie war seinem eigenen Geständnisse nach, seine Lieblingswissenschaft. Eine Leidenschaft, die uns nicht allezeit glücklich macht! Seine unnützen Streitigkeiten mit dem Ladiwer, Rektor zu Schäßburg, über die Atomen, wurden endlich so ärgerlich, daß die Synode zu Medwisch 1677, für nöhtig erkannte, ihnen beyden das Stillschweigen aufzulegen. Unter Zabans ruhmwürdigen Handlungen, ist es wohl eine der ersten Größe, daß die Evangelischen Bürger zu Klausenburg, irrende Schaafe ohne Hirten! besonders seiner Fürsorge, und unermüdetem Eifer, das Glück einen Seelsorger zu erhalten, zu danken haben. Auf hohe Vergünstigung, ward 1695, der Evangelische Gottesdienst in einem Privathause angerichtet, und **Martin Klein**, nachmaliger Pfarrer zu Neudorf, war der erste Prediger bey dieser itzt kleinen Gemeine.

Zabanius hat sehr viel geschrieben; und ich selbst habe mehrere Schriften von ihm gesehen, als

---

†) Zwittingers und Bods Nachrichten von diesem Gelehrten, beweisen nichts deutlicher, als daß sie ihn, und seine Schriften wenig gekannt haben.

Zabanius, (Sabanius.)

als ich hier anführen werde. Zu Wittenberg vertheidigte er als Verfasser verschiedene Streitschriften: Unter dem Adjunkt, Johann Bayer, 1658, de Gnome Sciaterico; unter Sperlingen, de intellectu, und als er die Magisterwürde 1662 erhielt: de attributis entis ex Philosophia prima. Nach dem Zwittinger S. 405, hat er auch eine Diss. de quæstione: An Ludimagister, vel Professor, præcipue externa vi exauctoratus, salva conscientia mercaturam facere possit? herausgegeben. Ich komme auf seine Schriften, die ich selbst gesehen habe:

1) Existentia Atomorum, ab injuria quatuor & viginti argumentorum, privata opera M. Isaaci Zabanii, cel. Lycei Eperjensis Conrectoris, vindicata. Witeb. 1667. in 8.

2) Disputatio Theol. Synopsi Controversiæ primæ Christophori Mejer, Theol. D. & Profess. in Universitate Viennensi, in qua de Salute & Justificatione nostra agitur, opposita. Præses M. Isaac. Zabanius, Theol. Polem. secund. & Philos. Theor. in Athenæo Eperiensi P. P. Ordinarius, Resp. Joh. Laurenti, die 24. Jan. 1668. Cassoviæ. in 4.

3) Synopsis Controversiarum Metaphysicarum. Leutschoviæ, 1668.

4) Theses Theologicæ, de Fide, Spe, & Charitate divina. *Resp.* Georgio Horváth, Transdanub. de Szent Miklos, die 11 Apr. 1668. Cassoviæ, in 4.

5) Theses Catholicæ, de Conciliis Oecumenicis Ecclesiæ Catholicæ, & eorum authoritate. — *Resp.* Joanne Laurenti, die 12 Sept. 1668. Leutschoviæ. in 4.

6) Disp.

6) Disp. Metaphysica VI. de Unitate, Unione, Veritate, & Bonitate. — *Resp.* Georgio Femgero, Cibin. d. 23 Jan. 1669. Casioviæ. in 4. *)

*) Nach dem Zwittinger hat Zabanius über die ganze Metaphysik Streitschriften herausgegeben.

7) Disp. I. Theologica, Thesibus controverfiarum Fidei procemalibus Matthiæ Sambar, e Soc. Jefu, Controverf. Fidei in Collegio Cassoviensi Jesuitar. Profess. Ordinarii, opposita, eidemque Collegio a Joanne Braxatoris, Alumn. Seniore, & Melchiore Smrtnik, Brisnob. præside — ad discutiendum proposita. 1669. d. 30 Sept. in 4.

8) Disp. II. Thesibus Controverfiarum — *Respp.* Nicol. Pusoczi, Transdanub. & Samuele Schnizler, Cibin. Transf. d. 27 Nov. 1669. in 4.

9) a) Disp. Metaphysica, de Existentia rei intelligibilis, ac præcipue quidem, Naturæ communis, objective spectatæ in intellectu. *Resp.* Jona Rubenkio. M. Oct. 1670. Cassov. in 4.

b) Diss. Philosophica, in qua de quæstione sequenti : An Essentia rei creatæ, in, vel extra Deum, sit ab æterno realiter? Contra Francifcum D. Abra de Raconis, aliosve ejusdem farinæ Philosophos, accurate disputatur, a M. Isaaco Zabanio, hactenus Ill. Athenæi Statuum Evangelicorum Eperiensis, Theologiæ Polemicæ Secundario, & Theoreticæ Philosophiæ Profess. Publ. Ordinario ; nunc autem in Schola crucis, & exilii, &c. tirone. A. 1670. in 4. ohne Meldung des Druckorts, mit einer Zueignungsschrift an den Raht zu Thorn.

10) Theses, Antitheses Philosophicæ, Aphilosophicæ, orthodoxæ, heterodoxæ, ceu compendium prælectionum publicarum. — M. Aug. 1672. Tubingæ., in 4.

11) Disp. Scholastico-Theologica, sua ipsius brevitate prolixa, in qua ratio habitus practici fo-

lidiore studio Theologiæ revelatæ vindicatur, præf. M. Isaac. Zabanio, Th. & Philof. P. P. celebr. Gymnasii Cibinienfis, ejusdemque Moderatore: Refpp. Andrea Körnero, Biftric. Valentino Klein, Olaffienfi - Hung. 1676. Cibinii, typis Steph. Jüngling, in 4.

12) Disp. II. Theologica, de motivo formali infallibili cognofcendæ revelationis divinæ, Paganorum, Judæorum, Mahumetanorum, & Chriftianorum refpectu. Refpp. Georg. Reutter, Georg. Conradi, Cafpar. Cramero, & Jo. Bakofs, Cibinienfibus. 1677. Ebend. in 4.

13) Disp. Theologica de quæstione: An dogma de Sacramentis fit Articulus Fidei fundamentalis? Refp. Joh. Krempes. 1678, M. Febr. Ebend. in 4.

14) Disp. Theol. de Gratia Dei.[Refp. Mart. Kelpio, Holdvilagienfi. 1678, die 12 Mart. Ebend. in 4.

15) Disp. Theol. de Fide distinctive, quidditative, effective, & attributive spectata. Refp. Stephano Barcio, Markfchelkenfi, die 9 Jul. 1678. Ebend. in 4.

16) Disp. Theol. de Proceffione Spiritus S. a Patre & Filio. — Refp. Joh. Krempes, Cibin. Rev. P. Jeremia Kakavela, Monacho græco, aliisque. d. 17 Dec. 1678. Ebend. in 4.

17) Disp. Theol. de meritis bonorum operum quoad justificationem & vitam æternam. Refp. Matthæo Barth, d. 18 Mart. 1679. Ebend. in 4.

18) Difs. Theol. de verbo in Divinis: an scilicet præter verbum ὑποστατικὸν possit, imo debeat, præeunte S. Scriptura & Orthodoxia, aliud etiam verbum in Divinis concedi? Refp. Marco Fronio, Coron. 1679. d. 22 Apr. Ebend. in 4.

19) De-

19) Defensio Disputationis de Processione Spiritus S. a Patre & Filio, in qua ea, quæ Reverendissimus Dominus *Isarius Zygala*, Archiepiscopus Cypri, modeste satis & erudite regessit, pari modestia ad exactiorem veritatis limam revocantur. — Resp. Krempesio, 1679, die 1 Jul. Ebend. in 4.

20) Disp. I. semestris, de Ecclesia. Resp. Simone Suidricio. 1681. d. 2 Oct. Ebend. in 4.

21) Diss. de Academia. Resp. Daniele Femger, 1685. d. 12 Dec. Ebend. in 4.

22) Armatura inermis, qua Michael, coelestis ille Promachus, & Agonotheta, bello, sed incruento, Hydram septicipitem, stygiæ paludis incolam, adortus, non modo victoriose debellavit, verum etiam gloriose triumphavit, in Apocalypsi Johannæa C. XII. 7, seq. ad vivum expressa. — Resp. Georg. Leprichio, & dicata : Principi Mich. Apafi patri, Michaeli Apafi filio, & Comiti Michaeli Teleki, Generali exercituum regni, 1686. d. 28 Aug. Ebend. in 4.

23) Vale Gymnasticum, in quo, quis fuerit Melchisedech Abrahamo obvius? disquiret præses M. Isaac. Zabanius, P. P. & Collegii Rector, jam vero Ecclesiæ Orbacensis vocatus Pastor. Resp. Joh. Salmen, Nagy-Schenkensi, 1686. die 20 Dec. Ebend. in 4.

24) Oratio Panegyrica in solenni pompa exequali, Celsiss. quondam Principis ac Dni, Michaelis Apafi Transf. Princ. — dum Almakerekinum sepeliendus veheretur. — Fogarasini instituta, 1691. die 16 Febr. Cibinii, imprimebat Joannes Hermelius. in 4.

25) M. Isaaci Zabani Past. Sabesiensis & Vener. Capituli Antesilvani Senioris, ad filium M. Joh. Zabanium, Nationis Saxonicæ ac Civit. Cibiniensis

Zabanius, (Sabanius.)

enfis Juratum Notarium, p. t. deputatum dictæ Nation. Saxon. ad Auguſtiſſimam Aulam Cæſareo-Regium Ablegatum *Epiſtola*, qua ipſum de obitu generoſæ multisque virtutibus maxime conſpicuæ Dnæ conjugis Frankianæ, reddit certiorem. Data Cibinii, 1692. d. 27 Aug. *)

*) S. Roſetum Frankianum, S. 142. Eine Elegie.

26) Chriſtliches Ehrengedächtniß des **Chriſtian Reicharts**, zwölfjährigen Bürgermeiſters, geheimden Gubernialsrahts, — 1695, den 24 Apr. Hermannſtadt, druckts Caſp. Polumſki. in 4.

27) Unverhoft, doch aber ſeliger Taubenflug. — 1696. die 22 May. Ebend. 4 *)

*) Eine Trauerrede über Marc. X. 14. bey dem Leichenbegängniſſe eines Sohnes des Provinzialnotarius, Georg von Frankenſtein.

28) Trauer und Freudenſchmuck. — ben 16 Jun. 1696. Ebend. in 4. *)

*) Eine Leichenrede über 1 Petr. III. 1 — 4, auf die Gemahlinn des Königsrichters Valentin Frank, von Frankenſtein, Anne Marie, gebohrnen Roſmaner.

29) Pharus refulgens, quæ fluctuanti fidelis animæ navigio, in procelloſo variorum Schiſmatum Oceano, ſecuram ad optatum cœli portum, viam oſtendit, luce verbi divini, opera & ſtudio M. Iſaaci Zabanii, Eccleſ. Metropolitanæ Cibin. in Tranſylv. Paſtoris, Gymnaſii Inſpectoris, & Vener. Capituli Pro-Decani, accenſa & ceu Propempticon *Jacobo Zabanio*, filio cariſſ. in almam Univerſitatem Lipſienſem profecturo, exhibita, 1697. Dresdæ, in 4. Mit einer Zueignungsſchrift an den Kurfürſten, Friedrich Auguſt. Etwas beſonderes! da dieſer den 23ſten May, 1697, ſich zur Römiſchen Kirche bekannte.

30) Davids Schleuder, dadurch Bönings Schlinge ganz zuriſſen. Das iſt: kurze, doch aber verläſſliche und gründliche Widerlegung deſſen, was

Juſtus

Juſtus Paulus Böning, geweſner Lutheriſcher Pfarrer, wider das wahrhaftige und ſchriftmäßige Predigtamt — unbillig vorgebracht. — 1697. in 8. Die Zueignungsſchrift iſt der Kurfürſtinn von Sachſen heilig.

31) Majeſtätiſcher Ehrenthron des Glorwürdigſten — Kaiſers Leopoldi Magni, am Tage Leopoldi, Hermannſtadt, 1699, den 25 Nov. in 4.

32) Conſideratio Problematis paradoxi de Spiritu S. an non per illum Sanctorum Angelorum genus intelligi poſſit? Ubi non modo authoris anonymi argumenta ſufficienter diluuntur, ſed etiam Catholicæ Eccleſiæ e S. Scripturis & SS. Patribus Ante-Nicænis ſolide aſſeritur — Cibinii, excud. Joan. Barth, 1700. in 8. *)

*) Dieſes hier widerlegte Werkchen iſt eine Geburt des bekannten Sandius, der es unter dem Titel: Problema paradoxum de Spiritu Sancto, annon per illum Sanctorum Angelorum genus intelligi poſſit? una cum refutatione Socinianorum, Spiritum S. perſonam eſſe negantium, zu Kölln, oder eigentlich zu Amſterdam, 1678, heraus gab. Wittichius in Cauſſa Spiritus S. — und Schomerus in Aſſertione eudoxa de Spiritu S. — haben ihn widerlegt. Zabanius kennet den Verfaſſer nicht, rühmet aber doch ſeine groſſe Beleſenheit.

33) Brevis & ſuccincta dialyſis Dubiorum Theologicorum, quæ *Joannes Becius*, Apoſtata, paſtor olim reformatus in Brabantia, iis, qui SS. dogma de Trinitate, cum Scriptura ex Apoſtolica Eccleſia maſcule tuentur, catholicam de eo ſententiam aſſerturi, ante annos tredecim movit, adornata. — Cibinii, 1705. excud. Joan. Barth, in 8)

34) Irenicum Eriſticum, ſeu Reconciliatoris cujusdam Chriſtianorum hodiernorum, *Norma enormis*, qui novo plane auſu S. Scripturæ ſufficienti SS. Theologiæ principio, ſanam hominis rationem anteponit, Traditiones humanas ſubjungit, aſſerens interim: Orbem Catholicum ſana procul dubio

dubio ratione præditum fœde circumventum, ut sana ei ratio nihil profuerit, & potiſſimis ſuis traditionibus extreme errantem, ut oſtenderet: Normam ſe unicam reconciliationis amiſiſſe, dum heterogenias quæreret. in 8. ohne Meldung des Ortes, und Jahres, doch zu Hermannſtadt gedruckt; ſo auch folgendes:

35) Begnügliche Vertheidigung derſelbigen Sprüche der H. Göttlichen Schrift, mit denen die Gottergebene Catholiſche Kirche, und wahre Chriſtliche Gemeine, die weſentliche Gottheit unſeres Herrn, und Heilandes Chriſti Jeſu unfehlbarlich bezeuget, welche zu vernichten, und in einen fremden Sinn zu verkehren, Johann Ludwig von Wolzogen, ein Sociniſt, ſich muhtwillig, und vergeblich bemühete. — in 8. *)

*) Die Zueignungsſchrift iſt an den damals in Siebenbürgen kommandirenden General, Ludwig Johann Rabutin, Grafen zu Buſſi.

Von handſchriftlichen Werken habe ich gefunden:

1) Epiſtola ad Romanos polemice tractata, in Collegio Eperienſi.

2) Scholia in Compendium Theologicum Joannis Meiſneri — quod is brevibus Theſibus adornavit, abſolvitur Diſputationibus XXII. An. 1652. Witebergæ concinnata, ſtudio M. Iſaaci Zabanii P. P. in Collegio Eperienſi, & publice prælecta.

3) Schola potiſſimum Polemica in idem Compendium Jo. Meiſneri, diſcipulis privatis propoſita Eperieſſini.

4) Breviarium Hiſtoriæ Eccleſiaſticæ ab Ægidio Strauchio, quondam Witebergæ traditum, nunc vero Eperieſſini in gratiam ſtudioſæ Juventutis, auctius propoſitum & explicatum. 1664.

5) Hiſt-

5) Historia Hungarica ad annum usque 1664. Ein Werk zu Vorlesungen bestimmt. Der I. Abschnitt enthält die Ungrische Geschichte vor Einführung der Christlichen Glaubenslehre; der II. aber die Geschichte unter den Christlichen Königen.

6) Apodixeos Jurisdictionis Ecclesiasticæ. *)

*) Von den Triebfedern zu dieser Abhandlung, giebt uns Lukas Grafius, in seinen Annal. Ecclesiasticis, beym Jahre 1700, eine merkwürdige Nachricht: Gravis controversia hoc anno orta est inter Comitem Sachsium, ejusque patrem, M. Isaacum Zabanium, & Capitulum Cibiniense, de Jurisdictione Ecclesiasticorum, quam ob caussam ad instantiam Capituli Cibiniensis aliquot Capitulorum officiales a Superintendente convocantur Birthalbinum ad consultandum inter se, de modo tuendi Jurisdictionem suam contra impetitiones Comitis. Illis Clariss. Zabanius offert, Tractatum de Jurisdictione Ecclesiastica a se conscriptum sub titulo: *Apodixeos Jurisdictionis Ecclesiasticæ*. Qui vero, nec publice perlectus, nec copia ejus cuiquam facta est, nisi Clar. Dno Superintendenti & delegato Capituli Barcensis, Clar. M. Greissingio, idque singulari Dei providentia. Brevi enim elapso tempore, Dnus Comes gratioso Spiritus S. ductu, ultro primo privatim, deinde sacram Domini Cœnam accessurus, publice coram toto communicantium cœtu patrem suum ad latus altaris, ex more ejus Ecclesiæ, stantem, accessit, eique offensas illatas iterato deprecatus est.

Zabanius

Johann. Des H. Röm. Reichs Ritter, Sachs von Harteneck, wirklicher geheimer Regierungsraht im Fürstenthume Siebenbürgen, Graf der Sächsischen Nation, und Königsrichter zu Hermannstadt. Ein grosser Geist, aber ein Sklave seiner Leidenschaften. Seine Talente erwarben ihm schnelles Glück, vorzügliche Gnade bey dem Kaiser Leopold, und allgemeine Hochachtung bey

seiner Nation; allein sein Herz stürzte ihn in einen tragischen Tod. Er war der älteste Sohn des vorhergedachten Isaak Zabanius, gebohren zu Eperies. Anfangs bereitete er sich zu einem Stande, den er nachgehens so sehr verachtete, und haßte. Er wollte der Kirche dienen, studirte zu Tübingen, und nahm daselbst im Januar, 1688, die höchste Würde in der Weltweisheit an, hielt auch einige Vorlesungen über seine eigenen Entwürfe. Allein den 22 April, des folgenden Jahres, trat er seine Rückreise in sein Vaterland an, woselbst er in Stadtdiensten sein Glück fand. 1690, den 26 Apr. vermählte er sich mit Elisabeth, gebohrnen Haupt, und erhielt darauf den 1 Aug. das Provinzialnotariat. Seine Nation setzte ein solches Vertrauen auf ihn, daß sie ihn den 21 Apr. 1691. in den wichtigsten Angelegenheiten an den Kaiserlichen Hof nach Wien abordnete. 1695, erhielt er die Stuhlrichters Würde, und nach wenigen Wochen, den 6 Apr. das Konsulat, 1698, erklärte ihn die Gnade des grossen Kaisers Leopold, zum wirklichen geheimen Regierungsrahte in Siebenbürgen, wie auch zu einem Ritter des Heiligen Röm. Reichs, mit dem Beynamen, Sachs von Harteneck. Nach zwey Jahren erlangte er gar die höchste Würde unter der Sächsischen Nation. 1700, wurde er zum Königsrichter erwählt, darinnen er 1702, den 4 Jäner, die allerhöchste Bestätigung erhielt. Wie sein Glück eilte, eilte auch sein Verderben. Ganz unvermuhtet ließ ihn der kommandirende General, Graf Rabutin, den 28 Okt. 1703, bey der Nacht um 10 Uhr, aufheben, und nach dem Schlosse Fogarasch

rasch abführen. Das Geheimniß entwickelte sich bald. Sachs wurde den 19 Nov. Abends nach Hermannstadt zurück gebracht, der straffälligsten Verbrechen angeklagt, aller Würden entsetzt, und den 5 Dec. auf dem grossen Marktplatze in seinem vierzigsten Jahre, auf einem Teppich kniend, öffentlich enthauptet. Er gieng seinem Tode mit einem Heldenmuhte, aber auch mit grosser Reue über die Ausschweifungen, dazu ihn seine hefftigen Leidenschaften verleitet hatten, entgegen; und sang selbst die Lieder mit, die seine Muse zu dieser blutigen Scene gedichtet hatte. Johann Kinder, nachmaliger Bürgermeister, sollte mit ihm sterben: allein auf dem Richtplatze erhielt er Gnade. Viele sehen seinen Tod blos als eine Rache seiner mächtigen Feinde unter dem Adel an, nicht ohne alle Ursache, da die Kaiserliche Gnade zu Reußmarkt so lange aufgehalten wurde, bis sie zu seiner Rettung zu spät kam. Doch wird die Wahrheit, Sachsen, nie von ahndungswürdigen Verbrechen unschuldig erklären. Geheime Nachrichten will ich nicht aufdecken. Allein daß es offenbar ist, daß er Klausenburgern, dessen ich in diesen Blättern gedacht habe, wohl hätte retten können, wenn er seinen Tod nicht gewollt hätte; daß er den Bürgermeister zu Schäßburg, Johann Schüler von Rosenthal, durch seine 20 jährige Gefangenschaft unter den Türken merkwürdig, wegen falscher Münze 1703, enthaupten ließ, obgleich die Kaiserliche Gnade vor dem geschlossenen Thore war; daß er den Bedienten des Generaladjutanten, von Akton, heimlich ermorden ließ. Dieser Un-
glück-

glückliche ließ sich erkaufen, seinen Herrn zu vergiften, wie er sich aber dabey entdeckt sah, suchte er seine Sicherheit in Sachsens Hause. Hier wurde er lange Zeit verborgen, endlich aber im Keller erstochen, und begraben, nach einem Jahre wieder ausgegraben, und in einem leeren Weinfasse in den Altfluß geworfen. Vier Jahre blieb dieses ein Geheimniß. Diese Ursachen werden in dem Kaiserlichen Halsurtheil, als auch des Hermannstädtischen Rahts, angegeben. — Auf Sachsens Tod schrieb Mich. Binder, Pfarrer zu Großprobstdorf: Die V. Decembr. An. 1703, capite plectitur Dnus Joannes Sachs ab Harteneck, S. R. I. Eques, Saxonum Comes, Iudex Regius Cibiniensis, Excelsi Regii Gubernii Assessor, Vir dum viveret, magni, & admirabilis ingenii, sed curator sui, pauperum rosor, pastorum osor. Male vixit, bene mortuus est. Vixit ut leo, mortuus est ut agnus, inter devotissima suspiria, spiritu plane intrepido & heroico; sera, tamen vera, pœnitentia.

Ich gedenke nun Sachsens als eines Schriftstellers. Unter dem Vorsitze des Joh. Adam Osianders, vertheidigte er zu Tübingen 1687, eine Streitschrift: de Ritibus Ecclesiasticis, die er in einigen Exemplaren, etlichen Würtembergischen Konsistorialräthen, in einigen aber seinem Vater Zabanius, zuschrieb. Als Verfasser aber das folgende Jahr:

1) Diss. Academica, de Ideis, quam sub præsidio Joh. Wolfgang Jägeri — placido ἀκειβολογόντων examini, summorum in Philosophia honorum rite

te capeſſendorum gratia, ſubmittit author, & defendens — Anno quo, GratIoſo ProCerVM aDVentVI TVbInga tota In Ipſo IanVarIo appLaVsIt. (1688.) in 4.

2) Die, denen ſchmerzlich leidtragenden Wittwen Cypreſſen, entgegen geſtellt, auch ewig grün-und blühende Roſenau, in welcher unter einer geharniſchten Rieſengeſtalt — Valentinus Frank von Frankenſtein — ſeine auserwählte Roſe, — Frau Anna Maria Roſenauerin, verwittwete Johann Waydin, zum ehelich vergnügenden Genuß, ſeinem hochadelichen Roſenhelm den 11 Nov. 1693, aufgeſtecket. — Hermannſtadt. in 4. *)

*) Solche Titel ermüden uns im Abſchreiben. Welcher Geſchmack! Man kennet unſere alten Gelehrten nicht mehr, ſo bald ſie deutſch ſchreiben. Doch war unſeres Verfaſſers Glückwunſch ſo ſchön, daß er nebſt andern Glückwünſchen 1695, wieder in 12 gedruckt wurde. Von Sachſens Poetiſchen Genie findet man auch verſchiedene Proben im Roſeto Frankiano.

3) Himmliſche Jeſus Gedanken, einer der falſchen Welt ab, und dem theuren Herrn Jeſu zugefallenen Seele. J. S. V. H. E. 1703. den 5 Dec. Länglicht 12. *)

*) Es ſind ſechs Lieder, die Sachs in ſeiner Gefangenſchaft verfertigte, und die bey ſeiner Ausführung auf dem Rahthauſe zu dem Gerichtsplatze abgeſungen wurden. Sie ſind rührend! Ich will ihren Anfang herſetzen:

1) Seufzer, Elend, Weh und Klagen,
   War mein allererſtes Wort — 5 Strophen.

2) Lebt jemand ſo wie ich;
   So lebt er wunderlich — 12 Str.

3) Lebt jemand ſo wie ich;
   So lebt er jämmerlich — 10 Str.

4) Lebt jemand ſo wie ich;
   So lebt er kümmerlich — 13 Str.

5) Lebt jemand ſo wie ich;
   So lebt er ſeliglich — 19 Str.

6) Meinen Jesum laß ich nicht,
Obgleich das Gesetze würget — 12 Str.

In Schurzfleischens Epistol. Arcan. ist der 126ste, vom 15 Okt. 1697. und der 232ste, vom 1 Okt. 1701, an diesen Zabanius geschrieben.

Ziegler

Andreas. Von Kronstadt, weihte sich der Arzneykunst, in welcher er nebst dem M. Ambrosius Rhobius, und Johann Palemonius, den 10 Aug. 1610, zu Wittenberg die Doktorwürde erhielt. Unter dem Vorsitze des Gregor. Horstius vertheidigte er 1606: de Corpore humano Exerc. X. quæ agit de sensuum externorum, & vocis atque sermonis instrumentis propriis; unter ebendemselben das folgende Jahr den 14 März: Disp. Medicarum XV. de Signis Prognosticis; bey Gelegenheit seiner Doktorwürde aber:

Theses Medicæ de Cordis ventriculi mordente dolore, & Colica passione, de quibus — præside Ernesto Hettenbachio M. D. — disputabunt, testimonium profectus sui in arte Hippocratica accepturi, M. Ambros. Rhodius, Mathem. P.P. Joannes Palemonius, Andr. Zieglerus, Corona Transs. d. X Aug. 1610. Witeb. in 4. Der erstere disputirte de Cardialgia, ejusque curatione; der zweyte de Colica passione, und Ziegler de Curatione.

Ziegler

Christian. Stadtpfarrer zu Hermannstadt, und Dechant des Kapitels, gebohren zu Hermannstadt den 1 Jäner 1709. Er verlohr seinen Vater Johann Ziegler, Pfarrern zu Heltau sehr früh=

frühzeitig. Doch sorgte die Göttliche Vorsehung so wohl für ihn; daß er nebst seinen zween Brüdern, Johann und Daniel, desselben Fustapfen glücklich folgen konnte. Von Jena, woselbst er sich zum Dienste der Kirche zubereitete, kam er 1733, nach Hermannstadt zurück, und erhielt das folgende Jahr Schuldienste. 1736, kam er in das dasige Ministerium, wurde aber den 16 May, 1737, von der Spitalkirche wieder an das Gymnasium, und zum Rektorate berufen, welchen Dienst er mit vielem Segen bis 1746, verwaltete, da ihn denn die Gemeine zu Schellenberg den 11 Sept. zum Pfarrer berief. Nach dem Tode des Stadtpfarrers Andr. Schunn, erwählte ihn das Kapitel 1766 zum Dechanten, und nach Martin Felmers Absterben, ward er den 22 Apr. 1767, dessen Nachfolger in der Stadtpfarrerswürde. Allein seine Jahre ließen nicht mehr eine lange Amtsführung von ihm erwarten, wie er denn auch den 2 Jun. 1771, die Bahn seines Lebens in einem Alter von 62 Jahren, 6 Monden und 1 Tage, vollendete.

1) Gratulatio ad Ill. Dominum, Dnum Simonem de Baußnern — cum R. L. Civitatis Cibiniens. Judex Regius electus, Almæ Nat. Saxon. Comes confirmaretur, Excelsique Regii Gubernii Consiliarius Actualis Intimus introduceretur. *) — Jenæ, Fol. 2 Bog.

*) Dieses geschah den 12 Dec. 1732. Ein heroisches Gedicht von 250 Versen, das Zieglers Muse Ehre machet.

2) Verschiedene heilige Reden, welche der Hamburgischen Sammlung von Kanzelreden, mit eingedruckt sind. Auszüge davon findet man in der Prediger Bibliothek.

3) Ora-

3) *Oratio inauguralis*, qua Max. Ven. Clar. atque Doctiss. Dnus, D. Andreas Schunn, Past. Eclef. Cibiniens, Vener. Capitulo Cibin. sistebatur, & commendabatur, An. 1762, d. 16 Sept. habita — *Mscr.* Der Verfasser handelt darinnen von den Stadtpfarrern zu Hermannstadt, fängt aber nur von der Glaubensänderung an.

4) **Epigrammata.** Welche den Druck wohl verdienten.

Ziegler

Daniel. Ein leiblicher Bruder des vorhergehenden, und Stadtpfarrer zu Bistritz. Er diente Anfangs zu Hermannstadt, als er aber Vesperprediger war, wurde er 1735, den 4 Apr. zum Archidiakonate nach Bistritz berufen. Nach dem Tode des dasigen Stadtpfarrers Andreas. Schaller †) 1742, erhielt er dessen Würde, welche er 1753, mit seinem Leben niederlegte.

1) Etliche Predigten, in obengedachter Hamburgischen Sammlung von Kanzelreden.

2) Biblischer Katechismus zur Erbauung derjenigen, welche eine sonderbare Liebe zu dem seligmachenden Worte Gottes tragen; aber aus Mangel, sich das hochheilige Bibelbuch nicht ganz anschaffen können. Hermannstadt, längl. 12. Sehr oft gedruckt.

3) Dis-

---

†) Dieser Schaller ist nicht nur wegen seines hohen Alters von 94 Jahren; sondern auch wegen seines Geschlechts merkwürdig. Er stammte aus dem berühmten Schwedischen Geschlechte, der Schaller, Freyherrn von Löwenthal, her. Dieser Adel der Schal-

3) Dissertatio Epistolica, de Vocatione Ministrorum Ecclesiæ. *Mscr.*

4) Invitatio ad Societatem Anazopyricam. *Mscr.*

Ziegler

Johann. Pfarrer zu Heltau, einem Flecken, dessen Bürger sein Vater, Petrus Ziegler, war, und wo er 1666, gebohren wurde. Nachdem er sich auf der Väterlichen Schule, und in Hermannstadt zu höhern Wissenschaften zubereitet hatte, begab er sich 1688, nach Wittenberg. Von hier kehrte er nach drey Jahren zurück, und erhielt nach den andern gewöhnlichen Schuldiensten, den 8 Novemb. 1693, das Rektorat, einen Dienst, welchen er unter der Last schwerer Zeiten, und dem verfolgenden Haß des Königsrichters, Zabanius, Sachs von Hartenek, neun Jahre verwaltete. Doch auch in der Folgezeit erwarteten ihn wenig günstigere Schicksale. 1702, wurde er Pfarrer zu Kreutz, woselbst er unter den Rákozischen Unruhen zweymal ausgeplündert wurde. Nach dem Tode des Superintendenten Luk. Hermann, erhielt er zwar 1707, den Beruf nach Birthalmen; allein er entschuldigte sich ihn anzunehmen. Hermann hatte auch keine besseren Schiksale gehabt; das folgende Jahr aber nahm

---

Schaller im Bistrizischen, ist erst vor wenigen Jahren entdeckt worden, und sie haben ihr ehemaliges Landgut in diesem Distrikte, von Ihrer K. K. Ap. Majestät, der grossen Theresia, wieder erhalten. Ihr Stammvater hat unter dem bekannten Generale Basta in Siebenbürgen gedient, und sich im Bistrizischen niedergelassen.

nahm er im Okt. den Beruf nach Heltau an, da er denn erst nach drey Jahren wegen der kriegerischen Unruhen, das Glück hatte, einige Zehenden zu erhalten. 1711, konnte er zwar Stadtpfarrer zu Medwisch werden, allein er wollte nicht, und so starb er als Syndikus des Hermannstädtischen Kapitels, zu Heltau 1714, im acht und vierzigsten Jahre seines Alters. Er ist der Vater der beyden vorhergehenden Ziegler. In seinen Universitätjahren, vertheidigte er den 15 März, 1689, unter dem Joh. Deutschmann, eine Streitschrift: de æterna Conversionis Oeconomia, ex Ezech. XXXIII. 11. Bey der Schule zu Hermannstadt hielt er verschiedene Dissertationen, davon mir aber nur eine bekannt geworden:

   Diss. de Fidei temporariæ, & justificantis differentia, præs. Jo. Zieglero h. t. Lectore II. Gymn. Cibin. Respond. Andrea Hermann. d. 3. Sept. 1693. Cibinii, typis Joan. Barth. in 4.

Ziegler

Martin, Von Kronstadt. Sein Vater war ein Weißbäcker aus Oberungern bey Kaschau, daher erhielt er den Namen, Pistorius. Das Rektorat der Kronstädtischen Schule verwaltete er von dem 21 Okt. 1694, bis den 31 Januar 1705. Darauf ward er Pfarrer zu Tartelau, nachgehends zu Brenndorf, woselbst er sein Leben beschlossen hat. Er hat verschiedenes zur Erläuterung der Vaterländischen Geschichte in der Handschrift hinterlassen, als:

   1) Inscriptiones, passim ad moenia urbis Coronensis incisæ, aut adscriptæ.

2) Catalogus Familiarum Hungaricæ Gentis maxime illuſtrium, quæ fæculo XV. & XVI. per Hungariam, & Tranſylvaniam floruerunt.

3) Virorum Coronæ illuſtrium Vita, Honores, & Mors, ab An. 1549, ad 1687. *)

*) Benkő berichtet, daß er dieſe Biographie noch weiter fortgeſetzt.

4) Hiſtoria Tranſylvaniæ.

5) De Origine Saxonum, Epiſtola ad M. Martinum Kelpium. Enthält nichts Neues, meiſtens aus dem Töppeltin Entlehntes. *)

*) Herr P. Horány T. III. S. 588. eignet ihm auch folgendes Werk zu: Antiquitates Tranſylvaniæ, ex Lapidum Inſcriptionibus, & numis antiquis, variis obſervationibus Hiſtorico-Criticis explicatæ. Allein, Schmeitzel iſt der Verfaſſer deſſelben.

Zuſätze.

Zu dem Art. Martin Brenner.

Brenner, war nicht nur ein Arzt; ſondern auch ein Geiſtlicher. Nach dem Tode eines gewiſſen Andreas, Plebans zu Heidendorf im Biſtritziſchen Kapitel, erhielt er im Jahre 1542, deſſen Pfarre, legte aber nachgehends ſeine Würde nieder, und begab ſich nach Hermannſtadt. Wann? und warum er ſolches gethan? entdecket uns die daſige Kirchenmatrikel nicht; ſondern berichtet nur, Adam Pomarius, der 1576 geſtorben iſt, ſey als der erſte Evangeliſche Lehrer daſelbſt, ſein Nachfolger geworden. Vielleicht iſt doch die Religion die Haupttriebfeder dieser seiner Handlung gewesen. Denn, daß er als ein Protestant gestorben, erweiset sein Begräbniß in der Parochialkirche zu Hermannstadt.

Kläger

Just. Unter diesem wahrscheinlich erdichteten Namen, sollen 1646, verschiedene giftige Schmähschriften zu Hermannstadt gedruckt worden seyn, als:

1) Beschreibung der geistlosen Geistlichen, Hermannstadt, 1646. in 12.
2) Beschreibung des jetzigen unlautern Lutherthums. Ebend.
3) Ungeistliches Disputirgeschwätz.
4) Satans Synagoga, oder Beschreibung Lutherischer hoher und niederer Schulen.
5) Nabals Haus ꝛc.

Diese Schriften kenne ich nur aus Schmeitzels Stat. Ecclesiæ Luther. in Transylv. S. 65 — der sie aus dem Röschel anführet, und muhtmasset: Fröhlich ziele auf selbige, wann er im Viator. S. 311, berichtet: daß in der Buchdruckerey zu Hermannstadt ehemals verschiedene Schmähschriften von einem Linzer aus Nachsicht des dasigen Rahts, wären gedruckt worden. — So schreibet er auch in seiner *Medulla Geograph. Pract.* S. 372. Typographiam hujus civitatis (Cibiniensis) superioribus annis turpiter prostituit alastor Marcus Pistorius injuriofus, quandoque chartas impune in ea imprimendo. — Nun war dieſer Piſtorius noch 1650, Buchdrucker zu Hermannſtadt, welches aus des **Andreas Oltards**, gedruckter Reformations-Predigt erhellet; er kann alſo wohl die angeführten Schriften 1646, gedruckt haben. Wie aber **Fröhlich** dieſe meynen könne, ſehe ich gar nicht ein, da ſeine Medulla Geogr. 1639, und das Viatorium, oder Bibliotheca Cynoſuræ Peregrinantium, 1644, herausgekommen iſt.

Alle meine Mühe einige dieſer Schriften, oder auch nur die Gewißheit ihrer ehemaligen Exiſtenz zu entdecken, iſt bisher vergebens geweſen. Doch, iſt es nicht ganz unwahrſcheinlich, daß damals dergleichen Mißgeburten der Bosheit ausgebrütet worden. Alles war Aufruhr in Hermannſtadt. Der Haß der wühtenden Bürger war gegen ihre weltliche und geiſtliche Obrigkeit gleich groß. **Peter Riẞelius**, damaliger Stadtpfarrer, hatte ſich der verhaßten Goßmeiſteriſchen Gemahlinn auf öffentlicher Kanzel angenommen, und ſie ſo gar eine keuſche Suſanna genannt. Da ſie nun als eine überzeugte Kindermörderinn von den Bürgern den 1ſten Septemb. 1645, geſäcket, und erſäuft wurde, mußte auch Riẞelius für ſeine Schutzrede büßen. Kaum konnte er noch in ſeinem eigenen Hauſe Sicherheit finden; und die Bürger drangen mit größter Hefftigkeit auf ſeine Abſetzung. Allein, die Sächſiſche Geiſtlichkeit nahm ſich ihres bedrängten Mitbruders ſo ernſtlich an, daß ihn die Bürger auf hohen Fürſtlichen Befehl 1646, um

Vergebung bitten, und den 20sten Febr. feyerlich in sein Amt, und die Pfarrerswohnung einführen mußten. — Welcher reiche Stoff zu dergleichen Schriften! doch werde ich nie glauben, daß der Raht dabey einiger Nachsicht zu beschuldigen sey. Er befand sich selbst in der gefährlichsten Lage, und mußte froh seyn, daß er nicht ein Schlachtopfer des wühtenden Pöbels ward. Mehreres von diesen tragischen Auftritten habe ich in den Grafen der Sächsischen Nation, welche in dem Ungrischen Magazine erschienen sind, angemerket.

Verzeichniß der Schriftsteller.

Adami, Michael.	1	Czak von Rosenfeld, Franz.	51
Agnethler, Michael Gottlieb.	2	Cziegler, s. Ziegler.	
		Czirner, Andreas.	52
Albelius, Simon.	9	de Dacia.	53
Albrich, Johann.	9	Davidis, Franz.	54
———— Martin.	10	Decani, Johann.	71
Arzt, Johann.	11	———— Stephan.	71
———— Johann, ein andrer.	12	Deidrich, Andreas.	72
Auner, Stephan.	12	———— Georg.	73
Aurifaber, Michael.	13	Draut, Markus.	78
Bakosch, Johann.	17	von Draut, Samuel.	78
Basch, Simon.	17	Fabricius, Johann.	79
Basilius, Leonhard.	18	———— Valentin.	82
Bausner, Bartholomäus.	19	Felmer, Martin.	82
———— ein anderer.	20	Fenser, Johann.	90
Benkner, Paul.	24	Filstich, Johann.	91
Bergler, Stephan.	25	Flechner, Caspar.	92
Bertlef, Martin.	30	Fogrescher, Thomas	93
Besodner, Petrus.	32	Francisci, Johann.	93
Binder, Michael.	34	———— Paulus.	94
Bisterfeld, Johann Heinr.	34	Frank, Christian.	94
Boetius, Johann.	37	Frank von Frankenstein, Valentin.	95
Bogner, Petrus.	38		
Bomel, Thomas.	41	Friberici, Johann.	
Brecht von Brechtenberg, Jos. Klemens.	44	Fronius, Markus.	105
		———— Matthias.	116
Brenner, Martin.	45	Fuchs, Johann,	117
Brukner, Johann.	46	———— Markus.	114
Büttner, Michael.	47	Gemmarius, Thomas.	115
Clausenburger, David.	48	Gorgias, Johann.	115
Clompe, Petrus.	50	Graffius, Andreas.	117
Colbius, Lukas.	51	———— Johann.	118

Graf-

Graffius, Lukas.	120	Kläger, Just.	517
Greißing, Valentin.	123	Klingsor, Nikolaus.	227
Grosse, Andreas, Karl.	125	Kölescheri, Samuel.	231
Gundesch, Johann.	126	Kölsch, Martin.	256
Gundhard, Stephan.	126	Kraus, Georg.	257
Gunesch, Andreas.	127	——— Johann.	259
Hammer, Nikolaus.	130	Krempes, Johann.	259
Haner, Georg.	130	Kyr, Paulus.	262
——— Georg, Jeremias.	135	Ladiwer, Elias.	268
Hebler, Mathias.	141	Lebel, Johann.	264
Hedjesch, Andreas.	146	Lieb, Emerikus.	274
Heldmann, Andreas.	147	Listius, Johann.	275
Helner, Georg.	149	Lupinus, Christian.	280
Helth, Kaspar.	150	Massa, Simon.	282
Hermann, David.	161	Matthiä, Georg.	284
——— Leonhart.	164	Mederus, Asarela.	284
——— Lukas.	166	——— Petrus.	285
——— Petrus.	167	Miles, Mathias.	289
——— Stephan.	168	Müller, Georg.	293
Hirsch, Gregorius.	169	Nera, Daniel.	298
Honterus, Johann.	170	Ohrendi, Johann.	299
Hoßmann, Johann.	181	——— Simon.	299
Hübner, Israel.	182	Oltardus, Andreas.	300
Huet, Hutterus, Albert.	184	——— Johann.	315
Hutter, Georg.	204	Pankratius, Michael.	320
——— Georg, ein and.	205	Pauschner, Sebastian.	225
——— Jakob.	207	Pinrner, Andreas.	325
Jakobinus, Johann.	208	Piso, Jakob.	327
Johannis, Erasmus.	209	——— Stephan.	338
Jordan, Thomas.	211	Pomarius, Christian.	339
Kelp, Johann.	212	Radez, Valentin.	340
——— Martin.	214	Rau, Michael.	341
Kerzius, Paulus.	216	Rauß, Johann.	342
Keßler, Johann Michael.	217	Regis, Simon.	342
Kinder von Friedenberg, Johann.	218	Reilich, Gabriel.	343
		von Reichersdorf, Georg.	343
		Reipchius, Daniel.	348

Rempler, Andreas.	349	Tartler, Thomas.	426
Reußner von Reißenfels, Georg.	350	Teutsch, Andreas.	427
		Teutsch, Joseph.	432
——— Johann, Georg.	351	Theis, Mich. Gottlieb.	433
Rhegenius, Paul Michael.	352	Tost, Andreas.	434
Rheter, Franz.	353	Töppelt, Laurentius.	435
Römer, Lukas.	354	Tröster, Johann.	447
Scharsius, Andreas.	355	Tutius, Georg.	451
——— Thomas.	358	——— Martin.	451
Schesäus, Christian.	359	Valentinus, Franz.	451
Schimer, Franz.	365	Vette, Georg.	453
Schlozius, Samuel.	366	——— Johann, Georg.	454
Schmeizel, Martin.	367	Uncius, Leonhard.	455
Schnitzler, Jakob.	376	Ungenannte.	457
Schoppel, Andreas.	387	Unglerus, Lukas.	468
Schüller von Schulenberg, Joh. Georg.	387	Wagner, Valentin.	472
		Weidenfelder, Laurentius.	481
Schulerus, Andreas.	389		
Schunn, Andreas.	392	Weiß, Michael.	486
——— Jakob.	395	Wellman, Mich. Christian.	491
——— Jakob, ein andr.	397		
Seivert, Michael.	398	Wolf, Daniel.	492
Siegler, Michael.	399	Wolfhard, Adrian.	492
Simonis, Christophorus.	401	Zabanius, Isaak.	495
		Zabanius, Sachs von Hartenek, Johann.	506
Simonius, Johann.	401		
Sommer, Johann.	404	Ziegler, Andreas.	511
Soterius, Andreas.	419	——— Christian.	511
——— Georg.	419	——— Daniel.	513
——— Georg, ein and.	423	——— Johann.	514
Stegmann, Joachim.	425	——— Martin.	515